4238

Landry 3250

D2
2008-17380

N° 4429

CHAMBRE DES DÉPUTÉS
ONZIÈME LÉGISLATURE
SESSION DE 1918

Annexe au procès-verbal de la séance du 12 mars 1918.

RAPPORT

FAIT

AU NOM DES COMMISSIONS DU COMMERCE ET DE L'INDUSTRIE ET DU BUDGET

EXCEPTIONNELLEMENT AUTORISÉES A SE RÉUNIR POUR EXAMINER EN COMMUN LE PROJET DE LOI

PORTANT RENOUVELLEMENT

DU

Privilège de la Banque de France

Par M. LANDRY,

Député.

PARIS
IMPRIMERIE DE LA CHAMBRE DES DÉPUTÉS
MARTINET
7, RUE SAINT-BENOIT

1918

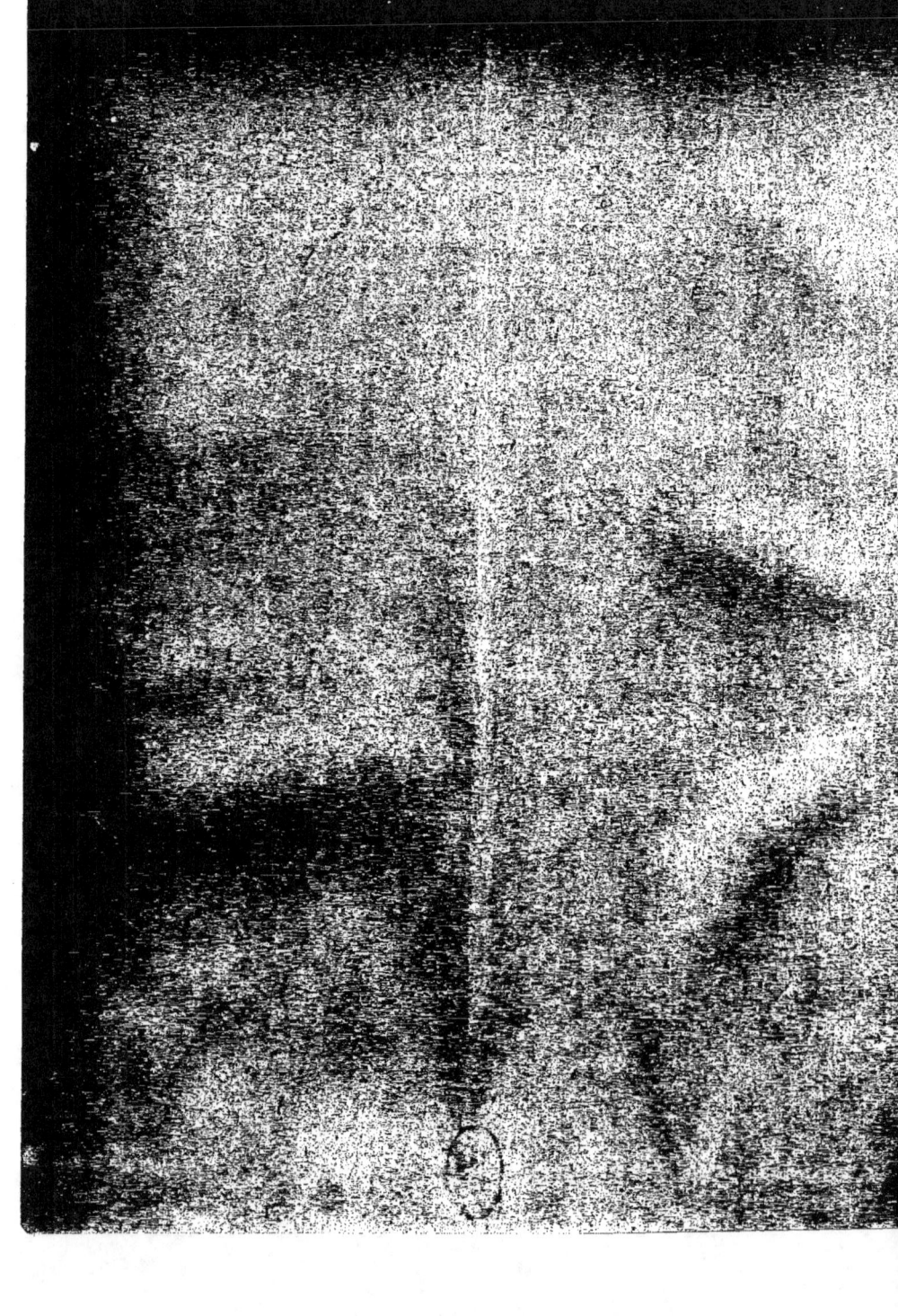

N° 4429

CHAMBRE DES DÉPUTÉS

ONZIÈME LÉGISLATURE
SESSION DE 1918

Annexe au procès-verbal de la séance du 12 mars 1918.

RAPPORT

FAIT

AU NOM DES COMMISSIONS DU COMMERCE ET DE L'INDUSTRIE * ET DU BUDGET ** exceptionnellement autorisées à se réunir POUR EXAMINER EN COMMUN (1) LE PROJET DE LOI *portant renouvellement du privilège de la* Banque de France,

PAR M. LANDRY,

Député.

Messieurs,

La question du privilège de la Banque de France est une question qui revient périodiquement devant le Parlement.

---

* Cette Commission est composée de MM. Puech, *président*; Failliot, Chaulet, Landry, Sixte-Quenin, Lefol, Géo-Gérald, Verlot, *vice-présidents*; Le Cherpy, Levasseur, Petitjean, Paul Ribeyre (Haute-Loire), Jean Peyret, Louis Viellard, Jovelet, Connevot, *secrétaires*; marquis de Baudry-d'Asson, Bokanowski, Brenier, Buisset, Butin, Decroze, Demoulin, Derveloy, marquis de Dion, Alex. Durandy (Alpes-Maritimes), Durre, Giray (Isère), commandant de Grandmaison, James Hennessy, marquis de Juigné, Laguerre, Eugène Laurent (Nièvre), Modeste Leroy (Eure), Émile Maguiez, Marrou, Edmond Mathis (Haute-Saône), Blaise Neyret (Loire), Pain, Dominique Pugliesi-Conti (Corse), Ravisa, Marc Réville, Serre, Villault-Duchesnois.

** Cette Commission est composée de MM. Raoul Péret, *président*; Jacques Piou, Jules Siegfried, Raiberti, Monestier, Adrien Veber, *vice-présidents*; Maurice Damour, de Kerguézec, Paul Aubriot, Georges Ancel, Chaulin-Servinière, Louis Serre, *secrétaires*; J.-B. Abel (du Var), Ajam, Albert Grodet, Aldy, André Hesse, marquis de Baudry d'Asson, Bedouce, Benazet, Émile Bender (Rhône), Bokanowski, Bouffandeau, Emmanuel Brousse, Caillaux, Ceccaldi, Compère-Morel, Adrien Dariac, Joseph Denais, Louis Dubois (Seine), Charles Dumont (Jura), Laurent Eynac, Abel Ferry, Abel Gardey, Lagrosillière, Landry, André Lefèvre (Bouches-du-Rhône), Louis Marin, Fernand Merlin, Noël, Jules Roche, Sembat, Simyan, Alexandre Varenne.

Voir le n° 4039.

(1) Décision de la Chambre du 11 décembre 1917.

La Banque de France, constituée le 28 nivôse an VIII (18 janvier 1800), s'est vu conférer par la loi du 24 germinal an XI (14 avril 1803), article premier, « le privilège exclusif d'émettre des billets de banque ».

Notons que ce privilège n'a pas été conféré à la Banque de France, tout d'abord, pour toute l'étendue du territoire français. Dans l'intention du législateur de l'an XI, il devait s'exercer à Paris. Le décret du 8 septembre 1810 décida qu'il s'exercerait également dans les villes où la Banque avait des comptoirs d'escompte (dénommés succursales depuis le décret du 27 avril 1848). Beaucoup plus tard, le décret du 27 avril 1848, qui opéra la réunion à la Banque de France des Banques de Rouen, de Lyon, du Havre, de Lille, de Toulouse, d'Orléans et de Marseille, lesquelles émettaient, elles aussi, des billets de banque, et le décret du 2 mai 1848, qui, pareillement, réunit à la Banque de France les Banques de Nantes et de Bordeaux, eurent pour effet d'étendre le privilège à la France tout entière; et lorsque la Savoie fut devenue française, un décret du 8 avril 1865 autorisa la cession à la Banque de France du privilège d'émission dont la Banque de Savoie jouissait dans les deux nouveaux départements.

Voici les textes par lesquels le privilège de la Banque de France a été établi, puis successivement renouvelé.

Article 28 de la loi du 24 germinal an XI (14 avril 1803) :

« Le privilège de la Banque lui est accordé pour quinze années à dater du 1ᵉʳ vendémiaire an XII (24 septembre 1803) ».

Article premier de la loi du 22 avril 1806 :

« Le privilège accordé à la Banque de France par l'article 28 de la loi du 24 germinal an XI, pour quinze années à dater du 1ᵉʳ vendémiaire an XII, est prorogé de vingt-cinq années au delà des quinze premières années (du 24 septembre 1803 au 24 septembre 1843) ».

Article premier de la loi du 30 juin 1840 :

« Le privilège conféré à la Banque de France par les lois des 24 germinal an XI et 22 avril 1806 est prorogé jusqu'au 31 décembre 1867.

« Néanmoins, il pourra prendre fin ou être modifié le 31 décembre 1855 s'il en est ainsi ordonné par une loi votée dans l'une des deux sessions qui précéderont cette époque ». (Ce second paragraphe a été abrogé par l'article 3 du décret-loi du 3 mars 1852).

Article premier de la loi du 9 juin 1857 :

« Le privilège conféré à la Banque par les lois des 24 germinal an XI, 22 avril 1806 et 30 juin 1840, dont la durée expirait le 31 décembre 1867, est prorogé de 30 ans et ne prendra fin que le 31 décembre 1897 ».

Article premier de la loi du 17 novembre 1897 :

« Le privilège concédé à la Banque de France par les lois des 24 germinal an XI, 22 avril 1806, 30 juin 1840 et 9 juin 1857, dont la durée expirait le 31 décembre 1897, est prorogé de 23 ans et ne prendra fin que le 31 décembre 1920.

« Néanmoins, une loi votée par les deux Chambres dans le cours de l'année 1911 pourra faire cesser le privilège à la date du 31 décembre 1912 ».

On sait que la clause résolutoire inscrite dans la loi de 1897 n'a pas joué. Mais deux conventions ont été passées entre le Ministre des Finances et la Banque de France, aux dates du 11 et du 28 novembre 1911, qui ont été approuvées par la loi du 29 décembre de la même année.

Le projet de loi qui nous est actuellement soumis contenait deux dispositions essentielles : il prorogeait le privilège de la Banque de France de 25 ans — du 1er janvier 1921 au 31 décembre 1945 —; il approuvait une convention passée le 26 octobre 1917 entre le Ministre des Finances et le gouverneur de la Banque.

Le projet et la convention ont été examinés d'abord par une délégation commune des deux commissions, dans laquelle chacune de celles-ci était représentée par douze de ses membres, ensuite par les commissions réunies au complet. Les commissions ont estimé qu'il y avait lieu de compléter ou de modifier sur certains points la convention du 26 octobre 1917. Comme suite aux résolutions adoptées par elles, le Ministre des Finances a engagé avec la Banque des négociations nouvelles, qui ont abouti, le 11 mars 1918, à la passation d'un avenant à la convention, ainsi que d'une convention additionnelle.

Il nous a paru que le présent rapport devait présenter tout d'abord une histoire sommaire de la Banque, un résumé de ce que celle-ci a fait depuis la dernière prorogation du privilège, c'est-à-dire depuis 1897.

Nous exposerons ensuite les raisons pour lesquelles vos commissions se sont prononcées en faveur de la prorogation du privilège demandée par le gouvernement.

Un troisième chapitre sera consacré à l'examen des dispositions insérées dans les conventions, lesquelles dispositions constituent, en quelque sorte, les conditions du renouvellement du privilège.

Nous examinerons, enfin, les amendements qui ont été déposés au projet de loi.

CHAPITRE PREMIER

LA BANQUE DE FRANCE DEPUIS 1897

Avant la guerre (1897-1914)

Opérations d'émission.

Le rôle premier et capital de la Banque, c'est l'émission des billets. Il consiste, on le sait, en temps normal, à recueillir les dépôts de numéraire et à en fournir la représentation commode, facilement transmissible et transportable. Avant toute opération de crédit, il faut que le billet, réparti en coupures correspondant exactement aux besoins, offre sur tous les points du territoire, en quantité juste et suffisante pour toutes les transactions, un moyen d'échange d'une valeur toujours certaine.

Pour cela, il est nécessaire que son remboursement exact en monnaie apparaisse indubitable, et le soit en réalité. Les opérations de crédit effectuées avec les billets émis en dépassement du montant de l'encaisse ne sont légitimes que dans la mesure où elles ne peuvent compromettre l'exact remboursement du billet. La certitude en résulte des garanties mêmes exigées par la loi pour toutes les opérations d'escompte ou d'avances, de leur terme rigoureusement limité, et aussi de leur importance relative comparée à celle de l'encaisse.

Sur ce dernier point, la loi n'a fixé en France aucune proportion rigoureuse.

Les statuts primitifs de la Banque disent seulement : « Les billets seront émis dans des proportions telles qu'au moyen du numéraire réservé dans les caisses de la Banque et des échéances de papier de son portefeuille, elle ne puisse dans aucun temps être exposée à différer le payement de ses engagements ».

La Banque dispose ainsi d'une large latitude. Elle ne peut faire — aux termes du décret du 16 janvier 1808 — d'autres opérations que celles qui sont expressément autorisées et réglementées. Il lui est interdit d'émettre d'autres billets que ceux qui ont pour contrepartie des dépôts d'espèces ou des opérations de crédit d'une qualité bien définie; mais le volume même de ces opérations est laissé à son appréciation, à sa prudence, sous la seule réserve qu'il ne compromette pas le remboursement des billets.

L'expérience de tous les pays du monde a montré que toute autre règle plus précise avait plus d'inconvénients que d'avantages. Les États-Unis — les derniers venus dans l'organisation d'un système central d'émission — ont adopté des bases analogues. À l'heure actuelle même, au milieu des difficultés de la guerre et en prévision des besoins d'après-guerre, un mouvement important se manifeste en Angleterre pour assouplir dans le même sens la réglementation rigide de l'Act de 1844.

Depuis 1897, continuant une politique inaugurée dix ans plus tôt, la Banque s'est attachée en premier lieu à fortifier son encaisse, et cela de deux manières. D'abord, en éliminant progressivement l'excédent d'écus dont elle était chargée depuis la crise de l'Union latine de 1873-1878 : de 1897 à 1913, l'encaisse argent a été ainsi réduite de 1.225 millions à 629 millions. D'autre part, l'encaisse or était, pendant la même période, par une action continue, portée de 1.875 millions à 3.343 millions. L'encaisse totale passait ainsi, en chiffres ronds, de 3 à 4 milliards, et comprenait, en 1913, 84 0/0 d'or au lieu de 60 0/0 en 1897.

Cette augmentation n'avait pas seulement pour effet d'assurer éventuellement un gage de plus en plus large aux émissions que l'on devait prévoir en cas de guerre. Dès le temps de paix, et en période de remboursement normal des billets, elle a permis de modérer et de stabiliser dans une large mesure le taux de l'escompte.

Plus l'encaisse est élevée, en effet, plus les opérations de crédit peuvent se développer elles-mêmes sans que l'équilibre entre les deux grandeurs de l'émission se trouve rompu. Avec une forte encaisse, les opérations de crédit ont plus de latitude pour se proportionner à tous les besoins sans qu'il soit nécessaire d'en restreindre le développement par une hausse de l'escompte. De même, en cas de crise extérieure susceptible d'entraîner, par un enchaînement rigoureux et bien connu, une exportation de capitaux, une baisse des changes et une certaine exportation d'or, il n'est plus aussi immédiatement indispensable d'élever l'escompte. Une notable quantité d'or peut sortir sans inconvénient. Il est même possible de prendre dans certains cas l'initiative de l'exportation, comme l'a fait la Banque en 1907 et 1908, pour soulager directement le marché anglais ou américain. Ces ventive, de dénouer eux-mêmes à son origine une crise sérieuse, avant qu'elle ait eu pour le nôtre des conséquences dommageables.

La Banque, sans doute, ne fixe pas arbitrairement le taux de l'escompte : elle le constate. Elle ne peut pas davantage soustraire complètement le marché français à la solidarité obligatoire de tous les marchés financiers. Un taux trop élevé ferait disparaître le portefeuille, un taux trop faible chasserait l'encaisse. Mais, entre ces limites d'ailleurs imprécises, et dont l'appréciation délicate est précisément la fonction technique d'un établissement d'émission, il reste une marge d'indépendance que l'augmentation même des réserves métalliques a sensiblement accrue. Il appartenait à la Banque d'en user au mieux de l'intérêt général pour stabiliser autant que possible le taux officiel et le maintenir toujours à sa limite inférieure.

Un tableau comparatif suffit à montrer qu'elle l'a fait dans la mesure la plus satisfaisante.

PÉRIODE 1898-1913.	TAUX d'escompte maximum.	TAUX d'escompte moyen.	NOMBRE de variations.
	%	%	
Banque de France..................	4 50	3 09	14
Banque d'Angleterre...............	7	3 69	79
Banque d'Allemagne	7	4 59	62

La différence a toujours été à notre avantage. Il ne serait pas exact de dire que le bénéfice en est dû entièrement à la Banque, car, répétons-le, il ne lui appartient pas de fixer arbitrairement le taux officiel. Le bon marché de l'argent en France pendant cette période est avant tout une conséquence de l'abondance relative des capitaux. Mais il faut reconnaître que, dans les limites précédemment indiquées, l'action régulatrice de l'établissement d'émission a réellement coopéré à la stabilisation, à la réduction jusqu'au minimum possible et à la diffusion des taux les plus favorables au commerce. Une économie de frais de crédit considérable en est résultée, non seulement pour les effets de commerce escomptés à la Banque, mais pour tous les effets créés et escomptés en France, dont le montant annuel est passé pendant la même période de 25 à 50 milliards.

La circulation des billets, toujours couverte pendant la même période par une encaisse variant de 70 à 90 0/0, s'est elle-même considérablement développée, passant de 3.695 millions en 1898 à 5.665 en 1913. Le maximum légal en a été porté successivement à 5 milliards 800 millions par la loi du 9 février 1906, puis à 6 milliards 800 millions par la loi du 29 décembre 1911. Sa composition s'est en même temps sensiblement modifiée. Les coupures de 100 et 50 francs ont été de plus en plus demandées, en remplacement des coupures de 500 et 1.000 francs, pour les besoins des transactions courantes. Leur proportion est passée de 59 à 68 0/0 du total de la circulation.

Par une modification complète du type du billet de 100 francs, c'est-à-dire de la coupure la plus répandue, le public a été efficacement protégé contre le risque des falsifications. Il n'y a pas eu lieu, par suite, de faire usage de la faculté, réservée par l'article 14 de la loi du 17 novembre 1897, de retirer séparément le cours légal à un type de billet déterminé.

Opérations de crédit.

On sait qu'en temps normal, l'État s'abstient de tout emprunt à la Banque. L'avance permanente sans intérêts, portée de 140 à 180 millions par la loi du 17 novembre 1897, puis à 200 millions par la loi du 29 décembre 1911, ne constitue pas un emprunt. C'est la contre-partie du solde créditeur du compte courant du Trésor, dont la moyenne pour les seize années 1897-1913 a été exactement de 206 millions. La Banque n'avance en réalité que l'équivalent des sommes que le Trésor lui laisse en dépôt. La rigueur de cette règle traditionnelle ne cède qu'en présence de nécessités exceptionnelles et temporaires. Un crédit de 100 millions, ouvert en 1910 pour venir en aide aux victimes des inondations et utilisé seulement pour une faible partie, est aujourd'hui complètement remboursé. La guerre a exigé un concours incomparablement plus étendu. Mais le principe demeure, et doit rassurer ceux qui craindraient pour l'avenir une immobilisation prolongée des ressources de l'émission au profit de l'État.

Ces ressources vont, en temps normal, exclusivement au commerce, à l'industrie, à l'agriculture et au public en général, sous forme d'escompte et d'avances sur titres.

Ce sont là — si l'on néglige des opérations peu importantes, comme les avances sur lingots et monnaies — les seules opérations auxquelles la Banque peut employer la partie de l'émission non couverte par l'encaisse, ainsi que les dépôts de fonds qui lui sont confiés par les particuliers.

L'escompte.

La Banque a été autorisée par la concession initiale à escompter tous les effets de commerce, sous la double condition qu'ils soient revêtus de trois signatures et que leur échéance ne dépasse pas 90 jours.

Ces deux règles fondamentales ont été constamment maintenues, notamment en 1897 et en 1911, parce qu'elles assurent la sécurité et la liquidité du portefeuille et garantissent presque aussi sûrement que l'encaisse le remboursement des billets.

On a souvent regretté dans le passé que ces règles aient eu longtemps pour conséquence de faire de la Banque un établissement de réescompte plutôt que d'escompte. Entre elle et les commerçants et industriels devait s'interposer un banquier intermédiaire, qui fournissait la troisième signature ou gardait les effets jusqu'à ce qu'ils n'eussent plus que 90 jours à courir.

La critique n'était qu'en partie légitime, car le monopole d'émission ne doit pas avoir pour conséquence le monopole de l'escompte. Un établissement, quelque important qu'il soit, ne peut avoir charge de juger à lui seul tous les crédits, toutes les solvabilités. Des auxiliaires responsables sont nécessaires, dans une large mesure pour apprécier la valeur d'une partie au moins du papier présenté à l'escompte, vérifier la réalité des transactions auxquelles il correspond et en suivre le sort attentivement. L'intervention des banquiers qui effectuent ce travail délicat sous leur responsabilité, appuyant leur appréciation d'un engagement personnel, et fortifient ainsi les signatures du tireur et du tiré, facilite en réalité à un très grand nombre d'effets de commerce l'accès du portefeuille de la Banque.

Il y a là une nécessité pratique si certaine que le législateur a dû la reconnaître en organisant le crédit agricole et plus récemment le crédit au petit et moyen commerce. Les caisses régionales créées par la loi de 1899, les sociétés de caution mutuelle et les banques populaires prévues par la loi du 13 mars 1917 ont précisément pour fonction le même rôle d'auxiliaires pour la discrimination et la garantie des solvabilités individuelles.

Tout en reconnaissant ce rôle indispensable et légitime des banques dans la distribution de l'escompte, on ne doit pas moins souhaiter, cependant, que l'accès direct de la Banque soit ouvert au plus grand nombre possible de commerçants, industriels et agriculteurs. Ils peuvent ainsi éviter un intermédiaire onéreux, et cette concurrence partielle ouverte entre la Banque et tous les autres établissements permet au taux officiel de limiter dans une mesure efficace tous les taux privés.

C'est dans ce dessein qu'ont été prises en 1897 et en 1911, soit en vertu des lois et conventions, soit d'accord avec le ministre des Finances (lettres du gouverneur en date des 31 octobre 1896 et 14 janvier 1897), un certain nombre de mesures de nature à faciliter l'accès direct des escomptes de la Banque, savoir :

1° admission à l'escompte des syndicats agricoles ou autres ;

2° abaissement à 5 francs du minimum de valeur des effets escomptables ;

3° augmentation, dans une mesure à apprécier par la Banque suivant la solvabilité des obligés, de la proportion du papier à deux signatures à escompter pour une valeur de titres déposés en garantie ;

4° ouverture des succursales aux opérations d'escompte tous les jours ouvrables ;

5° admission des effets payables dans les villes rattachées, quelle que soit leur échéance, et non plus seulement aux échéances principales ;

6° création de 60 villes rattachées en exécution de la loi de 1897 et de 50 autres en exécution de la loi de 1911 ;

7° admission à l'escompte des effets payables dans les colonies françaises et les pays étrangers.

En dehors de ces obligations légales, la Banque a apporté spontanément d'autres améliorations notables à ses règles intérieures, notamment les suivantes :

1° admission à l'escompte des effets stipulés « sans frais », pour éviter aux tirages de minime importance les charges du protêt faute de payement ;

2° admission à l'escompte des warrants agricoles, conformément à l'autorisation résultant des lois de 1898 et de 1903 ;

3° extensions successives de la liste des marchandises susceptibles de donner lieu à des escomptes de warrants ;

4° création de « comptes mixtes », permettant aux commerçants d'affecter simultanément un même dépôt de titres à la garantie d'opérations d'escompte et d'avances ;

5° création de 178 villes rattachées en plus des 110 créations légalement obligatoires.

En dehors de ces améliorations précises, une interprétation large des clauses statutaires a permis d'enlever à la règle des trois signatures et à celle des quatre-vingt-dix jours tout caractère réellement prohibitif.

En accueillant d'une manière générale le papier non encore accepté lorsque le tiré ne réside pas dans la même ville que le tireur, et en comptant pour une signature l'acceptation présumée qu'elle se charge de recueillir, la Banque a ramené en réalité à deux, pour un très grand nombre d'effets, le nombre des signatures à réunir avant l'escompte. Or, sur ces deux signatures, l'une peut être encore remplacée :

soit par un aval séparé, c'est-à-dire par une caution une fois donnée pour toute une série d'opérations sans qu'il soit nécessaire de revêtir chaque effet de la signature que cette caution remplace ;

soit par un dépôt de titres dont la valeur relative est, en exécution même des obligations contractées en 1897 et ci-dessus rappelées, fixée très libéralement ;

soit par un dépôt de marchandises, s'il s'agit d'un warrant.

Ces facilités, portées très largement à la connaissance des intéressés, ont permis à beaucoup de commerçants, d'industriels et même d'agriculteurs d'entrer en relations directes avec la Banque.

Le nombre des comptes d'escompte est passé en seize ans de 3.387 à 21.426. La large diffusion actuelle des rentes françaises augmentera sans doute considérablement encore le nombre de ceux qui peuvent appuyer leurs opérations d'un dépôt de titres, et remettre directement à l'escompte des effets revêtus de leur seule signature.

En ce qui concerne la règle des quatre-vingt-dix jours, dont le maintien n'est pas moins nécessaire pour les raisons qui seront indiquées plus loin à propos d'un amendement déposé, il y a lieu de remarquer qu'elle correspond au délai normal dans lequel se dénouent en France à peu près toutes les opérations d'achat et vente. Pour les transactions qui, comme les opérations agricoles ou les exportations, comportent des délais plus prolongés, rien n'interdit à à la Banque de renouveler de trois mois en trois mois les escomptes consentis. Nous nous sommes assurés qu'elle le fait autant qu'il peut être nécessaire, selon la situation générale, et la situation particulière des clients intéressés. Elle n'aurait pu fournir sans cela le concours que l'on sait au développement du crédit agricole.

Les chiffres suivants résument le développement donné en seize années aux opérations d'escompte :

EFFETS ESCOMPTÉS.	1897	1913
Nombre total	14 millions.	30 millions.
Valeur totale	19 milliards.	30 milliards.
Valeur moyenne	705 francs.	665 francs.
Proportion des effets inférieurs à 100 francs	33 0/0	50 0/0
Échéance moyenne	27 jours.	30 jours.

Sur la distribution même du crédit, sur la part faite aux différentes régions, à tous les commerces et à toutes les industries, la gestion de la Banque n'a donné lieu à aucune plainte. On doit reconnaître, au contraire, que les enquêtes de 1911 et 1916 auprès des chambres de commerce et groupements syndicaux, les comptes-rendus des congrès du crédit et de la coopération agricole, contiennent de multiples témoignages des services rendus qu'il serait superflu de reproduire, mais qu'il est équitable de signaler.

Les avances sur titres.

Depuis 1897, le bénéfice des avances sur titres, précédemment réservé aux rentes françaises et valeurs garanties par l'État, emprunts des départements et des villes, obligations du Crédit foncier, a été étendu d'une manière générale à tous les emprunts des colonies et pays de protectorat. Des extensions plus étendues ont été plusieurs fois demandées, mais il convient de remarquer que dès avant la guerre, les titres sur lesquels la Banque était autorisée à prêter représentaient un capital de plus de 50 milliards.

Tout en rendant les opérations plus faciles, plus pratiques, par des améliorations de détail, la Banque a eu la préoccupation de ne pas laisser croître les avances dans une mesure excessive. On a toujours très justement considéré qu'elles ne devaient pas se développer aux dépens des escomptes commerciaux. C'est le fondement de la différence toujours maintenue entre le taux d'escompte et celui des avances.

Ces dernières, qui représentaient, en 1898, 33 0/0 du total des opérations de crédit, ne dépassaient pas, en 1913, 31 0/0 du même total. Cependant, le nombre des comptes d'avances avait sensiblement triplé, ce qui montre dans quelle mesure cette catégorie d'opérations répond à un besoin très répandu et réellement populaire.

Les émissions nouvelles du Trésor augmenteront dans une proportion considérable la masse des titres susceptibles d'être apportés en garantie.

Opérations de caisse.

En dehors des opérations de crédit, la Banque effectue pour le Trésor ou les particuliers une masse considérable d'opérations dans lesquelles elle intervient non plus comme prêteur, mais comme simple caissier ou commissionnaire. Ces opérations, pour la plupart non productives, ont pris dans la période qui a précédé la guerre un développement extrêmement important, provoqué par des stipulations législatives ou des améliorations de service spontanées.

La Banque caissier du Trésor.

En ce qui concerne d'abord le Trésor, la Banque, antérieurement à 1897, avait ouvert à celui-ci un compte courant central. Dans toutes les succursales, les comptables publics accrédités pouvaient effectuer des versements au crédit de ce compte ou des prélèvements autorisés par le ministre. Par ce mécanisme simple, tous les excédents de caisse des trésoriers payeurs généraux étaient centralisés à Paris et distribués sur tout le territoire, suivant les besoins, par un simple jeu d'écritures. Tous les mouvements matériels d'espèces ou de billets nécessaires pour satisfaire aux prélèvements demandés étaient et sont encore à la charge de la Banque.

La loi de 1897 a étendu ce service de centralisation et de distribution des fonds à tous les bureaux auxiliaires. Elle a en outre stipulé que la Banque se chargerait d'encaisser gratuitement, dans les villes rattachées, les mandats remis par les comptables du Trésor. La très grande majorité de ces mandats est tirée par les trésoriers payeurs généraux sur des comptables subordonnés, pour le montant de leurs excédents de caisse, que la Banque se trouve ainsi chargée de recueillir matériellement dans toutes les villes rattachées et de centraliser au crédit du Trésor.

De 1897 à 1913, des accords particuliers ont successivement étendu aux comptables de certaines régies ou d'administrations publiques (Postes et Télégraphes, Chemins de fer de l'Etat, etc.), et aux receveurs municipaux de la Seine, le même régime de centralisation des fonds.

D'une manière générale, la Banque est devenue de plus en plus le caissier des caissiers du Trésor. Le mouvement du compte courant central s'est ainsi développé beaucoup plus rapidement que les budgets dont il assure l'exécution. Il a passé en seize ans de 6 milliards à 13 milliards. Un pareil mouvement de compte, avec toutes les manipulations d'espèces et de billets qu'il comporte, constitue, comme on l'imagine facilement et sans qu'il soit besoin d'y insister, une charge extrêmement lourde.

La Banque s'est vu imposer encore un certain nombre d'autres obligations de nature à alléger sensiblement le service des caisses de l'Etat. Elle a dû désormais :

effectuer sans rémunération tous les transports nécessaires pour alimenter les caisses des comptables publics en monnaies divisionnaires ;

payer gratuitement au public les coupons des rentes et valeurs du Trésor ;

ouvrir ses guichets à l'émission des mêmes rentes et valeurs.

Toutes ces obligations ont été remplies avec la plus grande exactitude.

Les comptes en banque et la compensation.

La guerre a rendu plus visible et plus pressant l'intérêt qui s'attache au développement des paiements par simple écriture, sans emploi d'espèces ni de billets. Mais depuis longtemps, en un pays où la circulation des billets est toujours plus abondante qu'en aucun autre, il était apparu que tous les efforts possibles doivent être faits dans ce sens. La Banque avait elle-même pris de nombreuses mesures pour populariser l'usage des moyens modernes de règlement. Le législateur lui en avait imposé d'autres, et les progrès réalisés jusqu'à la veille de la guerre méritent de n'être pas méconnus.

La base même de tout système de règlement par écritures, c'est le compte en banque. Il fallait en développer d'abord l'usage dans la plus large mesure possible. La Banque n'y a pas manqué pour sa part, puisque le nombre des comptes de toute nature est passé de 27.304 en 1897 à 147.800 en 1914.

Cet accroissement est dû non seulement à la multiplication des comptoirs, aux facilités offertes pour l'ouverture même des comptes, mais aussi et surtout au développement de tous les services que ces comptes peuvent rendre.

En dehors des versements et prélèvements matériels d'espèces ou de billets, le titulaire d'un compte peut le faire jouer de quatre manières principales :

émission d'ordres de virement prescrivant de faire passer une somme déterminée du compte émetteur à un compte destinataire ;

émission de chèques qui sont remis en paiement à des tiers, lesquels doivent en venir ou faire toucher le montant ;

remise à la Banque des chèques reçus par le titulaire du compte ou des effets de commerce qu'il a créés, pour que la Banque les encaisse et en porte le montant au crédit du compte ;

domiciliation d'effets de commerce, qui sont alors présentables non plus au débiteur lui-même, titulaire du compte, mais à la Banque qui tient le compte ; celle-ci les paye à présentation et en débite le compte intéressé.

Pour toutes ces opérations, les facilités données aux titulaires de comptes ont été accrues législativement ou par des mesures d'ordre intérieur.

Virements. — Les virements intéressant un compte émetteur et un compte destinataire ouverts dans un même siège (Banque centrale, succursale ou bureau auxiliaire) ont toujours été gratuits. Leur instrument bien connu est le mandat rose, qui sert communément à régler toutes les transactions de banque et de bourse. Ces virements forment de beaucoup la part la plus considérable des compensations réalisées sur la place de Paris. Le montant en est passé de 86 milliards en 1897 à 310 milliards en 1913.

Les virements dits indirects ou déplacés, c'est-à-dire pour lesquels l'émetteur et le destinataire ont leur compte ouvert dans des sièges différents, étaient taxés jusqu'en 1897 d'une commission de 0 fr. 50 par mille francs. Remise était faite de cette commission pour les virements alimentés par une opération productive d'escompte ou d'avances ne remontant pas à plus de cinq jours.

Par un engagement pris en 1897, ce dernier délai fut porté à dix jours, et la commission sur les virements ne bénéficiant pas de la remise fut réduite à 0 fr. 25 par mille francs.

La commission a été elle-même supprimée d'une manière générale pour tous les virements déplacés par la convention du 11 novembre 1911. Cette mesure a eu des résultats immédiats très efficaces. Les virements déplacés, qui de 1898 à 1911 étaient passés de 2.833 à 6.481 millions, ont atteint en 1913 10.345 millions.

Émission des chèques. — L'émission, par un titulaire de compte, d'un chèque payable au siège où le compte est ouvert a toujours été gratuite. Avant même la consécration légale des chèques barrés, la Banque a admis l'usage de pareils chèques, qui, n'étant payables qu'à des catégories déterminées de personnes généralement connues, échappent dans la plus large mesure aux risques de détournement et de payement à tout autre que le véritable destinataire.

Les émetteurs de chèques simples ou barrés ont souvent besoin de rendre leurs chèques payables dans un siège autre que celui où leur compte est ouvert. Jusqu'en 1915, le visa nécessaire pour déplacer le payement de ces chèques est resté soumis à une commission de 0 fr. 25 par mille francs, applicable dans les mêmes conditions que la commission de virement supprimée en 1911. Cette commission a été, elle aussi, supprimée par la Banque, de telle sorte que les titulaires de compte dans un comptoir de la Banque peuvent maintenant disposer gratuitement de leur solde par virement ou chèque applicable ou payable dans tout autre comptoir.

Pour accroître encore les moyens de disposer des soldes de compte, la Banque s'est chargée dans ces dernières années :

1° de délivrer des chèques payables sur un grand nombre de places d'Europe et d'Amérique en vue de faciliter le règlement des importations;

2° de délivrer des chèques circulaires barrés payables, non plus dans un comptoir déterminé préalablement avisé, mais dans tous les comptoirs à première présentation : ces chèques sont affranchis de toute commission.

Encaissement de chèques et d'effets de commerce. — Lorsqu'un titulaire de compte se trouve porteur d'effets de commerce qu'il a créés ou de chèques qu'il a reçus en payement, il peut les remettre à l'encaissement. La Banque se charge des démarches nécessaires pour en toucher le montant, qu'elle porte au crédit du compte intéressé. Cette facilité, offerte précédemment pour tous les chèques et effets payables sur la place même où ils étaient remis à l'encaissement, a été étendue en 1909 à tous les chèques et effets payables sur une autre place. Le délai dans lequel le crédit est porté au compte bénéficiaire a été récemment réduit au strict minimum.

Ces opérations donnent lieu, dans la majorité des cas, à des démarches pour la présentation au débiteur, et à un payement réel en espèces. Elles comportent une commission, d'ailleurs minime, qui couvre en partie les frais d'encaissement à domicile.

Ces encaissements réels peuvent toutefois être évités dans un grand nombre de cas. Il en est ainsi notamment pour tous les chèques tirés sur un banquier adhérent à une chambre de compensation. La présentation de ces chèques se fait, non pas à la caisse du banquier, mais à la chambre même. Les remises réciproques s'y compensent sans mouvement réel d'espèces. Les soldes en fin de séance se règlent par simple virement sur la Banque de France.

En vue de favoriser le développement de ces chèques et des règlements simples auxquels ils donnent lieu, la convention de 1911 a exonéré de toute commission la remise à l'encaissement des chèques barrés tirés sur les banquiers adhérents à la Chambre de compensation de Paris ou leurs correspondants. C'était à ce moment la seule chambre de compensation existant en France. Depuis lors, la Banque elle-même s'est attachée à en créer dans les principales villes de province.

Domiciliations d'effets de commerce. — La domiciliation des effets de commerce à la caisse d'un banquier est également un moyen très efficace d'économiser les déplacements inutiles d'espèces ou billets. La Banque, qui accepte pour tous ses clients le rôle de domiciliataire, sans aucune rémunération, a fait également effort pour faciliter cette opération en réduisant au plus strict minimum les formalités nécessaires. Elles se bornent maintenant au simple envoi préalable par le client intéressé du relevé des effets à payer à chaque échéance.

Quelques chiffres suffiront à donner idée du développement des opérations de caisse de la Banque depuis le dernier renouvellement. Le mouvement général annuel des entrées et sorties de caisse est passé de 124 milliards en 1897 à 381 milliards en 1913, et 445 milliards en 1917. La part des virements dans le mouvement total atteint, pour la dernière année, 75 0/0.

Dépôts de titres.

La garde et le mouvement des valeurs mobilières comportent un rôle de caissier des titres, analogue à celui de caissier des espèces. La Banque de France le remplit comme les banques privées pour une masse de titres qui va croissant d'année en année. Le nombre des titres conservés en dépôt est passé de 8 millions 1/2 en 1897 à 13 millions 1/2 en 1913. L'exécution des ordres de bourse, qui est pour partie une annexe du service des dépôts, porte sur un total annuel qui, au cours de la même période, est passé de 234 à 565 millions.

Bien que ces divers services n'aient aucun rapport avec le monopole d'émission, les lois de 1897 et de 1911 ont stipulé, en ce qui les concerne, quelques améliorations dans l'intérêt du public, notamment les suivantes :

1° réception des dépôts dans toutes les succursales ;
2° réduction d'un quart du droit de garde pour les titres nominatifs ;
3° capitalisation des arrérages de rentes françaises déposées, sur la demande des déposants ;
4° délivrance de certificats nominatifs contre dépôt de titres au porteur des colonies et protectorats français.

De son côté, la Banque a réalisé un certain nombre d'innovations utiles, telles que la création d'un service de garantie contre les risques de remboursements au pair et d'un service d'abonnement pour la vérification des tirages de valeurs amortissables. Des coffres-forts en location ont été mis à la disposition du public dans 146 succursales ou bureaux auxiliaires. Dans chacun de ces établissements, un service de payement des coupons a été ouvert pour les locataires de coffres-forts.

Mesures générales.

Pour ne rien omettre d'essentiel, il convient de rappeler enfin quelques mesures d'ordre général relatives à l'organisation intérieure de la Banque et au développement de ses établissements.

En exécution d'engagements contractés en 1897, une place d'administrateur a été réservée dans chaque succursale aux représentants des intérêts agricoles. Les représentants des chambres de commerce ont été appelés en très grand nombre à y siéger, comme il était d'ailleurs naturel. Le cautionnement des administrateurs a été réduit à deux actions.

Conformément à l'article 8 de la convention du 11 novembre 1911, le statut du personnel a été soumis au ministre des Finances, qui l'a approuvé le 24 juillet 1912. Au cours de la discussion de la loi portant approbation de cette convention, M. Bedouce s'était fait l'interprète de vœux d'amélioration concernant certaines catégories du personnel, notamment les dames employées et les auxiliaires aux recettes. Il avait demandé également que la Banque organisât pour son personnel un régime de cautionnement moins onéreux que le dépôt matériel d'un certain capital en rentes ou obligations. Tous ces vœux ont reçu satisfaction. Une caisse de prévoyance pour le cautionnement des employés a commencé à fonctionner dès 1914.

L'effet utile de toutes les mesures prises dans l'intérêt de l'État et du public a été considérablement accru par le développement même des établissements de la Banque. Des explications détaillées seront données sur ce point à l'occasion d'un article de la convention nouvelle soumise à la Chambre. Il y a lieu cependant de retenir qu'en un siècle la Banque avait créé 260 établissements (succursales, bureaux auxiliaires, villes rattachées), et qu'en 16 ans elle en a créé 324 nouveaux. Ce rapprochement de chiffres résume l'impression de travail méthodique intense et de progrès rapide qui se dégage de toute la gestion de la Banque pendant la période de 16 ans qui a précédé la guerre.

Pendant la guerre (1914-1917)

Les signes précurseurs.

La Banque de France ne pouvait ignorer l'importance du rôle qui lui serait dévolu en cas de guerre. Se tenir prête en vue de cette éventualité était pour elle un devoir d'autant plus impérieux que dans le domaine financier, comme au point de vue militaire, les actes de l'Allemagne prenaient un caractère de plus en plus agressif et belliqueux.

La préparation allemande depuis le début du conflit balkanique, cette préparation financière, abondamment discutée dans la presse et dans les ouvrages des spécialistes d'outre-Rhin, s'était visiblement intensifiée.

Au mois de janvier 1913, le président de la Reichsbank, M. Havenstein, demandait et obtenait l'autorisation d'étendre l'émission des billets de 50 et 20 marks, qui prendraient dans la circulation la place des monnaies d'or, et contribueraient ainsi à renforcer l'encaisse de l'institut d'émission, déjà grossie par le drainage de l'or étranger. Devant la Commission centrale du Reichstag, il déclarait sans ambages que cette mesure se rattachait étroitement à l'ensemble des mesures militaires alors en préparation.

Des mêmes préoccupations, ouvertement avouées, s'inspirait la loi du 3 juillet 1913 portant modification du régime financier de l'Empire, promulguée le même jour que celle relative à la levée d'une contribution unique et extraordinaire de guerre. Elle prévoyait la création d'une réserve de 120 millions de marks en monnaies d'argent destinées à pourvoir à des « besoins extraordinaires », et l'émission de 120 millions de marks de bons de la Caisse de l'Empire, qui seraient employés à accroître d'autant le trésor de guerre, constitué en or à la Tour de Spandau. Un orateur socialiste dénonçait au Reichstag cette loi comme de nature à « augmenter le danger d'une déclaration de guerre, puisque l'on mettait aux mains du gouvernement le moyen d'entreprendre plus tôt une guerre de conquête, alors même que le peuple voudrait la paix ».

En même temps, l'Allemagne cherchait à remédier au défaut de liquidité et d'élasticité qui caractérisait son marché monétaire. La Reichsbank exerçait une pression sur les grandes banques de dépôts pour les obliger à la publication de bilans périodiques, espérant ainsi les inciter à améliorer la couverture immédiatement réalisable de leurs engagements. Ce moyen n'ayant pas suffi, M. Havenstein réunissait, en juin 1914, les directeurs des institutions de crédit privées et les invitait à conserver, en espèces ou en comptes-courants à la Reichsbank, une somme égale à 10 0/0 de leurs dépôts et autres exigibilités à vue.

Mesures défensives.

Cette succession de mesures, méthodiquement orientées vers la guerre, devait éveiller l'attention de la Banque de France. A l'offensive financière, notre institut d'émission répondit en redoublant de soins dans la préparation défensive.

Grâce à un effort énergique, l'encaisse or, qui était au 1ᵉʳ janvier 1913 de 3.194 millions, était portée jusqu'à 4.141 millions le 30 juillet 1914.

Dans le même ordre d'idées, la Banque de France, prévoyant la thésaurisation qui ne manquerait pas de se produire, s'était préoccupée d'y remédier. Elle avait préparé un stock considérable de billets de 20 francs et de 5 francs, répartis sur tout le territoire et prêts à être mis en circulation pour remplacer les monnaies métalliques.

Les autres mesures à prendre avaient été minutieusement arrêtées. Les directeurs de succursales et les chefs de bureaux auxiliaires étaient mis en possession d'instructions précises pour le cas de mobilisation. Ces instructions détaillées réglaient, notamment, les conditions dans lesquelles devaient se poursuivre les opérations de la Banque, le recrutement du personnel destiné à suppléer les agents appelés sous les drapeaux, l'évacuation éventuelle des établissements de la zone d'opérations militaires menacés d'occupation par l'ennemi, enfin, le concours à fournir au service de caisse du Trésor, en exécution des conventions intervenues avec l'État.

La crise du crédit.

Il est à peine besoin de rappeler les phases de la panique financière qui se déchaîna en France, comme en tous pays, pendant cette dernière semaine de juillet 1914, où la tension diplomatique s'aggravait d'heure en heure : baisse des cours des valeurs de bourse, provoquée par un afflux d'ordres de vente sans contre-partie, et qui nécessitait l'ajournement de la liquidation ; disparition de la monnaie métallique, ruée des déposants se pressant aux guichets des banques pour s'assurer des disponibilités, ralentissement progressif du mécanisme habituel du crédit, qui devait s'arrêter presque complètement à la nouvelle de la mobilisation.

Dans cette crise sans précédent par son étendue et sa soudaineté, c'est vers la Banque de France que se tournaient tous les regards. Avec son pouvoir d'émission appuyé sur une forte encaisse, elle apparaissait comme le grand réservoir capable de fournir le crédit nécessaire pour remplacer les capitaux momentanément retirés de la circulation et pour rendre la vie à l'organisme économique atteint de paralysie.

L'émission des billets de 5 et de 20 francs eut vite raison des difficultés qu'occasionnait la raréfaction des instruments de payement appropriés aux besoins des petites transactions. Mais ce n'était là qu'un des épisodes de la crise, laquelle retentissait surtout sur la situation de la Banque par l'énorme développement des présentations à l'escompte, accueillies, pendant toute cette période, sans aucune restriction ni réserve.

A mesure que s'accroissaient les besoins de crédit des banques de dépôts, obligées de mobiliser leur actif pour faire face aux retraits de leur clientèle, le montant du portefeuille commercial de la Banque de France s'élevait par bonds successifs. Il était encore de 1.554 millions le samedi 25 juillet ; il atteignit ensuite, de jour en jour, les chiffres suivants :

le 27 juillet...........	1.583 millions.
le 28 —	1.682 —
le 29 —	1.937 —
le 30 —	2.444 —
le 31 —	2.890 —
le 1ᵉʳ août...........	3.041 —
le 3 août............	3.430 —

Entre temps étaient intervenus les premiers décrets moratoires, en date des 31 juillet et 1ᵉʳ août. Par la prorogation des échéances, les effets que la Banque escomptait se trouvaient frappés d'une immobilisation momentanée, mais manifestement destinée à se prolonger, et qui risquait, pour nombre d'entre eux, de se transformer en impossibilité définitive de recouvrement. D'autre part, les limitations très étroites apportées au remboursement des sommes déposées dans les banques dégageaient celles-ci des préoccupations les plus immédiates.

Dans des circonstances pareilles, la Banque était tenue à une prudence d'autant plus grande que son concours à la trésorerie de guerre allait entraîner le développement d'une circulation de billets déjà notablement accrue, et dont la loi du 5 août 1914 portait la limite de 6.800 millions à 12 milliards. La Banque, comme elle le devait, prit pour toutes ses opérations la précaution de s'assurer que les crédits qui lui étaient demandés répondaient à des nécessités réelles et ne serviraient pas seulement à faciliter la thésaurisation.

C'est dans ses conditions qu'elle a continué à escompter le papier de commerce, alors même qu'il tombait sous le coup de la prorogation. Entre le 3 août et le 1ᵉʳ octobre, son portefeuille s'est encore augmenté de plus de 1 milliard, pour atteindre 4.476 millions, malgré les remboursements effectués par ceux des débiteurs qui n'entendaient pas se prévaloir du moratorium. Au total, elle avait absorbé, depuis le début de la crise, plus de 3 milliards d'effets de commerce.

Ces escomptes nouveaux ont puissamment aidé les banques de dépôts à s'acquitter des obligations que leur imposaient les décrets successifs élevant la quotité sujette au retrait. Ils ont, en outre, permis d'assurer la marche des entreprises qui, intéressant la défense nationale ou le ravitaillement de la population civile, restaient en mesure de fonctionner.

Concours initial à la trésorerie de l'État.

L'assistance donnée aux banques et aux particuliers pour résoudre cette crise du crédit n'était qu'une partie de la tâche de la Banque. Il lui fallait aussi, et avant tout, fournir au Trésor les sommes nécessaires à la mobilisation, à l'entrée en campagne et aux premières semaines des hostilités. Elle seule en avait, à ce moment, le moyen.

Les conditions de ce concours étaient depuis longtemps réglées. Elles avaient fait en 1890, en 1896 et en 1899, l'objet d'accords non publiés, que de nouvelles conventions conclues en 1911 et ratifiées par la loi du 5 août 1914 étaient venues remplacer en les complétant.

La Banque de France s'était engagée, en cas de mobilisation, à mettre à la disposition du gouvernement une avance de 2.900 millions. Sur ce montant, une première somme de 500 millions devait faire l'objet de lettres d'ouverture de crédit sur les succursales et bureaux auxiliaires, qui seraient remises au Ministre des Finances dès qu'il en ferait la demande. Le surplus serait versé au gouvernement au fur et à mesure de ses besoins.

En représentation de ses avances, la Banque devait recevoir des bons du Trésor à trois mois renouvelables. Le taux d'intérêt était fixé à 1 0/0 l'an; une redevance de 1/8 le réduisait, en fait, à 87 centimes 1/2.

Les ressources ainsi mises à la disposition de l'État, jointes à une avance de 100 millions consentie par la Banque de l'Algérie et aux sommes encaissées sur le produit de l'emprunt 3 1/2 0/0, ont satisfait aux besoins des premières semaines de la guerre. Pendant cette période, l'appel au crédit public n'a eu aucune part à la couverture des dépenses de l'État. Il en a été, d'ailleurs, de même chez presque tous les belligérants. Seule, l'Angleterre a fait exception ; par suite des conditions particulières dans lesquelles elle entrait en campagne, elle a pu se procurer, par l'émission de bons du Trésor, la majeure partie des sommes, alors relativement modiques, qui lui étaient nécessaires. Partout ailleurs, c'est l'établissement d'émission qui a eu, au début, la charge exclusive de financer la guerre.

La prolongation de la guerre. — Avances nouvelles à l'État.

A l'automne de 1914, la politique financière comme la conduite générale de la guerre se trouvent en présence de problèmes nouveaux qui appellent d'autres solutions. Jusque-là, il avait fallu parer aux besoins les plus immédiats, à ceux qui étaient déjà prévus ou que faisaient naître le cours des événements : la marche des armées allemandes sur Paris, l'évacuation devant l'ennemi d'une partie du territoire et le déplacement du siège du gouvernement et de la Banque.

Après la victoire de la Marne et le recul de l'envahisseur, qui se retranche dans des positions défensives, le caractère de la guerre se modifie. Il apparaît qu'elle sera longue, et qu'elle exigera la mise en œuvre de toutes les forces économiques du pays. Les dépenses seront énormes; pour y subvenir, le gouvernement se tourne vers l'épargne, à laquelle il offre les bons de la défense nationale. Il est, néanmoins, forcé de demander un important surcroît de ressources à la Banque de France.

La Banque les lui fournira. En même temps, elle prendra des

mesures nouvelles pour faciliter le rétablissement de la circulation des capitaux, stimuler ainsi le placement des titres de l'État et aider le pays dans son énergique effort d'adaptation à l'économie de guerre. Enfin, quand, la production nationale se révélant insuffisante, les achats à l'étranger nous rendront les changes défavorables, la Banque de France devra encore intervenir pour faciliter les règlements internationaux.

Par la convention du 21 septembre, ratifiée par la loi du 27 décembre 1914, la Banque élevait à 6 milliards le maximum de ses avances à l'État. Les conditions restaient les mêmes quant au taux d'intérêt dont elle devait bénéficier. Mais en présence de l'accroissement continu de la circulation fiduciaire et des répercussions que la prolongation de la guerre menaçait d'exercer sur le recouvrement du portefeuille d'effets prorogés, il importait de prendre les dispositions pour assurer, au lendemain de la paix, la liquidation progressive des immobilisations de la Banque de France et la sécurité absolue de l'actif sur lequel repose le crédit du billet.

C'est dans cet intérêt supérieur que, à la demande du Conseil de régence, le Ministre des Finances prenait l'engagement de rembourser la dette de l'État aussi promptement que possible.

« Rien ne serait plus funeste, écrivait-il en effet au gouverneur de la Banque, que de céder à la tentation de différer ce remboursement pour se dispenser de faire les emprunts nécessaires et profiter du taux réduit de la dette de l'État envers la Banque. Le crédit de la Banque ne pourrait que souffrir d'une politique aussi imprévoyante ».

Les circonstances ne permettaient évidemment pas de fixer des termes de remboursement. La convention du 21 septembre se bornait à stipuler que l'État se libérerait « dans le plus court délai possible, soit au moyen des ressources ordinaires du budget, soit sur les premiers emprunts, soit sur les autres ressources extraordinaires dont il pourra disposer ».

En outre, elle prévoyait la constitution d'un fonds de réserve spécial, auquel serait affecté l'intérêt supplémentaire de 2 0/0 que l'État s'engageait à verser à la Banque sur le solde des avances, une année après la cessation des hostilités. Ce fonds servira à hâter l'amortissement de la dette de l'État ; mais auparavant, il doit couvrir les pertes qui pourront se produire sur le recouvrement du portefeuille commercial immobilisé par la prorogation des échéances. Cette combinaison, qui proportionnait l'intervention de l'État dans le maintien de l'activité de la Banque à la durée et aux conséquences de la guerre, offrait plus de souplesse que le système de garantie directe auquel le gouvernement anglais s'est rallié dans des circonstances analogues. Elle a, selon l'expression de M. Ribot, l'avantage « de ne pas affaiblir le sentiment que la Banque doit avoir, en tout temps, de son indépendance et de sa responsabilité ».

Les 6 milliards que les conventions du 11 novembre 1911 et du 21 septembre 1914 assuraient à l'État devaient malheureusement rester insuffisants. Malgré le succès des émissions de la défense nationale, qui, jusqu'au 31 décembre 1917, ont procuré au Trésor plus de 52 milliards et lui ont permis d'effectuer, à plusieurs reprises, des remboursements à la Banque en atténuation de ses avances, celles-ci n'ont cessé de croître ; il a fallu porter successivement leur maximum à 9, puis à 12 et, en dernier lieu, à 15 milliards (1).

Au bilan du 28 février 1918, ces avances figurent pour 12 milliards 950 millions. Mais ce n'est pas la seule obligation que l'État ait contractée envers la Banque. Il a également eu recours à elle pour la réalisation des prêts consentis à la Russie en exécution des décisions de la première Conférence des Alliés, tenue à Paris en février 1915. Le montant des bons escomptés par elle à la Russie à partir du mois de mars 1915 a graduellement augmenté, pour atteindre 3.315 millions à la date du 28 février 1918.

C'est donc par plus de 16 milliards que se chiffre actuellement le concours direct de la Banque de France à la trésorerie de guerre. Il a nécessité une augmentation correspondante de l'émission fiduciaire, dont des décrets, rendus en vertu de l'autorisation donnée par la loi du 5 août 1914, ont porté progressivement la limite jusqu'à 27 milliards (2).

Le parallélisme entre les mouvements de la circulation fiduciaire et les prélèvements opérés par l'État français ou les gouvernements alliés ressort clairement des chiffres ci-dessous :

---

(1) Conventions des 4 mai 1915, 13 février et 2 octobre 1917, ratifiées par les lois des 10 juillet 1915, 15 février et 4 octobre 1917.

(2) Décrets des 11 mai 1915, 15 mars 1916, 15 février et 10 septembre 1917, 7 février 1918.

	BILLETS en circulation.	AVANCES à l'État.	BONS du Trésor français escomptés pour avances de l'État & des gouvernements étrangers.	TOTAL des avances à l'État et des bons du Trésor escomptés.
		(en millions de francs.)		
23 juillet 1914............	5.912	»	»	»
1ᵉʳ octobre 1914............	9.300	2.100	»	2.100
31 décembre 1914............	10.162	3.900	»	3.900
1ᵉʳ juillet 1915............	12.215	6.200	230	6.430
2 décembre 1915............	14.291	7.400	595	7.995
23 décembre 1915............	13.201	5.000	630	5.630
29 juin 1916............	15.806	7.900	1.140	9.040
12 octobre 1916............	17.029	8.600	1.530	10.130
16 novembre 1916............	15.894	6.400	1.610	8.010
27 décembre 1916............	16.678	7.400	1.800	9.200
27 juin 1917............	19.823	10.600	2.610	13.210
13 décembre 1917............	22.821	12.800	3.205	16.005
20 décembre 1917............	22.353	12.500	3.215	15.715
28 février 1918............	24.308	12.950	3.315	16.265

Si, du montant actuel de la circulation, on déduit les quelque 2.200 millions de billets remis par la Banque en échange de l'or qui lui a été apporté par le public et qu'elle a, pour la plus grande partie, prêté à l'Angleterre en vue de faciliter l'ouverture de crédits à l'État français, on constate que l'accroissement de l'émission fiduciaire, depuis le 23 juillet 1914, est sensiblement égal au montant des sommes avancées au Trésor ou pour son compte.

Ceci montre bien les conséquences de pareilles opérations. Le recours par l'État au crédit par l'émission est un moyen inévitable, dont tous les belligérants ont dû user sous une forme ou sous une autre; mais il entraîne fatalement l'augmentation de la monnaie fiduciaire. L'usage des modes perfectionnés de règlement, du chèque, de la compensation, sont de nature à atténuer ce développement; ils sont impuissants à l'enrayer complètement. La circulation ne peut guère rester stationnaire que si la totalité des sommes déboursées par les caisses publiques y revient au fur et à mesure par l'impôt ou par la souscription aux titres de l'État; elle ne peut diminuer que si le public rapporte au Trésor plus qu'il n'en a reçu.

Emission des emprunts et valeurs du Trésor.

Les considérations qui précèdent devaient nécessairement influer sur la politique de la Banque. Gardienne du crédit du billet, il lui appartenait de veiller à ce que sa circulation n'excédât pas les limites de la prudence. On doit lui rendre cette justice que si elle a consenti, sans hésitation, à l'Etat des extensions d'avances qu'exigeait la défense nationale, elle s'est aussi attachée à restreindre la nécessité du recours à ce moyen exceptionnel, en développant les ressources normales des budgets de guerre.

Comprenant l'obstacle que la crainte de l'indisponibilité pouvait mettre au succès du placement des bons de la défense nationale, la Banque leur a assuré de grandes facilités de mobilisation. A cet effet, les bons ont été admis à l'escompte lorsqu'ils n'ont pas plus de trois mois à courir jusqu'à leur échéance, ce qui permet à leurs porteurs de recouvrer immédiatement, en cas de besoin, l'usage des sommes placées. Quant aux bons remboursables dans un délai supérieur à trois mois, ils peuvent être remis en garantie d'avances atteignant 80 0/0 de leur valeur.

Les mêmes avantages, en ce qui concerne les avances, ont été étendus aux obligations de la défense nationale dès qu'a commencé leur émission; puis, lors des trois emprunts de consolidation, aux titres de ces emprunts. En outre, afin de permettre aux épargnants de consacrer à la souscription de rentes nouvelles le produit de leurs économies futures, diverses autres facilités leur ont été accordées, notamment l'élévation de la quotité des avances consenties à cet effet.

Dans le placement même des valeurs de la défense nationale, la Banque a fourni au gouvernement une collaboration active et désintéressée. Aux termes de l'article 9 de la loi du 17 novembre 1897, elle doit, « sur la demande du ministre des Finances, ouvrir gratuitement ses guichets à l'émission des rentes françaises et des valeurs du Trésor français ». Elle ne s'est pas bornée à l'exécution littérale de cette obligation. Une propagande énergique entreprise à ses frais a constamment tendu à faire comprendre au public, par le prospectus, le tract, la circulaire et les explications orales, les avantages des titres qui lui sont offerts et l'intérêt national qui s'attache à leur souscription.

Les résultats obtenus témoignent de l'intensité de ces efforts et de leur efficacité. Les souscriptions recueillies par la Banque de France, soit directement à ses guichets, soit avec le concours des banquiers qui lui ont apporté leurs versements, représentent 148.178.429 francs de rente pour le premier emprunt 5 0/0, 197,428.301 francs de rente pour le second, 232.472.330 francs pour l'emprunt 4 0/0 1917, soit au total un capital nominal de 11.974 millions et un capital effectif de 9.522 millions.

Quant aux bons et obligations de la défense nationale placés ou renouvelés par les soins de la Banque de France, leur montant s'élève actuellement à 16.862 millions.

La reprise de la vie économique.

L'afflux croissant, dans les caisses publiques, de disponibilités nouvelles, a été favorisé par la reprise graduelle de la vie économique, qui se traduit par le développement de la production et des échanges commerciaux et la circulation plus facile des capitaux. A cette reprise, la Banque a prêté une aide efficace tant par l'exercice de son activité normale que par des initiatives répondant aux circonstances exceptionnelles résultant de la guerre.

Après que la majeure partie des effets de commerce susceptibles d'être négociés eut été mobilisée pour satisfaire aux besoins de crédit consécutifs à la crise de juillet-août 1914, les présentations à l'escompte se ralentirent très sensiblement. Les affaires étaient, en effet, peu actives et se traitaient principalement au comptant. Cette rareté de matière escomptable explique la diminution du portefeuille non moratorié, qui, vers la fin de 1914, descendait jusqu'aux environs de 200 millions. Peu à peu, cependant, ce chapitre du bilan de la Banque a recommencé à progresser. Sa moyenne a été de 263 millions en 1915, de 445 millions en 1916 et de 605 millions en 1917. Au 28 février 1918, il atteignait 1.304 millions.

Au total, les effets escomptés depuis 1915 jusqu'au 31 décembre 1917 représentent une somme de 18.869 millions. Pendant la même période, les opérations d'avances sur titres se sont chiffrées par 12.823 millions.

En dehors des efforts faits pour stimuler la reprise du crédit commercial, il convient de mentionner les mesures prises par la Banque de France pour libérer, au profit des banques et du commerce français, une créance de 500 millions sur la Russie et pour aider au dégagement du marché des valeurs.

On sait les difficultés que le règlement de la liquidation à la Bourse, ajourné depuis le 31 juillet 1914, rencontrait du fait de la baisse énorme des valeurs et aussi de la dispersion de la clientèle. Ce n'est qu'en septembre 1915 que les circonstances ont permis d'y procéder. En cette occasion, la chambre syndicale a demandé et obtenu aisément le concours de la Banque de France, qui a mis à sa disposition une avance de 250 millions.

Antérieurement d'ailleurs, et dès 1914, la Banque était déjà intervenue pour permettre d'assurer le remboursement d'un acompte de 40 0/0 sur les sommes engagées en report et pour faciliter aux porteurs de rente 3 1/2 0/0 leurs versements de libération, afin d'éviter que les ventes forcées ne pesassent encore davantage sur les cours.

La crise des changes.

Si énergiquement que la nation se soit efforcée de maintenir son activité économique, la production ne pouvait suffire à l'énorme accroissement de consommation nécessité par la guerre. Il a fallu recourir de plus en plus largement à l'importation, alors que les éléments habituels de compensation de nos dettes disparaissaient ou s'amoindrissaient. D'où une hausse des changes étrangers qui a fait son apparition dans les premiers mois de 1915, et qui n'a pas tardé à s'accentuer d'une manière inquiétante.

Dans l'organisation des mesures de défense contre cette crise, qui menaçait de paralyser le règlement de nos achats à l'extérieur, la Banque de France a joué un rôle important. En temps ordinaire, elle suivait très attentivement la cote des changes, qui commande les mouvements monétaires, et s'attachait, comme on l'a dit précédemment, à en prévenir ou à en limiter les fluctuations par des envois de métal ou des achats d'effets étrangers.

Cette fonction régulatrice, la Banque a continué de la remplir dès le début de la guerre. Pendant les quelques mois où les cours des devises nous ont été nettement favorables, des achats de change effectués par elle ont permis aux Français, possesseurs de créances sur les pays alliés ou neutres, de les réaliser sans subir de pertes excessives. Puis, quand la situation se fut renversée à notre détriment, elle a mis à la disposition du marché les provisions ainsi accumulées. Celles-ci ayant été promptement épuisées, la Banque a essayé de les renouveler par des envois d'or.

Mais en présence de la prolongation de la guerre et de l'aggravation persistante du change, il est bientôt apparu que l'exportation pure et simple de métal précieux ne pourrait être qu'un palliatif temporaire et insuffisant. L'encaisse de la Banque et la totalité des réserves métalliques de la France n'auraient pas réussi à combler le déficit de notre balance commerciale, déficit qui a atteint 5 milliards 1/2 dès 1915, 13 milliards en 1916, et qui, pour 1917, semble encore avoir dépassé ce dernier chiffre.

Dans ces conditions, l'or ne pouvait remplir une fonction véritablement utile et décisive que s'il servait de base à des ouvertures de crédit d'un montant plusieurs fois supérieur. Il fallait demander aux pays créanciers de nous fournir eux-mêmes les moyens de régler nos dettes à leur égard. Cette politique, dans l'application de laquelle la Banque devait prêter son concours au gouvernement, seul qualifié pour négocier des opérations de pareille nature et de pareille ampleur, a effectivement prévalu dès la fin du premier semestre de 1915.

A partir de ce moment, tous les envois d'or effectués par la Banque ont eu lieu — sauf le cas d'exécution d'engagements antérieurs — exclusivement pour le compte de l'État, qui, seul, en recueille les bénéfices, et auquel ils ont permis de se procurer tout près de 9 milliards de crédits. Ils ont pris la forme, soit de ventes, soit de prêts d'or à la Trésorerie britannique. Ces prêts doivent être restitués dans les années qui suivront la conclusion de la paix, en même temps que seront remboursées les avances consenties par l'Angleterre à la France.

Depuis le début de la guerre, les ventes d'or ont atteint 1.077 millions, et les prêts 1.955 millions, soit au total 3.032 millions. Sur ce total, 435 millions seulement ont été envoyés postérieurement au 1er janvier 1917.

Le concours financier très libéral assuré par la République américaine aux gouvernements de l'Entente dispense, en effet, ceux-ci de toute exportation de métal précieux aux États-Unis. Par là-même, les avances de la Trésorerie britannique à l'État français, qui, antérieurement, étaient, en grande partie, affectées à nos règlements en dollars, servent uniquement, désormais, à payer nos achats en Angleterre, et par suite ne comportent, en échange, aucun prêt d'or.

Les disponibilités considérables que ces diverses opérations ont permis d'obtenir, tant en Angleterre qu'en Amérique et dans les pays neutres, n'ont pas servi seulement à régler les achats directs de l'État. Celui-ci en a mis une part importante à la disposition du commerce, par l'intermédiaire de la Banque de France, qui a continué d'en assurer la répartition, sans bénéfice, en créditant le Trésor du produit intégral des ventes. Ces ventes, jointes à celles que la Banque a faites sur les provisions de change résultant de ses opérations propres, atteignaient, fin 1917, une somme de 10.964 millions francs.

La Banque de France ne s'est d'ailleurs pas bornée à ce rôle passif. Quelle que fût l'ampleur des ouvertures de crédit négociées par l'État, elle ne devait pas faire perdre de vue la nécessité de rechercher des moyens accessoires d'équilibrer la balance des comptes. Il y avait, notamment, intérêt à affecter, dans la plus large mesure possible, au règlement de nos soldes débiteurs la partie réalisable du portefeuille français de valeurs étrangères. La Banque s'est attachée à y contribuer.

C'est en grande partie sur ses instances qu'a été obtenue du gouvernement anglais, en février 1916, la levée, au profit des porteurs français, de l'interdiction de négocier au Stock-Exchange des titres qui n'étaient pas demeurés effectivement en Angleterre depuis le 30 septembre 1914. Cette dérogation a été accordée à condition que les ordres seraient transmis par l'intermédiaire de la Banque d'Angleterre et de la Banque de France. Celle-ci a eu, en conséquence, à créer toute une organisation nouvelle pour la réalisation de ces opérations. Afin de les développer, elle a renoncé à toute commission, prenant, au contraire, à sa charge les frais de port et d'assurance des titres. Elle a, de même, donné des facilités spéciales pour les négociations sur les principaux marchés des pays alliés ou neutres, et a assuré gratuitement son concours au gouvernement pour la réception des titres étrangers prêtés à l'État.

Enfin, un appoint appréciable a été fourni par des crédits commerciaux privés ouverts, sous les auspices et avec la garantie de change de la Banque de France, en Angleterre, aux États-Unis et dans les pays neutres où nous disposions de peu de moyens de règlement. Ces opérations, qui imposent à la Banque de France des frais et des risques de couverture compensant et au delà les bénéfices que lui ont procurés les ventes de change effectuées pour son propre compte, ont dépassé, au total, 600 millions.

Tel est le bilan des interventions de la Banque de France en matière de change. Son action directe et le concours qu'elle a fourni à l'État, en mettant à sa disposition son encaisse, grossie par les apports volontaires du public, dont elle a su stimuler le patriotique empressement, ont permis d'assurer le règlement de soldes débiteurs dépassant tous les chiffres que l'imagination aurait pu concevoir. Nous nous retrouvons ainsi, après plus de trois ans et demi de guerre, avec une cote des changes qui, pour les devises maîtresses, présente un aspect plus satisfaisant qu'à aucun moment depuis le mois de septembre 1915. Ce sont là des résultats qu'il est intéressant de constater.

En somme, la tâche de la Banque a été lourde et méritoire au cours de ces quatre exercices de guerre. Il ne fait pas de doute qu'elle augmentera encore avec la prolongation des hostilités, et que bien des problèmes nouveaux devront être résolus.

Avant de clore ce chapitre, jetons un coup d'œil d'ensemble sur le bilan de la Banque de France. Ce bilan porte le poids du passé. Il ne faut ni le méconnaître ni s'en alarmer, mais seulement l'apprécier exactement.

La circulation des billets qui, à la veille de la guerre, restait inférieure à 6 milliards, atteint déjà près de 25 milliards, se rapprochant rapidement de la limite de 27 milliards fixée par le décret du 7 février 1918. Les comptes courants et dépôts de fonds, y compris le solde de compte du Trésor public, s'élèvent, en chiffres ronds, à 2.700 millions contre 1.350 millions le 23 juillet 1914. Au total, les engagements de la Banque de France ont augmenté, depuis le début du conflit européen, de plus de 20 milliards.

Jusqu'à concurrence de 6.580 millions, ce passif a sa contrepartie dans des éléments d'une liquidité immédiate ou prochaine : 3.364 millions d'or disponible (1); 236 millions d'argent; 637 millions de disponibilités à l'étranger (2); 1.123 millions de portefeuille commercial, composé d'effets régulièrement payables à l'échéance, et 1.200 millions d'avances sur titres et d'avances sur lingots et monnaies d'or.

— Les 20 autres milliards d'actif — qui correspondent sensiblement à l'augmentation des engagements de la Banque depuis le début de la guerre — consistent en éléments dont la réalisation ne saurait avoir lieu à brève échéance.

Sur ce total, 1.113 millions représentent des effets prorogés, dont la majeure partie tirés sur des mobilisés ou des débiteurs résidant dans les régions envahies; 500 millions, une créance sur la Banque de l'État russe, remboursable après la guerre et résultant d'opérations faites à la demande du gouvernement français pour libérer les sommes engagées en Russie par le commerce et les banques antérieurement à la guerre; 50 millions d'or déposés en Russie.

Le surplus de l'actif représente exclusivement des opérations

---

(1) 3.332 millions d'or dans les caisses de la Banque et 32 millions en dépôts libres à New-York.

(2) La différence entre ce chiffre et celui pour lequel le chapitre « Disponibilités et avoir à l'étranger » figure au bilan est constituée par une créance de 500 millions sur la Banque de l'État russe, réalisable après la guerre.

faites pour le compte de l'État, et qui, par là même, ne pourront se liquider qu'après la guerre. Il comprend : 1.955 millions d'or prêtés à l'Angleterre et restituables dans les années qui suivront la fin des hostilités au fur et à mesure du remboursement des crédits ouverts au gouvernement français : 13.350 millions d'avances à l'État, pour le remboursement desquelles il n'a pu être stipulé de terme fixe; enfin, 3.325 millions de bons du Trésor français escomptés aux gouvernements étrangers pour avances de l'État, et remboursables dans les six mois qui suivront la cessation des hostilités.

Tout cet actif, à terme plus ou moins long, est solide. La majeure partie en est garantie directement ou indirectement par l'État. Sa réalisation certaine est le gage indubitable d'un retour à la convertibilité des billets. Il appartiendra à l'État et à la Banque de modérer autant que possible les émissions nouvelles et d'en poursuivre, après la paix, la réduction progressive, de manière à rendre au pays tous les avantages d'une saine monnaie, mais sans provoquer une chute trop rapide des prix qui pourrait avoir plus d'inconvénients encore que la hausse actuelle.

CHAPITRE II

LE RENOUVELLEMENT DU PRIVILÈGE

Le moment est venu de régler la question.

On a vu, au chapitre précédent, qu'elle a été l'histoire de la Banque de France depuis le dernier renouvellement du privilège. Le privilège expire le 31 décembre 1920 : il y a lieu de statuer sans plus attendre sur le régime qui devra exister au lendemain de cette échéance.

Lorsqu'en 1897 et en 1911, la question de la Banque de France a été portée devant le Parlement, les deux fois, il a été expressément réclamé qu'un projet aussi important fût désormais présenté assez longtemps à l'avance pour que la discussion pût se développer en toute liberté. En prévision de l'échéance de 1920, M. Henry Chéron a réclamé formellement, au nom de la Commission du budget, que la Chambre fût saisie au cours de la législature 1914-1918 du projet de renouvellement du privilège.

L'heure paraît d'autant plus opportune que d'ici 1920, le Parlement peut se trouver absorbé par d'autres préoccupations. Si nous ne profitions du moment présent pour résoudre la question, nous risquerions de ne plus disposer du délai nécessaire avant le terme même du privilège.

La guerre ne saurait être une cause d'ajournement. L'État est devenu sans doute débiteur de la Banque pour une somme importante. Mais les conditions des avances au Trésor ont été réglées par des conventions précises qui fixent les obligations de chacun. La liberté d'action du gouvernement et du Parlement n'en sont en rien diminuées. A quelque moment que l'on puisse traiter dans l'avenir, et même si l'État avait complètement remboursé la Banque, les mêmes questions dont on peut être préoccupé aujourd'hui se poseront dans les mêmes termes, parce qu'il s'agit, en réalité, de légiférer, non pour la guerre, mais pour la paix, avec toute l'expérience que nous donne un siècle de pratique du crédit par l'émission.

Bien loin de justifier un ajournement, la situation présente commande plutôt de hâter la solution. La circulation des billets dépasse actuellement 24 milliards. Tout en ménageant dans la plus large mesure cette source de crédit à laquelle il a peut être été trop largement fait appel, il est à croire que nous serons contraints d'y recourir encore. Certaines critiques se sont produites et se renouvelleront. Une inquiétude, illégitime sans doute, mais grave dans ses conséquences, pourrait gagner les porteurs de billets; si une pareille éventualité venait à se produire, on nous reprocherait très justement de n'avoir pas tout fait pour la prévenir, en laissant planer le doute sur la situation future de la Banque.

Nécessité de proroger le privilège.

Nous ne nous attarderons pas à démontrer longuement cette nécessité, sur laquelle il semble qu'à cette heure il y ait un accord général. Une discussion que nous institueriions aurait un caractère doctrinal, bien plutôt que pratique.

La théorie de la liberté de l'émission n'a jamais compté en France que bien peu de partisans. L'émission, en effet, peut faire courir au public des risques, si les établissements qui la pratiquent ne sont pas administrés avec une prudence toute particulière : à ce titre, il importe qu'elle soit en quelque manière contrôlée par l'État; et l'intervention de celui-ci est réclamée également par l'influence que les banques d'émission acquièrent sur la circulation monétaire et sur les changes.

Une multiplicité de banques d'émission, opérant soit concurremment, soit dans autant de circonscriptions territoriales, et qui seraient soit indépendantes les unes des autres, soit unies par un lien qu'on peut concevoir de diverses façons, ne cadrerait guère avec nos traditions, et avec la centralisation qui existe chez nous. Au reste, si l'on n'admet pas que l'émission soit libre, et si, d'autre part, on ne veut pas qu'elle appartienne à l'État lui-même, pourquoi chercherions-nous autre chose que ce que nous avons depuis plus d'un siècle ? On peut songer à substituer au système existant un système essentiellement différent; mais du moment qu'on accepte le principe du système qui fonctionne chez nous, à savoir l'émission effectuée sous le contrôle de l'État, mais non par lui, il n'y a qu'à conserver le privilège de l'émission à l'établissement par lequel le public est accoutumé de le voir exercer, et qui l'exerce à la satisfaction générale.

Quant à ce qui est de confier l'émission à l'État lui-même, c'est une thèse que jadis l'on a soutenue avec passion. Pourquoi, disaient les partisans de cette thèse, l'État abandonne-t-il à un établissement privé les bénéfices que procure l'émission, c'est-à-dire le droit de créer avec du papier un équivalent de la monnaie, de mettre en circulation des capitaux qui n'ont pour ainsi dire rien coûté ? ne serait-il pas mieux inspiré de retenir ces bénéfices pour lui-même ? Et surtout, convient-il qu'il se désaisisse au profit d'un établissement privé, dont la politique ne pourra pas manquer d'être guidée, dans une grande mesure tout au moins, par la recherche du profit, de cette puissance qui s'attache à l'émission, de l'influence que celle-ci confère à qui en a le privilège sur la circulation monétaire, comme il a été dit, sur les changes, et aussi sur le taux de l'intérêt, bref, sur des faits qui ont pour les finances publiques et pour l'économie nationale une importance vraiment fondamentale ?

A cela l'on répondait qu'il y avait précisément, à confier à l'État l'exercice d'un tel pouvoir, des dangers dont il fallait se garder. Eh quoi, disait-on, peut-on imaginer que l'État, tel qu'il est organisé, fixe, par exemple, le taux de l'escompte ? peut-on imaginer que le crédit soit distribué par un établissement qui dépendrait directement des pouvoirs publics? Il s'agit là de décisions, soit générales, soit particulières, qui doivent être soustraites d'une manière absolue à certaines influences, où aucune considération ne doit intervenir en dehors des considérations concernant la situation économique, ou la solvabilité des personnes. Et puis, si c'est à l'État qu'il appartient d'émettre des billets, au lieu de régler cette émission en fonction de son encaisse, et avec l'unique préoccupation d'assurer à tout moment la possibilité de rembourser les billets, ne sera-t-il pas tenté de recourir à ce moyen en vérité trop facile pour subvenir aux besoins dont il est perpétuellement pressé ?

Ces arguments, que nous rappelons sommairement, ont prévalu devant nos assemblées législatives chaque fois que celles-ci ont eu à s'occuper du problème de l'émission. Quelle force accrue, et vraiment péremptoire, la guerre ne leur a-t-elle pas conférée ! La guerre a fait apparaître, notamment, que l'émission, pratiquée sur une très large échelle, pouvait devenir un moyen nécessaire pour les finances publiques, pour l'État lui-même, de traverser une grande crise. Mais cette émission, dans le moment même où elle devient un instrument pour le salut de la nation, constitue plus que jamais un instrument d'un usage périlleux : l'exemple récent de la Russie, après d'autres exemples plus anciens, ne le montre-t-il pas d'une manière éclatante? Il est d'une importance capitale qu'un tel instrument appartienne à un établissement où l'on ait le souci des intérêts de l'État et de la nation, mais que la préoccupation de ses intérêts propres, des intérêts qui y sont engagés incite à la prudence nécessaire.

La guerre nous a apporté un autre enseignement. Elle a fait ressortir combien il peut être utile qu'il y ait, comme clef de voûte, en quelque sorte, de notre organisation bancaire, un institut privé. La Banque de France jouit, dans le monde entier, d'un très haut crédit. Ce crédit, a-t-il été dit plus d'une fois, a son fondement d'une part dans le privilège que la Banque de France tient de l'État, et dans les qualités traditionnelles d'activité, d'intelligence, de probité de ces innombrables commerçants dont les signatures garnissent son portefeuille, en d'autres termes, de la nation française. Pour être juste, il faudrait ajouter qu'il a pour une grande part son fondement dans l'histoire même de la Banque de France, dans la confiance que ne peut manquer d'inspirer un siècle et plus d'administration prudente et avisée. Quoi qu'il en soit, le fait indéniable, c'est que la Banque a son crédit, distinct de celui de l'État, et qui, s'il s'appuie en une certaine manière sur le crédit de l'État, le renforce cependant, le double d'une façon qui s'est révélée singulièrement utile.

Est-il nécessaire de rappeler, d'autre part, que la Banque de France, si elle est un établissement privé, n'est point indifférente à l'intérêt public, mais qu'elle a de cet intérêt le plus haut souci? Cela résulte de son histoire, dont nous avons retracé un fragment dans le chapitre précédent. Et si quelqu'un, malgré la leçon du passé, était tenté de concevoir quelque inquiétude pour l'avenir, il suffirait de l'inviter à considérer la constitution de la Banque, de cette société d'un type vraiment unique, où le dividende n'est point fixé par l'assemblée des actionnaires, mais par un conseil de dix-huit membres dont trois sont à la nomination de l'État, et trois autres doivent être pris parmi les trésoriers-payeurs généraux, où un gouverneur, nommé par le gouvernement, dirige toutes les affaires, nomme tous les agents et possède un droit absolu de veto sur les délibérations de la Banque.

Il faut que l'on se représente enfin les difficultés, les périls redoutables auxquels on s'exposerait si l'on voulait bouleverser en ce moment l'organisation de l'émission dans notre pays, substituer au billet de la Banque de France quelque chose de différent, au moment même où la circulation des billets approche de 25 milliards. C'est un point auquel nous avons déjà touché; il est inutile d'y insister : si un changement tel que l'institution d'une banque d'État pour l'émission demeure dans les vœux de certains, qui pourra contester qu'un tel changement, à l'heure où nous sommes, se heurte à une véritable impossibilité? La génération qui nous succèdera, et qui vivra peut-être dans un monde très différent de celui d'aujourd'hui, pourra réexaminer en toute liberté le problème de la concession du monopole de l'émission des billets, qui se posera à elle vers la même époque que celui des concessions de chemins de fer. Il lui appartiendra de tenter, si elle en a le goût, des solutions nouvelles. Pour le moment, il ne peut être question d'adopter de telles solutions.

Pas une seule opposition ne s'est élevée, au sein des commissions, contre le renouvellement du privilège : cette unanimité n'est-elle pas éloquente?

La durée de la prorogation.

Le projet de loi prévoit, pour le privilège de la Banque de France, une prorogation d'une durée de vingt-cinq ans.

Sur ce point, le gouvernement s'est inspiré des vœux des chambres de commerce et des groupements professionnels. Il résulte de l'enquête à laquelle il a été procédé auprès des unes et des autres par le Ministère du Commerce en 1916 que le vœu général, dans le monde des affaires, était en faveur de la prorogation du privilège « pour une durée aussi longue que possible ». Les délibérations qui fixent un chiffre parlent, à l'ordinaire, de trente ans : et plusieurs indiquent des durées supérieures. Partout c'est le même désir pressant de voir les bases essentielles de tout crédit mises pour une longue période hors de toute discussion, le même besoin de stabilité. Les charges fiscales qui s'accumulent sont acceptées sans découragement parce que de toutes parts on espère, on veut, on prépare la prospérité qui seule permettra de les supporter.

Pour seconder cet essor, pour le provoquer même par de grandes facilités de crédit, on veut être sûr de pouvoir compter sur la Banque, et l'on demande que son crédit à elle, celui dont tout dépend, soit consolidé et mis hors de toute atteinte par une garantie de durée. « Le lendemain de la paix, explique le rapporteur de la chambre de commerce de Limoges, ne sera pas beaucoup moins difficile que la veille; les œuvres de paix auront besoin du concours de la Banque de France autant que les œuvres de guerre ; il faudra reconstituer l'outillage industriel là où il aura été détruit ou pillé, maintenir et accroître celui qui n'aura cessé de fonctionner, faciliter aux fabricants, aux commerçants et aux agriculteurs la reprise des affaires à l'intérieur et au dehors. Nous voulons que la Banque soit prête à accomplir ce qui sera de son ressort, et qu'elle vienne faciliter et appuyer les efforts de chacun ». La Banque ne pourra évidemment distribuer aussi largement le crédit, c'est-à-dire le temps, qu'à condition de l'avoir pour elle-même.

Ce n'est pas seulement un besoin instinctif et très légitime de sécurité qui s'exprime ainsi, c'est aussi le juste sentiment qu'un grand pays ne doit pas loger ses plus belles institutions dans des baraquements toujours provisoires loués à regret pour trois, six, neuf. Leur développement même et les services rendus s'en ressentent. L'intérêt même du commerce est que la Banque puisse songer en toute liberté d'esprit à autre chose qu'à sa fin prochaine. Il faut que sa préoccupation principale soit uniquement celle de bien remplir sa fonction, de multiplier ses services et de progresser. Il serait néfaste de limiter son horizon à quelques années. Ses vues doivent être larges, atteindre un lointain avenir et le préparer par des mesures à longues portée : constructions, outillage, recrutement et formation d'un personnel de choix, etc. Comment le ferait-elle, sous la menace d'échéances toujours imminentes ? Toute amélioration comporte une mise de fonds à laquelle aucun commerçant ou industriel ne consentira s'il ne dispose du temps nécessaire pour la récupérer.

Voici, par exemple, la question des immeubles de la Banque. Celle-ci a actuellement 27 succursales et 11 bureaux auxiliaires dans la zone des opérations ou en territoire envahi. Beaucoup de ces établissements ont été gravement endommagés, certains complètement détruits. Tous exigeront des réparations et réfections très importantes. D'autre part, le développement de tous les services, et particulièrement du service du Trésor, a rendu insuffisant un très grand nombre d'autres immeubles en province, qui devront être partiellement ou même complètement reconstruits. Enfin, à Paris même, l'établissement central doit être l'objet de très importants travaux d'agrandissement. Les services de la Banque, à Paris, n'ont reçu aucune extension matérielle depuis 1893, alors que les affaires de la Banque — dès avant la guerre — s'étaient développées dans des proportions exigeant une organisation plus large, plus moderne, à laquelle il faut assurer des locaux appropriés. De 1898 à 1913 seulement, la masse des opérations de la Banque est passée de 16 à 38 milliards. Toute cette augmentation a eu sa répercussion sur les services centralisateurs de Paris. L'espace qui maintenant leur manque a été obtenu par d'importants achats d'immeubles et deux conventions avec la Ville de Paris, qui ont mis d'accord les projets de la Banque avec les plans d'importantes améliorations de voirie aux abords du Palais Royal. A la veille de la guerre, il ne restait plus qu'à construire. Tous ces projets comportent un ensemble de dépenses dont le total ne peut guère être évalué à moins de 200 millions. Il va de soi que, malgré leur extrême urgence, la Banque ne pourra engager de pareilles dépenses que si elle dispose d'un long délai, avec la possibilité de mesurer exactement ses charges et de répartir ses amortissements sans être exposée à une nouvelle modification de son régime d'exploitation.

Une autre considération — et ce n'est pas assurément la moins importante — vise la situation créée à la Banque par l'état de guerre et le délai de liquidation nécessaire.

Quelque rapide que puisse être le remboursement de la dette de l'État, la suppression du cours forcé devra être patiemment préparée, et ne pourra intervenir qu'après le rétablissement d'une couverture métallique surabondante et une période d'épreuve prolongée. La Banque devra simultanément assurer le recouvrement de son portefeuille moratorié, en consentant pour cela tous les nouveaux crédits nécessaires. Peut-on méconnaître que, suivant qu'elle aura devant elle quelques années ou 25 ans d'existence indiscutable, ces vastes opérations ne seront pas conduites avec le même esprit de mesure et les mêmes ménagements? Après la guerre de 1870, il a fallu huit années pour sortir du cours forcé, avec une émission de billets qui ne dépassa jamais 3 milliards. Ne doit-on pas raisonnablement envisager qu'un délai beaucoup plus long sera nécessaire pour ramener au régime du remboursement à vue une émission qui déjà dépasse 24 milliards, et risque d'atteindre des chiffres encore plus élevés?

Telles sont les raisons que l'on peut invoquer en faveur d'une prorogation relativement longue. Ces raisons ont paru concluantes aux commissions.

Fallait-il réserver à l'État, ainsi qu'il a été fait en 1897, la faculté de dénoncer au bout d'un certain nombre d'années le traité le liant à la Banque ? Notre prédécesseur M. Burdeau, en 1892, s'exprimait ainsi : « Une pareille clause, sous un régime de contrôle parlementaire sérieux, équivaut à l'obligation de remettre le privilège en discussion [à la date prévue pour la dénonciation anticipée] ». C'est ainsi que la question de la Banque a dû être posée devant les Chambres en 1911. Un renouvellement avec clause résolutoire a beau accorder en principe un plus long délai, c'est le délai de dénonciation facultative qui compte seul. A son échéance, la question se pose entière, comme l'affirmait très justement M. Chéron en 1911.

En concédant ferme vingt-cinq années, alors qu'en 1897 la première période, jusqu'à la dénonciation facultative, n'était que de quinze ans, l'État n'accorde en réalité que dix ans de plus. Cette conséquence des graves événements actuels paraîtra bien légère, comparée à tant d'autres qui auront des répercussions singulièrement plus lourdes et plus prolongées.

Après cela, faut-il dire une fois de plus que, par les contrats périodiques conclus avec la Banque, l'État n'aliène pas toute action sur la gestion de celle-ci? Ces traités assignent à la Banque certaines tâches précises, ils fixent des règles de répartition des produits. Ils laissent place, au cours même du privilège et en présence d'événements imprévus, à des conversations nouvelles comme il s'en est produit souvent, et dans lesquelles la Banque, il faut le reconnaître, ne s'est jamais dérobée aux devoirs qui lui incombent. Ainsi, comme on l'a vu au précédent chapitre, les conventions de guerre, notamment, ne prévoyaient que 2.900 millions d'avances; elles ont été élargies sans difficulté, et l'État a trouvé à la Banque, aussi bien pour ses emprunts à l'intérieur que pour ses opérations de crédit dans les pays alliés, le concours le plus empressé et le plus efficace.

Les conditions de la prorogation.

Chaque fois que le Parlement est appelé à [illegible] le privilège de la Banque de France, on examine s'il n'y a pas lieu de réviser le statut de cet établissement, de lui imposer des obligations nouvelles, de modifier les règles qui président à ces rapports avec l'État.

Il convient de profiter de l'occasion présente pour rechercher les avantages qui peuvent être obtenus de la Banque pour le commerce, pour le Trésor, pour l'économie nationale, pour les [illegible]. On retrouve [illegible] des problèmes bien connus, [illegible] diverses, l'État prélève sur des produits et des avances qu'il en reçoit.

Mais à l'heure où nous sommes, des questions se posent en dehors de celles qui viennent d'être rappelées et qui sont en quelque sorte traditionnelles.

La Banque de France a eu, pendant la guerre, des produits, sinon des bénéfices, exceptionnellement élevés. Convient-il qu'on lui fasse application, purement et simplement, de la loi du 1ᵉʳ juillet 1916 qui a institué un impôt sur les bénéfices de guerre? Si on décide de répondre par la négative, la Banque de France n'aura-t-elle pas à fournir un équivalent de cet impôt dont elle serait exemptée? et lequel?

Par ailleurs, il y a, à l'heure actuelle, une situation sans exemple dans l'histoire de la Banque, une situation dont la considération doit tout dominer : c'est celle qui résulte, en même temps que du cours forcé, du fait que la circulation a dépassé 24 milliards et est destinée, selon toute vraisemblance, à monter plus haut encore. Cette situation, sur laquelle il convient de ramener sans cesse l'attention, commande de la manière la plus impérieuse un certain nombre de résolutions.

En premier lieu, il faut avoir le plus grand soin d'éviter tout ce qui pourrait ébranler ou compromettre la confiance que le public, jusqu'à ce jour, a justement manifestée dans le billet de banque. Cette confiance est née de la sagesse avec laquelle les affaires de la Banque ont été gérées jusqu'à ce jour; elle s'attache, ainsi qu'il est naturel, à la constitution de l'établissement, aux règles conformément auxquelles l'activité de celui-ci s'est exercée au cours de son histoire; la prudence veut que nous respections cette constitution, ces règles, que nous nous abstenions de les modifier, même sur les points où les arguments les plus spécieux, voire les plus sérieux, pourraient nous donner la tentation de le faire.

On doit s'efforcer, d'autre part, de contenir l'accroissement de la circulation fiduciaire, et, si possible, de réduire celle-ci dès à présent. Si l'État est contraint de recourir aux avances de la Banque de France, c'est-à-dire de demander à celle-ci des billets pour obtenir le complément des ressources fournies par l'impôt et par l'emprunt, c'est une nécessité que nous devons regretter, mais devant laquelle on ne peut que s'incliner, car il s'agit de pourvoir aux exigences de la défense nationale; mais, du moins, qu'il ne soit fait appel à ce moyen financier pour aucun autre intérêt, si respectable qu'il puisse être. Et en même temps, que tout soit fait en vue de diminuer le besoin qu'on a de numéraire pour les transactions, que l'on prenne toutes les mesures qui peuvent, en développant les règlements par écritures, rendre disponibles des billets, et acheminer une partie tout au moins de ces billets vers la Banque, soit à titre de dépôts, soit indirectement, par la voie de la souscription aux émissions de titres publics.

Enfin, on doit avoir le souci de préparer pour un avenir aussi prochain que possible le retour au régime normal de la circulation, c'est-à-dire à la convertibilité du billet en or. Ce résultat ne pourra être atteint que moyennant une réduction considérable de la circulation, et puisque ce sont les avances de la Banque à l'État qui sont la cause principale de l'inflation, c'est au prompt remboursement de ces avances qu'il faut tendre. Toute mesure qui hâtera le moment où la Banque de France n'aura plus de billets en circulation que pour les opérations commerciales de son ressort sera une mesure éminemment bienfaisante.

Maintenir la confiance dans le billet, préparer l'abolition du cours forcé, ce sont là les deux objets principaux que le gouvernement, dans l'exposé des motifs de son projet de loi, déclare avoir eus en vue. C'est sur eux également que les commissions ont eu sans cesse leur attention fixée dans l'étude qu'elles ont dû faire et de la convention passée le 26 octobre entre le gouvernement et la Banque, et des amendements qui lui ont été renvoyés.

CHAPITRE III

EXAMEN DES CONVENTIONS

Admission des sociétés de caution mutuelle à l'escompte.

L'article premier de la convention du 26 octobre 1917 est ainsi conçu :

« Le bénéfice des opérations d'escompte prévues par les statuts fondamentaux de la Banque (art. 9 du décret du 16 janvier 1808) est étendu aux sociétés de caution mutuelle du petit et moyen commerce, de la petite et moyenne industrie ».

Les sociétés de caution mutuelle dont il s'agit sont celles qu'a prévues le titre premier de la loi du 13 mars 1917 « ayant pour objet l'organisation du crédit au petit et au moyen commerce, à la petite et à la moyenne industrie ».

La loi du 13 mars 1917 a accordé des avantages notables aux banques populaires, c'est-à-dire aux établissements de crédit qui font des opérations avec les commerçants et industriels pour l'exercice normal de leur commerce et de leur industrie, et qui, après avoir assuré la rémunération de leur capital, répartissent leurs bénéfices entre leurs clients, au prorata des prélèvements qu'ils ont subis; elle autorise, notamment, le gouvernement à consentir à ces banques populaires des avances sans intérêts, jusqu'à concurrence d'une somme de 12 millions. Mais la partie la plus originale, et peut-être la plus importante de la loi est celle qui concerne les sociétés de caution mutuelle.

Aux termes de la loi, les sociétés de caution mutuelle peuvent être constituées entre commerçants, industriels, fabricants, artisans et sociétés commerciales ; elles ont pour objet exclusif l'aval et l'endos des effets de commerce et billets créés, souscrits ou endossés par leurs membres à raison de leurs opérations professionnelles. Le capital de ces sociétés, formé de parts nominatives d'au moins

50 francs, et dont un quart au moins doit être versé, est affecté à la garantie des effets et billets avalisés ou endossés par la société, de manière à servir de provision pour ces effets et billets, à défaut de règlement. Les sociétés de caution mutuelle bénéficient d'une simplification notable des conditions de publicité imposées d'une manière générale aux sociétés; elles sont exemptées de l'impôt de la patente ainsi que de l'impôt sur le revenu des valeurs mobilières.

On comprend sans peine les services que les sociétés de caution mutuelle, ainsi définies et ainsi traitées, sont destinées à rendre au petit commerce et à la petite industrie. Pour ceux-ci, jusqu'à ce jour, le crédit à court terme a été difficile à obtenir, ou il a été excessivement onéreux. Désormais, il suffira qu'un petit nombre de commerçants ou d'industriels sérieux, et ayant confiance les uns dans les autres, se réunissent, et qu'ils déboursent une somme insignifiante, pour que leur papier reçoive une signature de plus, la signature de la société; et cette signature aura une valeur certaine, garantie qu'elle sera par le capital constitué.

Il n'est pas besoin d'insister, d'autre part, sur l'intérêt qu'il y a à ce que les sociétés de caution mutuelle soient admises à l'escompte de la Banque de France. Cela facilitera l'escompte de ce même papier par les autres établissements de crédit, que ce soient des banques populaires ou des banques ordinaires. Et si le papier en question doit venir à la Banque de France pour l'escompte direct, les membres des sociétés de caution mutuelle pourront avoir à très bon compte — les sociétés de caution mutuelle étant des institutions coopératives — cette troisième signature qu'exigent les statuts de la Banque de France, et qu'il faut payer, à l'ordinaire, un prix beaucoup plus élevé lorsqu'on se la procure dans d'autres conditions.

A la vérité, il n'était pas indispensable d'inscrire dans la convention la stipulation de l'article premier. Cet article rappelle l'article 2 de la loi du 17 novembre 1897, ainsi conçu :

« Le 1° de l'article 9 des statuts fondamentaux de la Banque, établis par le décret du 16 janvier 1808, est modifié ainsi qu'il suit :

« Les opérations de la Banque consistent :

« 1° à escompter, à toutes personnes, des lettres de change et « autres effets de commerce à ordre, à des échéances déterminées qui « ne pourront excéder trois mois, et souscrits par des commerçants, « par des syndicats agricoles ou autres et par toutes autres per- « sonnes notoirement solvables ».

Mais, s'agissant des syndicats agricoles, on pouvait considérer que le texte du décret de 1808, parlant des « commerçants et autres personnes notoirement solvables » ne s'appliquait pas à eux. La même incertitude n'existe pas pour les sociétés de caution mutuelle, dont l'article 6 de la loi du 13 mars 1917 dit expressément qu'elles sont des sociétés commerciales.

Ajoutons que, dès le lendemain de la promulgation de la loi sur le crédit au petit commerce, la Banque de France a pris ses dispositions pour favoriser la création et le développement des sociétés de caution mutuelle. A la date du 27 mars 1917, le gouverneur de la Banque adressait aux directeurs des succursales la circulaire suivante (circulaire n° 1332) :

« La loi concernant l'organisation du crédit au petit et au moyen commerce, à la petite et à la moyenne industrie, a paru au *Journal officiel* du 16 mars 1917. Vous en trouverez le texte ci-après.

« Sans attendre le décret rendu en la forme des règlements d'administration publique qui déterminera les conditions d'application de ladite loi, nous attirons votre attention sur l'intérêt qu'elle présente.

« En vous reportant aux nombreux rapports et débats parlementaires qui ont précédé la promulgation, vous constaterez qu'une des préoccupations dominantes du législateur a été de concilier le fonctionnement des sociétés de cautionnement mutuel et des banques populaires avec les principes essentiels de nos statuts.

« Vous suivrez avec attention les efforts qui seront tentés dans le sens prévu par la loi ; vous accueillerez les demandes d'escompte qui vous seraient directement adressées et qui offriraient des garanties statutaires ; vous faciliterez de même les accords qui pourraient intervenir entre les organismes nouveaux et les banques locales ou régionales qui peuvent trouver ainsi, grâce aux garanties et aux contrôles que la loi vient d'établir, un utile et plus complet développement de leur féconde activité.

« Vous aurez soin de nous tenir au courant des initiatives qui se manifesteraient pour cet objet dans votre région.

« *Signé :* G. PALLAIN ».

L'inscription, dans le premier article de la convention, d'une stipulation concernant les sociétés de caution mutuelle a la valeur d'une manifestation ; elle marque l'intérêt que les pouvoirs publics portent à ces institutions nouvelles, et la volonté qu'a la banque de les favoriser ; elle est pour inviter les petits commerçants et les petits industriels à profiter des mesures que le législateur a prises à leur intention.

Bénéfices de guerre.

L'article 2 de la convention du 26 octobre 1917 règle, en ce qui concerne la Banque de France, la question des bénéfices de guerre. Voici le texte de cet article :

« A dater du début de l'exercice 1918, les produits exceptionnels résultant de l'escompte des bons du Trésor français à des gouvernements étrangers et de l'intérêt sur les avances temporaires consenties à l'Etat donneront lieu, au profit de l'Etat, aux prélèvements ci-après :

« 85 0/0 du produit de l'escompte des bons du Trésor français à des gouvernements étrangers;

« 50 0/0 des intérêts perçus sur les avances à l'Etat, déduction faite de l'intérêt supplémentaire de 2 0/0 visé aux articles 4 et 5 de la convention du 21 septembre 1914, sanctionnée par la loi du 26 décembre 1914, intérêt qui sera versé intégralement au compte de réserve et d'amortissement institué par l'article 5 de ladite convention.

« Cette contribution comprendra la redevance sur les éléments susvisés, lesquels ne seront pas repris dans la circulation productive.

« Le montant de la contribution ainsi déterminée sera versé, au fur et à mesure de l'encaissement par la Banque des produits correspondants, au compte spécial de réserve et d'amortissement susvisé.

« Pour la période écoulée entre le 1er août 1914 et la clôture de l'exercice 1917, la Banque versera audit compte spécial, dès la promulgation de la loi approuvant la présente convention, une somme de 200 millions, qui comprendra le solde de la redevance pour l'exercice 1917 sur les produits visés au paragraphe premier du présent article.

« Pour le passé, ce versement de 200 millions, et, pour l'avenir, les prélèvements prévus au premier alinéa du présent article, tiendront lieu, pour la Banque, d'impôts sur les bénéfices de guerre ».

Les dispositions contenues dans cet article peuvent être résumées de la manière suivante :

1° la Banque de France, en matière de bénéfices de guerre, est soustraite à l'application du droit commun;

2° en remplacement de l'impôt sur les bénéfices de guerre, la

Banque, pour la période allant du 1ᵉʳ août 1914 au 31 décembre 1917, fournira une somme forfaitaire de 200 millions ; à dater du 1ᵉʳ janvier 1918, certains prélèvements seront opérés sur les produits exceptionnels qu'elle obtient en ce moment;

3° la somme forfaitaire de 200 millions et le montant des prélèvements effectués sur les produits exceptionnels iront à un compte spécial de la Banque, dit compte de réserve et d'amortissement.

Avant toute chose, il nous paraît nécessaire de donner, sur l'article 2, des explications de fait.

Cet article parle des bons du Trésor escomptés par la Banque à des gouvernements étrangers, et des avances consenties par la Banque à l'Etat français. Rappelons de quoi il s'agit.

1° *Escompte de bons du Trésor à des gouvernements étrangers.* — Ce sont des opérations auxquelles la Banque s'est prêtée, à la demande de l'Etat, en vue de mettre à la disposition d'un gouvernement allié, conformément à des accords conclus le 5 février et le 4 octobre 1915, les sommes nécessaires pour le service de sa dette en France, ainsi que pour le règlement de ses achats et pour les autres dépenses qu'il pouvait avoir à faire dans notre pays. Voici le mécanisme de ces opérations.

A la demande du Ministre des Finances du gouvernement allié, adressée au Ministre des Finances de France, celui-ci remettait à la Banque de France, pour compte du gouvernement en question, des bons du Trésor à trois mois, sans intérêts, pour le chiffre indiqué. La Banque de France escomptait ces bons, au taux de 5 0/0. A l'échéance, les bons étaient remplacés par de nouveaux bons, toujours à trois mois, calculés de manière qu'avec la déduction de l'escompte, ils représentassent le montant des bons précédents. Par exemple, un bon de 100 millions, à l'échéance, était remplacé par un bon d'une valeur x, telle qu'on eût l'équation $x - \frac{1,25\,x}{100} = 100$ millions, c'est-à-dire par un bon de 101.265.822 fr. 77. Celui-ci, trois mois après, était remplacé par un bon d'une valeur y, telle qu'on eût l'équation $y - \frac{1,25\,y}{100} = 101.265.822$ fr. 77 ; et ainsi de suite (en fait, le bon de 100 millions était remplacé par un bon d'une valeur supérieure à la valeur indiquée ci-dessus, parce que sur le renouvellement de l'opération ancienne venait se greffer une avance supplémentaire rendue nécessaire par de nouveaux besoins du gouvernement étranger).

La valeur des bons du Trésor escomptée dans ces conditions par la Banque de France s'élevait :

au 24 décembre 1915, à....................... 630.000.000 fr.
au   —   1916, à....................... 1.730.000.000 »
au   —   1917, à....................... 3.215.000.000 »

Elle atteignait, au 28 février 1918, le chiffre de 3.315 millions ;

2° *Avances de la Banque de France à l'État français.* — Par une convention en date du 11 novembre 1911, qu'a approuvée la loi du 5 août 1914, la Banque de France s'était engagée à mettre à la disposition du gouvernement à titre d'avance, en cas de mobilisation, une somme maximum de 2.900 millions. L'article 2 de la convention disait ceci :

« l'avance réalisée sera représentée dans le portefeuille de la Banque par des bons du Trésor à trois mois d'échéance, du jour de l'avance ; l'intérêt de l'avance est fixé au taux de 1 0/0 l'an ».

Par la suite, une série de conventions, dont la dernière est celle du 2 octobre 1917, approuvée par la loi du 4 octobre 1917, ont porté successivement le maximum des avances dont il s'agit jusqu'à 15 milliards. D'autre part, la convention du 21 septembre 1914, approuvée par la loi du 26 décembre 1914, a stipulé, par son article 4, qu'une année après la cessation des hostilités, le renouvellement des bons en cours ne pourra s'opérer qu'au taux de 3 0/0.

Les avances de la Banque à l'État s'élevaient :

au 24 décembre 1914, à..... 3.900 millions.
       —   1915, à..... 5.000   —
       —   1916, à..... 7.400   —
       —   1917, à..... 12.500   —

Au 28 février 1918, elles se montaient à 12.950 millions.

Voici, maintenant, les produits que la Banque a retirés de l'escompte des bons du Trésor aux gouvernements étrangers et des avances à l'État :

	1914	1915	1916	1917
	francs.	francs.	francs.	francs.
Escompte aux gouvernements étrangers...............	»	13.989.249	58.683.672	150.820.409
Avances à l'État................	8.602.739	56.899.847	71.530.054	103.860.958

Ces chiffres représentent des produits bruts. Indiquons que, sur ces produits, la Banque paye des redevances à l'État.

Les escomptes de bons du Trésor à des gouvernements étrangers entrent dans le calcul de la circulation dite productive, laquelle sert à déterminer le montant de la redevance due par la Banque à l'État, depuis la loi du 17 novembre 1897. On sait que, depuis la guerre, le taux de l'escompte, à la Banque de France, s'est maintenu constamment à 5 0/0 (sauf dans la période allant du 1ᵉʳ août au 20 août 1914), et que la redevance, lorsque l'escompte est à 5 0/0, est calculée à raison d'un sixième des produits sur lesquels elle est établie.

Pour ce qui est des avances à l'État, en vertu de l'article 4 de la convention du 11 novembre 1911, la Banque paye, sur les intérêts, une redevance égale au huitième des intérêts perçus. Signalons en passant qu'à la différence de la redevance de la loi de 1897, qui, comme on le sait, a reçu une affectation spéciale, cette redevance tombe dans les produits divers du budget.

Nous avons vu que pour les 41 premiers mois de la guerre, la convention demandait à la Banque, en remplacement de l'impôt sur les bénéfices de guerre, une somme forfaitaire de 200 millions. Cette somme, est-il dit, « comprendra le solde de la redevance pour l'exercice 1917 sur les produits visés au paragraphe premier ». Les redevances de la Banque sont payées par semestre. Lorsque la convention a été signée, la Banque n'avait payé, pour l'exercice 1917, que les redevances afférentes au premier semestre. Le solde visé dans l'article 2 de la convention, ce sont les redevances du deuxième semestre de 1917. Elles représentent les chiffres suivants :

pour l'escompte de bons du Trésor aux gouvernements étrangers 12.294.311 49
pour les intérêts d'avances à l'État............. 7.255.791 98

Total................ 19.550.103 47

Considérons maintenant le mécanisme des prélèvements qui doivent jouer à dater du 1ᵉʳ janvier 1918.

Sur le produit de l'escompte des bons du Trésor à des gouvernements étrangers, il sera prélevé 85 0/0. Les bons du Trésor en question étant escomptés à 5 0/0, le prélèvement, pour un produit brut de 5 francs, sera de 4 fr. 25, laissant net à la Banque 0 fr. 75. Actuellement, sur ce produit brut de 5 francs, la Banque paye une redevance d'un sixième, donnant ainsi à l'État 0 fr. 83, et gardant pour elle

Sur les intérêts des avances à l'État, il sera prélevé 50 0/0. Le prélèvement sera donc, pour 1 franc d'intérêts, de 0 fr. 50, laissant net à la Banque 0 fr. 50. Aujourd'hui, sur 1 franc d'intérêts, la Banque paye la redevance spéciale d'un huitième, soit 0 fr. 125, et elle garde net 0 fr. 875. Lorsque le taux d'intérêt des avances sera porté à 3 0/0 (c'est-à-dire une année après la cessation des hostilités), à la même avance correspondra un prélèvement de 2 fr. 50, qui laissera toujours à la Banque un net de 0 fr. 50.

Si nous supposons que le montant des bons du Trésor escomptés à des gouvernements étrangers et le montant des avances à l'État ne change pas, les prélèvements prévus à l'article 2 de la convention donneraient, pour une année, les résultats suivants.

Bons du Trésor escomptés à des gouvernements étrangers : 3.315 millions à 5 0/0 produisent 165,75 millions, dont le 85 0/0 fait 140.887.500 francs.

Avances à l'État : 12.950 millions à 1 0/0 produisent 129,5 millions, dont le 50 0/0 fait 64,75 millions ; si l'on se place par hypothèse dans le temps où le taux d'intérêt des avances aura été porté à 3 0/0, le produit, pour un chiffre d'avances égal, s'élèverait à 388,5 millions, et le prélèvement atteindrait 323,75 millions.

Le montant des bons du Trésor escomptés à des gouvernements étrangers n'augmente plus qu'en raison du règlement qui se poursuit d'opérations précédemment engagées. La situation nouvelle qui existe entre notre pays et le gouvernement étranger intéressé a d'ailleurs posé la question de savoir si les opérations de cette catégorie sont destinées à conserver le caractère qu'elles ont eu jusqu'à ce jour, et si des décisions nouvelles ne devront pas intervenir, en ce qui concerne les conditions dans lesquelles elles figurent sur la comptabilité de la Banque de France et les arrangements auxquels elles donnent lieu entre la Banque de France et l'État. Il y a là des éventualités dont on a dû se préoccuper, et en vue desquelles des dispositions ont déjà été prises.

Quant aux avances de la Banque à l'État français, quelque désir que nous puissions avoir d'en limiter le montant, nous devons prévoir que d'ici la fin de la guerre, elles iront en augmentant, et qu'elles arriveront à dépasser notablement le niveau où elles sont déjà parvenues.

Disons quelques mots, enfin, du compte spécial où doivent aller les 200 millions du forfait et les prélèvements sur les produits exceptionnels. Ce compte — il s'agit d'un compte qui doit être ouvert dans la comptabilité de la Banque de France — a été prévu par la convention du 21 septembre 1914. L'article 4 de la convention stipulant qu'un an après la cessation des hostilités, le taux d'intérêt des avances de la Banque de France à l'État serait porté de 1 0/0 à 3 0/0, l'article suivant disait ceci :

« En aucun cas, le supplément d'intérêt de 2 0/0 ne pourra être compris dans les bénéfices susceptibles d'être distribués aux actionnaires de la Banque.

« Il sera affecté à un compte spécial de réserve destiné à couvrir, jusqu'à concurrence du montant dudit compte, les pertes qui pourraient se produire sur le recouvrement du portefeuille commercial de la Banque immobilisé par la prorogation des échéances.

« Si ce fonds de réserve laisse un reliquat, celui-ci viendra en atténuation du montant des avances faites par la Banque à l'État ».

***

Après les éclaircissements qui viennent d'être fournis sur le texte de l'article 2, il nous faut aborder la discussion de cet article. Il a retenu longtemps l'attention des commissions, qui ont tenu à l'examiner de très près.

Pourquoi n'a-t-on pas appliqué purement et simplement à la Banque de France, en matière de bénéfices de guerre, le droit commun ?

A une question écrite de M. Labroue, député, datée du 9 novembre 1916, M. Ribot, ministre des Finances, faisait, dans le *Journal officiel* du 17 novembre de la même année, la réponse suivante :

« La question du partage, avec l'État, des bénéfices supplémentaires réalisés pendant la guerre par la Banque de France sera soumise au Parlement au moment du renouvellement du privilège de cette institution ».

La manière de voir de M. Ribot a été adoptée par ses successeurs : il était nécessaire, dès lors, de demander des explications au ministre actuel.

D'autre part, si la Banque de France doit être soustraite à l'application du droit commun, fallait-il, voulant lui demander l'équivalent de l'imposition sur les bénéfices de guerre, adopter de préférence à tout autre le système inscrit dans l'article 2 de la convention, et qui apparaît au premier abord — pour ne parler que de l'une des observations qu'il peut provoquer — comme quelque chose de compliqué?

Les commissions ont tenu à se renseigner le plus complètement qu'il leur était possible. Nous croyons utile de reproduire ici la lettre qui a été envoyée au ministre des Finances par leur délégation commune :

« Paris, le 22 janvier 1918.

« Monsieur le Ministre,

« La sous-commission chargée d'examiner le projet de loi portant renouvellement du privilège de la Banque de France désirerait savoir quels résultats donnerait l'application à cet établissement des lois des 1er juillet 1916, 30 décembre 1916 et 31 décembre 1917 sur la contribution extraordinaire des bénéfices de guerre. Pour préciser davantage, elle vous demande de bien vouloir, assimilant la Banque de France à une entreprise commerciale ordinaire, faire calculer son bénéfice normal moyen au cours des trois exercices antérieurs au 1er août 1914 et son bénéfice net pendant les périodes imposables qui se sont succédé depuis cette date, puis appliquer aux excédents les différents taux prévus par les lois susvisées. Ces calculs devraient être faits en appliquant les règles posées par la loi du 1er juillet 1916, notamment en ce qui concerne les amortissements, et la jurisprudence de la commission supérieure, en tant que cette jurisprudence peut être appliquée à notre grand établissement de crédit. Quel serait, dans ces conditions, le chiffre de la contribution à payer par ce dernier pour les périodes imposables déjà écoulées?

« La sous-commission vous serait, d'autre part, obligée de répondre à différentes questions qui ont été posées devant elle et qui sont les suivantes :

« Le gouvernement considère-t-il qu'il y a une impossibilité absolue à placer la Banque sous le régime de la loi du 1er juillet 1916? En admettant que des difficultés se présentent, à raison des risques particuliers qu'elle peut courir, en particulier pour les effets prorogés, les garanties de change qu'elle a fournies ou l'or envoyé par elle et conservé à l'étranger pour permettre de calculer, avant la cessation des hostilités, ses produits et ses charges depuis la déclaration de guerre, ne pourrait-on lui demander de verser dès maintenant une provision, sauf à effectuer ce calcul dans l'année qui suivra la fin de la guerre? Il y aurait là une sorte de revision analogue à celle que prévoit l'article 15 de la loi du 1er juillet 1916.

« La Banque n'a-t-elle pas, d'ailleurs, estimé que cette loi pouvait lui être appliquée purement et simplement, en souscrivant dans les délais impartis les déclarations exigées par elle?

L'article 2 de la convention distingue deux périodes, l'une qui va du début de la guerre au 31 décembre 1917, et l'autre qui commence au 1ᵉʳ janvier 1918. Pour la première, la convention admet un forfait; pour la seconde, elle établit un pourcentage, qui varie suivant qu'il s'agit des bons du Trésor remis à des gouvernements étrangers ou des intérêts des avances de la Banque de l'État. Quelles sont les raisons qu'ont porté les parties contractantes à distinguer ces deux périodes, et quelles sont celles qui ont fait choisir les pourcentages de 85 et de 50 0/0?

« Pour quels motifs les produits autres que ceux résultant de l'escompte des bons et de l'intérêt sur les avances ne sont-ils pas frappés?

Quel produit donnerait le système prévu par la convention pour la période qui commence le 1ᵉʳ janvier 1918, s'il était appliqué à la période antérieure, si, par exemple, on l'appliquait aux résultats de l'exercice 1917?

« La sous-commission, ayant l'intention d'achever dans un délai très court l'examen de la convention pour soumettre ensuite ses résolutions aux commissions du Budget et du Commerce réunies, attacherait beaucoup de prix à recevoir les renseignements demandés et les réponses aux questions posées avant la fin de la présente semaine.

« Veuillez agréer, Monsieur le Ministre, l'assurance de ma haute considération.

« *Signé* : *le président de la sous-commission,*

« Raoul PÉRET;

« *le rapporteur,*

« LANDRY ».

A la lettre qu'on vient de lire, le ministre a fait la réponse suivante :

« Paris, le 28 janvier 1918.

« Monsieur le Président et cher collègue,

« Par lettre du 22 janvier courant, vous avez bien voulu m'adresser un certain nombre de questions au sujet de l'imposition des bénéfices de guerre réalisés par la Banque de France. J'examinerai successivement ces questions dans l'ordre où vous les avez vous-même présentées :

« I. — Vous m'avez tout d'abord prié de faire calculer, en appliquant autant que possible à l'espèce la jurisprudence de la Commission supérieure, le montant du bénéfice net moyen de la Banque de France pendant les années 1911 à 1913, le montant du même bénéfice depuis cette date et la cotisation afférente à l'excédent.

« Ainsi que je l'ai signalé dans l'exposé des motifs du projet de loi et comme vous l'avez aperçu vous-même, les résultats d'un tel travail ne peuvent offrir qu'une valeur indicative. Il n'est en effet pas possible de préjuger les appréciations fort minutieuses et délicates auxquelles auraient dû se livrer le service des contributions directes tout d'abord, les commissions ensuites, et le cas particulier de la Banque de France soulève un certain nombre de difficultés pour la solution desquelles aucune décision bien certaine ne peut être fournie par la jurisprudence actuellement acquise. C'est donc sous les réserves les plus formelles et simplement à titre d'hypothèse, à mes yeux vraisemblable et plausible, que je vous soumettrai les calculs ci-après.

« A. — *Bénéfice moyen des années* 1911, 1912 et 1913.

« Pour la détermination du bénéfice normal de la Banque, on a pris les produits bruts tels qu'ils ressortent du compte de gestion, réescompte du précédent semestre compris, et sous déduction du réescompte du semestre suivant et du report des bénéfices antérieurs. On n'a éliminé, parmi les charges, que la provision de 16 millions constituée en 1913 pour la réfection de l'hôtel du siège central. D'autres abattements pourraient soutenir l'examen et seraient ici à l'avantage de la Banque ; mais comme il s'agit d'amortissements qui ont été poursuivis dans une proportion analogue pendant la période de guerre, et qu'il faudrait éliminer aussi dans le second cas, le résultat final ne serait pas sensiblement modifié par une ventilation qui resterait assez discutable. Ainsi calculé, le bénéfice normal de la Banque est de 37.705.000 francs pour une année et de 53.415.000 francs pour une période de dix-sept mois.

« B. — *Première période d'imposition* : 1ᵉʳ août 1914-31 décembre 1915.

« Les produits bruts ont été établis comme ci-dessus. On a écarté des charges, non seulement la dotation pour les travaux du siège central (22 millions), mais 6 millions de dons charitables ou de dépenses exceptionnelles susceptibles d'être contestés, et la totalité des provisions pour effets en souffrance (20 millions). Le bénéfice s'établit, dans ces conditions, à 92.607.672 francs. Ce bénéfice doit évidemment être diminué des amortissements correspondant à la dépréciation de l'actif. A cette date (31 décembre 1915), le portefeuille d'effets, qui figure au bilan pour sa pleine valeur nominale, est de 1.838 millions.

« Il est vrai qu'il se trouve partiellement garanti par la convention du 21 septembre 1914. Mais c'est une garantie qui n'autorise nullement la Banque à se dispenser de couvrir ses pertes et à les rejeter sur l'État ; de plus, c'est une garantie tout à fait incertaine. Les avances au Trésor sont, fin 1915, de 5 milliards : que la paix intervienne et que, dans les douze mois suivants, l'État puisse contracter un emprunt aussi heureux que celui qu'il a réussi l'automne précédent ou celui qu'il effectuera l'automne suivant, et il sera entièrement dégagé envers la Banque, qui ne percevra jamais un centime de l'intérêt supplémentaire prévu par la convention de Bordeaux. Il est donc clair qu'à cette date et en face de ces perspectives, le portefeuille prorogé comporte un risque tout à fait effectif et nullement couvert.

« La jurisprudence de la Commission supérieure admet l'amortissement, dès la première année, de 100 0/0 des créances prorogées sur l'étranger et sur les pays envahis et 65 0/0 des autres. Une pareille proportion eût été fort excessive pour la Banque, qui n'eût certes pas songé à la réclamer. Sa position en cette matière, comme en beaucoup d'autres, est absolument sans analogue. Alors que les autres maisons se sont bornées à conserver, quand elles n'ont pu s'en défaire, leurs créances prorogées, l'accomplissement même de sa mission a conduit la Banque à se charger après coup de la majorité des effets que le moratorium immobilisait entre les mains des autres porteurs. Par contre, si son risque est infiniment plus étendu, ses garanties sont souvent sensiblement meilleures. Ses effets portent tous plusieurs signatures, et c'est seulement pour une part, importante il est vrai, que la totalité de ces signatures ont été données par des habitants des régions envahies. La dévastation des biens et l'exode des populations étant, dans ces dernières régions, encore peu accentués à la fin de 1915, les chances de recouvrement de la Banque restaient sérieuses, même pour cette catégorie d'effets. On peut estimer qu'on restait dans les limites de la prudence en effectuant, pour cette première période de dix-sept mois, un amortissement de 10, peut-être même de 5 0/0 des effets moratoriés.

« Si l'on applique le plus faible de ces deux taux (5 0/0 sur 1 milliard 838 millions), c'est une somme de 90.190.000 francs à déduire des 92.607.000 francs de bénéfices. Il reste 2.417.000 francs. Comme le bénéfice normal est, pour dix-sept mois, de 53.415.000 francs, aucune imposition n'aurait été établie.

« C. — *Année 1916.*

« Les bénéfices de 1916, déterminés suivant les mêmes règles et en écartant des charges, afin de ne prêter à aucune controverse, la provision de 40 millions effectuée pour risques en cours, se chiffrent par 105.957.000 francs.

« Le portefeuille prorogé n'est plus que de 1 milliard 340 millions. En suivant le même raisonnement que précédemment, le moins que l'on puisse faire, en présence de l'aggravation évidente de la situation, est d'admettre, pour cette seconde année, un nouvel amortissement de 5 0/0 — soit en tout 10 0/0 sur 1 milliard 340 millions = 134 millions —. Comme il a été tenu compte de 90 millions en 1915, c'est une somme de 44 millions à retrancher des bénéfices de 1916.

« En dehors de son portefeuille, la Banque reste chargée d'environ 700 millions d'avances sur titres également atteintes par le moratorium et que, par suite de la baisse des cours, les valeurs déposées ne suffisent plus, à cette date du 31 décembre 1916, à couvrir intégralement. L'excédent, par rapport à la marge garantie, constitue une simple créance chirographaire, frappée de prorogation et fort exposée. On peut en calculer approximativement l'importance en se référant aux cours de la rente 3 0/0, qui forme le gage le plus fréquent des avances de la Banque. Le cours moyen du 3 0/0 a été, pendant le premier semestre de 1914, de 84 francs, sur lequel la Banque a avancé 80 0/0, soit 67 fr. 30. Au 31 décembre 1916, le 3 0/0 cote 61 francs. C'est donc 11 0/0 des avances qui ne sont plus garanties, soit, si l'on applique cette moyenne à la somme précitée de 700 millions, 77 millions d'amortissements à admettre.

« La situation se résume dès lors comme suit :

« Bénéfices de l'exercice .... 105.957.000 fr.
« Amortissement du portefeuille : 44 millions.
   —   des avances sur titres : 77 millions.. 121.000.000 »

« Cette fois encore, aucune imposition ne peut provisoirement être établie.

« D. — *Exercice* 1917.

Les produits bruts de l'année ont été de 385.909.000 francs. Les dépenses proprement dites se sont montées à 123.488.000 francs. Il semble difficile de ne pas y joindre la provision de 20.000.000 francs pour effets en souffrance que justifient les conditions dans lesquelles le portefeuille non prorogé s'est reconstitué au cours des douze derniers mois, et qui reste, au surplus, dans l'ordre de grandeur des amortissements effectués pendant les trois années prises pour base du bénéfice normal.

« Le bénéfice de l'année 1917 serait, en conséquence, de 385.909.000 francs — 143.488.000 = 242.421.000 francs.

« Au 31 décembre 1917, le portefeuille prorogé est réduit à 1 milliard 137 millions. Du fait même de cette réduction, il comprend, dans une proportion croissante, des effets sur les pays envahis, dont la bonne fin, par suite de la ruine progressive de ces régions, apparaît de plus en plus compromise. En portant de 10 à 20 0/0 l'amortissement effectué au cours des quarante et un mois de guerre, on reste encore bien loin des coefficients de 65 et de 100 0/0 admis dès la première année par la Commission supérieure.

« L'amortissement serait donc de $0,20 \times 1$ milliard 137 millions = ... 227.400.000 fr.
« Il a été tenu compte, en 1915 et en 1916, de .. 134.000.000 »

« La déduction à opérer de ce chef serait donc de 93.400.000 fr.

« En ce qui concerne les avances sur titres, la marge s'est encore affaiblie pendant l'année. Le 3 0/0, pris pour exemple, est descendu de 61 francs à 58 fr. 50. On se trouve conduit de ce second chef à un amortissement de 14.000.000 de francs.

« Enfin les modifications survenues dans le cours du change aggravent les engagements pris par la Banque; liquidés sur les cours pratiqués à la fin de décembre, ils entraîneraient une perte de 7.000.000 de francs.

« En récapitulant ces divers éléments, on arrive au tableau ci-après :

Bénéfices de l'année 1917........................ 242.421.000 fr.

« Amortissements :

« 1° sur les effets prorogés	93.400.000 fr.	
« 2° Sur les avances......	14.000.000 »	
« 3° Sur les opérations de change................	7.000.000 »	
	114.400.000 fr.	114.400.000 fr.

« Reste.. 128.021.000 fr.
« Bénéfice normal .... 37.705.000 »

                                                   90.316.000 fr.
à déduire .... 5.000 »

Bénéfice passible................................. 90.311.000 fr.

« 50 0/0 sur	100.000 fr...........	50.000 fr.
« 60 0/0 sur	150.000 »...........	90.000 »
« 70 0/0 sur	250.000 »...........	175.000 »
« 80 0/0 sur	89.811.000 »...........	71.848.800 »
		72.163.800 fr.

« Le montant de la contribution extraordinaire aurait donc été fixé à 72.163.000 francs ; et sous réserve de la revision à laquelle aurait pu conduire l'application de l'alinéa 3 de l'article 15 de la loi du 30 juin 1916, cette imposition eût été la seule pour la période écoulée du 1er août 1914 au 31 décembre 1917. Mais je ne puis que le répéter, cette indication ne peut être fournie qu'à titre purement hypothétique ; il est impossible de déduire de la jurisprudence actuelle de la Commission les conclusions auxquelles l'aurait conduite l'étude détaillée de la situation absolument exceptionnelle de la Banque de France, étude dont l'exposé qui précède ne peut donner qu'un aperçu tout à fait sommaire.

« II. — Vous m'avez prié de vous indiquer s'il y a impossibilité absolue à placer la Banque sous le régime de la loi du 1er juillet 1916, et, dans la négative, s'il n'y aurait pas lieu, à défaut d'une appréciation immédiate des amortissements que comportent les risques de l'établissement, de faire verser une provision au Trésor, en renvoyant à l'année qui suivra la guerre, dans des conditions analogues à celles prévues par l'article 15, la détermination définitive de l'imposition.

« Il n'existe évidemment pas d'impossibilité absolue à placer la Banque sous le régime de la loi du 1er juillet 1916. Mais le gouvernement estime que cette solution, en faveur de laquelle peut seul être invoqué un souci théorique d'identité fiscale, ne se recommande par aucun avantage véritable, et présente de nombreux inconvénients.

« *a*) Subordonnée à des appréciations très délicates et hasardeuses, la contribution n'assurerait à l'État qu'un produit aléatoire, et qui apparait, dans tous les calculs effectués, comme indiscutablement inférieur au prélèvement prévu dans la convention du 26 octobre.

« *b*) Un prélèvement fait sur la Banque au profit du budget général apporterait sans doute à ce dernier un appoint intéressant, mais non décisif, et ne pourrait avoir aucune influence favorable sur le crédit de notre institut d'émission. Au contraire, l'État, en stipulant un lourd prélèvement contractuel, la Banque, en l'acceptant, en vue d'assurer le plus tôt et le plus énergiquement possible la liquidation progressive des postes immobilisés du bilan, accomplissent un acte financier qui, en présence de la situation créée par le développement de la circulation fiduciaire, est d'une portée considérable.

« *c*) La contribution sur les bénéfices de guerre doit prendre fin à l'expiration du douzième mois qui suivra la cessation des hostilités (art. 1er de la loi du 16 juillet 1916), et sa liquidation devra être définitivement achevée à l'expiration de l'année qui suivra la cessation de la guerre. Il n'est pas certain que les bénéfices exceptionnels de la Banque aient cessé à l'expiration de la première de ces périodes. Il est tout à fait improbable qu'une liquidation définitive puisse utilement intervenir dans les termes du second délai.

« Cette remarque me conduit à répondre à la dernière partie de votre question. Si l'on admet que, sur un point ou sur un autre, il ne convient pas d'appliquer purement et simplement à la Banque le régime général institué par la loi du 1er juillet 1916, il faut nécessairement créer pour elle un régime spécial. En particulier, s'il n'est pas possible de liquider immédiatement sa cotisation aux termes de la loi et si l'on veut néanmoins exiger un versement immédiat, il faut déterminer, par des dispositions nouvelles, comment serait fixée la provision à laquelle vous faites allusion. Tel est précisément le but que le gouvernement s'est proposé par la convention du 26 octobre 1917. Comme l'indique l'exposé des motifs, il s'est efforcé d'adapter, le mieux possible, les principes directeurs de la loi du 1ᵉʳ juillet 1916 au cas tout exceptionnel qu'il s'agissait de régler. Il persiste à penser que la solution aujourd'hui soumise au Parlement sauvegarde les intérêts essentiels qui s'imposaient à son attention. Il ne verrait aucun profit à suivre de plus près l'article 15, en décidant, par exemple, que la liquidation du compte ouvert entre la Banque et l'État devra intervenir dans l'année qui suivra la cessation de la guerre. Il est très probable qu'en ce qui concerne la Banque, qui ne sera pas seule détentrice de créances prorogées, mais qui, de par sa fonction même, en détiendra certainement la plus grande masse, les conséquences du moratorium ne seront pas encore fixées. Beaucoup de mobilisés ou de sinistrés des régions envahies, rentrant dans leurs foyers et désireux de rétablir leur situation, répugneront à compromettre définitivement leur crédit en laissant mettre leur signature en souffrance. Si, conformément à ses traditions et à l'esprit de son rôle, la Banque désire encourager leurs efforts dans toute la limite permise par la prudence, elle leur accordera, sous une forme ou sous une autre, le renouvellement de leurs effets, et continuera à porter son risque. Comment pourrait-elle le faire, si elle est condamnée, dans l'intervalle, à établir définitivement ses pertes, et à payer 80 0/0 sur le montant de celles qu'elle aurait consenti à ne pas consacrer immédiatement par un protêt? Il en est de même pour les avances sur titres, qu'il serait désastreux de voir brusquement dénoncer à l'échéance, avec vente de ce gros paquet de valeurs et notamment de rentes sur le marché. Il en est de même pour le règlement des crédits obtenus à l'étranger, que nous aurons sans doute le plus grand intérêt à voir se prolonger, pour ne pas charger nos changes au cours d'une période très critique. Cette observation montre, une fois de plus, les inconvénients qu'offrirait, en l'espèce, l'application littérale de la loi du 1ᵉʳ juillet 1916, et la difficulté extrême de s'en rapprocher plus que ne l'ont fait les auteurs de la convention. Il ne saurait d'ailleurs vous échapper que dans le système de cette dernière, une revision analogue à celle de l'article 15 s'opère automatiquement, puisque certaines pertes, impossibles à chiffrer aujourd'hui, s'imputeront, lorsqu'elles se préciseront, sur le compte spécial dont tout l'excédent reviendra à l'État.

« III. — La Banque n'a jamais estimé que la loi du 1ᵉʳ juillet 1916 dût lui être purement et simplement appliquée. Mais, avant l'expiration du délai imparti par l'article 5 de ladite loi, elle a tenu à exposer, par lettre du 31 octobre 1916, ses arguments au ministre et au directeur général des contributions directes et à les faire juges de la situation. Mon honorable prédécesseur a rendu publique, par sa réponse du 17 novembre 1916 à M. Labroue, la décision qu'il avait prise de régler la question à l'occasion du renouvellement du privilège.

« IV. — L'article 2 de la convention distingue deux périodes. Pour l'avenir, il institue un prélèvement proportionnel sur les produits exceptionnels. Pour le passé, il fixe un prélèvement forfaitaire. Cette dualité de régime s'explique comme suit. L'application rétroactive du tarif aux résultats des exercices écoulés eût conduit, déduction faite des redevances déjà payées à l'État sur les produits considérés, soit 61.773.000 francs, à une perception de 248.642.000 francs. Les provisions constituées par la Banque pour ses risques commerciaux de toute nature s'élevant à 281 millions, il ne serait resté que 32.400.000 francs en regard des pertes possibles sur les avances sur titres, et sur le portefeuille ordinaire, de l'aléa des opérations de change, etc. Il a paru qu'il y aurait des inconvénients sérieux à découvrir à ce point la position de la Banque ; qu'il était préférable de respecter dans une plus large mesure les affectations régulièrement faites à la clôture des exercices antérieurs, et qu'en définitive, la contribution afférente à ces exercices pouvait être fixée à la somme ronde de 200 millions. Par contre, il ne pouvait être question de stipuler une somme forfaitaire pour les années à venir, dont on ne peut préjuger les résultats. Les taux de 50 0/0 et de 85 0/0 ont été calculés en vue de laisser à la Banque une part de bénéfices bruts suffisante pour gager les dépenses que lui imposent les opérations correspondantes; et il a semblé qu'à cet égard il convenait, tout en appréciant avant tout dans leur ensemble les résultats des prélèvements, de marquer, par une différence de taux, que les sacrifices les plus étendus étaient consentis par la Banque sur l'intérêt des avances directement affectées aux besoins nationaux.

« V. — Pour quels motifs les produits autres que ceux résultant de l'escompte des bons remis aux gouvernements étrangers et de l'intérêt sur les avances à l'État ne sont-ils pas frappés ? Du moment que l'on renonçait, en présence de la difficulté d'apprécier aujourd'hui les risques de la Banque, à déterminer par exercice son bénéfice véritable, il devenait impossible de prendre l'importance exceptionnelle de ce bénéfice comme critérium des exercices passibles du prélèvement et comme base de liquidation de ce dernier. Force était donc d'asseoir la redevance sur le produit brut. Mais il n'est pas moins évident que l'on ne pouvait étendre cette assiette à la totalité des produits bruts, sous peine de frapper par double emploi avec la redevance ordinaire des produits absolument normaux et, d'ailleurs, d'être logiquement entraîné à imputer sur le compte spécial l'universalité des pertes encourues par la Banque. C'eût été l'abolition presque complète de l'autonomie et de la responsabilité financière de cette dernière. En réalité, parmi les produits de l'émission s'établissait une différence très nette : les uns dérivaient d'opérations commerciales, dont le volume restait inférieur à la moyenne des dernières années, les autres provenaient d'opérations extraordinaires faites avec le gouvernement dans l'intérêt de la défense nationale. On se trouvait donc naturellement amené à considérer ces dernières opérations comme la source des bénéfices de guerre de la Banque et à décider que, déduction faite des frais correspondants, calculés à forfait, déduction faite, en outre, des pertes que la Banque pouvait encourir à raison de certaines interventions motivées aussi par les événements de guerre, tout le produit net de ces opérations resterait finalement consacré à l'amortissement des avances du Trésor.

« Agréez, Monsieur le Président et cher collègue, l'assurance de ma haute considération.

« *Le ministre des Finances.*

« *Signé* : KLOTZ. »

***

On vient de lire la correspondance échangée entre les commissions et le ministre des Finances. Après une étude approfondie, les commissions ont estimé qu'elles devaient s'incliner devant les arguments exposés par le ministre et approuver le texte de l'article 2. Il ne sera pas inutile de reprendre les questions qui se posaient devant elles, et d'essayer de mettre en relief les raisons qui les ont décidées à accepter, pour ces questions, les solutions adoptées d'un commun accord par le ministre des Finances et la Banque de France. Nous nous condamnerons par là à quelques redites, mais on voudra bien les tolérer, s'agissant d'une matière particulièrement délicate; d'ailleurs, au cours de cet exposé, l'occasion pourra nous être fournie d'ajouter certaines indications à celles qui sont contenues dans la lettre ministérielle.

Pourquoi ne pas soumettre la Banque de France au droit commun ?

Le ministre a invoqué à ce propos les risques que la Banque a encourus et les pertes qu'elle a subies du fait de la guerre. De ces risques et de ces pertes, il convient que nous essayions de donner une énumération : c'est ici un premier point où il convient de compléter les explications apportées par le ministre.

1° **Dommages aux succursales des régions envahies et de la zone de guerre.** — Parmi les immeubles que la Banque de France possède dans la zone de guerre, il en est qui ont été sérieusement éprouvés, et l'on ne peut pas savoir dans quel état la Banque retrouvera ceux qui sont en région envahie. Quelques principes et quelques règles que le législateur inscrive dans la loi en préparation sur les dommages de guerre en vue de la réparation « intégrale » de ces dommages, la Banque doit prendre en considération l'article que nous venons de dire.

2° **Dépréciation du portefeuille-titres.** — La Banque possède un portefeuille-titres important. Ce portefeuille se compose de trois parties : il représente en premier lieu le capital et les réserves de l'établissement ; il représente également la plus grande partie de l'avoir de la caisse de retraite des employés, de la caisse de retraite des dames employées et du fonds de retraite des auxiliaires ; il comprend, enfin, les titres correspondant à diverses provisions constituées par la Banque.

Les titres en question figuraient dans les bilans pour leur prix d'achat : de la sorte, à la veille de la guerre, ils étaient comptés pour une valeur inférieure à leur valeur véritable. Mais la baisse des cours, depuis la guerre, a été telle qu'ils se sont trouvés valoir moins que les sommes pour lesquelles ils étaient inscrits dans les bilans. Ainsi, non seulement la Banque a subi, du fait de la baisse, une perte considérable, mais elle s'est vue dans la nécessité — malgré la règle de comptabilité très prudente qu'elle avait suivie — de combler des insuffisances qui étaient apparues.

3° **Effets prorogés.** — Lorsqu'est intervenu le moratorium des effets de commerce, la Banque de France a accueilli dans son portefeuille commercial les effets prorogés qui lui ont été apportés à l'escompte. Le montant des effets de cette sorte détenus par elle s'est élevé jusqu'au maximum de 4.476.700.000 francs. Il a ensuite décru progressivement, comme le montre le tableau suivant :

24 décembre 1914........ 3.477.700.000 fr.
24 décembre 1915........ 1.838.400.000 »
24 décembre 1916........ 1.340.800.000 »
24 décembre 1917........ 1.140.900.000 »
28 février 1918......... 1.114.600.000 »

Parmi les effets prorogés que contient le portefeuille de la Banque, la plus grande partie ont pour signataires des personnes qui, comme habitant les régions envahies ou à d'autres titres, sont vraiment, à l'heure présente, dans l'impossibilité de faire face à leur signature. Il est bien malaisé de prévoir quelle sera la situation quand la guerre aura pris fin, et que le moratorium aura été levé.

A la vérité, le compte spécial a été prévu comme devant servir à couvrir les pertes résultant pour la Banque du portefeuille moratorié. Il n'est pas à croire que ce compte spécial ne suffise pas à couvrir les pertes sur le principal des effets : il faudrait supposer, pour qu'une telle éventualité se réalise, d'une part, que le montant des effets impayés s'élève très haut, d'autre part, que la Banque soit remboursée à très brève échéance des avances consenties à l'État et des bons du Trésor escomptés à des gouvernements étrangers, en sorte que, par la disparition des produits exceptionnels, se trouve rapidement tarie la source où le compte spécial s'alimente. Mais il importe de signaler qu'en vertu de l'article 3 de la convention — sur lequel nous aurons prochainement à revenir —, la Banque ne sera couverte que du montant en principal des effets impayés. Elle ne sera pas couverte de la perte des intérêts; et ces intérêts, lorsqu'ils auront été accumulés pendant plusieurs années au taux de 5 0/0 par an, ne seront pas précisément négligeables.

4° *Avances sur titres.* — Sur le 1.170 millions d'avances sur titres en cours au 28 février 1918, une moitié environ remonte à la période antérieure à la guerre. Pour les avances comme pour les effets de commerce, le moratorium joue. Or la Banque de France, avant la guerre, fournissait comme avances le 80 0/0 ou le 75 0/0 de la valeur des titres apportés en nantissement, selon la nature de ces titres. La baisse des cours a dépassé, dans la plupart des cas, la marge qui était ainsi prévue ; et il convient de tenir compte, en outre, des intérêts qui vont s'accumulant sans cesse. Il n'est point certain, tant s'en faut, qu'au lendemain de la guerre, lorsque la Banque pourra s'occuper de liquider les affaires dont il s'agit, les cours auront remonté : en sorte que lorsque les emprunteurs seront hors d'état de s'acquitter, si la Banque voulait réaliser son gage, elle se trouverait en perte. Mais nous devons ajouter que très certainement, pour des raisons multiples — souci de ménager ses clients, difficulté d'écouler de grosses quantités de titres, préoccupation de ne point porter tort au marché financier et au crédit public —, elle ne recourra à la réalisation des gages que le plus tard et sur l'échelle la plus réduite possible.

5° **Or à l'étranger.** — Dans l'encaisse or de la Banque de France, à la date du 28 février 1918, sur un total de 5.368.146.474 francs, 2.037.108.484 francs étaient à l'étranger. Il y a là deux éléments à distinguer.

La plus grande partie de l'or dont il s'agit a été envoyée hors de France, à la demande du gouvernement, en exécution d'accords passés soit entre celui-ci et tel gouvernement étranger, soit entre la Banque de France elle-même et telle banque d'émission de l'étranger. Après avoir, pendant un temps, fait vendre à la Banque de France de l'or en vue d'obtenir à l'État français des ouvertures de crédit qui lui étaient nécessaires afin de poursuivre la guerre — la Banque a aliéné dans ces conditions pour 884.592.000 francs d'or (1) —, on a, par la suite, eu recours à une méthode assurément préférable, qui consiste à envoyer l'or de la Banque à l'étranger à titre de prêt ou de dépôt fixe. Cet or reviendra lorsque l'État français aura remboursé les crédits à l'occasion desquels il a été exporté.

A côté de l'or dont il vient d'être parlé, la Banque a — pour des sommes de beaucoup inférieures, mais qui cependant ne sont pas négligeables — de l'or « libre » à l'étranger. Là dessus, une partie peut-être regardée comme assez sérieusement exposée.

6° **Disponibilités à l'étranger.** — Sur cet article, nous ne pouvons mieux faire que de reproduire la note ci-dessous, qui nous a été communiquée, et qui date de la fin de décembre 1917.

« Les opérations de change entreprises par la Banque pour mettre à la disposition du commerce des moyens de règlement à l'étranger ont atteint, du 1er août 1914 au 22 décembre 1917, date de clôture du dernier exercice, les chiffres suivants :

« Achats de change................................	11.749.827.367 93
« Ventes de change.................................	10.963.640.963 73
« Différence figurant au bilan du 22 décembre 1917 sous le titre : « Disponibilités à l'étranger »	786.186.404 20

« Cette différence représente le coût net actuel des sommes que la Banque possède sur les places étrangères au 22 décembre 1917, et qui sont ainsi réparties :

---

(1) Le total de l'or aliéné par la Banque, à des titres divers, du 1er août 1914 au 31 décembre 1917 s'élève à 1.057.483.000 francs.

« Angleterre..................	£	2.107.911	17 sh. 4
« États-Unis..................	$	34.197.762	96
« États scandinaves...........	Kr.	228.153	64
« Suisse......................	Fr.	712.563	51
« Russie.....................	Ro.	175.545.603	07
« Divers.....................	Fr.	3.402.019	93

« En chiffrant la valeur de ces sommes au cours du change du 22 décembre 1917, compte tenu des opérations à change garanti par des tiers ainsi que de la garantie résultant de l'article 3 de la convention du 21 octobre 1917 pour les opérations effectuées en Russie à la demande de l'État français, on arrive à un total de 802.848.887 fr. 45.

« Le bénéfice éventuel pour la Banque ressort donc provisoirement à 16.662.483 fr. 25, différence entre le coût des disponibilités à l'étranger figurant au bilan et leurs valeurs au cours actuel.

« Mais ce n'est là qu'une apparence toute momentanée.

« Pour se procurer le change nécessaire, la Banque a dû, selon les circonstances, opérer de trois manières différentes :

« *a*) Envois d'espèces ou achats de créances, pendant les premiers mois de la guerre, avant la conclusion des accords par lesquels l'État français s'est assuré par la suite d'importants moyens de règlement. Les premières disponibilités que la Banque a pris ainsi l'initiative de procurer au commerce, à ses risques et périls, ont été cédées au cours du jour aux débiteurs français suivant leurs besoins.

« *b*) Négociation de disponibilités que le Trésor français s'est créées ensuite, et dont il a mis une partie à la disposition du commerce, par l'intermédiaire de la Banque. Dans ce cas, la Banque a toujours versé au Trésor le montant intégral du prix de vente. Elle n'a été qu'un mandataire désintéressé. Les disponibilités livrées par le Trésor et vendues pour son compte figurent pour un montant égal dans le total des prix d'achat et des prix de vente ci-dessus indiqués.

« *c*) Achat de crédits obtenus à l'étranger par des maisons ou groupes de maisons françaises. La Banque a pris ces crédits à son compte en les achetant à un cours déterminé, et ils figurent pour ce prix dans le total des achats de change. Les disponibilités ainsi acquises ont été employées comme toutes les autres en ventes de change, qui figurent elles-mêmes à leurs cours de réalisation dans le total des prix de vente.

« Mais pour ces opérations, la Banque est obligée de supporter les différences d'intérêt pendant la durée des crédits, et d'effectuer le remboursement à l'échéance en subissant les cours du change qui seront alors pratiqués.

« Le montant des prix d'achat a atteint un total de 588.345.850 fr. Si on liquidait actuellement, les différences d'intérêt déjà courues et le prix de la couverture, au cours actuel, atteindraient un total de 611.629.195 fr. 21. La différence, soit 23.283.345 fr. 21, représente une perte que la Banque doit considérer comme un supplément éventuel au prix d'achat des disponibilités en question, à régler au moment du remboursement.

« A l'heure actuelle, du chef de ses opérations de change, la Banque se trouve donc en présence, d'une part, d'un bénéfice de 16.662.483 fr. 25, et d'autre part, d'une perte de 23.283.345 fr. 21. La perte nette ressort à 6.620.861 fr. 96.

« Il est peu vraisemblable qu'elle s'atténue très sensiblement, et encore moins qu'elle se transforme en bénéfice avant la liquidation ».

Dans la note ci-dessus, on remarquera le passage où il est parlé d' « opérations effectuées en Russie à la demande de l'État français ». Ces opérations ont eu pour but de dégager des créances, antérieures à la guerre, que des maisons françaises avaient sur la Russie, et que le moratorium russe et la situation des changes, notamment, empêchaient de recouvrer, ou de recouvrer dans de bonnes conditions. La Banque de France, en vertu d'une convention passée entre elle et la Banque de l'État russe à la date du 2 février 1915, a fourni une somme de 500 millions, dont elle est créancière vis-à-vis de la Banque d'État russe, l'État russe ayant donné sa garantie. Il y aurait là pour la Banque de France un gros risque, si une stipulation — qui est visée dans la note reproduite plus haut — n'avait pas été inscrite à son sujet dans l'article 3 de la convention, dont nous aurons à nous occuper plus loin.

Voilà donc toute une série de risques auxquels la Banque se trouve exposée. Il en est que l'article 3 de la convention a pour objet de couvrir le risque de pertes en principal sur les effets moratoriés, et le risque afférent aux 500 millions de la Banque de l'État russe. Nous ne ferons pas valoir que, la Banque étant soumise au droit commun en matière de bénéfices de guerre, et l'article 2 disparaissant, il n'y aurait plus, pour alimenter le compte spécial, que le supplément d'intérêt de 2 0/0 que les avances à l'État devront produire une année après la cessation des hostilités. Il y a des chances sérieuses, en effet, pour que l'État n'ait pas achevé de rembourser les avances de la Banque avant le moment où ce supplément d'intérêt aura fourni de quoi couvrir les risques dont il s'agit. Écartons donc ces risques : parmi ceux qui subsistent, certains ne sauraient être chiffrés bien haut ; mais il en reste — ceux que nous avons inscrits dans notre énumération sous les numéros 2, 3 (pour les intérêts afférents aux effets prorogés), 4 et 5 — qui doivent être tenus pour appréciables, voire même pour considérables.

Risques considérables, disons-nous, et, en même temps, singulièrement malaisés à estimer. Si l'on devait soumettre la Banque de France à l'impôt sur les bénéfices de guerre, serait-il tenu compte de ces risques en la manière qui résulte de la jurisprudence établie ? On l'a vu par la lettre du ministre, la Banque, par là, se trouverait provisoirement exemptée de toute imposition. On n'arriverait à l'imposer — à titre provisoire, et pour l'une seulement des périodes d'imposition écoulées — qu'en s'écartant notablement de cette jurisprudence.

Ajoutons qu'un règlement provisoire de la question, quel qu'il soit, présenterait cet inconvénient de créer pour la Banque de France une situation incertaine, laquelle pourrait ne pas être sans exercer une influence fâcheuse sur le crédit du billet de banque. La solution adoptée évite cet inconvénient ; mieux que cela, en fournissant immédiatement des fonds pour alimenter le fonds spécial, elle affirme la volonté commune des pouvoirs publics et de la Banque de liquider le plus tôt possible la situation anormale que la guerre a créée pour notre circulation monétaire, et elle prépare cette liquidation.

Ce n'est pas tout. Soumettant la Banque au droit commun, le règlement définitif avec le fisc, aux termes de l'article 15 de la loi du 1ᵉʳ juillet 1916, devrait intervenir avant l'expiration de l'année qui suivra celle de la cessation des hostilités. Qu'est-ce à dire ? Imagine-t-on la Banque de France obligée de liquider avant ce terme son portefeuille d'effets prorogés, et les opérations d'avances sur titres engagées par elles avant la guerre ? Se représente-t-on les conséquences économiques, sociales, financières qui se produiraient inévitablement si elle devait, dans un tel délai, sommer les signataires des effets prorogés de faire honneur à leur signature, les emprunteurs de rembourser leurs dettes, et jeter sur le marché financier, peut-être, des masses de titres ? Une telle éventualité ne saurait être admise un instant.

La Banque de France est dans une situation telle qu'il est impossible de songer à effectuer, dans les délais de la loi du 1ᵉʳ juillet 1916, la liquidation des risques nés pour elle de la guerre. Il ne sera pas sans intérêt de noter que pour elle, d'autre part, les bénéfices de guerre ont toutes chances de se prolonger au delà de la période pour laquelle l'impôt des bénéfices de guerre a été institué. D'après l'article premier de la loi de 1916, cet impôt s'applique aux bénéfices réalisés depuis le 1ᵉʳ août 1914 jusqu'à l'expiration du douzième mois qui suivra la cessation des hostilités. Or, la Banque de France, si elle a des bénéfices de guerre, les doit à ce que ses produits normaux sont doublés des produits exceptionnels que l'on sait ; et ces produits exceptionnels, elle continuera à les obtenir aussi longtemps que ne lui auront pas été remboursés les bons du Trésor escomptés à la Russie et les avances consenties à l'État français, c'est-à-dire, selon toute vraisemblance, au delà du terme qui a été indiqué ci-dessus.

Ces considérations ont paru décisives aux commissions. Il en est d'autres qu'on pourrait invoquer. Il y a, entre la Banque de France et l'État, une association qui se manifeste en bien des manières. L'État demande à la Banque un impôt spécial, le droit de timbre qui grève les billets en circulation ; il perçoit une redevance sur ce qu'on nomme la circulation productive — et, à ce propos, on pourrait signaler que l'existence de l'impôt et de la redevance en question créerait des difficultés pour l'estimation de ces bénéfices de la Banque qui devraient supporter la contribution de la loi de 1916 —. L'État, d'autre part, est débiteur de la Banque, qui lui consent des avances. Et comment oublier que ces risques de la Banque dont il était question tantôt sont nés, pour une très grande partie, d'opérations qu'elle a faites à la demande expresse de l'État, ou bien encore qui ont été inspirées par le souci qu'elle a de remplir sa haute mission de soutien de notre crédit national et de notre crédit public? N'y a-t-il pas là une situation unique, et n'est-on pas en droit de penser qu'à cette situation répondrait mal l'application d'une loi fiscale telle que la loi du 1ᵉʳ juillet 1916 ?

Régime normal appliqué à la Banque de France en remplacement de la contribution sur les bénéfices de guerre.

La Banque de France étant soustraite, pour les raisons qu'on a vues, au droit commun en matière de bénéfices de guerre, il était nécessaire que des sacrifices lui fussent imposés, en remplacement de la contribution prévue par la loi de 1916. Comment donc ces sacrifices seront-ils déterminés?

Il n'était guère possible de les asseoir sur les bénéfices de la Banque : on retrouverait, de la sorte, ces difficultés qui existent pour l'estimation des bénéfices, et qui ont contribué, précisément, à faire admettre, pour la Banque, l'idée d'un régime exceptionnel.

Fallait-il donc les asseoir sur les produits bruts de la Banque, considérés dans leur totalité? Mais il est à noter que depuis la guerre, si la Banque a eu des produits exceptionnellement élevés, ces produits ne proviennent pas des opérations normales de l'établissement. Voici, pour les dernières années, les chiffres qui indiquent les produits tirés par la Banque de ses opérations commerciales, ainsi que les revenus donnés par les titres qu'elle possède (nous laissons de côté les intérêts des effets prorogés, dont nous aurons à reparler plus loin) :

ANNÉES.	PRODUITS commerciaux.	ARRÉRAGES des valeurs.	TOTAL.
	francs.	francs.	francs.
1911	66.041.810	10.742.409	76.784.219
1912	76.994.227	10.833.703	87.827.930
1913	104.115.214	11.115.884	115.231.098
1914	102.195.912	11.889.374	114.085.286
1915	58.397.164	13.174.209	71.571.374
1916	83.235.335	15.012.495	98.247.830
1917	86.079.607	19.769.879	105.849.486

La solution logique, dès lors, c'est de prendre comme base les produits exceptionnels, à savoir ceux qui résultent de l'escompte des bons du Trésor à des gouvernements étrangers et des avances consenties à l'État. C'est la solution à laquelle on s'est arrêté.

Les taux que l'on a adoptés pour les prélèvements à opérer sur les produits dont il s'agit ont été fixés de manière à réduire au minimum le gain qu'ils représentent pour la Banque. Comme on l'a vu, les bons du Trésor escomptés à des gouvernements étrangers rapporteront 0 fr. 75 0/0 à la Banque, et les avances à l'État 0 fr. 50 0/0. Ce serait une erreur de voir dans ces chiffres un net.

En premier lieu, les billets avec lesquels la Banque escompte les bons du Trésor et avance des sommes à l'État supportent le droit de timbre qui grève les billets. Ce droit est fixé, depuis les lois du 13 juin et du 22 décembre 1878, à 0 fr. 50 0/00 par an pour la portion de la circulation qui correspond aux opérations dites productives et commerciales (escomptes et avances sur titres), et à 0 fr. 20 0/00 par an pour le surplus. C'est donc une première déduction de 0 fr. 02 à opérer sur les chiffres posés ci-dessus.

D'autre part, il y a lieu de tenir compte des dépenses de toutes sortes que l'émission entraîne pour la Banque. A combien doit-on estimer ces dépenses? Une évaluation exacte est extrêmement difficile. Mais elles sont à coup sûr élevées, et, en ce moment, elles tendent à croître pour les raisons que voici :

1° La Banque a, jusqu'à présent, satisfait aux émissions nécessaires non pas seulement avec les fabrications de la période de guerre, mais aussi, pour une large part, avec les provisions antérieurement constituées et fabriquées aux prix les plus divers.

2° Pour les fabrications nouvelles, les prix sont en hausse constante et de plus en plus rapide. Les résultats d'un exercice ne peuvent en aucune manière servir de mesure pour le suivant.

3° La répartition par coupures varie constamment, et entraine de grandes différences de prix de revient d'une année à l'autre. L'émission des petites coupures a fait passer le nombre des billets de 10 à 23 millions par milliard de francs.

4° La durée des billets qui, même avant la guerre, n'était pas très régulière, apparaît dès maintenant plus incertaine encore avec les conditions de circulation actuelle.

On ne perdra pas de vue que les frais de fabrication ne constituent qu'un élément, et non pas sans doute le plus important, des frais occasionnés à la Banque par le service des avances au Trésor. Ces avances comportent de multiples manipulations de caisse à la sortie et à la rentrée, des comptages et des vérifications répétées. Plus généralement, tout le concours donné gratuitement par la Banque pour le mouvement des fonds et les émissions de valeurs du Trésor a pris, en conséquence de l'état de guerre, un développement dont la charge ne pourrait être supportée par la Banque, si l'excédent par rapport aux années normales n'était équitablement prélevé sur l'intérêt des avances.

En somme, on peut considérer que la moitié au moins des frais généraux de la Banque sont actuellement imputables au service de l'État; les billets émis en représentation des avances dépassent d'ailleurs la moitié de la circulation. Ces frais généraux, tant ordinaires qu'extraordinaires et y compris la fabrication des billets, pouvant être évalués à 80 millions, la moitié, soit 40 millions, représente 0,33 0/0 du montant actuel des avances.

Par la suite, la marge toute conjecturale de 0,15 par rapport au taux net de 0,48 ira sans doute d'abord se réduisant, parce que de plus en plus la circulation sera alimentée par des fabrications nouvelles d'un coût supérieur aux précédentes.

Mais plus tard, les frais afférents aux avances à l'État diminueront, parce que la circulation cessera de s'enfler, en sorte que la fabrication ne fonctionnera plus que pour le remplacement des billets fatigués, et aussi en raison du retrait des petites coupures.

Forfait de 200 millions.

Pourquoi ne pas appliquer rétroactivement à la période écoulée du 1er août 1914 au 31 décembre le régime qui vient d'être expliqué? Pourquoi avoir adopté, pour cette période, le versement forfaitaire d'une somme de 200 millions?

Ainsi qu'on l'a vu dans la lettre du ministre, l'application rétroactive des prélèvements sur les produits exceptionnels aurait donné lieu, pour les 41 premiers mois de guerre, à une perception de 248.642.000 francs. Cette somme a paru excessive.

S'étonnera-t-on que l'application d'un régime qui a été trouvé juste pour la période ouverte depuis le 1er janvier 1918 doive conduire, en ce qui concerne la période antérieure, à des résultats que l'on trouve inadmissibles? Pour comprendre ce fait, il faut prendre en considération ce qui suit.

D'une part, depuis la guerre, la Banque de France a vu augmenter dans une mesure très importante ses dépenses de toutes sortes (on trouvera un peu plus loin des précisions à ce sujet).

D'autre part, les produits commerciaux de la Banque ont subi, dans le début de la guerre, un fléchissement notable, et ils ne se sont relevés que progressivement.

Enfin, les escomptes de bons du Trésor à des gouvernements étrangers et les avances à l'État n'ont atteint que peu à peu le niveau où ils sont parvenus, en sorte que les produits exceptionnels afférents à des opérations, si on y applique les prélèvements de l'article 2, auraient laissé à la Banque relativement peu de net pour les 41 premiers mois de la guerre.

Ces observations, si on les combine, feront comprendre comment il peut se faire que le régime des prélèvements, appliqué à la période dont il s'agit, représente une charge beaucoup trop lourde.

Le ministre des Finances a donné aux commissions l'assurance que le forfait des 200 millions dépassait de beaucoup ce que la Banque eût eu à payer, si elle avait été soumise au droit commun. Il était difficile aux commissions, on l'avouera, d'engager une discussion avec l'administration compétente sur une matière d'une technicité aussi délicate. Au reste, lorsqu'on se livre à une étude un peu attentive des comptes d'exploitation de la Banque de France, on arrive à se persuader de la vraisemblance de la conclusion énoncée par le ministre.

Nous réunissons, dans le tableau ci-dessous, des données extraites des comptes en question. La première colonne de chiffres contient les chiffres de la période triennale 1911-1913, ramenés à la durée de 41 mois (c'est-à-dire multipliés par 41/36) afin de rendre possible la comparaison que nous voulons instituer. La deuxième colonne contient les chiffres de la période pour laquelle le forfait a été prévu. La troisième colonne, enfin, fait ressortir les augmentations survenues d'une période à l'autre.

	1911-1914 (Chiffres ramenés à la durée de 41 mois.)	AOUT 1914 - décembre 1917.	AUGMENTATION.
	fr. c.	fr. c.	fr. c.
Produits commerciaux et exceptionnels................	281.477.827 26	851.038.066 12	569.560.238 86
Revenus des valeurs............	37.232.550 59	52.942.815 92	15.709.765 33
Total des produits bruts..	318.710.377 85	903.980.382 04	585.270.004 19
Dépenses ordinaires.............	89.907.347 33	168.196.931 55	78.289.584 22
Impôts et redevances...........	47.603.233 27	131.754.557 31	84.151.324 04
Total.................	137.510.580 60	299.951.488 86	162.440.908 26
Produits nets.................	181.199.797 25	604.028.893 18	422.829.095 93
Amortissements d'immeubles.....	26.885.028 81	32.976.464 83	6.091.436 02
Provisions pour travaux.........	18.222.222 04	44.000.000 »	25.777.777 96
Amortissement de la baisse des valeurs du portefeuille-titres...	6.036.111 02	58.776.301 81	52.740.190 79
Provisions pour risques divers....	5.613.264 90	169.000.000 »	163.386.735 10
Constitution de réserves pour les retraites du personnel.........	15.602.777 55	46.984.833 33	31.382.055 78
Gratifications au personnel.......	4.916.781 50	9.133.333 33	4.216.551 83
Divers.................	»	105.370.459 88	105.370.459 88
Total des provisions et amortissements........	77.276.185 82	466.241.393 18	388.965.207 36
Dividendes....................	103.923.611 43	137.787.500 »	33.863.888 57

Ce tableau nous apprend que la période août 1914-décembre 1917 est marquée, pour la Banque de France, par une augmentation de produit net de 422,8 millions par rapport à la période qui sert de base pour la détermination des bénéfices exceptionnels de guerre. De ces 422,8 millions, les 200 millions du forfait font les 47,3 0/0.

Mais l'augmentation de produit net que nous constatons, est-ce une augmentation de bénéfice? Assurément non. C'est qu'en effet, les augmentations qui apparaissent pour certains des articles rentrant dans la rubrique « provisions et amortissements » correspondent, totalement ou partiellement, à des charges véritables. Laissons de côté tout ce qui peut prêter à contestation. Mais peut-on regarder comme constituant du bénéfice les sommes supplémentaires versées au personnel à titre de gratifications, indemnités de cherté de vie ou allocations pour charges de famille? La Banque de France ne devait-elle pas mettre des sommes de côté pour compenser la baisse des valeurs qui représentent son capital et ses réserves, ou l'avoir de ses caisses de retraites? Ne devait-elle pas, d'autre part, constituer des provisions pour se couvrir des risques divers auxquels on a vu que la guerre l'a exposée?

Il faut donc en rabattre beaucoup sur l'augmentation de produit net de 422.8 millions, si l'on veut se faire une idée de l'augmentation du bénéfice; et, par là, on est conduit à la même conclusion où le Ministre est parvenu par une autre méthode.

Compte spécial de réserve et d'amortissement.

Nous avons reproduit plus haut l'article 5 de la convention du 21 septembre 1914, laquelle a prévu pour la première fois le compte dont il s'agit. L'article 3 de la convention du 26 octobre 1917 complète l'article en question par l'adjonction des dispositions suivantes :

« Le compte spécial sera débité du montant en principal des effets impayés provenant du portefeuille immobilisé par la prorogation des échéances, au fur et à mesure que la Banque, après la cessation de cette prorogation, entrera ces effets impayés en souffrance.

« Le compte sera débité de même, au fur et à mesure de leur entrée en souffrance, du montant en principal des créances résultant des versements effectués chez des correspondants alliés ou neutres, en contrepartie du règlement, en France, par l'intermédiaire de la Banque, d'effets ou d'opérations antérieures au 4 août 1914.

« La Banque continuera à gérer le portefeuille des effets et créances en souffrance; elle portera au crédit du compte susvisé les rentrées successives qu'elle obtiendra sur le montant en principal de ces effets et créances.

« A aucun moment, le solde créditeur du compte ne pourra être supérieur au montant des effets prorogés et des créances susvisées ; l'excédent, de même que toutes sommes devant être ultérieurement versées au compte spécial, sera porté en amortissement de la dette de l'État, ou directement au compte du Trésor lorsque cette dette sera remboursée ».

De par l'article 2 de la convention du 26 octobre 1917, le compte spécial doit recevoir, en sus de ce qui avait été primitivement prévu, c'est-à-dire du supplément d'intérêt de 2 0/0 que l'État aura à payer pour les avances de la Banque un an après la fin des hostilités, les 200 millions du forfait, et les prélèvements institués sur les produits exceptionnels. Les innovations introduites par l'article 3 concernent, d'une part, la destination, d'autre part, le mécanisme du compte.

Le compte spécial avait été prévu tout d'abord comme devant « couvrir les pertes qui pourraient se produire sur le recouvrement du portefeuille commercial immobilisé par la prorogation des échéances ». On spécifie, aujourd'hui, qu'il ne s'agit que des pertes en principal ; on précise dans quelles conditions sera géré le portefeuille des effets prorogés, et à quel moment le compte sera débité du montant de ces effets. On ajoute aux effets prorogés ces créances de la Banque de France sur la Banque de l'État russe dont nous avons eu à parler.

La convention du 21 septembre 1914 disait : « si le fonds de réserve laisse un reliquat, celui-ci viendra en atténuation du montant des avances faites par la Banque à l'État ». Ce texte n'est pas sans contenir de l'obscurité. Le point qu'il concerne est élucidé par la convention du 26 octobre 1917. Alimenté de la manière qu'on a vue, servant à rembourser à la Banque le principal des créances visées au fur et à mesure de leur entrée en souffrance, le solde créditeur du compte ne pourra jamais dépasser le montant des effets prorogés et des créances sur la Banque de l'État russe. L'excédent, dès qu'il en apparaîtra un, sera employé à amortir la dette de l'État vis-à-vis de la Banque ; et lorsque cette dette sera éteinte — c'est ici une stipulation nouvelle —, les excédents seront versés au compte du Trésor.

A quel moment le compte spécial pourra-t-il commencer à servir au remboursement de la dette de l'État ? Il est difficile de le prévoir. Ce compte va recevoir de suite les 200 millions du forfait de l'article 2. Les prélèvements du même article le grossiront progressivement, au fur et à mesure, on se le rappelle, de l'encaissement par la Banque des produits exceptionnels sur lesquels ils sont établis. Au cours de la deuxième année qui suivra la cessation des hostilités, il bénéficiera du montant du supplément d'intérêt qui sera dû à ce moment-là par l'État pour les avances de la Banque. En regard, il y a le portefeuille des effets prorogés et les créances sur la Banque de l'État russe, faisant ensemble, à l'heure présente, plus de 1.600 millions. Il est bien malaisé de prévoir quand et comment seront liquidées les créances russes. Pour ce qui est du portefeuille des effets prorogés, il ne décroît plus que très lentement ; ce n'est qu'après la cessation du moratorium qu'on le verra se réduire notablement. Vraisemblablement donc, c'est un certain temps après cette cessation du moratorium qu'aura lieu la rencontre des deux courbes, la courbe montante et la courbe descendante, et que l'amortissement de la dette de l'État commencera à jouer. Et il faut voir que, même après ce moment, le solde du compte spécial, dont on connaît la provenance et qui doit être égal au total des effets prorogés et des créances sur la Banque de l'État russe, ira sans doute en décroissant, à mesure que ces effets et ces créances seront liquidées d'une manière ou de l'autre, mais pourra demeurer important pendant longtemps.

L'État va verser au compte spécial les 200 millions du forfait, puis les prélèvements sur les produits exceptionnels, puis le montant du supplément d'intérêt de 2 0/0 sur les avances de la Banque; vu la destination du compte et le fonctionnement prévu, des sommes considérables — dont il n'est pas invraisemblable de supposer qu'elles iront jusqu'au milliard, et qui, on le notera, serviront très probablement pour partie à amortir la dette de l'État vis-à-vis de la Banque — vont se trouver immobilisées pendant un temps plus ou moins long. Les commissions ont pensé qu'il y avait lieu de faire produire à ces sommes, au profit de l'État, un intérêt qui se compenserait avec les intérêts servis par l'État à la Banque pour les avances.

Informé du sentiment qui s'était manifesté, à cet égard, au sein de la délégation commune des commissions, le ministre des Finances, à la date du 28 janvier 1918, fournissait la réponse suivante :

« Ce point ne m'avait pas échappé au cours des études préliminaires de la convention, et la question a été examinée de savoir s'il convenait ou non de compenser l'intérêt dû par le Trésor sur les avances dont il est débiteur avec un intérêt au même taux qui serait calculé sur le solde créditeur du compte spécial. Théoriquement, les deux solutions peuvent être soutenues. La solution affirmative accentue le caractère de prélèvement au profit de l'État et consacre l'appréhension immédiate, par ce dernier, de sommes dont il n'est propriétaire que sous condition suspensive. La solution négative est conforme au principe que la Banque n'alloue pas d'intérêt aux sommes qui lui sont remises en dépôt. Il a paru finalement qu'eu égard aux avantages d'ensemble qu'apporte la convention, il n'était pas opportun de poursuivre la recherche de ce bénéfice supplémentaire, qui ne saurait être très important : à supposer le solde créditeur parvenu à 1 milliard, l'économie nette pour le Trésor serait de 5 millions pour une année ; d'autre part, la provision consacrée à l'amortissement serait privée d'une ressource égale ».

Dans le même sens, le ministre, le 13 février, écrivait ce qui suit aux commissions :

« Vous demandez qu'une bonification soit stipulée au profit de l'État de l'intérêt net payé par lui à la Banque pour les avances temporaires consenties par celle-ci, à concurrence du montant du solde créditeur du compte spécial prévu par la convention du 21 septembre 1914.

« Ainsi que je vous l'ai exposé dans ma lettre du 28 janvier dernier, l'immobilisation éventuelle au compte d'amortissement de sommes susceptibles d'atteindre un total élevé n'avait pas échappé à l'attention du gouvernement. C'est précisément pour que cette immobilisation soit toujours réduite au plus strict minimum que l'article 3 de la convention du 26 octobre a stipulé que le montant du compte ne devrait pas dépasser les sommes à amortir, et que l'excédent serait immédiatement versé au Trésor. Il a, par ailleurs, paru, pour des raisons d'équité, qu'il n'y avait pas lieu d'insister pour la restitution à l'État du montant des intérêts payés par lui pour les avances temporaires consenties par la Banque.

« Les sommes à amortir éventuellement ne dépassent guère aujourd'hui 1.600.000.000, et elles iront se réduisant progressivement, tandis que le compte d'amortissement lui-même s'élèvera. Mais il est difficile de prévoir vers quel chiffre l'équilibre sera réalisé.

« Il a du reste été reconnu, après discussion, qu'en réalité, et pour être tout à fait rigoureux, il faudrait distinguer parmi les sommes versées au compte d'amortissement celles qui seront absorbées par les pertes et celles qui reviendront finalement à l'État. Les dernières seules appartiennent au Trésor sous condition suspensive. Les premières, destinées à n'entrer jamais dans sa caisse, ne peuvent être considérées comme un dépôt qui lui appartiendrait et qu'il laisserait temporairement à la Banque. Elles sont, dès l'origine, aliénées sous condition résolutoire. Comment distinguer à l'avance dans le compte d'amortissement ces deux catégories de sommes, celles qui serviront réellement à amortir et celles qui reviendront à l'État après une immobilisation plus ou moins prolongée ?

« Il a semblé préférable de ne pas entrer dans ces difficultés pour un intérêt relativement minime, puisque d'après les calculs auxquels il a été procédé, sur la base d'une hypothèse plutôt large, le total des sommes susceptibles, après ventilation, d'être compensées pour partie, atteindrait 24 millions pour l'ensemble d'une période de dix années.

« Cet élément d'appréciation a été pris, de part et d'autre, en considération expresse au moment où ont été fixés les prélèvements de 85 0/0 et de 50 0/0 sur les produits exceptionnels fixés par l'article 2 de la convention. Ceux-ci n'ont été relevés jusqu'à un tantième aussi rigoureux, susceptible de donner dès la première année un rendement de près de 200 millions, que moyennant l'abandon par l'État de la revendication d'un intérêt sur le solde du compte d'amortissement.

« Depuis lors, d'ailleurs, des difficultés relatives à l'escompte des bons du Trésor aux gouvernements étrangers sont apparues. La Banque a consenti à soumettre éventuellement ces escomptes au même taux d'intérêt que les avances à l'État. Elle a donc accepté la perspective d'un nouvel et important abandon de ressources, atteignant 8 millions au moins par an, en supplément des prélèvements prévus par l'article 2 de la convention, et dont on doit équitablement tenir compte.

« En résumé, comme je l'indiquais dans ma lettre du 28 janvier, aucun débat de principe ne paraît pouvoir s'élever sur cette question. Mais les considérations ci-dessus relatées me paraissent justifier le maintien des dispositions qui figurent au contrat, et je n'aperçois pas d'argument décisif pour rouvrir sur ce point les négociations avec la Banque ».

Les commissions ayant insisté, le ministre a obtenu du gouverneur de la Banque de France, le 11 mars 1918, la signature d'un avenant à la convention du 26 octobre 1917, lequel ajoute à l'article 3 de ladite convention les dispositions suivantes :

« La Banque bonifiera le solde du compte d'amortissement d'un intérêt calculé au taux net des avances à l'État, déduction faite de l'impôt du timbre et du prélèvement prévu à l'article 2.

« Cet intérêt sera porté à un compte annexe le dernier jour de chaque semestre.

« Au moment de la liquidation finale du compte d'amortissement, il sera fait un décompte récapitulatif des sommes successivement absorbées par l'amortissement ou attribuées à l'État sur le montant dudit compte.

« La Banque versera au Trésor une part du compte annexe d'intérêt proportionnelle au total des sommes attribuées à l'État d'après le décompte récapitulatif susvisé ».

Ces dispositions — qui sont assez claires pour ne point avoir besoin de commentaire — constituent la solution la plus équitable de la question soulevée par les commissions à propos de l'article 3.

Les redevances.

L'article 4 de la convention du 26 octobre 1917 substitue à la redevance que la Banque de France paie à l'Etat depuis 1897 un système de deux redevances. Il est ainsi libellé :

« Pour le calcul de la redevance instituée par l'article 5 de la loi du 17 novembre 1897, on ajoutera au produit obtenu en multipliant le solde moyen de la circulation productive par le taux de l'escompte, déduction faite, s'il y a lieu, des sommes partagées entre la Banque et l'État conformément à l'article 12 de la même loi, le montant des intérêts perçus par la Banque sur les effets prorogés, et on appliquera à la somme ainsi déterminée une proportion de 5 0/0. Si, pendant une période quelconque, le taux de l'escompte dépasse 3,50, 4 ou 4,50 0/0, cette proportion sera, pour la période correspondante, respectivement portée à 7,50, 10 ou 12,50 0/0.

« En outre, il sera perçu, sur le produit déterminé comme ci-dessus des opérations productives de la Banque, pour chaque exercice annuel, après déduction de la redevance visée à l'alinéa précédent, une redevance supplémentaire de 20 0/0, la tranche comprise entre 0 et 50 millions n'étant comptée que pour un quart de son montant, entre 50 et 75 millions pour trois huitièmes, entre 75 et 100 millions pour quatre huitièmes, entre 100 et 125 millions pour cinq huitièmes, entre 125 et 150 millions pour six huitièmes, entre 150 et 175 millions pour sept huitièmes.

« La redevance et la redevance supplémentaire seront perçues sans préjudice des impôts dus par la Banque, tels qu'ils sont déterminés par les lois existantes. Toute majoration de ces impôts et toute création d'impôts qui atteindraient les opérations déjà frappées par les redevances seraient compensées avec le montant de ces dernières, l'excédent étant perçu en sus, le cas échéant.

« Ces dispositions entreront en vigueur à dater du 1er janvier 1918 ».

La redevance de la loi de 1897 est assise sur le produit de la circulation productive par le taux de l'escompte. La circulation productive est représentée par le montant du portefeuille commercial (le portefeuille des effets prorogés, en ce moment, n'y entre pas), plus les avances sur titres et les avances sur lingots et monnaies. On prend la moyenne annuelle de la circulation productive, et on la multiplie, pour chacune des périodes pendant lesquelles des taux d'escompte différents ont pu être successivement pratiqués par la Banque, par le taux d'escompte correspondant à cette période. On notera en passant que, le taux d'intérêt des avances de la Banque étant communément supérieur au taux de l'escompte, en appliquant à ces opérations diverses qui font la masse de la circulation dite productive le seul taux de l'escompte, le produit qu'on obtient, et d'après lequel la redevance est calculée, est une quantité fictive.

Le taux de la redevance avait été fixé en 1897 au huitième du produit dont il s'agit, soit 12,50 0/0; la loi décidait, en même temps, que le montant de cette redevance ne devait pas être inférieur, pour une année, à 2 millions. Les conventions du 11 novembre et du 28 novembre 1911 ont stipulé que le taux serait élevé à un septième — soit 14,285 0/0 — lorsque, pendant une période, le taux de l'escompte aurait été supérieur à 3,50 0/0, et à un sixième — soit 16,66 0/0 — lorsque le taux de l'escompte se serait élevé au-dessus de 4 0/0. Lorsque le taux de l'escompte dépasse 5 0/0, en vertu de l'article 12 de la loi de 1897, les produits qui résultent de ce dépassement sont, pour un quart, ajoutés au fonds social, et pour le surplus, versés à l'État.

Depuis la guerre, on a fait entrer dans le calcul de la circulation productive, en dehors des produits que l'on retenait antérieurement, l'escompte des bons du Trésor à des gouvernements étrangers. On a laissé de côté, pour ce calcul, les intérêts des avances à l'État, ces intérêts étant grevés, ainsi qu'il a été vu, d'une redevance spéciale. On a laissé également de côté les intérêts de retard que la Banque a pu retirer des effets prorogés dont elle a obtenu le payement, intérêts qui se sont élevés aux chiffres suivants :

```
1914 .....................  4.209.734 fr.
1915 .....................  42.619.060  »
1916 .....................  42.415.543  »
1917 .....................  24.062.498  »
```

Voici le tableau des sommes que la Banque a payées à l'État, au titre de la redevance de 1897, pour chacune des années écoulées. La somme inscrite dans ce tableau pour l'année 1917 ne comprend, pour le deuxième semestre, que la portion de la redevance afférente au produit des opérations commerciales, la portion afférente au produit de l'escompte de bons du Trésor à des gouvernements étrangers, soit 12.294.311 fr. 49, devant, comme il a été dit, entrer dans le forfait des 200 millions.

Année	Montant
1897	2.742.314 80
1898	3.242.899 26
1899	4.857.289 95
1900	5.655.333 72
1901	4.107.620 15
1902	3.777.141 87
1903	4.314.649 43
1904	4.521.589 76
1905	4.225.042 51
1906	5.332.528 05
1907	7.357.144 60
1908	5.533.501 80
1909	4.790.508 64
1910	5.733.368 28
1911	7.225.800 55
1912	8.722.917 85
1913	13.625.484 92
1914	14.486.160 11
1915	10.125.137 90
1916	23.663.217 73
1917	23.955.540 25
	167.995.189 13

On sait dans quelles conditions le produit de la redevance de 1897 a été affecté au crédit agricole.

Arrivons maintenant au système nouveau introduit par l'article 4.

La redevance ancienne est maintenue. Mais en premier lieu, pour l'assiette de cette redevance, le montant des intérêts perçus par la Banque sur les effets prorogés est ajouté au produit de la circulation productive par le taux de l'escompte. D'autre part, les taux sont changés. Ils seront désormais de 5 0/0 si le taux de l'escompte ne dépasse pas 3,50 0/0, de 7,50 0/0 s'il dépasse 3,50 0/0, de 10 0/0 s'il dépasse 4 0/0, de 12,50 0/0 s'il dépasse 4,50 0/0.

On peut, ainsi, dresser le tableau comparatif suivant :

TAUX DE L'ESCOMPTE.	REDEVANCE.	
	Taux actuel.	Taux nouveau.
	%	%
Jusqu'à 3,50 0/0 inclusivement................	$\frac{1}{8}$, soit 12,50.	5
Au-dessus de 3,50 0/0, jusqu'à 4 0/0 inclusivement...	$\frac{1}{7}$, soit 14,285.	7,50
Au-dessus de 4 0/0, jusqu'à 4,50 0/0 inclusivement...	$\frac{1}{6}$, soit 16,66.	10
Au-dessus de 4,50 0/0, jusqu'à 5 0/0 inclusivement...	id.	12,50
Au-dessus de 5 0/0..............................	Pour la portion du produit correspondant à un taux d'escompte de 5 0/0, comme ci-dessus. Le surplus du produit est partagé (1/4 à la Banque, pour le fonds social, 3/4 à l'État).	

A côté de la redevance de 1897, ainsi modifiée, une deuxième redevance sera instituée. Elle est assise sur le même produit, mais après déduction du montant de la première redevance. Le taux progresse, par tranches, avec le produit même qui la supporte. Il est de 5 0/0 pour la première tranche de 50 millions, puis de 7,50 0/0, 10 0/0, 12,50 0/0, 15 0/0, 17,50 0/0 pour chaque tranche de 25 millions qui s'y ajoute (50 à 75, 75 à 100, 100 à 125, 125 à 150, 150 à 175 millions), et enfin de 20 0/0 pour la partie du produit excédant 175 millions.

On peut, sur ces données, construire le tableau suivant :

PRODUIT servant d'assiette à la redevance.	TAUX de la redevance.	MONTANT de la redevance.	PRODUIT servant d'assiette à la redevance.	TAUX de la redevance.	MONTANT de la redevance.
	%			%	
50 millions.....	5	2,5 millions.	200 millions.....	11,562	23,125 millions.
75 —	5,833	4,375 —	250 —	13,30	33,125 —
100 —	6,875	6,875 —	300 —	14,375	43,125 —
125 —	8	10 —	400 —	15,781	63,125 —
150 —	9,166	13,75 —	500 —	16,625	83,125 —
175 —	10,357	18,125 —			

On n'a pas manqué de remarquer, dans l'article 4, la disposition qui porte que si de nouveaux impôts, ou des majorations d'impôts, venaient à frapper dans l'avenir les opérations de la Banque de

France déjà frappées par ses redevances, la surcharge résultant de ces créations ou de ces majorations d'impôts serait compensée avec ces dernières, l'excédent, au cas où il y en aurait un, devant être perçu en sus. Cette disposition est pour éviter que la Banque de France, astreinte à payer de lourdes redevances, lesquelles constituent des charges spéciales à cet établissement, ne puisse voir sa situation financière compromise par la combinaison de ces redevances avec une fiscalité aggravée.

Plaçons-nous dans l'hypothèse envisagée ci-dessus. Si elle vient à se réaliser, en quelle manière la compensation prévue s'opérera-t-elle ? La Banque sera-t-elle exemptée des impôts nouveaux et des aggravations d'impôts, ou bien, lui faisant supporter cette surcharge fiscale, réduira-t-on dans une mesure équivalente les redevances ? Cette question n'est pas indifférente, car les redevances, ainsi qu'il sera dit plus loin, ont une affectation spéciale : elles sont destinées à alimenter des œuvres de crédit. Le texte de l'article 4 indique la première solution. C'est d'ailleurs cette solution qui s'impose. Notre fiscalité va devenir d'année en année plus lourde ; c'est ainsi que dès demain, peut-être, il faudra élever le taux de l'impôt sur les bénéfices commerciaux. On pourrait voir, de la sorte, fondre le rendement des redevances ; et les œuvres de crédit auxquelles celles-ci sont ou vont être affectées risqueraient d'être privées des ressources qu'on leur a attribuées, ou qu'on va leur attribuer prochainement.

Nous avons expliqué le système de redevances qui nous est proposé. Il a paru aux commissions qu'il devait être approuvé.

Ce système est harmonieux. Le même produit supporte deux redevances, progressives toutes deux, qui se distinguent par les principes d'après lesquels les taux progressent. On a conservé le principe de progression de la redevance ancienne : un taux qui s'élève à mesure que monte le taux d'escompte pratiqué par la Banque. Il ne s'agit pas de refréner la tentation que la Banque pourrait avoir de hausser celui-ci sans nécessité. Toute son histoire est pour prouver qu'elle n'a jamais été accessible à une tentation pareille. Elle s'est toujours appliquée à maintenir l'escompte aussi bon marché que possible, et à en faire varier le prix aussi peu que possible : on en trouvera les preuves dans les tableaux insérés aux annexes de ce rapport. Lorsque la Banque élève le taux de l'escompte, c'est parce qu'il le faut pour défendre son encaisse — en temps normal —, pour limiter son émission, c'est parce que la situation du marché du crédit l'exige. Mais puisque la Banque, de par sa fonction, obtient des produits plus élevés lorsque les circonstances sont difficiles pour le commerce et pour la production nationale, il est naturel que l'État participe plus largement aux produits de la Banque à mesure que s'accentue davantage cette hausse du taux de l'escompte qui est la manifestation, et en un sens la cause des difficultés en question. Il convenait de maintenir une progression ainsi conçue. Mais il était bon d'instituer, à côté, une autre progression, dépendant du niveau où montent les produits mêmes de la Banque.

Avec le système nouveau, la Banque aura-t-elle à payer à l'État, comme redevances, plus ou moins que par le passé ?

Négligeons le partage de produits qui intervient lorsque le taux de l'escompte dépasse 5 0/0. C'est là un fait exceptionnel, qui, depuis la loi de 1897, ne s'est présenté que deux fois : en 1907-1908, pour des escomptes de papier étranger en contrepartie de prêts d'or à la Banque d'Angleterre, puis dans la période du 1er au 20 août 1914, où le taux officiel de l'escompte, ainsi qu'il a été dit déjà, fut 6 0/0 (1). Négligeons aussi la complication résultant, dans le système nouveau, de l'adjonction au produit de base des intérêts de retard des effets prorogés.

Cette éventualité et cet élément mis à part, nous voyons qu'aujourd'hui, le produit de la circulation productive par le taux de l'escompte supporte, du fait de la redevance, un prélèvement allant de 12,50 0/0 à 16,66 0/0. Dans le nouveau système, le prélèvement minimum sera de 5 0/0 + 5 0/0 = 10 0/0. De l'autre côté, on tendra vers un maximum de 12,50 0/0 + 20 0/0 = 32,50 0/0. Mais la redevance supplémentaire étant progressive par tranches, cette redevance n'arrivera jamais au taux de 20 0/0, et ainsi, le maximum de 32,50 0/0 est lui-même une asymptote.

En somme, le rendement pourra être inférieur à ce qu'il était, sans toutefois jamais descendre sensiblement plus bas. Il pourra, d'autre part, monter beaucoup plus haut qu'aujourd'hui.

Pour donner une comparaison plus complète des deux systèmes, nous dresserons les tableaux suivants, correspondant aux taux d'escompte de 5 0/0, 4,50 0/0, 4 0/0, 3,50 0/0 et 3 0/0.

---

(1) En 1907-1908, le produit soumis à partage, pour ces escomptes au-dessus de 5 0/0, fut de 15.329 fr. 20 ; en 1914, il fut de 179.421 fr. 60.

Taux de 5 0/0. $T = \dfrac{5}{100}$

CIRCULATION productive C.	PRODUIT soumis à la redevance $C \times T = P_1$	REDEVANCE RÉSULTANT DU PROJET.						REDEVANCE résultant de la loi du 29 décembre 1911.
		Redevance principale $P_1 \times \dfrac{12,50}{100} = R_1$	Produit soumis à la redevance supplémentaire : $P_1 - R_1 = P_2$	Même produit, abattements déduits P_3	Redevance supplémentaire $P_3 \times \dfrac{20}{100} = R_2$	Redevance totale $R_1 + R_2 = R$	Tantième de la redevance totale par rapport au produit des opérations productives.	
	francs.	francs.	francs.	francs.	francs.	francs.	%	francs.
2 milliards	100.000.000	12.500.000	87.500.000	28.125.000	5.625.000	18.125.000	18 »	16.666.666
3 —	150.000.000	18.750.000	131.250.000	54.687.500	10.937.500	29.687.500	20 »	25.000.000
4 —	200.000.000	25.000.000	175.000.000	90.625.000	18.125.000	43.125.000	21 1/2	33.333.333
5 —	250.000.000	31.250.000	218.750.000	134.375.000	26.875.000	58.125.000	23 »	41.666.666

Taux de 4 1/2 0/0. $T = \dfrac{4,50}{100}$

CIRCULATION productive C.	PRODUIT soumis à la redevance $C \times T = P_1$	REDEVANCE RÉSULTANT DU PROJET.						REDEVANCE résultant de la loi du 29 décembre 1911.
		Redevance principale $P_1 \times \dfrac{10}{100} = R_1$	Produit soumis à la redevance supplémentaire : $P_1 - R_1 = P_2$	Même produit, abattements déduits P_3	Redevance supplémentaire $P_3 \times \dfrac{20}{100} = R_2$	Redevance totale $R_1 + R_2 = R$	Tantième de la redevance totale par rapport au produit des opérations productives.	
	francs.	francs.	francs.	francs.	francs.	francs.	%	francs.
2 milliards	90.000.000	9.000.000	81.000.000	24.875.000	4.975.000	13.975.000	15 1/2	15.000.000
3 —	135.000.000	13.500.000	121.500.000	47.812.500	9.562.500	23.062.500	17 »	22.500.000
4 —	180.000.000	18.000.000	162.000.000	79.250.000	15.850.000	33.850.000	19 »	30.000.000
5 —	225.000.000	22.500.000	202.500.000	118.125.000	23.625.000	46.125.000	20 1/2	37.500.000

Taux de 4 0/0. $T = \dfrac{4}{100}$

CIRCULATION productive C.	PRODUIT soumis à la redevance $C \times T = P_1$	REDEVANCE RÉSULTANT DU PROJET.							REDEVANCE résultant de la loi du 29 décembre 1911.
		Redevance principale $P_1 \times \dfrac{7,50}{100} = R_1$	Produit soumis à la redevance supplémentaire $P_1 - R_1 = P_2$	Même produit, abattements déduits. P_3.	Redevance supplémentaire $P_3 \times \dfrac{20}{100} = R_2$	Redevance totale $R_1 + R_2 = R$.	Tantième de la redevance totale par rapport au produit des opérations productives.	
	francs.	francs.	francs.	francs.	francs.	francs.	%	fr. c.
2 milliards	80.000.000	6.000.000	74.000.000	21.500.000	4.300.000	10.300.000	13 »	11.428.571 42
3 —	120.000.000	9.000.000	111.000.000	41.250.000	8.250.000	17.250.000	14 1/2	17.142.857 14
4 —	160.000.000	12.000.000	148.000.000	67.250.000	13.450.000	25.450.000	15 1/2	22.857.162 85
5 —	200.000.000	15.000.000	185.000.000	100.625.000	20.125.000	35.125.000	17 1/2	28.571.428 57

Taux de 3 1/2 0/0. $T = \dfrac{3,50}{100}$

CIRCULATION production C.	PRODUIT soumis à la redevance $C \times T = P_1$	REDEVANCE RÉSULTANT DU PROJET.							REDEVANCE résultant de la loi du 29 décembre 1911.
		Redevance principale $P_1 \times \dfrac{5}{100} = R_1$	Produit soumis à la redevance supplémentaire $P_1 - R_1 = P_2$	Même produit, abattements déduits P_3.	Redevance supplémentaire $P_3 \times \dfrac{20}{100} = R_2$	Redevance totale $R_1 + R_2 = R$.	Tantième de la redevance totale par rapport au produit des opérations productives.	
	francs.	francs.	francs.	francs.	francs.	francs.	%	francs.
2 milliards	70.000.000	3.500.000	66.500.000	18.687.500	3.737.500	7.237.500	10 1/2	8.750.000
3 —	105.000.000	5.250.000	99.750.000	34.250.000	6.850.000	12.100.000	11 1/2	13.125.000
4 —	140.000.000	7.000.000	133.000.000	56.000.000	11.200.000	18.200.000	13 »	17.500.000
5 —	175.000.000	8.750.000	166.250.000	82.968.750	16.593.750	25.343.750	14 1/2	21.875.000

Taux de 3 0/0. $T = \dfrac{3}{100}$

CIRCULATION productive C_0	PRODUIT soumis à la redevance $C = T \times P_1$	REDEVANCE RÉSULTANT DU PROJET.						REDEVANCE résultant de la loi du 29 décembre 1911.
		Redevance principale $P_1 \times \dfrac{5}{100} = R_1$	Produit soumis à la redevance supplémentaire $P_1 - R_1 = P_2$	Même produit, abattements déduits P_2.	Redevance supplémentaire $P_2 \times \dfrac{20}{100} = R_2$	Redevance totale $R_1 + R_2 = R$	Tantième de la redevance totale par rapport au produit des opérations productives.	
	francs.	francs.	francs.	francs.	francs.	francs.	%	francs.
2 milliards..	60.000.000	3.000.000	57.000.000	15.125.000	3.025.000	6.025.000	10 »	7.500.000
3 — ..	90.000.000	4.500.000	85.500.000	27.125.000	5.425.000	9.925.000	11 »	11.250.000
4 — ..	120.000.000	6.000.000	114.000.000	43.125.000	8.625.000	14.625.000	12 »	15.000.000
5 — ..	150.000.000	7.500.000	142.500.000	63.125.000	12.625.000	20.125.000	13 1/2	18.750.000

Avec le taux d'escompte de 5 0/0, le système nouveau est toujours d'un plus grand rendement pour l'État. Avec les autres taux d'escompte pour lesquels ont été dressés les tableaux ci-dessus, le système nouveau rend plus que l'ancien lorsque la circulation productive, et le produit soumis aux redevances, dépassent de certains chiffres.

On peut, à ce sujet, dresser le tableau suivant :

TAUX de l'escompte.	LE SYSTÈME NOUVEAU donne un rendement supérieur pour		TAUX de l'escompte.	LE SYSTÈME NOUVEAU donne un rendement supérieur pour	
	une circulation productive dépassant	un produit soumis à la redevance dépassant		une circulation productive dépassant	un produit soumis à la redevance dépassant
		francs.			francs.
5 0/0......	0	0	3,50 0/0...	3.673,4 millions.	128.571.429
4,50 0/0....	2.727,3 millions.	122.727.273	3 0/0......	4.285,7 —	128.571.429
4 0/0......	2.943,9 —	117.757.009			

Voici quelle a été la moyenne de la circulation productive dans les années récentes :

1908 .... 1.445.325.001 fr.
1909 .... 1.277.468.969 »

1910	1.528.898.209 fr.
1911	1.847.577.725 »
1912	2.023.254.958 »
1913	2.384.459.861 »
1914	2.342.725.790 »
1915	1.215.016.548 »
1916	2.839.586.128 »
1917	4.349.982.209 »

Avant la guerre, la circulation productive correspondait, d'ordinaire, pour les deux tiers environ aux escomptes, et pour un tiers aux avances sur titres.

Que deviendra la circulation productive après la guerre? Il est à prévoir qu'elle se tiendra pendant longtemps à un niveau élevé. Il y aura, en effet, des besoins de crédit immenses, qui ne peuvent manquer de se traduire par un développement important des opérations d'escompte. Et ces mêmes besoins de crédit auront d'autre part pour conséquence de provoquer des demandes abondantes d'avances sur titres, d'autant que les emprunts de l'État auront absorbé et fait convertir en rentes la plus grande partie des capitaux disponibles de la nation.

Si la circulation productive est élevée, les deux redevances prévues rendront plus à l'État que n'aurait rendu la redevance actuelle. Mais était-il nécessaire d'aménager ces redevances nouvelles en telle manière que, pour une circulation productive faible, elles donnassent moins que la redevance de 1897? Assurément. Si l'hypothèse, en effet, d'une circulation productive faible devait se réaliser, la Banque de France supporterait malaisément le poids de la redevance actuelle. Il faut considérer ici que ses charges vont être désormais beaucoup plus lourdes qu'elles n'étaient avant la guerre, du fait de la hausse des traitements et salaires, du coût accru du matériel que la Banque emploie, et aussi du fait des obligations onéreuses que la convention du 26 octobre ajoute pour elle à ses obligations antérieures.

A quoi sera employé le produit des deux redevances?

La redevance principale — qui est la redevance de 1897 modifiée comme il a été vu — demeurera affectée au crédit agricole. Celui-ci ne sera pas lésé par l'abaissement des taux de la redevance en question : nous voulons dire que sa dotation demeurera largement suffisante. Cette dotation a été constituée jusqu'ici par l'avance supplémentaire consentie par la Banque de France à l'État en vertu de

l'article 7 de la loi du 17 novembre 1897, soit....... 40.000.000 fr.
et par les redevances, dont le total, après le versement afférent au premier semestre de 1917, se montait à 160.522.752 61

Cela fait en tout............................ 200.522.752 61
Or le montant des avances consenties au crédit agricole s'élevait seulement, à la date du 31 décembre 1917, à 101.142.452 18

laissant subsister un solde disponible de.......... 99.380.300 43

Lorsque la loi de 1897 a été votée, on prévoyait que la redevance instituée par cette loi donnerait à l'État quelque 3 millions par an. Elle a donné des sommes beaucoup plus importantes, surtout à partir de 1913. Et il est à croire que, remaniée, elle continuera à donner un rendement considérable.

Quant à la redevance supplémentaire, l'article 3 du projet de loi décide que le produit en sera affecté à des œuvres de crédit, dans des conditions qui seront ultérieurement déterminées. Cet article 3 est pareil à l'article 18 de la loi du 17 novembre 1897 et à l'article 3 de la loi du 29 novembre 1911. Quelque destination qu'on veuille donner au produit de la redevance supplémentaire, qu'on veuille l'employer en faveur du crédit à l'exportation, ou du crédit hôtelier, ou des monts-de-piété, ou de toute autre institution ou œuvre de crédit, il est clair qu'il y a là des réformes à étudier, des textes à établir qui n'ont pas un rapport direct avec la question du privilège de la Banque de France, et que la disjonction s'impose.

Les billets des anciens types.

Il arrive parfois que la Banque de France modifie le type de ses billets. Lorsqu'elle l'a fait, dans un intérêt de sécurité pour le public, les types remplacés ont cessé d'être émis, mais ils ont continué de circuler concurremment avec les types nouveaux. Aucune prescription ne les a frappés, et c'est pour le public un avantage certain qu'un billet émis par la Banque, fût-ce en 1800, garde toujours sa valeur et demeure perpétuellement remboursable, réserve faite des périodes de cours forcé, à quelque moment qu'il vienne à être présenté au remboursement.

Signalons, en passant, que l'article 14 de la loi du 17 novembre 1897 permet de supprimer par décret, sur la demande de la Banque, le cours légal d'un type déterminé, la Banque, dans ce cas, demeurant tenue de rembourser les billets ainsi démonétisés. Cette disposition a été introduite pour que, dans le cas d'une contrefaçon très dangereuse, le retrait d'un type de billet pût être opéré brusquement. On n'y a d'ailleurs jamais eu recours, et les mesures prises par la Banque pour assurer, par le progrès même de ses procédés de fabrication, la sécurité du public, permettent d'espérer qu'il n'en sera jamais fait usage.

A partir du moment où un type de billet a cessé d'être émis, les remboursements et les retraits des exemplaires usés effectués par la Banque le font graduellement disparaître de la circulation. Au bout d'une période suffisamment longue, les rentrées deviennent assez rares pour que l'on puisse considérer le solde comme représentant des billets définitivement perdus, dont le remboursement ne sera jamais réclamé.

Il ne saurait faire aucun doute que le montant des billets qui jamais ne viendront au remboursement doit bénéficier à l'État, de qui la Banque tient son privilège. Ce serait pour la Banque un profit injustifié, si elle devait indéfiniment faire figurer dans son passif, au poste de la circulation, des billets qu'elle n'aura pas à rembourser.

De cette doctrine, il a été fait application à deux reprises.

Les billets à impression noire, émis de l'origine de la Banque à 1862, et non rentrés, ont fait l'objet d'une stipulation dans la loi de 1897. En vertu de l'article 15 de cette loi, la Banque a versé au Trésor 6.774.730 francs correspondant au solde non remboursé, à charge pour l'État d'assurer les remboursements ultérieurs. Mentionnons que ces remboursements se sont élevés seulement, jusqu'à la fin de 1917, à 190.400 francs.

En 1911, l'article 3 de la convention additionnelle du 28 novembre 1911 a stipulé que sur le montant des billets à impression bleue sans fond rose émis de 1862 à 1888 et des petites coupures de 5 francs, 20 francs et 25 francs émises pendant et après la guerre de 1870, la Banque remettait au Trésor, à titre de versement définitif, une somme de 5 millions.

Les commissions ont demandé au ministre des Finances s'il n'y avait pas lieu de faire aujourd'hui quelque chose d'analogue à ce qui avait été fait en 1897 et en 1911. Elles ont eu, dans la lettre ministérielle du 13 février 1918, la réponse suivante :

« Vous proposez qu'une stipulation vise le versement à l'État (versement qui pourrait être partiellement différé) du montant des billets des anciens types qui sont encore en circulation ; une stipulation du même genre devrait concerner les billets dont les types viendraient à être retirés au cours de la durée de prorogation du privilège.

« Les types des billets émis par la Banque ont fait l'objet, depuis l'origine, de deux modifications générales, savoir :

« substitution des billets bleus aux billets noirs, en 1862 ;
« substitution des billets bleus à fond rose aux billets bleus sans fond rose, en 1888.

« Depuis ce moment, il n'est intervenu qu'une modification partielle en 1910 : la substitution d'un billet de 100 francs polychrome au billet bleu à fond rose.

« Le résidu resté en circulation des billets noirs a été intégralement versé au Trésor, par application de l'article 15 de la loi du 17 novembre 1897. Sur le montant des billets à impression bleue sans fond rose, la Banque a remis définitivement au Trésor une somme de 5 millions, en conformité de l'article 3 de la convention additionnelle du 28 novembre 1911 ; depuis lors, les billets de cette dernière catégorie présentés au remboursement ont atteint chaque année 600.000 francs en moyenne, et il serait prématuré de considérer le solde comme dès à présent stabilisé. A fortiori ne pourrait-on tenir pour tel le solde des billets de 100 francs à fond rose, dont l'émission n'a cessé qu'en 1910 et qui figurent toujours pour 790 millions dans la circulation.

« Pour ces motifs, il n'avait pas semblé qu'une disposition nouvelle s'imposait à titre immédiat. Mais je reconnais volontiers, avec les commissions, qu'il peut être sage de pourvoir dès à présent à certaines éventualités qui sont susceptibles de se présenter pendant la durée nouvelle du privilège, et je suis tout disposé à rechercher un accord additionnel avec la Banque sur cette question ».

Il faut entrer ici dans quelques précisions.

La question des billets à impression noire émis jusqu'en 1862 a été définitivement réglée par l'arrangement de 1897.

En 1911, parmi les billets qu'on a visés dans la convention additionnelle du 28 novembre on a compris les billets de 5 francs du type 1873, parce que l'émission en avait cessé depuis longtemps. Le reliquat de ces billets était, à la veille de la guerre, de 3.172.505 francs. L'émission ayant dû être reprise en 1914, il y a lieu, si l'on veut compléter l'arrangement de 1911, de laisser ces billets de côté, et de ne considérer, pour les billets de la période 1862-1888, que les billets bleus sans fond rose et les coupures de 20 et 25 francs. Voici, pour ces billets, des chiffres qui feront connaître la situation:

En circulation au 1ᵉʳ janvier 1906.............		33.667.920 fr.
Rentrées de 1906................	1.664.325 fr.	
— — 1907...............	2.506.665 »	
— — 1908...............	2.412.635 »	
— — 1909...............	886.815 »	
— — 1910...............	1.833.635 »	
— — 1911...............	1.340.410 »	
— — 1912...............	1.004.410 »	
— — 1913...............	667.540 »	
— — 1914...............	517.240 »	
— — 1915...............	606.100 »	
— — 1916...............	536.720 »	
— — 1917...............	294.905 »	
	14.271.400 fr.	14.271.400 »
Solde au 31 décembre 1917...............		19.396.520 fr.

Invité à traiter la question avec le gouverneur de la Banque, le ministre des Finances l'a réglée par une convention additionnelle qui a été signée le 11 mars 1918. Cette convention, après avoir énoncé comme un principe général que « l'État a seul droit au bénéfice résultant de ce qu'une partie des billets n'est pas présentée au remboursement », stipule que, sur les billets des anciens types à impression bleue sans fond rose et les petites coupures de 20 et 25 francs émises antérieurement à 1888, une somme de 5 millions sera versée au Trésor dans le mois qui suivra l'entrée en vigueur de la convention, en addition aux 5 millions déjà versés en exécution de la convention du 28 novembre 1911, et que le surplus du solde sera versé à l'État le 2 janvier 1923. Un deuxième article décide qu'à partir du moment où le solde en circulation sera devenu inférieur aux sommes versées au Trésor, l'État prendra à sa charge le remboursement des billets qui seraient ultérieurement présentés, sans toutefois que son bénéfice final puisse descendre au-dessous de 5 millions qu'il a reçus en exécution de la convention de 1911.

Les 5 millions de 1911 avaient été réservés, par la loi du 29 décembre de cette année, pour des œuvres de crédit. Il n'a pas été possible de réserver de la même manière les sommes que l'État retirera de l'application de la convention du 11 mars 1918, puisque ces sommes ne lui sont pas acquises à titre définitif.

L'arrangement conclu au sujet des billets bleus sans fond rose et des coupures anciennes de 20 et de 25 francs est assurément satisfaisant. Fallait-il stipuler également au sujet des billets bleus à fond rose de 100 francs, dont la fabrication a été arrêtée en 1910? Fallait-il stipuler, à titre éventuel, en prévision des changements de types qui pourront être effectués en cours de la période de prorogation du privilège? Il n'a pas semblé.

Il circulait encore, à la fin de 1917, pour 790 millions de billets bleus à fond rose de 100 francs. Quelle est la quantité qui est destinée à ne jamais rentrer? Les émissions de billets noirs de 1800 à 1862 ont atteint 6.523.650.000 francs ; là-dessus, comme on l'a vu, un peu plus de 6 millions et demi ne sont pas revenus, soit environ 1 0/00 ; et c'est là un solde qu'on peut considérer, à très peu de chose près, comme définitif. Les émissions de billets bleus sans fond rose et de petites coupures de 20 et 25 francs, de 1862 à 1888, ont été de 39.889.625.000 francs ; là-dessus il reste un solde de plus de 19 millions, mais qui diminue encore notablement d'année en année, et qui, s'il se réduit jusqu'à 13 millions, ce qui n'a rien d'impossible, laisserait un dernier résidu égal à peine à 1/3 0/00 de l'émission. Pour les billets bleus à fond rose de 100 francs, il en a été fabriqué, de 1888 à 1910, jusqu'à concurrence de 13.167.500.000 francs. On ne saurait prévoir, même approximativement, la quantité qui s'est perdue ou qui est destinée à se perdre. En tout cas, les précédents montrent que lorsque la fabrication d'un type de billets a cessé, les rentrées sont négligeables après trente-cinq ans, et qu'elles sont loin de l'être après vingt-trois ans : dans ces conditions, il apparaissait que la question posée plus haut ne pouvait guère recevoir une solution dès à présent, et que le moment favorable, pour la régler, viendra précisément lorsqu'on approchera de la fin de la période de prorogation du privilège.

Les avances permanentes de la Banque à l'État.

Elles sont visées dans l'article 5 de la convention du 26 octobre 1917, que voici :

« Les avances permanentes de la Banque de France à l'État, résultant des traités des 10 juin 1857, 29 mars 1878, 31 octobre 1896, 11 novembre 1911, et s'élevant ensemble à 200 millions de francs, sont prorogées jusqu'à l'expiration du privilège. Ces avances ne porteront pas intérêt. En garantie de leur remboursement, il sera remis à la Banque de France un bon du Trésor à l'échéance des avances. »

Les avances dont il s'agit ont été de 60, 80, 40 et 20 millions. Nous avons eu occasion de dire que la troisième avait été affectée au crédit agricole. La dernière, destinée à des œuvres de crédit par la loi du 29 décembre 1911, a été employée jusqu'à concurrence de 18 millions. Sur les 20 millions dont il s'agit, en effet, ont été affectés successivement :

2 millions aux caisses régionales de crédit maritime mutuel (loi du 4 décembre 1913) ;

2 millions aux sociétés coopératives ouvrières de production (loi du 18 décembre 1915 ;

12 millions aux banques populaires de crédit pour le petit et moyen commerce et la petite et moyenne industrie (loi du 13 mars 1917) ;

2 millions aux sociétés coopératives de consommation (loi du 7 mai 1917).

Pourquoi le gouvernement n'a-t-il pas songé à profiter du renouvellement du privilège pour demander à la Banque de France une nouvelle avance permanente sans intérêts ? La raison en est la suivante.

Les avances permanentes sont justifiées par le fait que la Banque de France, banquier du Trésor, détient à tout instant des sommes appartenant à celui-ci, pour lesquelles l'État ne reçoit aucun intérêt, la Banque ne donnant point d'intérêt pour les dépôts qu'elle reçoit et pour les comptes courants de ses clients. En 1911, lorsque le montant des avances dont il s'agit a été porté à 200 millions, ç'a été parce que, à cette époque, le solde moyen du compte du Trésor à la Banque était d'environ 200 millions : on établissait ainsi une compensation légitime. Depuis lors, le solde du compte du Trésor ne s'est pas élevé, tout au contraire. Le tableau suivant en fait foi :

	Solde moyen du compte du Trésor.
1914	225.000.000 fr.
1915	125.000.000 »
1916	67.000.000 »
1917	58.000.000 »

Il n'y avait donc pas lieu de demander à la Banque une nouvelle avance permanente.

Nous retrouverons cette question plus loin, quand nous aurons à examiner divers amendements qui ont été déposés et qui tendent à venir en aide aux monts-de-piété.

Succursales, bureaux auxiliaires, villes rattachées.

Les pouvoirs publics sont intervenus à diverses reprises en vue d'inviter la Banque de France à étendre le réseau des places dites bancables, par la multiplication de ses succursales, bureaux auxiliaires et villes rattachées.

On sait que les succursales — jadis appelées comptoirs — font toutes les opérations auxquelles la Banque se livre, que les bureaux auxiliaires font également toutes les opérations, mais qu'ils ne peuvent accorder l'escompte aux clients qu'après en avoir référé au siège central, s'ils dépendent de celui-ci, ou à la succursale dont ils dépendent, que les villes rattachées, enfin, sont des localités où un service d'encaissement a été organisé par la Banque (tout papier payable dans ces villes peut donc être escompté, comme le papier payable au siège même d'une succursale ou d'un bureau auxiliaire).

A la veille du renouvellement du privilège de 1897, la Banque de France avait en province 260 établissements, ainsi répartis :

94 succursales de plein exercice ;
38 bureaux auxiliaires ;
128 villes rattachées.

Par les conventions de 1897, la Banque prit l'engagement de développer considérablement le réseau de ses comptoirs. Elle devait, dans un délai de deux années :

créer des succursales dans les chefs-lieux de départements qui en étaient dépourvus ;
transformer dix-huit bureaux auxiliaires en succursales ;
créer trente nouveaux bureaux auxiliaires ;
organiser le fonctionnement de 60 villes rattachées.

En outre, quinze nouveaux bureaux auxiliaires devaient être ouverts de 1900 à 1914, à raison d'un par année.

Toutes ces créations ou transformations furent effectuées avant l'expiration du délai fixé.

Les chefs-lieux de Mâcon, Pau, Mézières, dotés jusqu'alors d'un bureau auxiliaire, ceux d'Albi, Alençon, Laon, Chalons-sur-Marne,

Ajaccio, Draguignan, Guéret, Melun, Privas, Quimper, Vannes devinrent le siège d'une succursale.

Les bureaux auxiliaires d'Aix, Béziers, Cherbourg, Cognac, Compiègne, Elbeuf, Fougères, Libourne, Lisieux, Maubeuge, Mazamet, Millau, Montluçon, Narbonne, Saint-Denis, Saint-Omer, Sens, Verdun furent transformés en succursales.

30 nouveaux bureaux auxiliaires furent créés à Pantin, Vincennes, Fourmies, Granville, Montargis, Montélimar, Pontarlier, Saint-Junien, Salon, Saumur, Thiers, Thonon, Vichy, Vienne, Voiron, Autun, Bergerac, Chatellerault, Lunéville, Pont-Audemer, Saintes, Tourcoing, Vierzon, Boulogne-sur-Seine, Charenton, Levallois-Perret, Neuilly-sur-Seine, Grasse, Saint-Claude, Le Cateau.

Le recouvrement des effets de commerce fut organisé dans 60 nouvelles localités rattachées au réseau des places bancables.

Enfin quinze bureaux auxiliaires, qui devaient être créés au plus tard à la fin de 1914, fonctionnaient régulièrement dès 1908 à Montrouge, Dax, Fécamp, Dreux, Soissons, Péronne, Abbeville, Ivry-sur-Seine, Dieppe, Pontoise, Béthune, Caudry, Arles, Asnières et Longwy.

Après avoir réalisé ces créations obligatoires, la Banque poursuivit spontanément dans la même voie le développement de ses services en province. Toujours attentive aux vœux formulés en ce sens par les chambres de commerce et par les principaux groupements syndicaux du commerce, de l'industrie et de l'agriculture, elle y répondit :

en transformant en succursales les deux bureaux auxiliaires de Roanne et de Longwy ;

en créant dix nouveaux bureaux auxiliaires à Étampes, Briey, Hazebrouck, Argenteuil, Armentières, Fontainebleau, Montreuil-sous-Bois, Villeneuve-sur-Lot, Issy-les-Moulineaux, Pontivy ;

en assurant les services d'encaissement dans 165 nouvelles villes rattachées, dont 35 en remplacement des villes devenues siège d'une succursale ou d'un bureau auxiliaire, et 130 à titre de créations nouvelles.

De 1897 à 1911, le chiffre des prévisions avait donc été très largement dépassé, et le nombre des places bancables, qui devait s'élever de 260 à 372, atteignait en réalité le total de 516. Il avait sensiblement doublé en quatorze ans.

Par les conventions nouvelles signées en 1911, la Banque s'est engagée à maintenir toutes les créations faites à titre facultatif et à réaliser, en outre, dans un délai de deux ans :

la transformation de dix bureaux auxiliaires en succursales;
la création de douze nouveaux bureaux auxiliaires;
l'organisation de 50 nouvelles villes rattachées.

Ces transformations ou créations étaient achevées dès la fin de 1913.

Les bureaux de Bergerac, Béthune, Brive, Calais, Cannes, Le Cateau, Dax, Épernay, Morlaix et Pontoise ont été transformés en succursales.

De nouveaux bureaux auxiliaires ont été ouverts à Carpentras, Douarnenez, Lens, Mamers, Mantes, Saint-Ouen, Dinan, Lézignan, Pithiviers, Toul, Thizy, Villefranche-de-Rouergue.

L'encaissement des effets a été organisé dans 50 nouvelles villes rattachées.

Après avoir ainsi rempli ses engagements, la Banque les a, comme dans la période précédente, très sensiblement dépassés.

Les cinq bureaux auxiliaires de Salon, Alais, Armentières, Montargis, Péronne ont été transformés en succursales.

Les villes de Provins, Villefranche-sur-Saône, Clichy, Remiremont, Senlis, Tarare, Riom et Solesmes ont été dotées de nouveaux bureaux auxiliaires.

Le recouvrement des effets a été organisé dans 13 nouvelles localités, en vue d'assurer progressivement le remplacement de 15 villes rattachées devenues bureaux auxiliaires.

D'autres créations étaient en cours de réalisation : des bureaux auxiliaires allaient notamment être ouverts à Bernay, Laigle, Saint-Germain-en-Laye, Puteaux et Hyères.

La guerre a momentanément ajourné l'exécution de ces projets.

Le nombre total des places bancables est actuellement de 584, dont :

143 succursales;
75 bureaux auxiliaires;
366 villes rattachées.

L'augmentation, depuis 1897, a été de 324 places, ainsi réparties :

49 succursales créées, dont 28 par transformation de bureaux auxiliaires;
65 bureaux auxiliaires créés;
288 villes rattachées, dont 50 pour remplacer celles qui sont de-

venues siège de succursales ou bureaux auxiliaires, et 238 à titre de créations nouvelles.

L'article 6 de la convention du 26 octobre 1917 consacre les résultats obtenus par l'initiative de la Banque, et crée pour celle-ci des obligations nouvelles. En voici le texte :

« La Banque maintiendra les créations de succursales, bureaux auxiliaires, villes rattachées, réalisées par elle en dehors des obligations prévues par la loi du 17 novembre 1897 et par la convention du 11 novembre 1911.

« Dans le délai de dix ans à partir de la promulgation de la présente convention, il sera créé 12 succursales et 25 bureaux auxiliaires.

« La Banque s'engage, en outre, à organiser le service d'encaissement dans 50 villes rattachées, parmi lesquelles seront compris les chefs-lieux d'arrondissement et de canton de 6.000 habitants et au-dessus qui ne sont pas bancables ».

Les chefs-lieux d'arrondissement et de canton visés dans le paragraphe de l'article sont les suivants :

Chefs-lieux d'arrondissement 19

Apt, Belley, Briançon, Châteaubriant, Château-Gontier, Commercy, Condom, Coulommiers, Doullens, Lannion, Leblanc, Nérac, Rambouillet, Redon, Saint-Affrique, Saint-Gaudens, Saint-Yrieix, Sarlat, Yssingeaux.

Chefs-lieux de canton 27

Audincourt, Auray, Bannalec, Bohain, Bollène, Blain, Cancale, Darnetal, Dinard-Saint-Enogat, Givet, Guéméné-Penfao, Guérande, l'Isle-sur-la-Sorgue, Martigues, Mehun-sur-Yèvre, Montmorency, Noirmoutiers, Poissy, Pont-l'Abbé, Saint-Gilles, Saint-Léonard, Saint-Remy, Scaer, Seclin, la Teste, Thouars, Villejuif.

Total 46

On verra au chapitre suivant que M. Magniaudé a présenté un amendement tendant à une multiplication des succursales de la Banque beaucoup plus importante que celle qui est prévue par la convention, et que les commissions ont cru devoir se contenter des créations, fort intéressantes déjà, que cette convention nous promet.

Les commissions se sont demandé s'il n'y avait pas lieu de prévoir la création dans Paris, sinon de succursales, du moins de bureaux auxiliaires, comme M. Millerand l'avait proposé jadis, par un amendement daté du 21 mai 1892.

Actuellement, la Banque de France n'a dans Paris qu'un siège, dont les services sont répartis entre ses immeubles de la rue Croix-des-Petits-Champs et de la place Ventadour, et aussi, à titre provisoire, dans des immeubles voisins de ceux-là ; elle utilise en outre, pour les opérations concernant les titres de la défense nationale, les « bureaux d'arriérés » qu'elle avait, avant la guerre, en divers quartiers de la ville, et quelques bureaux nouvellement ouverts.

La délégation des commissions a consulté le ministre sur le point dont il s'agit. Le ministre, dans une lettre du 28 janvier 1918, a répondu que « la création de bureaux de quartier [dans Paris] est une question de pure commodité pratique, dont la Banque elle-même paraît devoir être laissée juge ».

Une autre question qu'il convient de poser ici est celle du papier de commerce déplacé. L'encaissement des effets tirés sur des places non bancables se heurte souvent à de sérieuses difficultés ; il a pu même donner lieu à des abus, lesquels ont provoqué des plaintes. Souvent, cet encaissement est confié à des huissiers, qui sont intéressés, en tant que tels, à ce que l'argent ne rentre pas. D'autre part, ne pouvant pas être porté à la Banque de France, le papier déplacé ne bénéficie qu'insuffisamment de l'influence modératrice exercée par la Banque sur le taux de l'escompte. Ce papier, cependant, correspondant aux opérations commerciales des centres ruraux, est un papier on ne peut plus sain : l'expérience de la guerre l'a démontré.

Saisi de la question par le rapporteur, le ministre a fait savoir qu'il s'en était préoccupé ; et il a communiqué une correspondance échangée entre lui et le gouverneur de la Banque.

Voici la partie de cette correspondance qui nous intéresse en ce moment :

Lettre du Ministre au Gouverneur (fragment).

« Paris, le 26 octobre 1917.

« ...Plusieurs chambres de commerce ont exprimé le désir de voir améliorer les conditions dans lesquelles se négocie le papier déplacé. Il s'agit, notamment, des traites tirées par le commerce de gros sur les détaillants des centres ruraux, c'est-à-dire d'un papier généralement très sain, et c'est encore dans cette catégorie que se trouverait rangée la plus grande partie du papier agricole dont on peut prévoir et souhaiter le développement. Le fait que ce papier ne soit pas normalement admis dans le portefeuille de la Banque tend à le faire considérer en quelque mesure comme une immobilisation par les maisons qui s'en chargent, et prive son encaissement de facilités et de garanties précieuses; ces circonstances défavorables ont leur répercussion sur le taux de l'escompte et sur le montant des commissions qu'on lui applique.

« Je me plais à constater les efforts méritoires et efficaces qu'a faits la Banque, en multipliant très largement le nombre de ses comptoirs et en s'obligeant à l'accroître encore d'ici dix ans. D'autre part, bien qu'elle ne soit liée à cet égard par aucune disposition restrictive, il est naturel que, sans le repousser systématiquement, elle n'ait pas accueilli d'une manière générale le papier payable dans des localités où elle n'est pas établie. Toutefois, je serais reconnaissant au Conseil général d'examiner si, en admettant, par une mesure de principe, le réescompte du papier déplacé, la Banque, conservant la faculté soit de remettre ce papier au présentateur avant l'échéance, soit d'en assurer, moyennant une juste commission, l'encaissement par tous moyens à son choix, ne pourrait utilement étendre son action au delà même des limites de son réseau, et apporter une contribution nouvelle à l'activité économique de nos campagnes ».

Réponse du Gouverneur (fragment).

« Paris, le 30 octobre 1917.

« ... Pour ce qui est des effets commerciaux tirés sur des places non bancables, la Banque, en raison de l'intérêt que présentent, pour le développement du crédit agricole et de l'activité économique de nos campagnes, de plus grandes facilités accordées à la négociation de ces effets, est disposée à les admettre à l'escompte suivant votre demande, en se réservant, comme il convient, le choix des voies et moyens pour assurer le recouvrement ».

***

L'extension du réseau des places bancables, l'organisation de l'encaissement du papier déplacé visent à augmenter le champ d'action de la Banque de France, et à mettre plus largement ses services à la disposition du commerce. Dans un ordre d'idées non point identique, mais voisin, — car il s'agit encore de facilités à créer pour le commerce —, le vœu a été exprimé de divers côtés que la Banque aille plus loin qu'elle ne fait dans l'octroi de l'escompte pour le papier à deux signatures, lorsqu'il y a, pour remplacer la troisième signature, la garantie d'un dépôt de titres ou de marchandises. Cette question a été visée, en même temps que celle du papier déplacé, dans la correspondance dont nous venons de donner des extraits.

Lettre du Ministre au Gouverneur (fragment).

« ... A côté de sa fonction essentielle de régulatrice du marché, dont elle ne peut s'acquitter que par le réescompte d'effets à trois signatures, il est bon que la Banque, en ménageant au commerce la possibilité d'accéder sans intermédiaire à ses escomptes, possède le moyen d'agir directement sur le taux du crédit à court terme. Cette préoccupation s'est traduite, presque depuis le début de l'institution, par une série de dispositions qui ont permis de remplacer, avec une facilité toujours plus grande, la troisième signature par la garantie d'un dépôt de titres ou de marchandises. Il est évident que, par l'exercice judicieux de cette faculté, la Banque peut, sans développer au delà d'une sage limite ses risques directs, et tout en évitant une concurrence qui la ferait dévier de sa mission supérieure, entretenir une émulation très profitable au commerce. Par une lettre du 31 octobre 1896, le gouvernement de la Banque s'est engagé à augmenter, dans une mesure à apprécier suivant la solvabilité des obligés, la proportion du papier à deux signatures à escompter pour une valeur de titres déposés en garantie d'escompte.

« Je pense que le Conseil général voudra bien renouveler cet engagement, et que la Banque consentira à dépasser la valeur du dépôt spécial de garantie toutes les fois que la nature du papier et la qualité des deux signatures lui permettront d'assurer son concours aux intéressés sans s'écarter des règles de prudence auxquelles, dans ce moment plus que jamais, elle a le devoir et le souci de s'attacher ».

Réponse du Gouverneur (fragment).

« ... Le Conseil général renouvelle bien volontiers l'engagement que la Banque consentira à dépasser la valeur des titres déposés en garantie pour l'admission à l'escompte d'effets à deux signatures, toutes les fois que la nature des effets et la qualité des deux signatures lui permettront de le faire sans s'écarter des règles de prudence auxquelles, en ce moment plus que jamais, elle a le devoir et le souci de s'attacher.

« Ce n'est pas au lendemain d'une guerre où les titres d'emprunts de l'État auront pris une place si importante dans le portefeuille français que la Banque pourrait avoir la pensée de restreindre, au delà des limites que lui impose la sécurité de l'émission, l'accès de ses escomptes au profit de ceux qui auront mis leurs disponibilités au service de la défense nationale ».

On pourrait soulever encore, à propos de l'article 6, la question du crédit à l'exportation. Mais comme elle a fait l'objet d'un amendement, nous nous réservons d'y revenir plus loin.

Payements et encaissements pour le compte du Trésor et des particuliers.

Les articles 7 et 8 de la convention du 26 octobre 1917 contiennent des stipulations tendant à élargir les facilités que la Banque donne au Trésor, d'une part, aux particuliers, de l'autre, pour leurs payements et leurs encaissements.

C'est là, en quelque sorte, le couronnement d'une œuvre commencée depuis longtemps. Les dispositions inscrites dans les articles 7 et 8 de la convention complètent une longue série de mesures prises par la Banque de France au cours de la période récente, soit sur l'invitation des pouvoirs publics, soit de son initiative propre, et dont nous avons donné un résumé au chapitre premier de ce rapport.

Les facilités nouvelles que la Banque de France a créées depuis la guerre ou qu'elle va créer pour les payements et encaissements tant des particuliers que du Trésor entraînent pour elle un accroissement de charges considérable. A cette heure, on doit considérer que les seules opérations effectuées pour le Trésor absorbent plus de la moitié des frais généraux d'exploitation de la Banque de France; et la charge dont il s'agit deviendra plus lourde à mesure que les administrations et le public apprendront mieux à se servir des facilités dont nous parlons, à mesure qu'ils adopteront plus complètement les pratiques destinées à éviter l'emploi du numéraire, et qui comportent le recours aux services de la Banque.

Est-il nécessaire, d'autre part, de faire ressortir l'importance des avantages qui sont faits aux clients de la Banque et au Trésor? Ils sont suffisamment apparents pour que nous n'ayons pas besoin d'y insister.

Les mesures que nous commentons en ce moment ne sont pas seulement avantageuses au commerce, au Trésor. Elles intéressent l'économie nationale, au sens le plus élevé de l'expression, et, d'une certaine manière, les finances du pays, en tant qu'elles doivent avoir pour effet de développer les règlements dans lesquels il n'intervient pas de numéraire. C'est là un aspect important de la question, sur lequel il convient que nous nous étendions quelque peu.

Du point de vue où nous nous plaçons, la France est en retard sur certains pays étrangers, notamment sur l'Angleterre et les États-Unis.

Chez nous, l'usage du chèque est encore peu répandu. D'ailleurs, le chèque, en France, est très souvent présenté à l'encaissement en telle manière qu'il est réglé avec du numéraire ; dans ces conditions, il ne permet de réaliser une économie de monnaie que pour autant que cette économie peut résulter du remplacement partiel des encaisses des particuliers par les dépôts en banque.

Nous avons une Chambre de compensation des banquiers de Paris. Une note émanée d'elle, et datée du 1ᵉʳ janvier 1918, nous fournit les renseignements suivants sur son histoire, et sur le développement de ses opérations.

« La Chambre de compensation des banquiers de Paris, fondée en 1872, cent ans après le Bankers Clearing House de Londres, après avoir suspendu ses séances du 2 août 1914, premier jour de la mobilisation, au 3 juillet 1916, a subi en 1917 de profondes modifications.

« Au début de 1917, la Chambre de compensation comprenait 11 membres. Elle appliquait un procédé de compensation (ajustage des comptes deux à deux) qui rendait impossible une augmentation importante du nombre des membres.

« Sous le nom de Caisse de compensation, il s'est constitué un groupe de banquiers se proposant d'appliquer la compensation entre eux d'après la méthode américaine, qui permet d'admettre à la compensation un nombre de membres important.

« Avant que le nouveau groupe ait commencé ses opérations de compensation, la Chambre de compensation a adopté le nouveau système, et les deux groupes ont fusionné, de sorte que la Chambre de compensation comprend actuellement les 34 membres suivants :

1. American Express Company.
2. Banque d'Alsace et de Lorraine.
3. Banque Anglo Sud-Américaine.
4. Banque française pour le commerce et l'industrie.
5. Banque de Mulhouse.
6. Banque nationale de crédit.
7. Banque de Paris et des Pays-Bas.
8. Banque privée.
9. Banque de l'Union parisienne.
10. Claude, Lafontaine et Cie.
11. Comptoir national d'escompte de Paris.
12. MM. Cox et Cie (Limited).
13. Crédit commercial de France.
14. Crédit foncier d'Algérie et de Tunisie.
15. Crédit foncier de France.
16. Crédit français.
17. Société générale de crédit industriel et commercial.
18. Crédit lyonnais.
19. Crédit du Nord.
20. Equitable Trust Cy.
21. Farmers'Loan et Trust Cy (Limited).
22. Lehideux et Cie.
23. Lloyds Bank (France) Limited.
24. London County and Westminster Bank Limited.
25. Offroy Guiard et C°.
26. Société centrale des banques de province.
27. Société générale pour favoriser le développement du commerce et de l'industrie.
28. Société marseillaise de C. I. C. et D.
29. Guaranty Trust.
30. Banque des pays du Nord.
31. Compagnie algérienne.
32. Banque internationale de commerce de Petrograd.
33. Banque française et italienne pour l'Amérique du Sud.
34. Banque transatlantique.

« La Chambre a commencé à fonctionner dans son nouveau local, 2, rue des Italiens, le 26 juillet 1917, avec les 32 premiers membres. Les deux derniers ont siégé à partir du 1ᵉʳ décembre.

Opérations de la Chambre de compensation des banquiers de Paris depuis 1872.

EXERCICES (1ᵉʳ AVRIL-31 MARS).	MONTANT des effets présentés à la compensation.	EFFETS compensés.	EFFETS non compensés réglés par mandats.
	francs.	francs.	francs.
1872-1873	801.292.364	528.420.193	272.872.171
1882-1883	2.079.403.397	1.550.710.200	528.693.197
1892-1893	2.357.615.498	1.911.887.875	445.727.623
1902-1903	5.408.146.611	4.011.494.522	1.396.652.089
1903-1904	5.916.288.088	4.279.907.129	1.636.380.959
1904-1905	6.943.394.383	5.138.232.629	1.805.161.754
1905-1906	8.927.560.084	6.745.813.652	2.181.746.432
1906-1907	12.404.381.319	9.829.555.919	2.574.825.400
1907-1908	13.047.642.231	9.903.829.882	3.143.812.349
1908-1909	13.393.705.185	10.218.502.300	3.175.202.885
1909-1910	14.834.029.006	11.776.076.498	3.057.952.508
1910-1911	16.998.112.704	13.284.248.666	3.713.864.038
1911-1912	17.369.344.231	13.618.232.683	3.751.111.548
1912-1913	18.883.036.233	14.837.965.264	4.045.070.969
1913	18.374.444.573	14.483.863.488	3.890.581.085
1914 (7 premiers mois)	11.837.210.717	9.548.558.785	2.288.651.932
1915	Néant.	Néant.	Néant.
1916 (6 derniers mois)	2.187.326.236	1.841.237.613	346.088.623
1917	(1) 13.707.150.112	9.947.842.898	3.759.307.214

(1) Dont 11.308.652.415 pour le deuxième semestre.

La grande caisse de compensation, dans notre pays, c'est la Banque de France. On en jugera par le tableau suivant, qui donne le montant des virements et compensations opérés par elle au cours des dernières années (dans ce tableau, les débits et les crédits sont cumulés) :

Millions et centaines
de mille francs.

1907................................. 179.399,4
1908................................. 170.261,3
1909................................. 214.191,8
1910................................. 245.842,6

1911..................................... 270.990,8
1912..................................... 319.724,1
1913..................................... 309.788,5
1914..................................... 329.990,0
1915..................................... 142.513,0
1916..................................... 263.745,1
1917..................................... 362.292,1

En divisant ces chiffres par 2, comme il convient de faire, et en les additionnant avec les opérations de la Chambre de compensation, on obtient, pour les années 1910 et suivantes, les totaux que voici :

1910....................... 139.089.000.000 fr.
1911....................... 152.354.000.000 »
1912....................... 179.457.000.000 »
1913....................... 174.551.000.000 »
1914....................... 180.294.000.000 »
1915....................... 77.121.000.000 »
1916....................... 142.479.000.000 »
1917....................... 191.074.000.000 »

En Angleterre, les seules opérations du Clearing-House de Londres vont beaucoup plus loin. Elles se chiffrent ainsi :

Livres sterling.

1910....................... 14.658.863.000
1911....................... 14.613.877.000
1912....................... 15.961.773.000
1913....................... 16.436.404.000
1914....................... 14.665.048.000
1915....................... 13.407.725.000
1916....................... 15.275.046.000
1917....................... 19.121.196.000

Les opérations de dix autres chambres du royaume se sont montées, en 1917, à 1.617.379.200 livres sterling.

C'est aux États-Unis que la compensation a pris le plus grand développement. Les chiffres suivants en font foi :

Montant des effets compensés aux États-Unis.

ANNÉES.	CLEARING-HOUSE de New-York.	AUTRES CLEARINGS.	TOTAL.
	(en millions de dollars)		
1902	76.328	41.695	118.023
1903	65.970	43.239	109.209
1904	68.649	43.910	112.559
1905	93.822	50.005	143.827
1906	104.676	55.230	159.906
1907	87.182	57.844	145.026
1908	79.276	53.133	132.409
1909	103.589	62.249	165.838
1910	97.274	66.821	164.095
1911	92.373	67.857	160.230
1912	100.744	73.209	173.953
1913	94.634	75.181	169.815
1914	83.019	72.227	155.246
1915	110.564	77.253	187.817
1916	159.581	102.275	261.856
1917	177.405	129.535	306.940

Déjà, avant la guerre, on se plaignait de ce que la méthode de la compensation ne fût pas employée davantage en France. Cette méthode, en effet, en économisant du numéraire, libérait de l'or. Aujourd'hui, la question a pris une importance singulièrement accrue. Notre circulation fiduciaire a atteint un niveau très élevé, et elle continue à augmenter de semaine en semaine. Tout ce qui tendra à la réduire mérite au plus haut point d'être recherché et mis en pratique.

Le législateur, dans cet ordre d'idées, a accompli, au cours des dernières années, une série de réformes intéressantes.

Pourquoi la France n'arrivait-elle pas, ayant depuis 1865 une législation sur les chèques, à bénéficier des avantages que le chèque procure aux pays anglo-saxons? Parce qu'elle avait négligé d'introduire chez elle les règles grâce auxquelles les chèques et la compensation rendent en Angleterre de si appréciables services.

Le chèque anglais est, pour ainsi dire, toujours barré, c'est-à-dire qu'il ne peut être payé en argent; il est versé dans les banques, qui le transmettent à leur banquier de compensation, et tout se règle en écritures. Il résulte de ces mœurs qu'un chèque perdu ou volé est inutilisable pour celui qui le trouve, que le chèque peut s'envoyer par pli simple, se transmettre de la main à la main sans décharge, et que, par suite, il constitue l'instrument de payement le plus sûr et le moins onéreux.

En France, ce n'est qu'en 1911 qu'on put profiter de la discussion de la convention avec la Banque de France pour faire voter la loi du 30 décembre 1911 qui instituait le chèque barré. La même loi supprimait l'obligation de l'acquit sur le chèque compensé et permettait de remplacer cet acquit par une griffe « compensé », ce qui devait augmenter la sécurité de la transmission des chèques, en supprimant tous risques en cas de déconfiture du tiré auquel des chèques auraient été remis pour crédit et qui ne les aurait pas réglés.

Au 1er janvier 1912, le chèque barré existait en France; mais ici encore, on avait le mot et non la chose.

D'où vient la sécurité du chèque barré en Angleterre? De ce qu'il n'est jamais payé en argent. En Angleterre, le chèque est présenté au tiré, qui le domicilie chez un banquier de compensation et le rend au présentateur. En France, l'application de cette méthode était rendue impossible par les exigences du fisc. L'apposition sur un chèque de la formule de domiciliation « accepté payable à la Banque de France » ou « dans telle banque » constituait un nouvel acte; or, la loi du 13 brumaire an VII porte qu' « il ne pourra être fait ni expédié deux actes à la suite l'un de l'autre sur la même feuille de papier timbré ». Ce nouvel acte, d'ailleurs, vu la définition limitative que la loi donne du chèque, n'aurait pas pu bénéficier du régime fiscal de faveur accordé à celui-ci, et aurait été passible du droit proportionnel de demi pour mille.

La loi du 26 janvier 1917 a remédié à cela. Elle a décidé que la domiciliation d'un chèque pour payement soit à la Banque de France, soit dans une banque ayant un compte à la Banque de France, ne donnerait ouverture à aucun droit de timbre. Toutefois, il est dit que cette domiciliation ne pourra être faite contre la volonté du porteur, à moins qu'il ne s'agisse d'un chèque barré, et que la domiciliation n'ait lieu à la Banque de France sur la même place. Grâce à cette loi, le règlement des chèques pourra être transporté à la Chambre de compensation des banquiers et à la Banque de France.

Plus tard, la loi du 2 août 1917 est venue édicter des pénalités pour les chèques tirés sans provision : réforme utile, en tant qu'elle fait disparaître ou que du moins elle atténue une des causes de la répugnance que beaucoup de gens témoignent à accepter des chèques.

Enfin, la loi du 7 janvier 1918 a institué un service de comptes courants et de chèques postaux. Les dispositions de cette loi permettront aux titulaires des comptes dont il s'agit de payer plus commodément à toutes personnes, et de recevoir de toutes personnes. Elles sont surtout intéressantes, du point de vue où nous nous sommes placés, en tant qu'elles prévoient des virements de compte à compte qui s'effectueront moyennant la perception d'une taxe fixe de 0 fr. 10. Comme tous les bureaux de poste participeront aux opérations du service des chèques postaux, on peut attendre de la réforme les plus heureux effets ; grâce à elle, le système des règlements sans numéraire pourra se développer jusque dans les plus petites localités.

L'administration, depuis quelque temps, a compris qu'elle devait s'inspirer des mêmes préoccupations qui ont dicté au législateur les mesures rappelées ci-dessus : l'inflation de la circulation fiduciaire au cours de la guerre l'a incitée à sortir de sa routine. En ce qui concerne ses recettes, elle a admis les contribuables à se libérer de leurs contributions par la remise de chèques barrés. En ce qui concerne ses dépenses, elle s'est attachée à en généraliser le payement au moyen de virements et de chèques barrés sur la Banque de France, si bien que dans la première quinzaine du mois de juin 1916, 3 1/2 0/0 seulement des payements de la caisse centrale du Trésor public étaient effectués en espèces. On est allé plus loin : le décret du 20 juin 1916 a dispensé les créanciers de l'État et des départements de se présenter — en personne ou par mandataire — chez les comptables du Trésor pour l'encaissement de leurs créances ; ils peuvent désormais obtenir que le montant de celles-ci soit porté par virement au crédit du compte qu'ils auraient, soit à la caisse centrale du Trésor ou dans une trésorerie générale, soit à la Banque de France, soit dans une banque possédant elle-même un compte à la Banque de France. Ce mode de règlement a été étendu, par la suite, aux dépenses des régies financières, des Postes, des Chemins de fer de l'État, de l'Imprimerie nationale et des Monnaies et médailles.

Nous avons vu que la Banque de France s'était appliquée de son mieux à seconder l'administration dans ses initiatives. Elle, qu'on a plus d'une fois accusée d'être hostile au système des compensations — pour la raison que le développement de ce système, en tendant à réduire la circulation monétaire, tendrait à réduire les bénéfices qu'elle retire de l'exercice de son privilège —, elle s'est employée de toutes les manières, avec un zèle dont il faut la louer, à étendre dans notre pays l'emploi des méthodes de règlement où la monnaie n'intervient pas.

Avant la guerre, la Banque avait organisé des règlements par compensation entre les maisons de banque dans un certain nombre de villes : à Nancy, Grenoble, Bordeaux, Le Havre, Saint-Étienne, Toulouse, Angers. Après une interruption momentanée causée par la guerre, elle a repris cette œuvre, et elle s'emploie très activement à la développer.

Pour donner une idée des efforts déployés par la Banque, dans le domaine que nous envisageons, en vue de l'éducation de sa clientèle, voici des extraits d'une circulaire adressée par le gouverneur aux directeurs de succursales (circulaire n° 1190, du 20 juin 1916) :

« Les statistiques établies à l'occasion de l'arrêté semestriel des succursales ont permis de constater que les mesures prises par la Banque pour développer les règlements par écritures et réduire l'emploi des billets de banque donnent des résultats appréciables...

« Vous devez poursuivre avec activité la tâche que vous fixaient mes circulaires des 21 janvier et 25 avril derniers, et rechercher toutes occasions de faire comprendre à ceux qui continuent de faire usage sans nécessité des billets de banque dans des proportions importantes, soit pour conserver par devers eux les sommes qui constituent leurs réserves, soit pour effectuer des payements, les avantages qui s'attachent à l'emploi des méthodes de règlement plus sûres que la Banque de France s'efforce de rendre chaque jour plus pratiques. Votre devoir est également d'aplanir les difficultés qui pourraient résulter d'erreurs commises par notre clientèle dans l'utilisation des chèques barrés et virements. Plutôt que d'imposer aux porteurs de ces chèques et virements, lorsqu'il s'agit de personnes honorablement connues n'ayant pas de compte en banque, des démarches de nature à retarder le règlement, vous devriez leur faciliter l'ouverture d'un compte sur vos livres.

« Les règlements d'effets de commerce donnent encore lieu, nous le constatons à chaque échéance, à des payements effectifs en billets de banque, qui pourraient bien souvent être évités, si les débiteurs prenaient soin de domicilier ces payements en banque. Plusieurs de nos clients paraissent ignorer même que la domiciliation n'entraîne pour eux aucuns frais à la Banque de France et que les formalités sont actuellement très simplifiées, puisqu'elles se réduisent à un avis qui peut être donné même sous forme de lettre missive, sans l'emploi d'aucune formule spéciale, et sans qu'il soit nécessaire de préciser d'autres indications que le nom du tireur, l'échéance et le montant de la traite. L'envoi de cet avis n'est soumis à aucun délai rigoureux ; il suffit qu'il vous parvienne en temps utile, avant la mise en recette des effets.

« Nous vous prions de rechercher parmi vos clients, débiteurs d'effets, quels sont ceux qui, ayant coutume de payer ces effets en numéraire, pourraient utilement avoir recours à la domiciliation. Vous appellerez leur attention sur ce point, soit verbalement, soit en leur adressant une lettre dont vous trouverez ci-joint le modèle et qui vous sera fournie, sur votre demande, par le Service des imprimés... ».

Tout le monde a pu voir une brochure éditée, en 1916, par la Banque, et intitulée « Servez-vous des chèques, des virements, des lettres de crédit ». D'une impression très soignée, et même très artistique, cette brochure indique excellemment les raisons pour lesquelles le public usera le moins possible des billets de Banque dans les transactions, et elle expose les facilités que la Banque de France lui offre pour réduire cet emploi des billets.

Parlant de cette propagande à laquelle la Banque de France s'est livrée, il n'est que juste de mentionner que d'autres établissements de crédit s'y sont associés.

Nous rendrons hommage également à la Chambre de compensation des banquiers de Paris, laquelle, depuis qu'elle a repris ses opérations, s'est efforcée d'améliorer le plus possible les conditions de son fonctionnement. Depuis le 16 janvier 1918, elle admet à la compensation les chèques sur tous les banquiers ou agences de province ayant désigné un correspondant parisien. En prenant cette décision, la Chambre de compensation a voulu surtout poser un principe et tracer le cadre dans lequel son rayonnement s'étendra après la guerre sur la France entière, car tant que durera la guerre, l'irrégularité des services postaux ne permettra pas d'adopter, pour la compensation province, les courts délais indispensables à son développement.

En somme, au cours des dernières années, de grands progrès ont été réalisés dans l'ordre d'idées qui nous occupe. Est-ce à dire que tout le nécessaire ait été fait pour restreindre l'emploi de la monnaie dans les transactions? Non pas.

Il y a encore, pour le législateur, des réformes utiles à accomplir en vue de ce résultat. La législation du chèque appelle de nouvelles améliorations. Nous devons souhaiter, par exemple, le vote rapide du projet de loi que le gouvernement a déposé le 8 février dernier, et qui tend à abréger la durée de la prescription en matière de chèques. Ne serait-il pas utile, d'autre part, afin d'inviter les particuliers à réduire le plus possible leur encaisse, de faire disparaître la graduation du timbre quittance, pour les versements que les clients des banques font au crédit de leur compte? »

Du côté de l'administration, il reste bien des progrès à obtenir.

Voici, par exemple, un percepteur qui refuse de recevoir en payement de contributions directes dues par M. X... un chèque délivré à l'ordre de M. X... par le banquier de celui-ci, et endossé par M. X... à l'ordre du percepteur. Le percepteur déclare qu'il n'est autorisé à recevoir que des chèques créés directement à son ordre. Or, l'endos ne pouvait faire naître aucun risque pour le Trésor, puisque cet endos unique émanait du contribuable qui remettait le chèque. Si, d'ailleurs, une difficulté quelconque était née par suite de la réception de ce chèque, le chèque aurait été rendu par le percepteur, et le contribuable n'aurait pas été libéré. La situation n'aurait pas été plus mauvaise qu'avant la remise du chèque au percepteur.

Au fond, les fonctionnaires ont encore une mentalité de « payeurs en espèces ». Ils vivent toujours dans l'idée du payement définitif, alors qu'avec les payements en chèques, il n'y a rien de définitif : c'est toujours un règlement en écritures, qui peut être contrepassé ou rectifié s'il y a erreur. C'est le mode de payement le plus sûr. Aussi doit-on lui faire confiance, et recevoir les chèques libéralement.

Ce n'est pas à dire qu'il faille aller jusqu'à recevoir des chèques, sans précautions spéciales, en payement des formalités au comptant, comme un enlèvement de marchandises contre payement des droits de douane. Dans ce cas-là, l'administration ne devra recevoir des chèques que dans la limite où le banquier tiré se sera préalablement déclaré prêt à acquitter les chèques de son client. Le crédit ainsi fixé s'épuisera par imputation des chèques reçus.

L'inaptitude de la généralité des fonctionnaires à adopter l'esprit qui a fait entrer l'État dans la voie des payements par chèques est démontrée par le nombre important des mandats sur la caisse centrale du Trésor qui sont établis journellement pour les objets les plus divers, et notamment pour les traitements ou les délégations de solde.

Pour encaisser un de ces mandats, il faut se rendre à la caisse centrale du Trésor, à des heures incommodes, et stationner devant plusieurs guichets ; si le mandat sur la caisse centrale avait été remplacé par un mandat de virement sur la Banque de France ou un chèque barré, le bénéficiaire n'aurait pas eu à se déranger, et il aurait été crédité par son banquier, sans que celui-ci non plus ait eu à se déplacer, tous les chèques et mandats étant envoyés en bloc à la Banque sans aucune formalité et sans aucune perte de temps.

Est-ce à dire que ce temps économisé aurait diminué les garanties offertes au Trésor quant à la validité du payement en bonnes mains ? Au contraire. Aucune des formalités remplies aux guichets des payeurs du Trésor ne vaut comme garantie l'intervention du banquier encaisseur qui cautionne l'identité de son client, et certifie par son acquit sur le chèque qu'il a bien crédité le compte de celui dont le nom est porté comme bénéficiaire du chèque.

Trop de fonctionnaires chargés de réglementer l'utilisation des chèques pour les payements de l'État perdent de vue cette garantie que donne l'intervention du banquier encaisseur. Le jour où ils l'auront comprise, il n'y aura plus de mandats sur la caisse centrale du Trésor, ou du moins ceux-ci seront exceptionnels, et limités aux payements importants, par exemple aux sommes de six chiffres et plus.

C'est aux banques qu'incombe, dans l'œuvre qui reste à accomplir, la tâche la plus importante.

Elles doivent, toutes tant qu'elles sont, travailler sans relâche à faire l'éducation du public, en expliquant à celui-ci, notamment, les avantages de l'emploi du chèque.

A l'heure présente, on peut régler ses dettes, quelle que soit sa résidence et quelle que soit la résidence de son créancier, par l'envoi d'un chèque, sans autres frais que les 0 fr. 10 du timbre du chèque et les 0 fr. 15 du timbre de la lettre d'envoi, et cela sans avoir à craindre d'imposer aucun embarras ni aucun frais d'encaissement à son créancier. En barrant son chèque, on a non seulement la sécurité contre le vol, qui permet de ne pas recommander la lettre d'envoi, mais encore la certitude que le crédit ira bien à la personne dénommée sur le chèque, sécurité qui fait défaut quand on paye en espèces une personne qu'on ne connaît pas. Avec le chèque barré, c'est au banquier encaisseur qu'incombe la responsabilité de l'identité du bénéficiaire ; ce mode de payement dispense de toutes les demandes de justification d'identité, qui sont si longues et si ennuyeuses dans tous les payements en espèces quand on veut avoir quelque sécurité.

Les banques doivent, d'autre part, faire disparaître, pour autant que cela dépend d'elles, les obstacles qui s'opposent à l'emploi du chèque, à la généralisation des règlements sans écritures, et s'efforcer de multiplier le plus possible cette sorte de règlements.

Notons tout d'abord, à ce propos, qu'il conviendrait que les clients des banques pussent, à tout moment, connaître sans difficulté la position de leur compte.

Il importe également que l'on ait confiance dans le chèque, comme instrument de paiement. Cette confiance dans le chèque serait grandement augmentée par l'adoption en France de l'usage anglais du solde minimum du compte en banque. Les grandes banques anglaises exigent que leur client prenne l'engagement de maintenir à son compte un solde minimum; il en résulte que pour les tout petits chèques, le commerçant à qui ils sont remis en paiement, comme le banquier tiré, n'ont aucune hésitation à les accepter, ce qui facilite beaucoup l'usage de ce mode de règlement.

Il faut encore que les chèques soient encaissés dans un délai aussi court que possible, et en outre, dans un délai certain.

L'encaissement sans frais du chèque doit être général. Il s'agit, bien entendu, du chèque versé au compte courant du bénéficiaire. La gratuité doit exister pour l'encaissement des chèques sur la France entière quand ils peuvent passer par la Chambre de compensation des banquiers de Paris (ce qui est le cas le plus général), puisque la Banque de France va encaisser sans frais non seulement les chèques tirés sur une place bancable, mais encore ceux tirés sur une place non bancable, dès l'instant qu'ils doivent être présentés à une chambre de compensation. Déjà un très grand nombre de banquiers ont suivi l'exemple de la Banque de France, et il n'y a pas de doute que le nombre de ceux-ci aille sans cesse en augmentant. En effet, grâce aux comptes courants postaux, le client n'est plus réduit à s'adresser au banquier de sa résidence ; il peut mettre en concurrence tous les banquiers du territoire, car il lui sera loisible, quel que soit l'éloignement de son banquier, d'effectuer à son compte de banque tous les versements et tous les retraits par l'intermédiaire du bureau de poste de sa résidence et de son compte-courant postal, moyennant 0 fr. 20 par opération (0 fr. 10 pour le versement, et 0 fr. 10 pour le virement au compte du banquier).

L'usage du chèque et des effets de commerce serait sans intérêt au point de vue de l'économie de numéraire, s'il devait aboutir à des encaissements en espèces. Il faut que ces effets aboutissent à un règlement en écritures. Pour y parvenir, il faut généraliser la domiciliation à présentation, et l'affiliation des banques aux chambres de compensation.

La domiciliation à présentation devrait être l'idée fixe du garçon de recette. C'est lui qui peut le mieux l'obtenir et en développer l'usage, car c'est lui qui a le contact quotidien avec les caissiers des débiteurs des effets, mais surtout c'est lui qui est le plus directement intéressé à la suppression du numéraire. Les assassinats et les vols dont les encaisseurs sont victimes, vols par violence et vols au change de monnaie, disparaîtraient avec le numéraire. Finies également les erreurs de caisse et les longs pointages faits en fin de journée pour ajuster la recette. Quand le garçon de recette se bornera, comme à Londres, à emporter, pour les faire domicilier par le tiré, des feuilles de papier qu'il rapportera le soir et dont un voleur ne pourrait faire aucun usage, quelle simplification du travail, tant dans sa tournée qu'à son retour, et quelle sécurité !

Pour que cette domiciliation n'entraîne pas une complication et une perte de temps pour le banquier encaisseur, il faut qu'elle ait lieu dans une banque affiliée à une chambre de compensation, et il faut que le banquier encaisseur soit lui-même affilié à une chambre de compensation. Tous les banquiers ne peuvent pas appartenir à une chambre de compensation, mais ils peuvent être reliés à une chambre de compensation en ayant un compte chez un banquier de compensation, qui recevra, avec crédit le même jour, tous les effets qu'ils lui remettront domiciliés chez un banquier de compensation. C'est ainsi que cela se passe à Londres, où il n'y a que 17 membres du Clearing House, mais où tous les banquiers et commerçants de la ville ont un compte chez ces 17 banquiers de compensation.

En ce qui concerne la Banque de France, on peut être persuadé que, soucieuse de coopérer à une évolution très souhaitable, elle recherchera dans l'avenir, comme elle a fait dans le passé, tout ce qui peut contribuer à cette évolution.

La convention passée entre le ministre des Finances et la Banque de France le 26 octobre 1917 ne pouvait faire état des dispositions de la loi votée par la Chambre le 28 septembre 1916, mais qui n'a été adoptée par le Sénat que le 11 décembre 1917, et qui institue un service de comptes courants et de chèques postaux. Les commissions se sont préoccupées de savoir quelle suite la Banque de France avait l'intention de donner au vote de cette loi.

A la différence des régimes existant dans les pays où existe un service de comptes courants postaux (Allemagne, Autriche-Hongrie, Suisse, Belgique, Japon), la loi française édicte des tarifs très élevés pour les dépôts et retraits de fonds au crédit ou au débit des comptes (taxe des mandats-poste). Au contraire, les virements de compte à compte ne sont soumis qu'à une taxe fixe de 0 fr. 10, quel que soit le montant du virement.

Cet état de choses serait de nature à favoriser le développement des virements postaux — qui, dans les pays étrangers, a atteint une si grande extension —, à la condition toutefois que les titulaires de comptes courants postaux aient toutes facilités d'utiliser par virement l'avoir porté au crédit de leur compte, et notamment qu'ils puissent virer au compte de leur banquier.

Supposons qu'ils contractent cette habitude, à l'instar de ce qui se passe dans tous les pays où fonctionne le chèque postal. Il manque encore un chaînon pour que la filière soit complète, et que les comptes courants postaux soient reliés sans aucun mouvement d'espèces à l'ensemble de la circulation du pays.

En effet, c'est la Banque de France qui est la chambre de compensation nationale, où se font tous les règlements de comptes du pays; il ne suffit donc pas que les comptes courants postaux des particuliers puissent être reliés par des virements au compte courant postal de leur banquier, il faut encore que les comptes courants postaux des banquiers puissent être reliés aux comptes courants de ceux-ci à la Banque de France, et que, par suite, la Banque de France ait un compte courant postal.

Si la Banque de France n'avait pas de compte courant postal, les banquiers seraient obligés d'effectuer en espèces des retraits de leur compte courant postal et d'effectuer en espèces des versements à leur compte courant postal chaque fois que le solde de celui-ci serait ou supérieur ou inférieur à leurs besoins.

Or, le but du compte courant postal est précisément de diminuer la circulation fiduciaire et de supprimer ces payements en espèces. Il est donc essentiel d'assurer, par l'ouverture d'un compte courant postal à la Banque de France, la communication facile et sans mouvement d'espèces entre les comptes courants postaux des banquiers et leur compte courant à la Banque de France.

Ajoutons que la possibilité donnée aux banquiers de faire des virements sur la Banque de France sera pour eux un encouragement à demander l'ouverture de comptes courants postaux à leur nom.

Les commissions n'avaient aucun doute que la Banque de France voulût prêter son concours à l'application de la loi du 7 janvier 1918. Elles ont tenu, néanmoins, à s'assurer de ses intentions, afin de pouvoir donner à celles-ci la publicité de leur rapport. La lettre suivante, écrite par le gouverneur au ministre des Finances, leur a donné satisfaction :

« Paris, le 26 février 1918.

« Monsieur le Ministre,

« Pour répondre au désir que vous avez bien voulu m'exprimer, j'ai l'honneur de vous confirmer que la Banque s'engage à demander l'ouverture à son nom de comptes courants de chèques postaux dans tous les bureaux régionaux qui seront ouverts en exécution de la loi du 7 janvier 1918.

« Comme j'ai eu l'honneur de vous l'écrire à la date du 25 novembre 1908 : « La Banque ne peut qu'envisager favorablement une « organisation dont les services seconderont utilement tous les efforts « qu'elle-même ne cesse de faire pour développer en France les « payements par écritures, sans mouvement matériel ni immobilisa- « tion d'espèces ou de billets ».

« Veuillez agréer, je vous prie, Monsieur le Ministre, le respectueux hommage de ma haute considération et de mes sentiments dévoués.

« *Signé* : G. Pallain. »

CHAPITRE IV

EXAMEN DES AMENDEMENTS

Les monts-de-piété.

Il n'a pas été déposé moins de trois amendements qui concernent les monts-de-piété : l'un de M. Petitjean et d'un certain nombre de ses collègues, un autre de M. Bergeon, un troisième de M. Rozier.

Ces amendements prévoient tous les trois une avance sans intérêts qui serait faite par la Banque de France à l'État. L'avance en question serait de 100 millions (amendements Petitjean et Rozier) ou de 80 millions (amendement Bergeon). Elle serait amortissable, d'après les amendements Petitjean et Bergeon, pendant la durée de prorogation du privilège ; M. Rozier indique que le remboursement serait effectué à l'aide des premières annuités de la redevance supplémentaire. L'avance dont il s'agit servirait, d'après les amendements Petitjean et Bergeon, à constituer une dotation aux monts-de-piété, à qui elle permettrait d'accorder des avances sans intérêts. D'après l'amendement Rozier, elle irait à une caisse nationale de prêts, laquelle recevrait également, une fois l'avance de la Banque remboursée, les produits ultérieurs de la redevance supplémentaire, et qui aurait pour objet, non seulement de doter les monts-de-piété existants en vue des opérations auxquelles ils se livrent, mais encore de leur donner les moyens d'entreprendre des opérations nouvelles, de contribuer à la création de monts-de-piété dans les villes qui en sont dépourvues, enfin « d'aider les œuvres de crédit fondées sur le principe de la coopération ».

Il paraît à peine utile de rappeler que les monts-de-piété sont des institutions créées par décret, régies par des directeurs et des administrateurs nommés, à Paris, par le ministre de l'Intérieur, en province, par les préfets, et dont les comptes budgétaires, réglés annuellement par décret, relèvent directement de la Cour des comptes.

Leur régime légal est réglé notamment par les lois du 24 juin 1851 et du 25 juillet 1891 (modifiée par celle du 10 juin 1916), les décrets du 8 thermidor an XIII et du 24 mars 1852, le règlement de comptabilité du 30 juin 1865.

Le plus important des monts-de-piété, celui de Paris, avance, en période normale, 200.000 francs par jour, et il prête en moyenne annuellement à la population de la capitale 25 francs par tête d'habitant. Il détient les gages de plus de 1.100.000 habitants de la région parisienne.

Le prêt moyen sur gages corporels atteint environ 50 francs (bijoux ou objets mobiliers).

Le prêt moyen sur titres atteint environ 250 francs.

Les prêts supérieurs à 1.000 francs ont dépassé, en 1914, 12 millions de francs.

Il y a, peut-on dire, une question permanente des monts-de-piété, qui est soulevée périodiquement au Parlement. Pour ne pas remonter trop haut, en 1897, lors de l'avant-dernière discussion à laquelle a donné lieu le privilège de la Banque de France, un amendement fut présenté à la Chambre par M. Dejeante, tendant à obtenir pour eux, de la Banque de France, des prêts à 1/2 0/0 d'intérêt; un autre amendement fut présenté au Sénat par M. Strauss. En 1911, M. Louis Martin et M. Strauss, au Sénat, invitèrent le ministre des Finances à préparer pour 1920, c'est-à-dire pour le renouvellement du privilège, une solution du problème.

Les monts-de-piété, en effet, sont dans une situation difficile. Privés de dotation, ou n'ayant pas les dotations nécessaires, ne recevant pas de subventions, ils sont, d'une manière générale, obligés d'emprunter les fonds qu'ils avancent eux-mêmes. Ils ne peuvent prêter, dès lors, qu'à un taux qui corresponde à la fois aux intérêts qu'ils ont à payer, et à leurs frais généraux — lesquels ne peuvent manquer d'être élevés, vu la nature des opérations dont il s'agit —. Le mont-de-Piété de Paris, depuis quelque temps, a dû élever à 10 0/0 les intérêts et droits qu'il perçoit du public pour ses avances sur gages corporels. Encore cette augmentation n'est-elle pas suffisante pour équilibrer le budget, et l'on peut prévoir que le taux de 12 0/0 sera atteint. En province, la situation est analogue.

La guerre a ajouté aux difficultés permanentes, pour les monts-de-piété de Paris et de plusieurs grandes villes, des difficultés nouvelles.

A la fin de 1914 et au début de 1915, les monts-de-piété se sont trouvés dans l'impossibilité matérielle de vendre, par suite de l'arrêt presque complet des transactions. Vers le milieu de 1915, certains établissements de province ont repris les ventes; celui de Paris a manifesté l'intention de mettre en adjudication les gages les plus anciens. L'opinion et la presse s'étant émues, le ministre de l'Intérieur, après examen de la question, a estimé que des motifs d'ordre public, et notamment l'impossibilité d'établir la situation militaire des emprunteurs ne permettaient pas d'autoriser à Paris la mesure projetée.

La suspension des ventes, ainsi décidée par le ministre de l'Intérieur, pour Paris, le 18 septembre 1915, a eu pour conséquence d'amener, en l'absence de toute mesure de contrainte, un ralentissement considérable des dégagements, et par conséquent des rentrées de fonds, alors que d'une part les dépenses de personnel s'accroissent (les mobilisés continuant à être payés et devant être remplacés par des auxiliaires), et que d'autre part les frais matériels subissaient la hausse générale des prix.

Mais la suspension des ventes a eu un autre résultat, celui de proroger en fait toutes les avances non liquidées, et dont le capital, emprunté par l'établissement, lui coûtait désormais 5 0/0 au lieu de 3 0/0. L'administration avait bien décidé dès la fin de 1914 d'élever de 8 à 10 0/0 les intérêts et droits de ses prêts, mais cette mesure n'étant naturellement pas applicable aux contrats en cours, toute avance tacitement prorogée représentait désormais une perte d'intérêt de 2 0/0, de sorte qu'en admettant même que les intérêts et droits puissent être récupérés un jour sur l'ensemble du capital prêté, l'équilibre n'en sera pas moins rompu, pour une grande partie des avances, entre leur produit et leur prix de revient.

Il est à craindre d'ailleurs qu'il ne soit impossible de récupérer jusqu'à 40 ou 50 0/0 d'intérêts en retard en plus du capital sur des gages qui ne représentent pas cette valeur, et dont beaucoup sont dépréciés par un trop long séjour en magasin.

Le tableau ci-dessous donne : 1° pour une période normale; 2° pour la période de guerre, la statistique des opérations annuelles du mont-de-piété de Paris.

Au sujet de ce tableau, une observation préjudicielle s'impose.

La pénurie d'affaires qui semble s'être produite pendant la guerre n'est qu'apparente. Les avances anciennes qui ont continué à courir et dont le capital est demeuré en circulation sont venues s'ajouter chaque année aux avances nouvelles, et le chiffre total d'affaires n'a pas diminué sensiblement. Mais les rentrées ne se sont pas faites; les dégagements, qui, en comparaison des avances nouvelles, paraissent élevés sont en réalité extrêmement réduits relativement à l'ensemble des avances en cours (anciennes et nouvelles).

D'une statistique communiquée par le mont-de-piété de Paris, il résulte que pour les gages corporels, le pourcentage des sorties (dégagements ou ventes) sur l'ensemble des gages en magasin, qui était en janvier 1913 de 11,77 0/0, s'est abaissé en janvier 1916 à 5,39 0/0 et en janvier 1917 à 4,97 0/0.

Année normale.

AVANCES nouvelles.	DÉGAGEMENTS et ventes.	DROITS perçus.	EMPRUNT.
francs.	francs.	fr. c.	francs.
1913.			
Corporels. 67.965.948	Corporels. 66.088.269	Corporels. 4.300.381 34	
Titres.... 11.917.103	Titres..... 11.254.975	Titres..... 566.778 05	
77.883.551	77.343.244	4.867.159 35	60.050.935

Années de guerre.

AVANCES nouvelles.	DÉGAGEMENTS et ventes.	DROITS perçus.	EMPRUNT.
francs.	francs.	francs.	francs.
1914.			
Corporels. 46.750.664	Corporels. 42.999.389	Corporels. 2.851.589	
Titres..... 8.998.370	Titres..... 8.208.326	Titres..... 412.444	
56.749.034	51.207.715	3.264.033	62.277.300
1915.			
Corporels. 24.872.954	Corporels. 29.404.010	Corporels. 2.737.395	
Titres..... 9.031.406	Titres..... 8.446.001	Titres..... 574.127	
63.904.310	37.850.011	3.311.522	70.641.238
1916.			
Corporels. 20.463.184	Corporels. 26.092.683	Corporels. 2.815.891	
Titres..... 9.987.692	Titres..... 9.005.621	Titres..... 524.556	
30.450.876	35.098.304	3.340.447	75.649.877
1917.			
Corporels. 24.121.917	Corporels. 27.896.084	Corporels. 3.505.560	
Titres..... 15.365.946	Titres..... 14.357.840	Titres..... 707.250	
39.487.863	42.253.924	4.212.810	74.045.194

La guerre, en somme, et les décisions administratives qu'elle a provoquées, ont créé pour le mont-de-piété de Paris, et pour d'autres, un déficit important.

Les choses étant telles qu'on vient de voir, la pensée qui a inspiré les amendements Petitjean, Bergeon et Rozier peut être justifiée par de solides raisons. Les prêts sur gages que font les monts-de-piété sont en grande partie des prêts de consommation. Il ne conviendrait pas que de tels prêts fussent consentis à un taux d'intérêt trop bas : ce serait un encouragement à la prodigalité; mais si le taux s'élève trop haut, c'est une charge excessive mise sur le malheur, c'est augmenter, pour des personnes que des difficultés momentanées ont plongées dans la gêne, le risque de succomber définitivement. Mais les monts-de-piété ne font pas seulement des prêts de consommation; ils prêtent aussi à des producteurs, artisans, façonniers, petits industriels, à de petits commerçants pour leur permettre de franchir une échéance, pour leur fournir de quoi assurer une paye : et, pour des opérations de ce genre, il est très désirable que le taux de l'intérêt s'abaisse le plus possible.

Les monts-de-piété sont assurément intéressants. Y a-t-il lieu, pour leur venir en aide, de demander à la Banque de France une avance supplémentaire qui s'ajouterait à l'avance permanente de 200 millions actuellement en cours?

Consulté sur ce point par la délégation commune des commissions, le ministre des Finances, dans sa lettre du 28 janvier 1918, a répondu ce qui suit :

« Le gouvernement estime qu'il y aurait les inconvénients les plus graves à opérer un emprunt, même amortissable, à la circulation en vue de constituer aux monts-de-piété une dotation gratuite ou à bas prix. Par contre, l'examen de la situation de ces établissements est actuellement poursuivi par les ministères de l'Intérieur et des Finances; et il apparaît que des remèdes efficaces peuvent être apportés aux difficultés qu'éprouvent momentanément les monts-de-piété. On peut envisager, notamment, des prélèvements à leur profit sur le produit de la redevance supplémentaire prévue par la convention. Mais, comme vous le savez, Monsieur le Président et cher collègue, il appartient à une loi spéciale de régler l'affectation de cette redevance, et même sur ce point particulier, qui n'est pas le seul à examiner, la question du concours à fournir aux monts-de-piété doit demeurer entièrement distincte de celle du renouvellement du privilège de la Banque de France. Sous le bénéfice de ces remarques, sur lesquelles je me réserve d'insister le cas échéant, le gouvernement ne peut que conclure nettement à la disjonction des amendements ».

Les commissions se sont rangées à l'avis du gouvernement. Nous avons vu que l'avance de 200 millions avait été arrêtée à ce chiffre parce qu'il correspondait jadis au solde créditeur moyen du compte que le Trésor a à la Banque; et nous avons vu que, depuis la guerre, le solde en question s'était beaucoup abaissé. La prudence exige de ne rien ajouter à l'avance déjà acquise à l'État. Si l'on décidait d'enfler la circulation fiduciaire au profit des monts-de-piété, d'autres institutions, d'autres œuvres, non moins intéressantes peut-être, ne viendront-elles pas demain réclamer à leur tour qu'on use en leur faveur de ce procédé trop commode et, à ce titre, éminemment dangereux? Même si un tel péril n'existait pas, il ne convient pas, pour aider les monts-de-piété, d'émettre les 100 millions ou les 80 millions de francs de billets de banque qui sont demandés. Notre circulation s'enfle d'une manière continue; on en sait les inconvénients, qui sont sérieux. L'usage de la puissance qui s'attache à l'émission doit être réservé exclusivement pour subvenir aux besoins de l'État — dans la mesure où il est impossible de subvenir autrement à ces besoins —, c'est-à-dire à la défense nationale.

Le moyen proposé par les amendements Petitjean, Bergeon et Rozier doit être écarté. Il sera aisé de procurer aux monts-de-piété l'assistance qu'ils réclament par d'autres méthodes qui ne prêteront pas aux mêmes objections. On peut imaginer, par exemple, qu'une portion de la redevance supplémentaire leur soit affectée, sauf à rechercher la combinaison financière qui leur permettrait d'utiliser cette attribution en vue de la liquidation de leur déficit, et d'une amélioration immédiate et notable des conditions auxquelles elles prêtent.

La question soulevée par les amendements Petitjean, Bergeon et Rozier serait donc réglée par une loi ultérieure — puisque la destination des produits de la redevance supplémentaire est réservée par le projet de loi actuel —. Il est logique, d'ailleurs, que cette question ne soit pas réglée par le même texte législatif que celle de la Banque de France. Nous sommes présentement occupés de celle-ci; on s'occupera ensuite des monts-de-piété. Ajoutons que, discutant de ceux-ci à part, le législateur pourra non seulement penser à les doter, mais en même temps examiner les améliorations qu'on a proposé d'apporter dans leur fonctionnement, comme la graduation du taux des prêts, la réduction à six mois de la durée des plus gros prêts, la réforme des prisées et des ventes, etc., ou encore les mesures propres à supprimer le trafic si critiqué des reconnaissances.

Le crédit à l'exportation.

La question du crédit à l'exportation ne pouvait pas manquer d'être examinée à l'occasion du renouvellement du privilège de la Banque de France.

La délégation des commissions, le 23 janvier 1918, a demandé au ministre dans quelle mesure le gouvernement estimait qu'on pourrait utiliser le concours de la Banque de France en matière de crédit à l'exportation. Voici la réponse du ministre, datée du 28 janvier :

« Comme je l'ai indiqué dans l'exposé des motifs du projet de loi, le gouvernement considère que l'intérêt le plus pressant s'attache à maintenir la possibilité d'une prompte réalisation du portefeuille de la Banque. L'assurance a été donnée par celle-ci qu'elle apporterait l'esprit le plus large — dont elle a d'ailleurs donné des preuves — dans l'admission à l'escompte du papier sur l'étranger, quand il remplit les conditions statutaires, ainsi que du papier sur France créé en représentation de traites longues sur l'étranger. Sous la première de ces formes ou sous la seconde, son concours sera certainement indispensable à tout organisme spécialement destiné à seconder nos exportateurs. En réalité, le principal besoin du commerce d'exportation n'est pas l'obtention d'un crédit qu'il rencontre déjà et qu'il est relativement aisé de lui faciliter encore ; c'est d'appuyer son action sur un système bien compris d'agences correspondantes dans les pays étrangers. Cette tâche ne saurait être dévolue à la Banque. La création d'une organisation méthodique a été étudiée par le ministère du Commerce : une dotation pourra être prévue en sa faveur sur le produit de la redevance supplémentaire stipulée dans la convention. Le gouvernement, qui apprécie toute l'importance du problème, se réserve de présenter des propositions à cet égard, dans le projet spécial qu'il a annoncé, mais il n'aperçoit pas que des dispositions nouvelles puissent être utilement introduites dans le texte actuellement soumis à l'examen de la sous-commission ».

Dans la réponse ci-dessus, le ministre fait allusion à une correspondance qui avait été échangée entre lui et le gouverneur de la Banque de France. En effet, la lettre adressée le 27 octobre 1917 par le ministre des Finances au gouverneur — lettre dont nous avons reproduit déjà deux fragments — contenait le passage suivant :

« Un des vœux présentés avec le plus d'insistance par certains milieux commerciaux vise l'admission à l'escompte du papier d'exportation dont l'échéance dépasse quatre-vingt-dix jours. J'estime que tout allongement de ce délai statutaire, au même titre que toute mesure tendant à immobiliser davantage l'actif qui forme le gage de la circulation, ne peut, surtout dans les circonstances actuelles, qu'être fermement écarté. Toutefois, ces circonstances mêmes donnent aux préoccupations qui se sont fait jour un intérêt particulier ; l'extension de nos ventes au dehors apparaît en effet, étant donné l'état de nos changes et le montant de la dette extérieure que nous avons été obligés de contracter, comme une des conditions du relèvement national. Le Conseil général s'est engagé, par l'article 4 de la convention du 11 novembre 1911, à escompter, dans des conditions qu'il lui appartient de déterminer, les effets payables à l'étranger et dans les colonies françaises. La Banque a déjà fait de cet article une application très heureuse ; je ne doute pas qu'elle apportera dans son interprétation, au cours des années à venir, l'esprit le plus attentif et le plus libéral. J'attacherais également du prix à recevoir l'assurance que, si le gouvernement suscite ou encourage la création d'établissements spécialement destinés à seconder les affaires d'exportation, ces établissements trouveront auprès de la Banque tout l'appui compatible avec l'observation des règles tutélaires de ses statuts ».

Voici quelle avait été la réponse du gouverneur :

« En ce qui concerne l'admission à l'escompte du papier d'exportation, le Conseil est convaincu, comme vous, que tout allongement du délai statutaire d'échéance se concilierait mal avec le devoir qui s'impose à la Banque de rétablir progressivement la liquidité de l'actif formant le gage de la circulation. Mais, dans la plus large mesure compatible avec ce devoir primordial, le Conseil général s'attachera à développer l'application des engagements qu'elle a pris avec vous-même en 1911, et à assurer l'appui de la Banque aux initiatives qui auraient pour objet de favoriser l'expansion économique de la France au dehors ».

Le 25 janvier 1918, M. Bokanowski et un certain nombre de ses collègues ont déposé un amendement aux termes duquel l'article 9 des statuts fondamentaux de la Banque de France devrait être complété par l'adjonction suivante :

[Les opérations de la Banque consistent...] « à escompter, jusqu'à concurrence de 20 0/0 du montant de ses dépôts et dans la limite d'un maximum de 300 millions de francs, des lettres de change et autres effets de commerce à ordre payables en France, à des échéances qui ne pourront excéder six mois et ayant pour origine des exportations de marchandises produites en France ».

Invité à faire connaître son avis sur cet amendement, le ministre a fait parvenir aux commissions une note que nous croyons devoir reproduire :

« L'augmentation de la longueur des effets susceptibles d'être admis aux escomptes de la Banque a déjà été demandée au cours des discussions de 1897 et de 1911 en faveur du papier d'exportation. Elle a été chaque fois repoussée, sur l'avis conforme du gouvernement, pour des principes qui gardent toute leur valeur.

« Quel que soit le très grand intérêt de la question, il paraît tout à fait impossible de concéder au papier tiré sur l'étranger, et portant par conséquent une acceptation étrangère, un régime plus favorable qu'au papier tiré sur la France et portant une acceptation française.

« Aucune banque d'émission étrangère, ni la Reichsbank ni toute autre, n'accordent pareille dérogation. Le Parlement en a refusé une du même ordre, lorsqu'elle fut demandée en faveur du papier agricole. Il est manifeste, en effet, qu'une première exception admise, d'autres seront réclamées pour d'autres catégories de transactions. Elles seront appuyées de raisons non moins impressionnantes, et plus fortes du précédent acquis. On s'acheminerait ainsi, par dérogations successives, vers un abandon de la règle tutélaire des 90 jours, dont le maintien s'impose plus que jamais comme garantie d'un retour à la convertibilité des billets.

« On a estimé prudent de s'y tenir lorsque les changes étaient normaux et que l'encaisse de la Banque couvrait la majeure partie de l'émission. Moins que jamais on y peut renoncer en un temps où toute dérogation apparaîtrait comme un affaiblissement de notre gage monétaire.

« Il convient d'ajouter que la règle des quatre-vingt dix jours n'a jamais été considérée par la Banque de France comme excluant des renouvellements. Ceux-ci, judicieusement pratiqués, ont permis de donner aux opérations de crédit par l'escompte toute la durée nécessaire. C'est ainsi que la difficulté a été depuis longtemps résolue à l'égard de l'agriculture, où les crédits de six et neuf mois sont chose courante, et la Banque de France a pu, en consentant des renouvellements successifs, seconder dans la plus large mesure le développement du crédit agricole. Est-ce à dire que, dans ces conditions, la règle des quatre-vingt dix jours devient une pure apparence ? Même réduite à cela, il la faudrait encore aujourd'hui maintenir, parce que notre situation monétaire comporte les plus extrêmes ménagements. Mais le renouvellement trimestriel des escomptes ne constitue pas une simple formalité exigée par la loi, mais présente encore les avantages suivants : il provoque une entrevue du créancier et du débiteur, une conversation utile au cours de laquelle la situation est réexaminée dans l'intérêt commun, des amortissements sont envisagés. Les crédits accordés pour une longue durée et leur emploi sont ainsi plus exactement suivis, et finalement les tractations auxquelles conduit l'exacte observation de la loi atteignent précisément le but que s'est proposé le législateur, qui est de fortifier les garanties de notre circulation fiduciaire.

« C'est dans cette voie, semble-t-il, et en recherchant les modalités les mieux appropriées, que doit être résolue la participation de la Banque à l'extension du crédit à l'exportation. Le gouvernement s'en est déjà préoccupé au cours des négociations, et, par une lettre qui constitue un engagement précis, la Banque de France a promis de rechercher, d'accord avec les intéressés, les meilleurs moyens de faciliter l'accès de ses escomptes et la pratique des renouvellements pour le papier dit d'exportation. Aucune disposition ne donnera des garanties meilleures que l'engagement pris par la Banque d'entrer dans les vues d'intérêt public qui sont celles des auteurs de l'amendement. Il appartiendra au gouvernement, qui en a les moyens, de s'assurer que cet engagement est suivi de réalisations pratiques suffisamment efficaces.

« Dans les explications qui précèdent, la question a été envisagée dans toute sa généralité, et non pas seulement selon la modalité restreinte proposée par les auteurs de l'amendement, qui ont évidemment pensé qu'en limitant les escomptes de papier à six mois à un contingent ne dépassant pas 20 0/0 des dépôts, on se garantit par là même que les opérations à long terme ne serviront jamais de gage à l'émission. Il leur a semblé sans doute que dès lors, toutes les raisons maintes fois invoquées contre l'allongement de l'échéance maxima ne pouvaient plus l'être, et que la disposition proposée ne devrait pas rencontrer d'opposition de principe. On ne saurait cependant partager cet avis, parce que la réglementation de la Banque est unique et s'applique indistinctement à toutes ses opérations, qu'elle les effectue avec les billets ou avec des dépôts. Aucune distinction n'a jamais été faite entre elles ni par les statuts ni par les lois fiscales.

« Elles constituent toutes — escomptes et avances pour leur totalité — le gage commun des porteurs de billets et des déposants.

« Cette confusion des deux catégories de ressources de la Banque est d'ailleurs absolument obligatoire, car les dépôts à vue doivent pouvoir être remboursés instantanément, sans condition quelconque. Ils sont susceptibles d'être ainsi remplacés à tout moment par une égale émission de billets. Immobiliser une partie des dépôts dans des opérations qui ne pourraient être indifféremment couvertes par l'émission, et particulièrement dans un portefeuille de papier sur l'étranger, c'est placer cette portion de dépôts de la Banque dans la situation même où se sont trouvés les dépôts de beaucoup d'établissements de crédit à la veille de la guerre. Un certain nombre de banques avaient cru, par la constitution d'un portefeuille étranger, se prémunir contre le moratorium intérieur des effets de commerce, et ont été mises, par l'extension du moratorium à tous les principaux pays du monde, dans l'impossibilité de recouvrer cette partie de leur actif et dans l'obligation de solliciter le moratorium des dépôts. On ne peut songer à placer la Banque dans cette situation, et l'exposer à refuser le remboursement d'un cinquième de ses dépôts s'il était réclamé, parce qu'elle n'aurait pas le droit d'émettre des billets en contrepartie de son portefeuille à six mois.

« Ce risque peut paraître moins grave aujourd'hui, et un peu lointain, parce qu'il est d'hier, et surtout parce que les dépôts de la Banque ont pris temporairement une importance considérable qui exclut l'idée d'un brusque retrait; mais il peut arriver dans l'avenir, comme il s'est souvent produit dans le passé, que les dépôts de la Banque diminuent considérablement. C'est précisément dans les périodes de large développement industriel, alors qu'il est fait appel à tous les capitaux disponibles et au crédit sous toutes ses formes, que les dépôts se restreignent de plus en plus. Cela est si vrai que l'augmentation des escomptes de la Banque et la diminution de ses dépôts sont considérés comme deux phénomènes corrélatifs et révélateurs, se produisant simultanément pendant la période d'expansion qui précède toutes les crises financières.

« Il est fréquent, dans le passé, que les dépôts soient tombés, en pareil cas, à 300 millions seulement, dont le cinquième ne dépasserait pas 60 millions. Les escomptes de papier long sur l'étranger, limités à 20 0/0 des dépôts, se trouveraient donc restreints, par la disposition proposée, à un chiffre d'autant plus réduit que les besoins seraient plus grands.

« En tout temps, d'ailleurs, il arriverait que les présentations de papier à six mois surpasseraient le quantum autorisé. Comment choisir entre les présentateurs, et faire admettre à ceux qui seraient écartés pour cette seule raison la légitimité du choix ? Enfin, la Banque, ayant escompté, par exemple, pour 200 millions de papier long au moment où ses dépôts étaient à 1 milliard, serait toujours exposée à voir ses dépôts diminuer avant l'échéance du papier, et à se trouver ainsi, pendant un temps plus ou moins long, en contravention avec la règle posée et dans l'obligation d'arrêter toutes ses opérations avec des exportateurs.

« Pour ces diverses raisons, il ne semble pas que la disposition proposée soit plus admissible qu'une dérogation générale à la règle des quatre-vingt-dix jours.

« Le mécanisme du crédit par l'émission est complexe et délicat. La moindre innovation, si séduisante qu'elle paraisse au premier abord, peut avoir des conséquences imprévues, et contraires même aux intérêts que l'on a entendu favoriser.

« Il paraît donc préférable à tous points de vue de s'en tenir aux règles éprouvées, qui ont la confiance de l'opinion et qui sont la sauvegarde du billet.

« Le moindre affaiblissement à cet égard ne serait pas moins dommageable pour les industries d'exportation que pour toutes les autres.

« Les engagements pris par la Banque, à la demande du gouvernement, pour seconder dans la plus large mesure notre expansion commerciale sans maximum, sans limitation fixée par avance, sont un gage plus positif, semble-t-il, qu'un simple texte d'autorisation qui, par lui-même, n'oblige à rien, qui résout bien insuffisamment un problème très complexe, et qui porterait une première atteinte grave à tout le système légal sur lequel repose notre sécurité monétaire. »

Les commissions se sont associées à l'opinion émise par le ministre.

Comme celui-ci, elles estiment que notre commerce d'exportation doit être aidé le plus possible.

Déjà, avant la guerre, ce commerce était en état d'infériorité par rapport au commerce de certains pays rivaux, comme l'Allemagne et l'Angleterre, dans les contrées éloignées, et dans celles où l'on pratique les crédits longs, à six mois, neuf mois et davantage. Nos exportateurs, en effet, ne trouvaient pas les mêmes facilités que leurs concurrents anglais ou allemands pour mobiliser les créances correspondant à leurs opérations.

Au lendemain de la guerre, les nécessités du commerce international se retrouveront telles qu'elles étaient naguère. Combien, cependant, ne sera pas accru l'intérêt national qui s'attache au développement de notre exportation ! Nous avons contracté une dette extérieure qui, à la fin de 1917, d'après les indications fournies par le rapport général sur le budget de 1918, arrivait tout près de 20 milliards — exactement 19.300 millions —. Nous nous sommes démunis d'une partie importante de notre portefeuille de valeurs étrangères. La guerre, cependant, n'est pas finie ; et même quand elle aura pris fin, ne devrons-nous pas, pour notre réapprovisionnement en matières premières, pour la réfection de notre outillage industriel, demander à l'étranger des quantités énormes de marchandises? Ainsi la balance de nos comptes extérieurs, qui nous était favorable, se trouvera renversée à notre détriment. Et il est clair que seule, une augmentation de nos exportations nous permettra de nous libérer progressivement, de rétablir nos changes, de préparer le retour au régime normal de la circulation.

Seulement, pour favoriser notre exportation, faut-il recourir au moyen préconisé par M. Bokanowski ? Nous ne reviendrons pas sur certains arguments qu'on trouve dans la lettre ministérielle et qui visent telles modalités spéciales de la proposition de notre collègue.

Ce qu'il y a d'essentiel dans cette proposition, c'est l'idée de faire escompter par la Banque de France du papier long ; et c'est cette dérogation aux statuts de la Banque qui est dangereuse. Il y a lieu de répéter ici ce que nous avons dit à propos des amendements relatifs aux monts-de-piété : une première dérogation une fois admise, n'en sera-t-il pas demandé d'autres ? Ce n'est pas seulement le commerce d'exportation qui souhaite de pouvoir escompter du papier long ; d'autres commerces, d'autres branches de l'activité économique ont des besoins analogues. Dans ce moment, cependant, où tous nos efforts doivent tendre vers le retour aussi prompt que possible à la convertibilité du billet de banque, convient-il de porter atteinte à une règle traditionnelle et tutélaire, destinée à garantir cette convertibilité ?

L'intérêt, d'ailleurs, de la réforme proposée est-il si grand qu'il peut paraître au premier abord ? Sans qu'il soit porté aucune atteinte aux statuts de la Banque de France, celle-ci peut donner son concours en vue de la réalisation par nos exportateurs de leurs créances, lorsqu'elles dépassent l'échéance de quatre-vingt-dix jours. La méthode, qui est bien connue, consiste à créer, en représentation de ces avances, des effets à trois mois, que l'on présente dans les banques pour acceptation, et que l'on renouvelle aussi souvent qu'il le faut. La Banque de France accueille le papier de cette sorte. C'est depuis 1867 qu'elle le fait, par exemple, pour aider les fermiers « emboucheurs » de la Nièvre, lesquels, achetant du bétail maigre en foire, ont besoin d'un crédit de cinq ou six mois leur permettant d'attendre le moment où ce bétail, engraissé, pourra être revendu avec bénéfice.

La même méthode reçoit, aujourd'hui, les applications les plus diverses au profit de notre industrie et de notre commerce.

En matière de crédit, ce qui manque pour notre commerce d'exportation, ce sont des banques s'intéressant particulièrement à celui-ci ; ce sont, surtout, des établissements qui soient en mesure de renseigner nos exportateurs, nos banques sur la solvabilité des clients étrangers, sur le crédit qu'on peut leur ouvrir, c'est une organisation qui puisse s'occuper du recouvrement des créances de notre commerce dans les pays lointains, qui assiste celui-ci dans les affaires contentieuses. Il y a là des lacunes à combler, et qu'il importe de combler au plus tôt. Des études se poursuivent depuis longtemps au ministère du Commerce ; il faut qu'elles aboutissent à des réalisations. A ces réalisations éminemment désirables pourront concourir les ressources fournies par la redevance supplémentaire de la Banque de France.

Amendements Magniaudé.

M. Magniaudé a déposé, le 26 février 1918, cinq amendements. Nous les examinerons successivement, et nous indiquerons les raisons pour lesquelles les commissions n'ont pas cru devoir les retenir.

Durée de prorogation du privilège.

L'un des amendements de M. Magniaudé demande que cette durée soit réduite à quinze ans. On a vu au chapitre 2 du rapport pourquoi il avait paru nécessaire d'adopter la durée de vingt-cinq ans inscrite dans le projet du gouvernement ; il n'est pas nécessaire de revenir sur cette question.

Augmentation du capital.

Ce capital, d'après M. Magniaudé, devrait être porté à 2 milliards. Nous comprenons qu'il s'agit ici de la valeur réelle, et non pas de la valeur nominale ; s'il s'agissait de la valeur nominale, avec des actions de 1.000 francs qu'il faudrait émettre à un prix voisin du cours actuel — 5.250 francs au 22 mars 1918 —, on obtiendrait un capital réel qui serait démesuré.

Même entendue comme il vient d'être indiqué, la proposition de M. Magniaudé tend à une augmentation énorme du capital de la

Banque de France. En effet, le fonds social actuel de la Banque, composant l'ensemble du capital et des réserves statutaires, est exprimé au bilan dans le chapitre suivant :

Capital..	182.500.000	fr.
Bénéfices en addition au capital................	8.450.697	69
Réserves mobilières { loi du 17 mai 1834..........	10.000.000	»
ex-banques départementales...	2.980.750	14
loi du 9 juin 1857............	9.125.000	»
soit, en chiffres ronds :........................	213.000.000	fr.

Depuis la loi du 9 juin 1857, ce fonds social n'a guère été modifié que par les sommes — insignifiantes — portées au compte « Bénéfices en addition au capital », et qui résultent de l'élévation temporaire du taux de l'escompte au-dessus de 5 0/0. Et cependant, la circulation a été considérablement augmentée, même en période normale, sans que cet accroissement ait jamais porté la plus légère atteinte au crédit du billet de banque.

Il semble donc établi par l'expérience qu'à la faveur d'une administration prudente, une banque d'émission peut fonctionner dans les meilleures conditions, sans que le chiffre du capital soit lié, dans un rapport déterminé, au chiffre de la circulation.

On notera que jusqu'à ce jour, la Banque de France n'a jamais fait travailler son capital. Comme l'exposait le comte Mollien, dans sa fameuse note du Havre du 29 mai 1810, « c'est indépendamment de son capital qu'elle crée par ses billets son véritable et unique moyen d'escompte ; son capital est et doit rester étranger à ses opérations d'escompte ; la formation de ce capital est un acte préliminaire, aussi distinct de l'activité d'une banque comme machine privilégiée d'émission, que la prestation du cautionnement d'un comptable est distincte de sa gestion proprement dite ».

En fait, le capital, considéré sous cet aspect de cautionnement que les actionnaires offrent au public, n'est qu'une garantie de dernier ressort. La puissance de l'encaisse, d'une part, la bonne composition du portefeuille, d'autre part, constituent la garantie première des porteurs de billets. Or, cette garantie n'a jamais été jusqu'ici en défaut du fait de la Banque. Ajoutons que des réserves particulières n'ont cessé d'être prévues par elle et accrues à la fin de chaque exercice, pour parer immédiatement, sans même être obligé de recourir à son capital, à des risques déterminés.

On n'aperçoit pas dès lors, si la doctrine affirmée par Mollien doit être maintenue (1), pourquoi on accroîtrait encore les charges de la Banque du fait de la rémunération qu'elle serait obligée d'assurer à un capital nouveau. Comme l'exposait si justement M. Burdeau en 1892, si la Banque devait trouver les sommes nécessaires à cette rémunération dans les profits de son exploitation, ce ne pourrait être qu'en relevant les taux du crédit au détriment des bénéficiaires ; et si elle ne les récupérait pas, le cours de ses actions baisserait sans profit pour personne, et peut-être au détriment de la confiance du public dans le billet de banque.

A la vérité, quand on lit l'exposé sommaire dont l'amendement de M. Magniaudé est accompagné, il est permis de penser que l'auteur de cet amendement envisage l'abandon de la doctrine traditionnelle en ce qui concerne la destination du capital de la Banque. S'il en est ainsi, et s'il s'agit d'employer désormais ce capital dans les opérations auxquelles la Banque se livre, alors, des objections s'élèvent encore.

Convient-il que la Banque de France développe ses opérations commerciales au point de tendre à supplanter les établissements de crédit ordinaires ? On estimera peut-être qu'il serait regrettable qu'une concurrence trop directe et trop acharnée de la Banque menaçât ceux-ci. C'est là un point, au reste, sur lequel nous allons avoir à revenir à propos de l'amendement suivant.

Un développement excessif donné aux opérations dont il est question ne risque-t-il pas de faire un peu perdre de vue à la Banque ce qui est son rôle essentiel, à savoir de régler l'émission ? Ne risque-t-il pas, d'autre part, de détruire l'équilibre — nécessaire en temps normal — de la circulation et de l'encaisse, et de compromettre par là la convertibilité du billet ?

Enfin, n'est-ce pas un sérieux avantage de la situation actuelle que la modicité du capital à rétribuer ? Faisant plus d'affaires, assurément, la Banque obtiendrait des produits plus élevés ; les choses ne se présenteraient pas, sous ce rapport, comme dans l'hypothèse précédente, où il s'agirait d'augmenter le capital pour le laisser improductif. Mais il reste qu'avec un gros capital, même employé à faire des affaires, la question des bénéfices pèserait sur l'administration de la Banque beaucoup plus qu'elle ne fait aujourd'hui : et ce ne serait certes pas là un progrès.

---

(1) A la vérité, il ne s'agit pas seulement d'une doctrine. Jusqu'à concurrence de 100 millions, c'est en vertu d'une loi — la loi du 9 juin 1857 — que le capital de la Banque a été placé en rentes.

Attribution d'un intérêt aux dépôts.

Si la Banque de France, qui ne sert aucun intérêt pour les dépôts qu'elle reçoit, devait attribuer à ces dépôts, comme M. Magniaudé le demande par un troisième amendement, un intérêt allant de 2 0/0 — pour les dépôts à vue — à 6 0/0 — pour les dépôts à un an ou plus —, il n'y a pas de doute qu'elle ferait affluer chez elle la plus grande partie des sommes qui sont actuellement confiées aux autres banques. Cela est-il souhaitable ?

Le privilège d'émission met entre les mains de la Banque de France un instrument de crédit qui la dispense de faire appel aux dépôts; ceux-ci doivent plutôt être canalisés vers d'autres organismes, constitués précisément pour remplir certaines fonctions et rendre certains services dont la prudence et le souci de maintenir la convertibilité du billet de banque lui défendent de se charger.

Il y aurait, en premier lieu, des inconvénients certains, en demandant à la Banque de France de servir un intérêt à ses dépôts, à la transformer en une grande Joint Stock Bank qui risquerait d'étouffer les autres banques établies auprès d'elle. Il est de l'intérêt du pays, de l'intérêt de notre développement économique à l'intérieur et de notre expansion sur les marchés étrangers que celles-ci vivent, qu'elles se développent, qu'elles se multiplient pour pouvoir remplir les offices qui sont incompatibles avec l'émission des billets. Or, comment voudrait-on qu'elles vivent, qu'elles se développent et se multiplient si les capitaux disponibles, qui sont l'aliment du crédit sous toutes ses formes, étaient centralisés par un établissement qui ne peut et ne doit distribuer ce crédit que sous des formes et dans des conditions déterminées? Une pareille concurrence serait incompatible avec les vues d'intérêt public dans lesquelles l'État concède à la Banque son privilège d'émission.

Là, cependant, n'est pas l'objection la plus forte. Considérons la Banque de France elle-même. En appelant à elle, par l'attrait d'un intérêt, une masse de dépôts qui ne tarderait pas à devenir considérable, la Banque s'exposerait aux mêmes crises de retrait, aux mêmes paniques de déposants que les banques et établissements ordinaires, dont elle cesserait alors d'être la réserve et le refuge dans les crises. Banque d'émission, elle doit, par là même, se spécialiser dans des opérations offrant une très grande sécurité et n'entraînant qu'une immobilisation limitée.

Au point de vue des répercussions sur les conditions générales du crédit, il est à peine besoin d'indiquer que l'obligation, pour la

Banque, de rémunérer les dépôts aurait pour conséquence d'affaiblir, au grand préjudice de l'industrie et du commerce français, le rôle modérateur et stabilisateur qu'elle exerce sur le loyer des capitaux. L'amendement Magniaudé tend à consacrer légalement un régime d'argent cher dans un pays qui a bénéficié jusqu'ici de taux d'escompte exceptionnellement avantageux, comparés aux taux pratiqués dans tous les autres pays du monde.

Indiquons encore que la Banque acquitte déjà au Trésor, sur le montant de ses dépôts, la redevance et l'impôt du timbre de 0,50 0/00 qui frappent la circulation productive. Ces deux contributions sont assises, en effet, sur le total des opérations d'escompte et d'avances, sans discrimination entre celles de ces opérations qui sont effectuées avec les dépôts et celles qui le sont avec l'émission. Cette charge, qui varie entre 0,425 et 0,883 0/0 avec la redevance ancienne, et qui se trouvera majorée dans une notable proportion avec la redevance nouvelle, viendrait s'ajouter aux taux de rémunération envisagés par M. Magniaudé pour renchérir encore davantage les conditions que la Banque devrait imposer au commerce.

Augmentation du nombre des succursales.

L'un des amendements de M. Magniaudé demande que, dans le délai de trois ans après la signature de la paix, la Banque de France s'engage à créer des succursales dans les chefs-lieux d'arrondissement et de canton d'au moins 4.000 habitants, portant ainsi le nombre de ses succursales à 1.048.

On a vu dans le rapport ce qui avait été fait déjà, et ce qui était stipulé dans la convention du 26 octobre 1917 pour l'extension du réseau bancable. On a vu également les efforts accomplis et les engagements pris par la Banque de France en ce qui concerne l'encaissement du papier déplacé. Nous pourrions ajouter que le périmètre d'encaissement de toutes les places du réseau a été toujours approprié dans la mesure du possible aux besoins et aux transformations de chaque ville. Il faut mentionner, enfin, les facilités que la Banque donne à ses comptes courants « extérieurs » pour traiter avec elle toutes opérations par correspondance.

L'énorme multiplication du nombre des succursales que réclame M. Magniaudé n'aurait pas toute l'utilité qu'il paraît croire. D'autre part, elle mettrait la Banque de France aux prises avec des difficultés insurmontables, pour ce qui est du recrutement du personnel nécessaire. Enfin, et surtout, elle surchargerait les dépenses d'administration de la Banque d'un poids mort considérable, sans contre-partie productive appréciable; et cette situation réagirait fatalement sur le prix que la Banque devrait faire payer ses services de crédit.

Les agences des établissements auxquels M. Magniaudé fait allusion dans son exposé des motifs tirent principalement leurs bénéfices du placement de titres. Or, c'est là une catégorie d'opérations qu'il est tout à fait désirable que la Banque ne fasse pas, ou ne fasse qu'accidentellement, sinon lorsqu'il s'agit des valeurs du Trésor et de l'Etat français. Et on sait que, dans ce cas, son concours est toujours gratuit.

Si on veut que l'institut d'émission puisse continuer à garantir au commerce la stabilité et la modération du taux d'intérêt, soit par ses offres directes, soit par la répercussion incidente que ses conditions d'escompte et d'avances exercent sur le marché national des capitaux, il faut éviter de surcharger au delà d'une limite raisonnable le prix de revient de son exploitation.

Perception d'une commission d'encaissement.

Le dernier amendement de M. Magniaudé, qui tend à assujettir à une commission de 0 fr. 50 les effets présentés à l'escompte de la Banque et ayant moins de 30 jours à courir, n'est pas sans soulever de sérieuses objections.

Tout d'abord, on n'aperçoit pas ce que le public en général, et en particulier le commerce, pourraient gagner à l'adoption de cet amendement. Il semble bien plutôt qu'il aurait à y perdre, car les intermédiaires ne manqueraient vraisemblablement pas d'arguer de cette surcharge éventuelle pour majorer, dans certains cas, leurs conditions de crédit. A cet égard, il ne serait pas sans inconvénient d'appeler le Parlement à sanctionner une mesure dont le résultat le plus clair serait d'aggraver les conditions d'escompte de certaines catégories d'effets.

L'intention de M. Magniaudé est de contrarier la tendance des banquiers escompteurs qui ne présentent leurs effets au réescompte de la Banque que quelques jours avant l'échéance, afin d'éviter les frais de l'encaissement. Il convient d'observer que la Banque reste maîtresse de frapper d'une commission les opérations de l'espèce, le jour où elle se trouverait en présence de véritables abus, et où il lui apparaîtrait qu'elle peut en arrêter, par ce moyen, la propagation sans nuire aux intérêts des escomptés.

Il semble donc préférable à tous égards de lui laisser la liberté de sa décision ainsi que le choix du moment où elle l'estimerait opportune, et, enfin, la fixation de la commission qu'elle croirait devoir appliquer.

CONCLUSION

Le moment est venu de nous résumer, et de conclure.

Le gouvernement nous a demandé de renouveler pour une durée de vingt-cinq ans le privilège de la Banque de France. Il nous demandait, en même temps, de ratifier une convention passée entre lui et la Banque, dont les dispositions principales étaient les suivantes.

1° La Banque de France, soustraite au droit commun en matière de taxation des bénéfices de guerre, devra fournir en remplacement de la contribution établie sur ces bénéfices, pour la période allant du 1ᵉʳ août 1914 au 31 décembre 1917, une somme forfaitaire de 200 millions ; pour la période commençant au 1ᵉʳ janvier 1918, elle subira certains prélèvements sur les produits exceptionnels qu'elle retire des avances faites à l'État et de l'escompte de bons du Trésor français à des gouvernements étrangers. Les 200 millions du forfait, ainsi que les prélèvements sur les produits exceptionnels, iront au compte de réserve et d'amortissement prévu dès 1914 : ils serviront, en premier lieu, à couvrir les plus graves des risques encourus par la Banque en raison de la guerre, et des opérations où la guerre l'a engagée, mais ensuite, à rembourser la dette de l'État vis-à-vis de la Banque.

2° A la redevance instituée par la loi de 1897 est substitué un système de deux redevances, combiné de façon à ménager la Banque lorsque les produits retirés par elle de ses opérations normales seront faibles, mais qui donnera davantage à l'État dès que ces produits s'élèveront assez pour couvrir les charges de l'établissement et assurer une rémunération raisonnable du capital. La redevance supplémentaire ainsi créée servira à alimenter les œuvres de crédit.

3° La Banque est astreinte à augmenter notablement le nombre de ses succursales, bureaux auxiliaires et villes rattachées.

4° Elle donnera d'une manière plus large son concours gratuit au Trésor d'une part — tant pour les opérations propres de celui-ci que pour celles qui concernent les départements, les communes, les établissements publics —, et, d'autre part, aux particuliers pour les paiements et encaissements qu'ils ont à effectuer.

Les dispositions ci-dessus sont à l'avantage du commerce, du Trésor, de l'économie nationale, des finances et du crédit public.

Le commerce bénéficiera de l'extension du réseau des places bancables, des facilités nouvelles données par la Banque à ses clients pour l'encaissement des chèques, la domiciliation des effets dont ils peuvent être débiteurs et les virements, puis encore des mesures nouvelles relatives au règlement des dettes du Trésor. En outre, grâce aux produits de la redevance supplémentaire, pourront être aidées des œuvres à la création et au développement desquelles il est grandement intéressé : on pourra, notamment, employer une partie tout au moins de ces produits en vue de donner à notre commerce d'exportation l'appui d'une organisation qui jusqu'ici lui a fait défaut.

Le Trésor pourra se décharger sur la Banque de France d'une foule d'opérations dont il était chargé : il recevra d'elle des services gratuits beaucoup plus étendus que par le passé.

Notre économie nationale profitera de tout ce qui sera fait pour notre commerce : en un sens, en effet, les deux intérêts sont identiques. Mais c'est proprement elle, et non plus notre commerce — ou le Trésor — qui sera avantagée, en tant que, par l'effet des dispositions inscrites dans les articles 7 et 8 de la convention du 26 octobre 1917, sera favorisé dans notre pays le développement des règlements par écriture.

Quant aux finances et au crédit public, ils se ressentiront heureusement des mêmes dispositions, puisqu'elles tendent à réduire une circulation fiduciaire devenue excessive, et ils profiteront, d'autre part, des dispositions prises pour hâter le remboursement des avances que l'État a reçues de la Banque.

Des amendements ont été déposés. Trois d'entre eux demandent que la Banque consente à l'État une nouvelle avance, sans intérêts, destinée à venir en aide aux monts-de-piété. Un quatrième propose que dans de certaines conditions et dans de certaines limites, en vue d'aider au développement de notre exportation, il soit dérogé à la règle statutaire qui veut que la Banque n'escompte pas le papier à plus de quatre-vingt dix jours. Enfin M. Magniaudé a introduit une série d'amendements, dont l'un ramène à quinze ans la durée de prorogation du privilège, un autre assujettit à une perception spéciale les effets apportés à la Banque moins de trente jours avant l'échéance, trois autres, enfin, inspirés par le désir de donner à la Banque des moyens d'action plus grands et de l'amener à s'étendre en quelque sorte plus largement sur tout le territoire, visent l'augmentation du capital de notre institut d'émission, la rémunération des dépôts qui lui sont confiés, et une multiplication de ses succursales allant bien au delà de ce que prévoyait la convention négociée par le gouvernement.

Les commissions, pour les raisons qui ont été exposées dans le rapport, n'ont cru devoir adopter aucun des amendements. D'autre part, approuvant la prorogation du privilège pour la durée de vingt-cinq ans proposée par le gouvernement, elles ont accepté les dispositions de la convention du 26 octobre 1917. Elles ont demandé, toutefois, que cette convention fût complétée sur certains points; et satisfaction leur a été donnée. Les résultats ainsi obtenus sont les suivants:

1° La Banque a affirmé son intention de se faire ouvrir des comptes de chèques postaux dans tous les bureaux régionaux qui vont être créés par application de la loi du 7 janvier 1918.

2° Une compensation d'intérêts aura lieu entre les sommes versées au compte de réserve et d'amortissement — pour autant du moins qu'elles doivent être attribuées à l'État — et les avances de la Banque à l'État.

3° Un règlement a été établi pour les billets des types anciens qui ont été fabriqués entre 1862 et 1888; ce règlement procure à l'État une somme de cinq millions qui lui sera immédiatement versée, et lui donne à espérer une rentrée supplémentaire pour 1923.

Si l'on considère dans l'ensemble l'œuvre commune du gouvernement et des commissions, telle qu'elle résulte du projet de loi, de la convention du 26 octobre 1917 et de la convention additionnelle du 11 mars 1918, on peut dire qu'une révision attentive a été faite des rapports entre la Banque de France et l'État, que les intérêts divers qui sont en jeu dans cette question ont été ménagés avec soin, que des modifications intéressantes ont été apportées au régime précédemment en vigueur. Toutefois, l'essentiel de ce régime est maintenu : il n'est pas touché le moins du monde aux bases sur lesquelles l'émission est assise dans notre pays.

Le gouvernement, les commissions, tout en recherchant, dans la question de la Banque de France, des améliorations à réaliser, ont fait, somme toute, œuvre de conservation. Il faut le dire nettement, puisque la chose est telle. Au reste, les commissions, dont nous sommes ici le porte-parole, estiment qu'elles n'ont pas à s'excuser d'avoir adopté, pour l'accomplissement de la tâche qui leur incombait, une telle idée directrice. Il est des moments où l'on peut, où l'on doit même rechercher, pour les problèmes qu'on a à examiner, des solutions nouvelles, où la hardiesse de la pensée est, chez le législateur, une vertu. Mais, dans le cours d'un ébranlement aussi formidable que celui que nous subissons, ébranlement qui n'est point encore terminé, et dont les conséquences se prolongeront durant des années et des lustres, il faut, sans hésiter, obéir à la prudence lorsqu'elle nous recommande de ne pas bouleverser un régime d'émission auquel l'opinion est favorable, et qui donne les résultats les plus satisfaisants.

Le renouvellement du privilège de la Banque de France est dans les vœux du pays. Les milieux compétents demandent instamment que ce privilège soit prorogé pour une longue durée, et qu'aucun changement ne soit apporté aux principes qui ont présidé jusqu'à ce jour au fonctionnement de la Banque. L'enquête à laquelle le ministère du Commerce a procédé auprès des chambres de commerce et des groupements professionnels est, à cet égard, éminemment instructive : comment ne pas être impressionné par l'unanimité que cette enquête révèle, par la fermeté avec laquelle sont énoncées les conclusions concordantes qui y sont consignées, par les considérants dont ces conclusions sont appuyées?

Les avis les plus autorisés, le consentement général que nous pouvons constater, ne doivent pas nous dispenser d'étudier par nous-mêmes les questions qui nous sont soumises. Dans la question de la Banque de France, une telle étude, à cette heure, peut-elle ne point conduire, sur les points essentiels, aux décisions où les commissions se sont arrêtées?

Il y a d'excellentes raisons de considérer le système d'une banque d'émission unique, établissement privé, soumis cependant au contrôle de l'État, comme celui qui convient le mieux à notre pays, étant donné la constitution géographique et économique, les traditions, les institutions politiques de la France, comme le système le plus propre à nous assurer les avantages divers découlant de l'émission, et, en même temps, à nous garantir contre les dangers très sérieux auxquels elle peut donner naissance. Ce système, d'ailleurs, ne s'offre plus à notre choix comme une solution théorique du problème : nous en voyons l'application, et cette application est représentée sous nos yeux par un établissement qui a déjà une histoire ancienne de plus d'un siècle, qui déjà avant la guerre s'était acquis une réputation à la fois de prudence jamais en défaut, et de dévoûment aux intérêts nationaux, et qui, au cours de la guerre, a justifié et accru cette réputation par la façon dont il a administré ses affaires au milieu d'une tourmente sans précédent, ainsi que par les services signalés qu'il a rendus à la collectivité nationale et à l'État.

La guerre n'est pas finie, et nous ne pouvons prévoir combien de temps encore elle se prolongera. Aussi longtemps qu'elle durera, la Banque de France continuera à donner son concours à l'État, c'est-à-dire à la défense nationale, par les avances qu'elle fait au Trésor, par sa propagande incessante en faveur des titres publics, par ses négociations au sujet des changes, en d'autres manières encore.

La guerre terminée, il faudra faire face à une situation différente de celle d'aujourd'hui, moins critique à coup sûr, puisqu'il ne s'agira plus du salut même du pays, pleine encore, cependant, de difficultés et de périls.

Il faudra que l'État procède à la liquidation de ses finances de guerre : liquidation laborieuse et peut-être longue, si l'on considère, notamment, l'importance de la dette à court terme contractée tant en France qu'à l'étranger, et qu'il sera nécessaire de consolider.

D'autre part, les besoins privés de crédit seront immenses. Il faudra, en effet, que nous relevions nos ruines ; il faudra remettre en marche les exploitations que la guerre, pour une raison ou pour une autre, aura suspendues, rendre leur pleine ativité à celles qui auront été ralenties ; des transformations, des agrandissements devront être opérés dans quantité d'établissements industriels ou commerciaux, soit en raison du passage des productions, des affaires du temps de guerre aux productions, aux affaires de la paix, soit en vue de s'adapter aux conjonctures nouvelles résultant des changements de toutes sortes qui seront survenus dans l'économie nationale et mondiale. Un effort vigoureux devra être fait pour développer notre production en général, de manière à nous permettre de supporter les charges énormes léguées par la guerre. Il faudra, particulièrement, que nous arrivions à exporter beaucoup plus que par le passé, afin de rétablir nos changes et de nous mettre à même d'amortir notre dette extérieure. Comment pourvoir à de tels besoins de crédit ? Une grande partie des capitaux anciens auront été détruits, consommés, ou immobilisés dans des placements en titres d'État ; la formation de nouveaux capitaux sera contrariée par les prélèvements énormes que le fisc, pour alimenter des budgets démesurément accrus, devra opérer sur les revenus. Dans ces conditions, qui n'aperçoit le rôle que l'émission est appelée à jouer au lendemain de la guerre, et l'intérêt majeur qu'il y a ce qu'elle soit pratiquée dans des conditions depuis longtemps éprouvées, par un établissement dans lequel nous savons que nous pouvons avoir confiance ?

Nous n'hésiterons pas à dire que la Chambre, en s'associant aux décisions des commissions, en votant le projet de loi qui lui est soumis, accomplira un acte de la plus haute importance tant pour la défense nationale que pour le relèvement de notre pays après la guerre.

PROJET DE LOI

portant renouvellement du privilège de la Banque de France.

Article premier.

Le privilège concédé à la Banque de France par les lois des 24 germinal an XI, 22 avril 1806, 30 juin 1840, 9 juin 1857 et 17 novembre 1897 est prorogé de vingt-cinq ans à partir du 1er janvier 1921, et prendra fin le 31 décembre 1945.

Art. 2.

Sont approuvées la convention passée le 26 octobre 1917 et la convention additionnelle passée le 11 mars 1918 entre le Ministre des Finances et le Gouverneur de la Banque de France.

Ces conventions sont dispensées des droits de timbre et d'enregistrement.

Art. 3.

Le produit de la redevance supplémentaire instituée par l'article 4 de la convention du 26 octobre 1917 sera réservé et porté à un compte spécial du Trésor, jusqu'à ce que des dispositions législatives aient déterminé les conditions dans lesquelles ce produit sera affecté à des œuvres de crédit.

CONVENTION DU 26 OCTOBRE 1917

Entre les soussignés :

M. L.-L. Klotz, député, Ministre des Finances, agissant au nom de l'Etat,

d'une part ;

Et M. Georges Pallain, gouverneur de la Banque de France, autorisé par une délibération du Conseil général de la Banque en date du 25 octobre 1917,

d'autre part ;

Ont été arrêtées les dispositions suivantes, qui entreront en vigueur après ratification par une loi prorogeant le privilège de la Banque de France pour une durée de vingt-cinq années à partir du 1ᵉʳ janvier 1921.

Article premier.

Le bénéfice des opérations d'escompte prévues par les statuts fondamentaux de la Banque (art. 9 du décret du 16 janvier 1808) est étendu aux sociétés de caution mutuelle du petit et moyen commerce, de la petite et moyenne industrie.

Art. 2.

A dater du début de l'exercice 1918, les produits exceptionnels résultant de l'escompte des bons du Trésor français à des Gouvernements étrangers et de l'intérêt sur les avances temporaires consenties à l'Etat donneront lieu, au profit de l'Etat, aux prélèvements ci-après :

85 0/0 du produit de l'escompte des bons du Trésor français à des Gouvernements étrangers ;

50 0/0 des intérêts perçus sur les avances à l'Etat, déduction faite de l'intérêt supplémentaire de 2 0/0 visé aux articles 4 et 5 de la convention du 21 septembre 1914, sanctionnée par la loi du 26 décembre 1914, intérêt qui sera versé intégralement au compte de réserve et d'amortissement institué par l'article 5 de ladite convention.

Cette contribution comprendra la redevance sur les éléments susvisés, lesquels ne seront pas repris dans la circulation productive.

Le montant de la contribution ainsi déterminé sera versé, au fur et à mesure de l'encaissement par la Banque des produits correspondants, au compte spécial de réserve et d'amortissement susvisé.

Pour la période écoulée entre le 1ᵉʳ août 1914 et la clôture de l'exercice 1917, la Banque versera audit compte spécial, dès la promulgation de la loi approuvant la présente convention, une somme de 200 millions, qui comprendra le solde de la redevance pour l'exercice 1917 sur les produits visés au paragraphe premier du présent article.

Pour le passé, ce versement de 200 millions et, pour l'avenir, les prélèvements prévus au premier alinéa du présent article tiendront lieu, pour la Banque, d'impôt sur les bénéfices de guerre.

Art. 3.

L'article 5 de la convention du 21 septembre 1914 est ainsi complété :

« Le compte spécial sera débité du montant en principal des effets impayés provenant du portefeuille immobilisé par la prorogation des échéances, au fur et à mesure que la Banque, après la cessation de cette prorogation, entrera ces effets impayés en souffrance.

« Le compte sera débité de même, au fur et à mesure de leur entrée en souffrance, du montant en principal des créances résultant des versements effectués chez des correspondants alliés ou neutres en contrepartie du règlement, en France, par l'intermédiaire de la Banque, d'effets ou d'opérations antérieurs au 4 août 1914.

« La Banque continuera à gérer le portefeuille des effets et créances en souffrance ; elle portera au crédit du compte susvisé les rentrées successives qu'elle obtiendra sur le montant en principal de ces effets et créances.

« A aucun moment le solde créditeur du compte ne pourra être supérieur au montant des effets prorogés et des créances susvisées ; l'excédent, de même que toutes sommes devant être ultérieurement versées au compte spécial, sera porté en amortissement de la dette de l'État, ou directement au compte du Trésor lorsque cette dette sera remboursée.

Art. 4.

Pour le calcul de la redevance instituée par l'article 5 de la loi du 17 novembre 1897, on ajoutera au produit obtenu en multipliant le solde moyen de la circulation productive par le taux de l'escompte, déduction faite, s'il y a lieu, des sommes partagées entre la Banque et l'État conformément à l'article 12 de la même loi, le montant des intérêts perçus par la Banque sur les effets prorogés, et on appliquera à la somme ainsi déterminée une proportion de 5 0/0. Si, pendant une période quelconque, le taux de l'escompte dépasse 3,50, 4 ou 4,50 0/0, cette proportion sera, pour la période correspondante, respectivement portée à 7,50, 10 ou 12,50 0/0.

En outre, il sera perçu, sur le produit déterminé comme ci-dessus des opérations productives de la Banque, pour chaque exercice annuel, après déduction de la redevance visée à l'alinéa précédent, une redevance supplémentaire de 20 0/0, la tranche comprise entre 0 et 50 millions n'étant comptée que pour un quart de son montant, entre 50 et 75 millions pour trois huitièmes, entre 75 et 100 millions pour quatre huitièmes, entre 100 et 125 millions pour cinq huitièmes, entre 125 et 150 millions pour six huitièmes, entre 150 et 175 millions pour sept huitièmes.

La redevance et la redevance supplémentaire seront perçues sans préjudice des impôts dus par la Banque tels qu'ils sont déterminés par les lois existantes. Toute majoration de ces impôts et toute création d'impôts qui atteindraient les opérations déjà frappées par les redevances seraient compensées avec le montant de ces dernières, l'excédent étant perçu en sus, le cas échéant.

Ces dispositions entreront en vigueur à partir du 1er janvier 1918.

Art. 5.

Les avances permanentes de la Banque de France à l'État, résultant des traités des 10 juin 1857, 29 mars 1878, 31 octobre 1896, 11 novembre 1911 et s'élevant ensemble à 200 millions de francs sont prorogées jusqu'à l'expiration du privilège. Ces avances ne porteront pas intérêt. En garantie de leur remboursement, il sera remis à la Banque de France un bon du Trésor à l'échéance des avances.

Art. 6.

La Banque maintiendra les créations de succursales, bureaux auxiliaires, villes rattachées, réalisées par elle en dehors des obligations prévues par la loi du 17 novembre 1897 et par la convention du 11 novembre 1911.

Dans le délai de dix ans à partir de la promulgation de la loi approuvant la présente convention, il sera créé 12 succursales et 25 bureaux auxiliaires.

La Banque s'engage, en outre, à organiser le service d'encaissement dans 50 villes rattachées, parmi lesquelles seront compris les chefs-lieux d'arrondissement et de canton de 6.000 habitants et au-dessus qui ne sont pas bancables.

Art. 7.

La Banque de France continuera d'effectuer gratuitement le payement des chèques et virements tirés par les comptables du Trésor sur le compte du Trésor, et de prêter à l'État son concours gratuit, dans les conditions fixées par les décrets en vigueur, pour faciliter le règlement par virements des mandats ordonnancés et visés bon à payer, établis au profit de ceux des créanciers de l'État et des départements qui ont des comptes ouverts, soit à la Banque de France, soit dans une maison de banque titulaire d'un compte à la Banque de France.

Elle prêtera son concours au Trésor gratuitement, dans les mêmes conditions, pour faciliter le règlement, par virements au débit du compte courant du Trésor, des mandats qui lui seront transmis par les comptables du Trésor, après avoir été établis par les communes et les établissements publics au profit de leurs créanciers ayant des comptes ouverts, soit à la Banque de France, soit dans une autre maison de banque titulaire d'un compte à la Banque de France.

Elle procédera sans frais à l'encaissement des chèques tirés ou passés à l'ordre des comptables du Trésor et des régies financières.

Art. 8.

La Banque de France s'engage à exonérer de toute commission, pour tous ses comptes, l'encaissement des chèques barrés tirés sur les places bancables et des chèques tirés sur les banques adhérentes à une chambre de compensation ou sur leurs correspondants.

Elle s'engage à maintenir, pour tous ses comptes, la faculté de domicilier sans frais à ses guichets le payement de leurs effets et d'échanger, également sans frais, des virements entre comptes résidant sur des places différentes.

Art. 9.

La présente convention est dispensée des droits de timbre et d'enregistrement.

Fait double, à Paris, le vingt-six octobre mil neuf cent dix-sept.

Lu et approuvé :   Lu et approuvé :

Signé : L.-L. KLOTZ.   *Signé* : Georges PALLAIN.

AVENANT

à la Convention passée le 26 octobre 1917 entre le Ministre des Finances et le Gouverneur de la Banque de France.

Entre les soussignés :

M. L.-L. Klotz, député, Ministre des Finances, agissant au nom de l'État,

d'une part ;

et M. Georges Pallain, Gouverneur de la Banque de France, autorisé par une délibération du Conseil général de la Banque en date du 28 février 1918,

d'autre part ;

il a été convenu ce qui suit :

Article premier.

L'article 3 de la convention du 26 octobre 1917 est complété par les dispositions suivantes :

La Banque bonifiera le solde du compte d'amortissement d'un intérêt calculé au taux net des avances à l'État, déduction faite de l'impôt du timbre et du prélèvement prévu à l'article 2 de ladite convention.

Cet intérêt sera porté à un compte annexe le dernier jour de chaque semestre.

Au moment de la liquidation finale du compte d'amortissement, il sera fait un décompte récapitulatif des sommes successivement absorbées par l'amortissement ou attribuées à l'État sur le montant dudit compte.

La Banque versera au Trésor une part du compte annexe d'intérêt, proportionnelle au total des sommes attribuées à l'État d'après le décompte récapitulatif susvisé.

Art. 2.

Le présent acte est dispensé des droits de timbre et d'enregistrement.

Fait double à Paris, le 11 mars 1918.

Lu et approuvé :   Lu et approuvé :

Signé : Georges PALLAIN.   Signé : L.-L. KLOTZ.

CONVENTION ADDITIONNELLE DU 11 MARS 1918.

Entre les soussignés :

M. L.-L. KLOTZ, député, Ministre des Finances, agissant au nom de l'État,

d'une part ;

et M. Georges PALLAIN, Gouverneur de la Banque de France, autorisé par une délibération du Conseil général de la Banque en date du 28 février 1918,

d'autre part ;

il a été convenu ce qui suit :

Article premier.

Par application du principe général selon lequel l'État a seul droit au bénéfice résultant de ce qu'une partie des billets n'est pas présentée au remboursement, la Banque de France versera au Trésor, aux dates ci-après fixées, une somme représentant le solde des billets de tous les anciens types à impression bleue sans fond rose et des petites coupures de vingt et vingt-cinq francs émises antérieurement à 1888, restant en circulation.

Un acompte de cinq millions de francs ayant été versé à titre définitif en exécution de la convention du 28 novembre 1911, un nouvel acompte d'un montant égal sera versé au Trésor dans le mois suivant l'entrée en vigueur de la présente convention.

Le surplus sera versé le 2 janvier 1923.

Art. 2.

A partir du moment où le solde en circulation sera devenu inférieur aux sommes versées au Trésor, l'État prendra à sa charge l'échange des billets qui seraient ultérieurement présentés au remboursement, sans que toutefois son bénéfice final puisse être inférieur à la somme de cinq millions de francs versée en exécution de la convention du 28 novembre 1911.

Art. 3.

La présente convention est dispensée des droits de timbre et d'enregistrement.

Fait double à Paris, le 11 mars 1918.

Lu et approuvé :
Signé : Georges PALLAIN.

Lu et approuvé :
Signé : L.-L. KLOTZ.

ANNEXE I

TEXTE DES AMENDEMENTS DÉPOSÉS
(Application de l'article 86 du Règlement.)

Amendement n° 1, présenté le 26 décembre 1917 par MM. PETITJEAN, FAILLIOT, Louis LAJARRIGE, Henri GALLI, POIRIER DE NARÇAY, députés.

Art. 2.

Rédiger ainsi qu'il suit le premier paragraphe de cet article :

« Est approuvée la convention passée le 26 octobre 1917 entre le Ministre des Finances et le Gouverneur de la Banque de France, sous réserve de l'adjonction à l'article 5 de ladite convention de la disposition suivante : « La Banque de France fera, en outre, à l'État, une avance supplémentaire de 100 millions non productive d'intérêts, amortissable dans un délai égal à la durée du privilège, et destinée à permettre au Trésor public de concourir à la constitution ou à l'accroissement de la dotation des monts-de-piété en consentant lui-même jusqu'à concurrence de pareille somme des avances amortissables et sans intérêts à ces établissements de crédit populaire. »

Exposé sommaire. — L'importance générale des services que rendent les monts-de-piété est trop connue. Celui de Paris prête à la population 230.000 francs par jour. Il détient les nantissements de 1.100.000 emprunteurs.

Les services des monts-de-piété ne doivent pas rester exclusivement mobiliers et urbains, ils peuvent être étendus aux avances sur denrées et produits commerciaux et agricoles. Ils peuvent être utilisés comme instruments de crédit au petit commerce et à la petite industrie.

Les intérêts des prêts des monts-de-piété ont dû être élevés depuis la guerre jusqu'à 10 0/0, à Paris; il va falloir les porter à 12 0/0; les emprunteurs mobilisés qui n'ont pu s'acquitter depuis quatre ans devront payer au minimum 40 0/0 d'intérêts. Cette situation scandaleuse a donné naissance au honteux trafic des reconnaissances, auquel il n'est que temps de mettre fin.

Le remède? Constituer enfin aux monts-de-piété une dotation, conformément au vœu de la loi de 1851.

Pour cela, deux moyens : ou demander à l'État les crédits nécessaires, ou permettre aux monts-de-piété de constituer eux-mêmes leur dotation en leur assurant, comme à l'agriculture, le crédit de la Banque de France.

Le second moyen épargne à l'État un important sacrifice et répond au rôle de la Banque sans lui imposer une charge onéreuse; en effet, l'avance supplémentaire prévue par notre amendement serait amortissable, et le remboursement en serait assuré par l'intermédiaire et sous la garantie du Trésor par les monts-de-piété eux-mêmes.

La légitimité de l'intervention de l'État ne saurait être contestée; les monts-de-piété sont des institutions d'État, créées par décrets, réglés par des directeurs et des administrateurs nommés par le pouvoir central et dont les budgets sont réglés par décrets; au surplus, leur situation fâcheuse résulte, d'une part, d'un système légal défectueux contre lequel les municipalités n'ont cessé de protester et, d'autre part, d'entraves de fonctionnement consécutives à des mesures gouvernementales comme la suspension des ventes pendant la guerre.

Les monts-de-piété ne doivent pas rester des instruments d'usure légale, le remède que nous vous proposons servira les intérêts du crédit populaire en ménageant ceux de l'État.

Amendement n° 2, présenté le 26 décembre 1917 par M. Arthur Rozier, député.

I. — Ajouter à l'article 5 de la convention la disposition suivante :

« En outre, la Banque fera à l'État une avance supplémentaire sans intérêt de 100 millions, qui sera remboursée par les premières annuités de la redevance supplémentaire prévue à l'article 4 ».

II. — Modifier ainsi l'article 3 du projet de loi :

« L'avance supplémentaire de 100 millions prévue à l'article 5 de la convention et les produits de la redevance supplémentaire devenus disponibles par suite du remboursement de cette avance seront affectés à une caisse nationale de prêts ayant pour objet : 1° de mettre à la disposition de chaque mont-de-piété une somme au moins égale au montant moyen de son emprunt au cours des cinq derniers exercices, à charge pour ces établissements de diminuer les intérêts exigés de leurs emprunteurs ; 2° de contrôler les opérations de prêts sur nantissements, d'en faciliter l'extension à tous les produits ou valeurs et de contribuer à fournir les fonds nécessaires à la restauration des monts-de-piété ruinés par la guerre et à la création de nouveaux établissements dans les villes qui en sont dépourvues ; 3° d'aider les œuvres de crédit fondées sur le principe de la coopération.

« La constitution et les attributions de cette caisse nationale de prêts seront déterminées par un règlement d'administration publique ».

Exposé sommaire. — Il ne faut pas ajourner indéfiniment l'organisation d'un crédit populaire vraiment accessible aux petits commerçants, aux artisans, aux travailleurs de toutes catégories. Ils se plaignent avec raison que les banques ne sont pas à leur portée et que les monts-de-piété leur prêtent à un taux excessif. Ils ne comprendraient pas qu'on leur refusât satisfaction au moment même où l'État aliénerait, au profit de la Banque, un moyen de crédit aussi puissant que l'émission des billets.

Sans prétendre organiser à l'improviste le crédit populaire, nous avons le devoir de lui assurer, dès maintenant, les moyens de se développer dans sa forme actuelle des monts-de-piété.

A l'exception de quelques fondations particulières, tous les monts-de-piété empruntent, au moins en partie, l'argent qu'ils ont pour fonction de prêter. Le plus important, celui de Paris, qui prête en temps normal 230.000 francs par jour, est dans l'obligation d'emprunter la totalité des fonds nécessaires; il ne jouit même pas du droit commun (loi du 24 juin 1851) de conserver ses bénéfices pour se constituer une dotation. Comment s'étonner, dès lors, qu'il fasse payer cher ses services ?

Les emprunteurs paient actuellement 10 0/0 d'intérêts et droits à Paris et ce taux est devenu insuffisant. Il n'avait pas été atteint depuis 1830. Attendra-t-on qu'il soit porté à 12 0/0, maximum fixé par le règlement, pour chercher le moyen d'y remédier ?

En Suisse, des caisses nationales de prêt instituées depuis la guerre ont déjà rendu des services considérables ; non seulement elles ont mis le crédit à la portée de toutes les classes sociales, mais encore leur émission de « Bons » a remplacé une partie du numéraire et facilité les transactions.

Les résultats de cette expérience économique doivent être compris et étudiés en France.

Amendement n° 3, présenté le 31 décembre 1917 par M. BERGEON, député.

Ajouter un article nouveau ainsi conçu :

« Le montant et les modalités des avances mises par la Banque de France à la disposition de l'État seront déterminés en vue de procurer notamment au Trésor public les moyens d'assurer, dans l'année qui suivra la promulgation de la présente loi, la constitution ou l'accroissement de la dotation des monts-de-piété, en consentant lui-même à ces établissements de crédit populaire, jusqu'à concurrence de 80 millions de francs, des avances non productives d'intérêts et amortissables dans un délai égal à la durée du privilège de la Banque ».

Exposé sommaire. — Les monts-de-piété, pour réaliser les projets de réorganisation financière que leur imposent les difficultés de gestion nées de la guerre, ont besoin de fonds de dotation.

L'État, qui a le devoir de veiller à l'accomplissement de la mission d'assistance de ces établissements, ne saurait se soustraire à l'obligation de les y aider.

Il emploiera à ces fins une partie des avances mises à sa disposition par la Banque de France.

Amendement n° 4, présenté le 25 janvier 1918 par MM. BOKANOWSKI, Paul RIBEYRE, Abel GARDEY, Constant VERLOT, l'amiral BIENAIMÉ, Amédée COUESNON, députés.

Article additionnel.

Le 1° de l'article 9 des statuts fondamentaux de la Banque, établis par le décret du 16 janvier 1808 et modifié par l'article 2 de la loi du 17 novembre 1897 est complété ainsi qu'il suit :

« A escompter jusqu'à concurrence de 20 0/0 du montant de ses dépôts, et dans la limite d'un maximum de 300 millions de francs, des lettres de change et autres effets de commerce à ordre payables en France, à des échéances qui ne pourront excéder six mois et ayant, pour origine des exportations de marchandises produites en France ».

Exposé sommaire. — La situation financière et la situation monétaire de la France ne pourront être améliorées que par le développement intensif de la production qui, en accroissant le chiffre d'affaires de la nation, permettra de couvrir ses frais généraux considérablement accrus — et par le développement de nos exportations qui, en faisant rentrer l'or dans les caisses de la Banque, rétablira l'équilibre des changes, gagera solidement la circulation fiduciaire et permettra l'abolition du cours forcé.

La Banque de France est au premier chef intéressée à l'essor de notre commerce extérieur.

Dans l'état actuel de la législation, il lui est interdit d'escompter du papier à plus de trois mois de date. Elle ne peut donc donner à nos exportateurs les facilités de crédit qu'ils réclament en vain depuis de longues années, et qui leur permettraient de combattre à armes égales leurs concurrents sur les marchés d'outre-mer.

Notre amendement tend, par un élargissement des statuts de la Banque de France, à donner à notre grand établissement de crédit la possibilité de faire servir ses dépôts considérablement accrus à l'expansion économique française.

Amendement n° 5 (rectifié), présenté le 26 février 1918 par M. MAGNIAUDÉ, député.

Art. 2.

Modifier comme suit l'article 6 de la convention :

« La Banque de France s'engage à créer, dans le délai de trois ans après la signature du traité de paix, des succursales dans les chefs-lieux d'arrondissement et de canton de 4.000 habitants et au-dessus, ce qui portera le nombre de ses succursales à 1.048 ».

Exposé sommaire. — Le nombre de 1.048 succursales que nous demandons à la Banque de France de créer est loin d'être élevé pour l'importance de cet établissement, surtout quand on pense que certaines sociétés de crédit possèdent environ 700 succursales, ce qui leur a permis de développer leurs affaires dans des conditions considérables, et de drainer une partie de l'épargne française, dont la destination n'a pas toujours été celle que nous eussions souhaitée.

La Banque de France qui, pendant les longues années de guerre que nous traversons, avec nos deuils et nos fiertés, a prouvé son parfait dévouement au commerce, à l'industrie, et son patriotisme élevé, en coopérant à la Défense nationale par sa puissance matérielle et morale, devra continuer à étendre son œuvre après la guerre. Pour cela il nous paraît indispensable qu'elle augmente le nombre de ses succursales, qui favoriseront l'activité économique du petit commerce et de l'industrie dans nos campagnes, que nous avons laissé végéter, contrairement à ce qui a été fait chez nos voisins.

Il est désirable que dans l'avenir, la Banque de France, comprenant son grand rôle, veuille avoir une succursale dans chaque chef-lieu de canton, ce qui aurait d'heureuses conséquences multiples, et développerait de façon considérable notre essor économique.

Amendement n° 6, présenté le 26 février 1918 par M. MAGNIAUDÉ, député.

Article additionnel.

Le capital de la Banque de France est porté à deux milliards.

Le taux d'émission des nouvelles actions sera fixé d'accord entre le Gouvernement et la Banque de France.

Toute souscription personnelle à une action ne pourra être réduite et prendra rang de priorité.

Dans le cas où les souscriptions porteraient le capital de la Banque de France à plus de deux milliards, c'est à ce chiffre atteint qu'il sera fixé.

Les actionnaires actuels de la Banque de France auront un droit de priorité, après les souscripteurs d'unité, pour souscrire un nombre d'actions inférieur ou égal à celui qu'ils possèdent.

Exposé sommaire. — La Banque de France, associée de l'État, doit être l'instrument d'un pouvoir gigantesque pour notre essor et notre lutte économiques. Ses affaires se développeront considérablement.

Son capital de 182.500.000 francs remonte à la loi du 9 juin 1857, qui l'avait fixé à cette somme. Il apparaît maintenant minime, surtout si on le compare à celui de certaines sociétés de crédit, et il doit être augmenté très sensiblement.

Il est certainement modeste de vouloir le porter à deux milliards au minimum, ainsi qu'il est indiqué dans notre amendement.

Cette augmentation de capital appellera, il n'y a pas à en douter, une multitude de petits actionnaires, qui contribueront à placer plus haut encore le crédit de notre grand institut d'émission, et fera de la Banque France une banque vraiment nationale.

Amendement n° 7, présenté le 26 février 1918 par M. MAGNIAUDÉ, député.

Article premier.

Modifier comme suit cet article :

« Le privilège concédé à la Banque de France par les lois des 24 germinal an XI, 22 avril 1806, 30 juin 1840, 9 juin 1857 et 17 novembre 1897, est prorogé de quinze ans à partir du 1ᵉʳ janvier 1921 et prendra fin le 31 décembre 1935. »

Exposé sommaire. — Étant donné l'effort considérable accompli par la Banque de France pour servir hautement l'intérêt public, pour contribuer à la Défense nationale par sa force matérielle et morale ; pour ses engagements étendus vis-à-vis de l'État et des particuliers ; nous comprenons que le Gouvernement propose de renouveler pour vingt-cinq ans le privilège accordé à la Banque de France.

Mais, d'autre part, nous devons songer que malgré toutes nos prévisions pour l'après-guerre, nous nous trouverons probablement en face d'un chaos épouvantable qui fera « erreur la vérité de la veille ».

Qui peut donc dire entre autres quelle sera, dans l'avenir, la situation du capital et du travail, et celui-ci ne reconnaissait pas que celui-là est son protecteur et son associé ? Devant les conjectures multiples et formidables qui se présenteront devant nous, nous estimons que la prudence ne nous permet pas de lier pour vingt-cinq années, à partir de 1921, vis-à-vis de notre grand institut d'émission.

Le délai de quinze années sur lequel nous ne pouvons, ici, nous expliquer que sommairement, nous parait d'autant plus suffisant que nos successeurs auront la faculté de le proroger avant son échéance.

Amendement n° 8, présenté le 26 février 1918 par M. MAGNIAUDÉ, député.

Article additionnel.

A partir du renouvellement de son privilège, la Banque de France acceptera les dépôts en numéraire dans les conditions suivantes :

Dépôts à vue (8 jours au moins)	....	2 0/0
— à 3 mois	....	3 0/0
— à 6 mois	....	4 0/0
— à 1 an ou plus	....	6 0/0

Exposé sommaire. — L'une des préoccupations constantes des grandes sociétés de crédit a été d'augmenter, de solliciter par une grande publicité, les dépôts dans leurs caisses, en offrant un intérêt qui n'avait pas besoin d'être très élevé, puisque la Banque de France n'offrait, elle, rien du tout à ses déposants.

Aussi avons-nous vu des sociétés de crédit avoir des dépôts se montant à 1.900.000.000 et à 1.500.000.000 francs, alors que ceux confiés à notre grand établissement financier n'étaient que d'environ 500.000.000 francs.

Le drainage des capitaux français par des sociétés privées, n'envisageant que l'extension de leurs affaires et de leurs bénéfices, a détourné de notre pays une partie de l'épargne française au préjudice de notre commerce et de notre industrie, pour favoriser nos concurrents étrangers.

Les pays d'Outre-Rhin, alors que le loyer de l'argent était à bas prix, sollicitaient les dépôts aux taux de 2, 3, 4 et 6 0/0.

C'est ainsi qu'ils ont fait sortir l'argent qui se cachait, qu'ils l'ont retenu chez eux et évité la thésaurisation.

La Banque de France, qui doit se tenir à la tête du grand mouvement financier, ne doit pas laisser aller ailleurs des opérations qui ressortissent à sa fonction.

Tel est le but de notre amendement.

Amendement n° 9, présenté le 26 février 1918 par M. MAGNIAUDÉ, député.

Article additionnel.

Toute valeur présentée à l'escompte, ayant moins de 30 jours à courir, sera assujettie à un supplément de 0 fr. 50 pour frais d'encaissement.

Exposé sommaire. — Notre amendement a pour but de ne plus permettre à des banquiers escompteurs de garder des valeurs en portefeuille et de ne les réescompter à la Banque de France que quelques jours avant leur échéance.

Ces banquiers conservent ainsi pour eux tout le bénéfice de l'escompte, et ne se servent de notre institut d'émission que comme d'un garçon de recettes, dont ils évitent les frais.

ANNEXE II

RENSEIGNEMENTS CONCERNANT LA BANQUE DE FRANCE

Comptes principaux du bilan (*Moyennes annuelles en milliards et milliers de francs*).

	1898	1899	1900	1901	1902	1903	1904	1905	1906	1907	1908	1909	1910	1911	1912	1913	1914	1915	1916	1917
Circulation des billets	3.695	3.829	4.085	4.116	4.162	4.319	4.282	4.408	4.659	4.800	4.853	5.080	5.198	5.243	5.372	5.665	7.325	12.290	15.552	19.856
Encaisse métallique :																				
Or	1.875	1.966	2.102	2.210	2.348	2.492	2.554	2.865	2.882	2.703	2.652	3.636	3.609	3.296	3.289	3.345	3.890	4.540	4.935	5.255
Argent	1.215	1.196	1.135	1.106	1.111	1.110	1.114	1.102	1.050	971	905	894	862	820	789	629	525	369	345	292
Total	3.190	3.062	3.237	3.316	3.459	3.602	3.678	3.957	3.932	3.674	3.957	4.524	4.362	4.036	4.078	3.974	4.405	4.769	5.280	5.547
Répartition proportion- Or	60 %	64 %	65 %	69 %	70 %	69 %	69 %	72 %	73 %	73 %	77 %	80 %	80 %	80 %	80 %	84 %	88 %	92 %	93 %	95 %
nelle de l'encaisse. Argent	40 %	39 %	35 %	31 %	30 %	31 %	31 %	28 %	27 %	27 %	23 %	20 %	20 %	20 %	20 %	16 %	12 %	8 %	7 %	5 %
Engagements à vue :																				
Circulation non couverte par l'encaisse	505	758	797	800	462	708	606	451	727	1.126	996	556	936	1.207	1.295	1.693	2.920	7.575	10.272	14.329
Comptes courants et de dépôt	491	478	482	514	498	429	549	572	581	522	527	683	613	597	673	646	1.331	2.416	2.083	2.587
Total des engagements à vue	1.096	1.236	1.279	1.114	995	1.137	1.155	1.023	1.308	1.648	1.523	1.239	1.549	1.804	1.966	2.339	4.251	9.987	12.355	16.916
Comptes productifs :																				
Portefeuille commercial	798	828	875	592	546	638	760	641	898	1.126	897	761	977	1.294	1.233	1.645	1.654	263	447	605
Avances sur titres	391	444	492	491	452	459	543	484	519	578	528	514	550	639	685	729	765	665	1.222	1.165
Total des comptes productifs	1.189	1.272	1.367	1.083	998	1.117	1.303	1.125	1.417	1.704	1.425	1.275	1.527	1.853	2.018	2.374	2.314	928	1.669	1.770
Répartition proportionnelle Portefeuille	67 %	65 %	64 %	55 %	55 %	60 %	58 %	57 %	63 %	66 %	63 %	60 %	64 %	68 %	65 %	69 %	67 %	28 %	27 %	34 %
des comptes productifs. Avances	33 %	35 %	36 %	45 %	45 %	40 %	42 %	43 %	37 %	34 %	37 %	40 %	36 %	35 %	34 %	31 %	33 %	72 %	73 %	66 %
Situation du Trésor :																				
Avances permanentes	180	180	180	180	180	180	180	180	180	180	180	180	180	180	200	200	200	200	200	200
Comptes courants créditeurs	252	207	256	138	157	165	202	245	257	213	169	183	132	203	254	261	224	125	67	58

Mouvement des opérations.

	1898.	1899.	1900.	1901.	1902.	1903.	1904.	1905.	1906.	1907.	1908.	1909.	1910.	1911.	1912.	1913.	1914.	1915.	1916.	1917.
Nombre des comptes de toute nature :																				
Nombre	31.686	37.290	41.938	46.772	51.353	59.182	66.569	71.159	77.159	86.233	91.656	97.904	105.605	115.105	121.105	127.963	147.517	154.142	187.596	221.537
Progression relative	100 %	118 %	133 %	149 %	164 %	188 %	211 %	226 %	245 %	273 %	290 %	311 %	335 %	367 %	385 %	406 %	469 %	488 %	595 %	705 %
Masse des opérations (1) :																				
Paris	7.938	8.498	8.649	7.768	7.359	8.858	7.589	9.917	10.829	8.627	9.208	9.858	10.728	13.060	13.695	»	»	»	»	5.100
Succursales	8.631	9.355	10.014	8.903	9.094	10.199	10.628	10.661	14.001	13.174	12.908	15.634	18.553	22.562	24.780	»	»	»	»	11.180
Total	16.569	17.853	18.663	16.671	16.456	19.057	18.218	20.858	24.830	21.751	22.196	25.480	29.071	35.709	38.314	36.000	38.000	10.500	16.280	
Progression relative	100 %	108 %	113 %	101 %	99 %	115 %	110 %	125 %	150 %	130 %	134 %	154 %	175 %	215 %	231 %	217 %	129 %	87 %	116 %	
Escomptes :																				
Nombre d'effets escomptés (3) : Paris	5.821	5.966	5.630	6.139	6.259	6.548	6.882	7.505	7.673	7.828	8.072	8.250	8.910	9.056	6.332	605	1.375	1.755		
Succursales	9.540	10.506	10.786	10.748	11.195	11.585	13.233	14.147	14.638	14.181	14.047	13.409	17.018	19.138	20.985	15.621	2.958	4.729	6.579	
Total	15.361	16.472	16.785	16.887	17.450	18.136	19.144	21.548	21.850	21.025	23.591	25.295	26.048	30.041	21.953	2.953	6.995	8.334		
Progression relative	100 %	105 %	110 %	110 %	113 %	126 %	135 %	131 %	141 %	103 %	101 %	154 %	165 %	182 %	196 %	143 %	19 %	59 %	84 %	
Sommes escomptées (1) : Paris	5.200	5.342	5.357	5.159	5.170	5.397	4.630	6.236	7.453	5.361	5.598	6.385	5.917	6.179	7.858	6.414	877	1.635	3.123	
Succursales	5.832	5.944	5.691	5.367	5.386	6.138	6.204	7.251	8.296	7.420	6.738	8.367	9.784	10.989	12.108	9.361	2.597	4.913	6.373	
Total	11.032	11.286	12.248	9.936	9.556	11.685	10.833	13.581	15.760	13.581	12.336	15.581	16.668	19.626	18.822	2.831	6.448	9.496		
Progression relative	100 %	106 %	111 %	93 %	87 %	106 %	98 %	122 %	144 %	146 %	138 %	132 %	154 %	178 %	184 %	170 %	26 %	59 %	86 %	
Avances :																				
Nombre des titres déposés en garantie (3) : Paris	691	786	825	805	706	739	739	828	636	836	936	1.045	1.162	1.742						
Succursales	915	1.013	1.167	1.327	1.895	1.083	1.096	1.809	2.063	2.132	2.364	2.567	1.873	3.599	3.908	»	»	»		
Total	1.606	1.799	1.992	2.172	2.600	2.112	2.035	2.695	2.958	2.968	3.168	3.672	3.818	3.761	4.120					
Progression relative	100 %	112 %	124 %	135 %	161 %	132 %	127 %	150 %	185 %	186 %	197 %	216 %	244 %	299 %	313 %	»	»	»		
Sommes avancées (1) : Paris	578	714	682	834	712	827	650	822	790	802	608	725	958	856	1.186	553	1.256	769	682	
Succursales	803	881	985	973	968	1.015	1.175	1.225	2.107	2.050	2.281	2.932	2.668	3.058	4.092	3.763	1.292	3.453	4.691	
Total	1.381	1.595	1.667	1.802	1.764	2.092	2.029	2.195	2.897	2.602	2.977	3.657	3.616	5.361	6.382	4.716	284	360	5.373	
Progression relative	100 %	115 %	120 %	130 %	128 %	151 %	140 %	156 %	210 %	192 %	216 %	265 %	327 %	361 %	462 %	344 %	28 %	360 %	388 %	
Dépôts :																				
Nombre des titres déposés (3) : Paris	7.611	8.112	8.736	8.983	9.252	9.982	9.997	10.506	10.850	11.269	11.706	12.149	11.591	11.372	11.406	11.424	11.007	10.581	10.153	
Succursales	965	970	976	968	960	933	919	948	915	949	935	1.370	4.501	1.923	2.056	2.184	2.190	2.116	2.103	
Total	8.576	9.082	9.762	9.958	10.212	10.936	10.967	11.446	11.764	12.218	12.738	13.520	13.185	13.692	13.585	13.202	12.626	12.336		
Progression relative	100 %	106 %	113 %	116 %	119 %	119 %	119 %	125 %	137 %	142 %	148 %	157 %	154 %	154 %	157 %	158 %	154 %	147 %	145 %	
Ordres de bourse :																				
Montant total en francs (1) : Sommes	231.287	273.642	298.691	425.736	360.063	375.815	393.217	386.435	457.289	500.242	515.269	638.925	615.909	673.805	585.901	392.569	180.810	416.592	549.229	
Progression relative	100 %	157 %	130 %	139 %	171 %	169 %	167 %	220 %	182 %	210 %	283 %	273 %	364 %	287 %	242 %	167 %	77 %	177 %	217 %	
Mouvement des caisses :																				
Total du virement (1) : Sommes	93.594	102.024	102.147	114.837	120.235	126.933	132.822	176.288	179.399	170.261	214.191	215.842	270.990	319.796	300.788	352.952	122.513	263.735	336.548	
Progression relative	100 %	110 %	109 %	119 %	128 %	134 %	163 %	185 %	192 %	182 %	228 %	263 %	289 %	342 %	331 %	352 %	282 %	368 %		

(1) En milliards et millions de francs. — (2) En milliers et dixièmes de francs. — (3) En milliers et dixièmes d'effets ou de titres.

Escompte.

ANNÉES.	NOMBRE d'effets.	MONTANT.	MOYENNE.	SOLDE moyen annuel.
		francs.	francs.	millions.
1907	21.540.925	15.769.106.100	732	1.126
1908	21.854.040	12.800.625.100	586	897
1909	21.524.972	12.336.372.800	573	761
1910	23.520.889	14.530.730.800	620	977
1911	25.242.438	16.648.262.200	660	1.204
1912	28.047.623	19.167.547.100	683	1.333
1913	30.041.247	20.005.642.400	666	1.646
1914	21.953.000	18.802.000.000	856	1.551
1915	2.903.000	2.823.800.000	973	263
1916	6.094.600	6.547.600.000	1.074	445
1917	6.334.158	9.498.100.000	1.500	606

(Les chiffres de la période de guerre ne comprennent pas le portefeuille prorogé, dans lequel les effets moratoriés sont entrés à leur échéance normale).

Effets escomptés à Paris.

ANNÉES.	DE 5 FRANCS à 10 francs.	DE 10 FR. 01 à 50 francs.	DE 50 FR. 01 à 100 francs.	AU-DESSUS de 100 francs.	TOTAL.
1907	236.401	2.010.536	1.399.292	3.856.898	7.503.127
1908	243.675	2.044.598	1.419.717	3.964.615	7.672.605
1909	219.732	1.961.643	1.480.451	3.845.702	7.507.528
1910	334.873	2.499.267	1.618.660	3.639.391	8.091.691
1911	237.512	2.231.942	1.536.126	4.218.384	8.223.964
1912	247.735	2.342.999	1.713.823	4.605.352	8.909.909
1913	386.420	2.516.556	1.710.330	4.493.118	9.056.424
1914	266.256	1.681.128	1.062.444	3.322.429	6.332.257
1915	38.982	155.214	121.925	329.260	645.381
1916	45.680	289.792	249.492	787.410	1.372.374
1917	21.230	333.425	295.562	1.104.529	1.754.746

Les opérations d'escompte des grandes sociétés de crédit.

Les entrées d'effets dans le portefeuille des quatre grandes sociétés de crédit ont atteint, en millions de francs :

En 1907...	46.106,0
En 1908...	45.744,9
En 1909...	49.756,2
En 1910...	56.211,9
En 1911...	57.503,5
En 1912...	62.108,4
En 1913...	64.814,3

Depuis la guerre, aucun de ces établissements n'a donné de renseignements sur les mouvements de son portefeuille commercial : celui-ci se trouve d'ailleurs mélangé pour une très forte part avec des bons de la défense nationale achetés sur le marché ou escomptés à la clientèle. L'élément effets de commerce y reste relativement peu important.

Voici, pour les chiffres ci-dessus, le détail par établissement :

Crédit Lyonnais.

ANNÉES.	NOMBRE d'effets.	SOMMES. (En millions et centaines de mille francs.)	ANNÉES.	NOMBRE d'effets.	SOMMES. (En millions et centaines de mille francs).
1907...	20.509.792	15.926 6	1911...	20.474.857	15.941 5
1908...	20.166.390	14.927 6	1912...	21.373.192	17.617 7
1909...	20.342.103	15.516 0	1913...	21.655.178	17.993 8
1910...	20.418.882	16.006 2			

Société Générale.

ANNÉES.	NOMBRE d'effets.	SOMMES. (En millions et centaines de mille francs).	ANNÉES.	NOMBRE d'effets.	SOMMES. (En millions et centaines de mille francs).
1907...	28.583.500	13.772 1	1911...	38.133.700	21.664 9
1908...	31.224.700	15.008 5	1912...	40.274.600	23.004 5
1909...	33.691.500	16.539 3	1913...	41.906.200	24.210 7
1910...	36.866.000	21.031 4			

Comptoir National d'Escompte.

ANNÉES.	NOMBRE d'effets.	SOMMES. (En millions et centaines de mille francs).	ANNÉES.	NOMBRE d'effets.	SOMMES. (En millions et centaines de mille francs).
1907	»	14.171 1	1911	»	17.746 9
1908	»	13.839 5	1912	»	19.098 4
1909	»	15.363 8	1913	»	20.075 0
1910	»	16.932 5			

Crédit Industriel et Commercial.

ANNÉES.	NOMBRE d'effets.	SOMMES. (En millions et centaines de mille francs).	ANNÉES.	NOMBRE d'effets.	SOMMES. (En millions et centaines de mille francs).
1907	1.132.528	2.236 2	1911	1.091.875	2.150 2
1908	1.149.407	1.969 3	1912	1.219.583	2.387 8
1909	1.165.129	2.337 1	1913	1.164.579	2.534 9
1910	1.133.818	2.241 8			

Taux officiels d'escompte à Paris, Londres et Berlin.

	1898	1899	1900	1901	1902	1903	1904	1905	1906	1907	1908	1909	1910	1911	1912	1913	PÉRIODE 1898-1913
	%	%	%	%	%	%	%	%	%	%	%	%	%	%	%	%	%
Taux Maximum.																	
Banque de France	3	4 50	4 50	3	3	3	3	3	3	4	4	3	3	3 50	4	4	4 50
Banque d'Angleterre	4	6	6	5	4	4	4	4	6	7	7	5	5	4 50	4	5	7
Banque Impériale d'Allemagne	6	7	7	5	4	4	4 50	6	7	7 50	7 50	5	5	5	6	6	7 50
Taux Moyen.																	
Banque de France	3 30	3 05	3 25	3	3	3	3	3	3	3 45	3 04	3	3	3 14	3 37	4	3 09
Banque d'Angleterre	3 25	3 75	3 96	3 72	3 33	3 75	3 30	3 01	4 27	4 92	3	3 10	3 72	3 47	3 77	4 77	3 69
Banque Impériale d'Allemagne	4 27	5 04	5 33	4 10	3 32	3 84	4 22	3 82	5 15	6 03	4 76	3 93	4 35	4 40	4 95	5 88	4 59
Nombre des variations dans l'année.																	
Banque de France	1	2	3	0	0	0	0	0	3	2	2	0	0	1	3	0	14
Banque d'Angleterre	6	6	6	6	3	3	2	5	6	7	6	6	9	4	4	2	79
Banque Impériale d'Allemagne	6	7	3	4	3	2	4	7	5	4	6	3	3	4	5	2	63

Opérations pour le compte du Trésor.

	RECETTES.	PAYEMENTS.	TOTAL.
	francs.	francs.	francs.
1907	4.302.330.900	4.792.043.500	9.094.374.400
1908	5.033.225.400	5.094.069.600	10.127.295.000
1909	5.693.922.600	5.714.726.700	11.408.649.300
1910	5.796.351.200	5.827.020.800	11.623.372.000
1911	5.948.832.200	5.821.056.600	11.769.888.800
1912	8.047.663.600	8.096.552.200	16.144.215.800
1913	6.960.053.600	6.786.546.400	13.746.600.000
1914	15.562.900.000	15.526.900.000	31.089.800.000
1915	42.717.200.000	42.765.900.000	85.483.100.000
1916	61.949.500.000	62.239.200.000	124.188.700.000
1917	90.202.400.000	90.045.200.000	180.247.600.000

Comptes d'exploitation.

Compte d'exploitation

ANNÉES.	PRODUITS commerciaux de l'exercice.	BALANCE DES REPORTS et réescomptes d'entrée et de sortie		PRODUITS bruts.	FRAIS d'exploitation.	PRODUIT net à répartir.	PART		PROPORTION de la part de l'État à celle des actionnaires.
		à ajouter.	à retrancher.				de l'État.	des actionnaires.	
	fr. c.	fr. c.	fr. c.	fr. c.	fr. c.	fr. c.	fr. c.	fr. c.	%
1877-1896 (moyenne)	34.041.537 57	»	»	34.658.369 05	13.291.992 47	26.766.376 58	7.644.924 00	18.121.452 28	45
1898	33.460.641 6A	»	783.472 »	33.677.168 73	16.878.758 16	15.798.470 57	5.900.998 67	9.897.499 90	60
1899	45.054.20 49	»	766.344 »	40.287.976 58	23.082.286 77	24.255.689 81	7.766.137 86	13.509.551 95	57
1900	50.345.650 49	1.067.776 86	»	51.388.236 15	26.100.076 97	25.253.159 18	8.783.969 53	16.469.689 65	53
1901	38.379.282 73	163.576 11	»	38.542.958 8A	19.860.050 25	18.682.908 59	6.877.345 84	11.705.562 75	60
1902	36.961.441 23	»	122.189 »	36.378.954 35	18.103.422 45	18.275.531 90	6.635.835 90	11.639.696 »	57
1903	40.860.502 75	»	85.363 67	40.774.169 58	19.964.577 99	20.812.591 59	7.364.726 37	13.447.865 22	55
1904	42.755.807 98	»	863.435 76	41.892.349 20	20.819.218 15	21.073.131 05	7.595.656 70	13.478.494 35	56
1905	40.548.227 04	643.003 15	»	41.191.230 19	20.431.960 79	20.759.299 40	7.384.199 55	13.455.078 85	54
1906	50.447.651 40	»	895.360 51	49.546.590 89	23.752.684 79	25.793.906 10	8.721.471 10	17.072.435 »	41
1907	55.746.668 99	»	1.301.068 69	65.445.498 19	32.861.049 18	32.583.949 01	11.082.718 05	21.501.230 95	52
1908	52.854.656 10	»	450.345 99	52.404.310 14	24.729.806 89	27.674.503 25	9.120.828 84	18.553.674 41	49
1909	46.387.532 75	1.844.228 95	»	48.181.761 70	25.687.677 85	23.095.083 85	8.928.774 50	14.965.309 35	55
1910	53.684.395 93	»	491.375 »	53.193.020 85	29.034.163 66	24.158.867 »	9.296.070 85	14.860.786 15	68
1911	66.604.556 16	»	562.734 24	65.041.822 92	29.297.027 67	35.744.774 25	10.937.183 20	14.807.591 05	74
1912	80.101.196 »	»	3.106.969 69	76.994.226 31	45.894.373 34	31.099.852 97	12.703.556 22	18.306.296 75	69
1913	105.392.206 85	»	1.276.992 08	104.115.214 77	60.603.876 84	43.511.337 93	18.127.221 58	25.384.116 35	71
1914	117.772.508 04	2.234.877 09	»	145.006.385 13	74.641.776 06	43.366.609 07	20.580.983 02	22.780.626 05	90
1915	178.815.127 77	»	2.910.807 27	171.395.320 50	135.569.880 99	36.335.439 51	13.009.848 66	23.325.799 85	99
1916	268.058.915 30	»	12.194.312 »	255.844.603 30	187.324.767 21	68.539.836 09	39.752.332 04	28.787.504 05	135
1917	361.562.562 09	18.259.987 23	»	344.823.472 22	262.462.496 18	82.356.977 04	58.323.856 36	24.030.129 68	243
Totaux	1.797.281.485 04	19.182.869 19	25.913.345 89	1.740.552.888 34	1.114.490.569 15	636.161.858 16	288.229.344 65	347.933.583 54	»
Moyennes	87.864.070 25	»	»	87.633.649 42	55.724.527 91	31.908.092 41	14.411.465 73	17.396.036 68	83 »
Augmentations	»	»	»	157 0/0	»	53 0/0	445 0/0	»	»
Diminutions	»	»	»	»	»	»	»	4 0/0	»

Produits commerciaux obtenus par la Banque (de 1907 à 1917).

	1907	1908	1909	1910	1911	1912	1913	1914	1915	1916	1917
	francs.	francs.	francs.	francs.	francs.	francs.	francs.	francs.	francs.	francs.	francs.
Produits normaux.											
Escomptes commerciaux	38.172.458	30.374.344	32.836.782	29.093.127	37.589.407	44.346.882	67.104.600	59.738.827	13.184.241	23.985.524	29.288.408
Avances sur titres et lingots	23.358.491	20.869.549	19.343.214	19.462.906	23.397.544	28.808.864	33.280.953	38.169.650	45.967.445	54.383.352	51.722.295
Commissions et produits divers	3.914.640	4.160.424	7.112.766	4.025.796	5.055.109	3.645.855	2.810.461	4.361.485	9.545.509	4.866.459	5.099.904
Arrérages de valeurs	10.435.769	10.646.326	10.685.691	10.682.215	10.782.249	10.953.705	11.115.884	11.889.374	13.176.309	15.412.485	19.769.879
Total	75.881.367	65.950.636	68.965.453	63.882.235	76.784.229	87.827.959	115.231.098	114.085.286	71.571.374	98.247.930	105.949.486
Produits exceptionnels.											
Intérêts d'avances à l'État	»	»	»	»	»	»	»	8.542.739	56.899.857	71.528.954	163.868.058
Escomptes pour avances aux Gouvernements étrangers	»	»	»	»	»	»	»	»	13.989.249	58.683.673	130.820.069
Intérêts de retard sur effets prorogés	»	»	»	»	»	»	»	4.299.734	42.619.000	42.415.543	84.062.028
Total	»	»	»	»	»	»	»	12.842.473	113.508.106	172.629.260	378.763.985
Total général	»	»	»	»	»	»	»	126.927.759	185.079.480	270.877.190	380.403.354

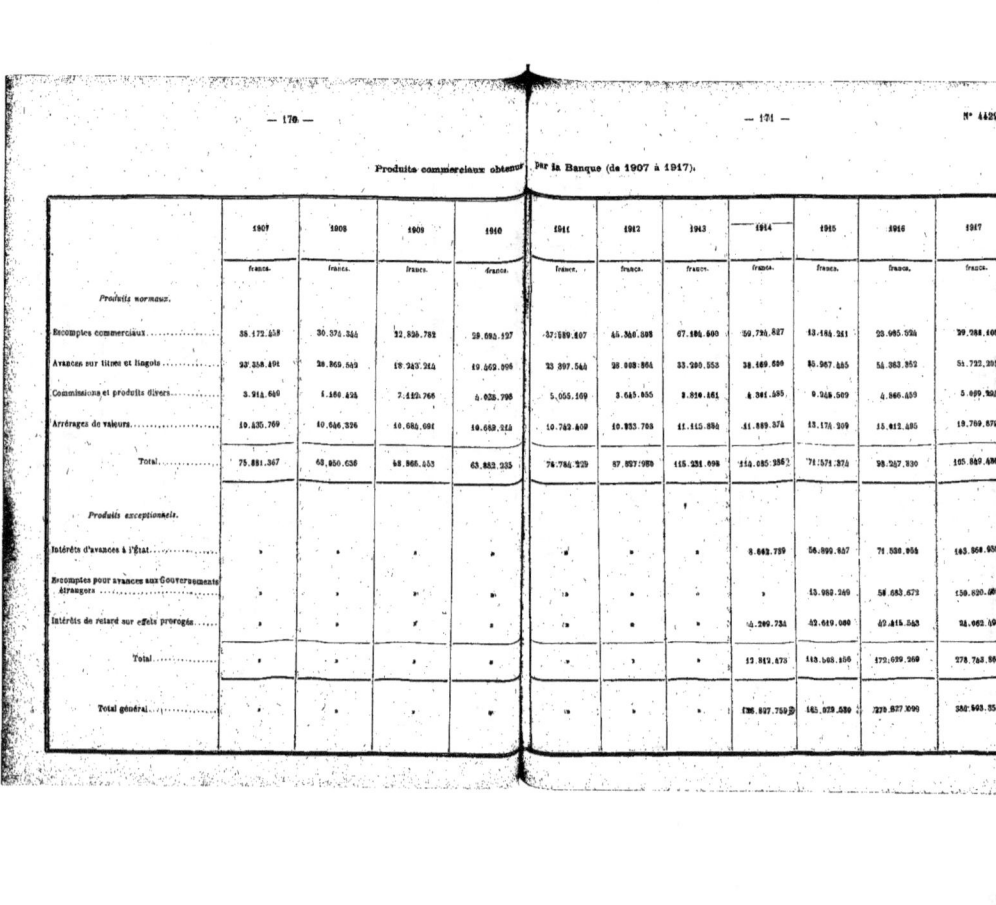

Frais d'exploitation.

ANNÉES	CHARGES NORMALES			AMORTISSEMENTS ET DIVERS				A DÉDUIRE : crédits non employés des exercices précédents.	TOTAL des frais d'exploitation.
	Dépenses ordinaires.	Dotations aux caisses de réserves et gratifications.	Total.	Immobiliers (Amortissements d'immeubles et provisions pour travaux).	Mobiliers (Effets en souffrance et risques en cours).	Divers.	Total.		
	fr. c.	fr. c.	fr. c.	fr. c.	fr. c.	fr. c.	fr. c.	fr. c.	fr. c.
Période 1877-1895	249.634.090 05	4.577.154 »	254.211.244 05	10.400.000 »	6.582.763 37	5.636.781 73	22.619.545 10	7.990.550 85	268.839.449 30
1896	15.096.489 15	400.000 »	15.496.489 15	»	1.319.937 50	69.402 51	1.388.340 01	»	16.878.745 16
1897	18.092.285 77	5.300.000 »	19.392.285 77	500.000 »	2.740.000 »	306.000 »	3.646.000 »	»	23.032.285 77
1898	16.937.771 44	900.000 »	17.837.771 44	6.302.305 83	2.000.000 »	»	8.302.305 83	»	26.140.076 07
1899	15.760.050 25	»	15.760.050 25	1.100.000 »	2.000.000 »	»	3.100.000 »	»	18.860.050 25
1900	17.075.422 45	»	17.075.422 45	650.000 »	382.000 »	»	1.028.000 »	»	18.103.422 45
1901	17.061.577 99	800.000 »	17.861.577 99	2.100.000 »	»	»	3.100.000 »	»	19.961.577 99
1902	18.285.218 15	200.000 »	18.485.218 15	1.800.000 »	500.000 »	36.000 »	2.336.000 »	»	20.820.218 15
1903	17.751.960 79	1.350.000 »	19.101.960 79	500.000 »	»	830.000 »	1.330.000 »	»	20.431.960 79
1904	18.922.684 79	2.050.000 »	21.032.684 79	1.600.000 »	1.100.000 »	»	2.700.000 »	»	23.752.684 79
1905	21.206.649 18	4.315.000 »	25.521.649 18	5.000.000 »	2.000.000 »	»	7.000.000 »	»	32.461.649 18
1906	20.601.417 77	2.030.000 »	22.631.417 77	1.030.000 »	1.000.000 »	95.389 12	2.095.389 12	»	24.729.586 89
1907	20.488.862 92	3.256.814 93	23.745.677 80	»	2.207.000 »	»	2.207.000 »	865.000 »	25.087.677 85
1908	22.344.163 65	4.930.000 »	27.274.163 65	450.000 »	1.310.000 »	»	1.760.000 »	»	29.034.163 65
1909	24.099.906 50	4.800.000 »	28.899.906 50	4.406.357 »	2.990.730 17	»	15.397.087 17	»	44.297.057 67
1910	25.494.373 34	5.700.000 »	31.194.373 34	13.200.080 »	1.500.000 »	»	14.700.080 »	»	45.894.373 34
1911	31.648.763 05	4.517.113 79	36.165.876 84	15.000.000 »	5.430.080 »	»	21.430.080 »	»	60.603.876 84
1912	39.437.224 31	7.600.000 »	47.037.224 31	12.000.000 »	12.160.000 »	444.551 85	24.604.551 85	»	71.641.776 16
1913	78.269.580 99	8.300.000 »	86.569.580 99	25.000.000 »	14.000.000 »	»	39.000.000 »	»	125.560.580 99
1914	88.856.502 38	25.000.000 »	113.756.502 38	23.570.264 83	50.000.000 »	»	73.570.264 83	»	187.326.767 21
1915	53.356.995 18	5.600.000 »	58.956.995 18	6.406.200 »	110.000.000 »	105.000.000 »	222.406.200 »	»	281.364.195 18
Total (1896-1917)	583.001.412 65	81.258.928 72	664.260.401 37	120.661.197 66	204.038.087 67	106.775.343 48	450.495.135 81	865.000 »	1.114.490.559 18

Charges envers l'État.

ANNÉES	SOMMES PAYÉES PAR LA BANQUE					COMMISSIONS NON PERÇUES sur opérations effectuées gratuitement pour le Trésor.					TOTAL des charges envers l'État.	OBSERVATIONS
	Impôts généraux.	Timbre des billets.	Redevance sur la circulation productive.	Total.	Versements des trésoriers généraux.	Encaissements d'effets.	Encaissements de mandats.	Émission de rentes et valeurs du Trésor.	Total.		
	fr. c.	fr. c.	fr. c.	fr. c.	francs.	francs.	francs.	francs.	francs.	fr. c.	
1877-1896 (Moyenne)	1.506.010 11	1.138.914 19	(1) »	2.644.924 27	550.750	35.000	»	»	585.750	3.230.675 »	(1) La redevance de 875.000 fr. 50 payée réellement pour l'année 1897 porte à 115 millions 326.162 fr. 50 le total des redevances payées jusqu'à 1917 inclusivement. (2) Y compris 184.000 fr. 22 versés à l'État en exécution de l'article 10 de la loi du 17 novembre 1897.
1897	1.581.591 17	1.096.599 94	3.242.399 26	5.900.930 37	661.000	35.000	»	»	696.000	6.596.930 67	
1898	1.739.861 06	1.148.996 85	4.857.389 95	7.746.157 86	683.000	33.000	57.000	»	773.000	8.519.157 86	
1899	1.926.579 33	1.221.387 48	5.645.333 72	8.793.299 53	744.000	38.000	58.000	»	850.000	9.643.269 53	
1900	1.717.503 89	1.152.393 60	4.107.820 15	6.977.345 84	773.000	24.000	60.000	15.000	872.000	7.849.345 84	
1901	1.723.649 35	1.135.044 88	3.777.141 87	6.635.835 90	822.000	27.000	57.000	475.000	1.381.000	8.016.835 90	
1902	1.852.396 71	1.207.599 23	4.344.649 53	7.364.730 87	835.000	27.000	80.000	11.000	953.000	8.317.730 87	
1903	1.856.375 20	1.218.794 76	4.050.880 76	7.695.050 72	852.000	25.000	83.000	10.000	970.000	8.565.654 72	
1904	1.859.165 15	1.249.904 70	4.290.042 54	7.304.700 39	860.000	32.000	86.000	6.000	984.000	8.288.199 35	
1905	2.006.209 89	1.358.733 16	5.352.628 45	8.724.272 40	925.000	35.000	78.000	10.000	1.029.000	9.753.471 40	
1906	2.252.130 24	1.473.945 92	7.357.141 60	11.082.218 06	917.000	35.000	85.000	10.000	1.046.000	12.128.218 06	
1907	2.102.603 04	1.445.832 43	5.583.501 50	9.130.830 86	993.000	41.000	85.000	19.000	1.139.000	10.319.828 83	
1908	2.058.896 42	1.399.579 44	4.738.588 84	8.126.775 02	1.039.000	44.000	72.000	3.000	1.126.000	9.371.774 50	
1909	2.056.105 30	1.406.097 07	5.733.868 28	9.295.079 80	1.039.000	39.000	78.000	3.000	1.155.000	10.452.079 85	
1910	2.108.461 70	1.603.326 95	7.205.304 95	10.937.193 09	1.130.000	42.000	72.000	2.000	1.246.000	12.185.193 20	
1911	2.386.635 58	1.671.982 81	8.792.017 85	12.733.956 27	1.175.000	40.000	82.000	114.000	1.407.000	14.140.956 72	
1912	2.592.688 06	1.848.879 58	15.626.384 92	19.127.326 00	1.282.000	45.000	76.000	5.000	1.388.000	19.516.291 58	
1913	2.676.335 15	2.108.490 96	(2) 15.735.857 91	20.580.983 97	2.250.000	35.000	49.000	368.000	2.735.000	23.315.983 02	
1914	(2) 2.893.892 28	2.338.139 93	17.285.516 55	22.909.039 55	2.709.000	40.000	33.000	7.897.000	10.879.000	33.388.446 66	
1915	3.155.315 47	2.960.170 45	33.456.815 09	39.752.382 82	3.618.000	58.000	113.000	9.183.000	12.972.000	52.624.332 45	
1916	3.756.872 34	3.389.256 93	49.342.702 92	58.822.600 53	5.055.000	53.000	322.000	9.248.000	14.651.000	72.962.856 36	
Totaux	44.318.975 02	35.916.468 25	207.993.370 71	286.229.314 06	28.832.000	729.000	1.597.000	27.366.000	58.047.000	346.276.314 65	
Moyennes	2.215.938 75	1.795.823 44	10.399.668 54	14.411.465 72	1.467.650	35.450	79.850	1.368.300	2.903.350	17.313.815 »	

— 176 —

Dividendes.

ANNÉES.	PART du produit net commercial.	REVENUS des titres appartenant au portefeuille de la Banque.	PRÉLÈVEMENTS sur les réserves.	TOTAL.	DIVIDENDE par action.	COURS des actions.	PROPORTION du dividende au cours moyen de l'année.	au cours moyen de la période de vingt ans.
	fr. c.	fr. c.	francs.	francs.	francs.	francs.	%	%
1877-1896 (moyennes)..	18.121.452 28	10.101.172 72	201.750	28.424.375	156	4.159	»	3 75
1898............	9.897.429 90	10.177.570 10	»	20.075.000	110	3.685	2 98	2 63
1899............	13.509.551 95	10.215.448 05	»	23.725.000	130	4.070	3 19	3 11
1900............	16.459.889 65	10.002.610 35	»	26.462.500	145	4.035	3 59	3 47
1901............	11.705.562 75	10.194.437 25	»	21.900.000	120	3.770	3 18	2 87
1902............	11.639.696 »	10.260.304 »	»	21.900.000	120	3.797	3 16	2 87
1903............	13.447.855 22	10.277.144 78	»	23.725.000	130	3.812	3 41	3 11
1904............	13.476.496 35	10.248.503 65	»	23.725.000	130	3.830	3 39	3 11
1905............	13.455.070 05	10.269.929 95	»	23.725.000	130	3.805	3 41	3 11
1906............	17.072.435 »	10.302.565 »	»	27.375.000	150	3.939	3 81	3 59
1907............	21.501.730 95	10.435.769 05	»	31.937.500	175	4.067	4 30	4 19
1908............	18.553.674 41	10.646.325 59	»	29.200.000	160	4.185	3 82	3 83
1909............	14.865.309 35	10.684.690 65	»	25.550.000	140	4.270	3 28	3 35
1910............	14.860.786 15	10.689.213 85	»	25.550.000	140	4.277	3 27	3 35
1911............	14.807.591 05	10.742.408 95	»	25.550.000	140	4.088	3 42	3 35
1912............	18.366.296 75	10.833.703 25	»	29.200.000	160	4.380	3 65	3 83
1913............	25.384.116 35	11.115.883 65	»	36.500.000	200	4.650	4 30	4 79
1914............	22.785.626 05	11.889.373 95	»	34.675.000	190	4.275	4 44	4 55
1915............	23.325.790 85	13.174.209 15	»	36.500.000	200	4.582	4 36	4 79
1916............	28.787.504 05	15.012.495 95	»	43.800.000	240	4.804	4 99	5 74
1917............	24.030.120 68	19.769.879 32	»	43.800.000	240	5.240	4 58	5 74
Totaux...	347.932.533 51	226.942.466 49	»	574.875.000	3.150	83.561	»	»
Moyennes.....	17.396.626 68	11.347.123 32	»	28.743.750	158	4.178	»	3 78

Répartition des actions de la Banque.

	FIN 1911.	FIN 1912.	FIN 1913.	FIN 1914.	FIN 1915.	FIN 1916.	FIN 1917.
Actionnaires possédant :							
1 ou 2 actions....	18.481	18.291	17.961	18.484	18.816	18.987	19.229
3 à 5 actions....	7.505	7.436	7.385	7.141	7.575	7.532	7.456
6 à 10 actions....	3.697	3.724	3.660	3.680	3.787	3.680	3.642
11 à 20 actions....	1.742	1.766	1.760	1.751	1.785	1.790	1.807
21 à 30 actions....	668	698	703	698	723	725	695
31 à 50 actions....	420	439	426	430	419	421	401
51 à 100 actions....	246	242	234	240	241	243	228
Plus de 100 actions..	108	111	122	120	107	105	106
	32.867	32.707	32.251	32.544	33.453	33.483	33.564

ANNEXE II

LES BANQUES D'ÉMISSION DES PRINCIPAUX PAYS BELLIGÉRANTS DURANT LA GUERRE

Angleterre.

La Banque d'Angleterre.

La Banque d'Angleterre, fondée en 1694, est régie par la Charte de 1694 et l'Act du 19 juillet 1844.

Il y a lieu de remarquer que la loi de 1844 n'a pas aboli les autres instituts d'émission existants à l'époque. Elle en a simplement limité le nombre à ceux en fonction, soit 279 pour l'Angleterre, 19 pour l'Écosse, 6 pour l'Irlande. De ce nombre ont disparu, soit par disparition de l'établissement lui-même, soit par abandon du pouvoir d'émission : 270 en Angleterre et 11 en Écosse. Il reste donc en fonction 9 banques en Angleterre, 8 en Écosse et 6 en Irlande. Il faut encore remarquer que dans un rayon de 3 milles autour de Londres, la Banque d'Angleterre a seule le privilège d'émission, et dans un rayon de 65 milles, seules les banques privées composées de 6 ou moins de 6 associés peuvent lui faire concurrence.

La Banque, d'après cet act, est divisée en deux départements : celui de l'*émission* et celui des *opérations de banque*. Le département de l'émission peut émettre actuellement des billets pour un montant égal à l'encaisse or augmentée de 18.450.000 livres sterling, et pouvant s'accroître dans l'avenir des deux tiers du montant de la circulation autorisée des banques privées qui perdraient leur privilège.

Le capital de la Banque d'Angleterre est de 14.553.000 livres sterling, représenté par des inscriptions nominatives de 100 livres sterling.

La Banque d'Angleterre est entièrement autonome. Elle est dirigée par 1 gouverneur, 1 sous-gouverneur et 24 directeurs, tous élus par l'assemblée générale des actionnaires.

La Banque est tenue d'acheter tout l'or présenté à ses guichets à 77 sh. 9 l'once standard.

L'encaisse est, en fait, uniquement constituée en or.

Les coupures ont cours légal, sauf en Écosse : au contraire, les billets des banques privées ont cours libre.

Le département des opérations de banque fait les opérations suivantes : achats d'or, escompte du papier sur l'Angleterre, avances, dépôts sans intérêts, délivrance de billets à ordre sur la province et l'étranger.

Pour les relations avec l'État, il faut considérer la position des deux départements.

L' « Issue departement » a fait une fois pour toutes une avance à l'État de 11 millions 015.000 livres sterling, couverte par un dépôt de consolidés rapportant 2 1/2 0/0.

Pour le « Banking department » en temps de paix, il faisait de temps en temps des avances de trésorerie, mais pour un faible montant. Depuis la guerre, il escompte de forts montants de Treasury Bills dont il crédite le compte courant du Gouvernement. Au bilan, les Treasury Bills figurent sous le nom de « Public securities », et le solde créditeur du compte courant du Gouvernement sous la rubrique « Public deposits ». Les variations de ces deux postes seront examinées ci-après.

Au point de vue redevance à l'État, la Banque paye pendant la durée du privilège une redevance annuelle de 180.000 livres sterling et est, par contre, exemptée du timbre. De plus, les bénéfices résultant de l'émission de billets pour un montant supérieur à 14 millions de livres sterling reviennent à l'État. Elle est soumise éventuellement à « l'Excess Profits Tax ».

La Banque joue le rôle de banquier du Trésor. Elle fait aussi le service de la Dette moyennant une rémunération proportionnelle fixée par la loi du 27 juin 1792. Elle est chargée de l'émission des Bons de l'Échiquier et des Bons du Trésor.

La Banque d'Angleterre pendant la guerre.

Dans les derniers jours de juillet 1914, la Banque d'Angleterre, comme les banques centrales des autres pays, fut assaillie de demandes de crédit. Du 27 juillet au 1er août, bien que son taux officiel eût été porté successivement à 4 0/0, 8 0/0 et 9 0/0, elle a fourni au marché, sous forme d'escomptes et d'avances, 27 millions de livres sterling (675.000.000 fr.). C'est là un chiffre considérable pour un établissement dont la circulation fiduciaire est soumise à une réglementation étroite ; néanmoins, il ne représentait qu'une faible fraction des sommes indispensables pour conjurer la crise monétaire et financière déclenchée par la menace du conflit européen.

Dans ces conditions, la Banque dut demander l'autorisation de dépasser, pour l'émission des billets, la limite fixée par la loi. Cette autorisation lui fut accordée le 1er août et ratifiée par la loi du 6 août 1914.

En fait, la Banque d'Angleterre n'a pas eu à se prévaloir de cette faculté : les banques avaient été fermées pendant la période déclarée fériée, allant du 3 au 6 août ; quand elles rouvrirent leurs portes, le moratorium, édicté dans l'intervalle, atténua provisoirement les besoins de crédit. D'autre part, le Gouvernement avait décidé de venir en aide au marché par d'autres moyens.

Une loi du 6 août autorisait la création de billets d'État (Currency notes) de 1 livre et de 10 shillings ayant cours légal et remboursables en or à la Banque d'Angleterre. Ces billets devaient servir au Trésor pour faire des avances aux Joint Stock Banks, à un taux supérieur de 2 0/0 au taux officiel de l'escompte.

Cette mesure avait détourné de la Banque d'Angleterre une partie des demandes de crédit et permis à cette institution de ne pas dépasser sa limite d'émission ; elle avait aussi rendu possible l'abaissement à 6 0/0 le 6 août, et à 5 0/0 le 8, du taux de l'escompte, qui avait été porté à 10 0/0 le 1er.

La transition étant ainsi ménagée, la Banque put intervenir plus librement pour aider au rétablissement de la circulation des capitaux.

Le 12 août, elle faisait connaître qu'elle escompterait les lettres de change acceptées avant le 4 août et « approuvées » par elle. En même temps, elle donnait à l'accepteur la faculté de différer de payement à l'échéance moyennant un intérêt supérieur de 2 0/0 au taux officiel de l'escompte.

Afin de permettre aux maisons d'acceptation qui n'avaient pas reçu couverture de leurs clients étrangers de se dégager et de reprendre le cours de leurs opérations, elle annonçait, le 4 septembre, qu'elle fournirait aux accepteurs d'effets souscrits antérieurement au moratorium et approuvés par elle, les fonds nécessaires au payement à l'échéance. Ces avances étaient également productives d'intérêt à 2 0/0 au-dessus du taux de la Banque.

Celle-ci s'engageait, en outre, à ne pas réclamer, jusqu'à l'expiration de l'année qui suivra la fin de la guerre, le remboursement des sommes qui n'auraient pas été payées aux accepteurs par leurs clients.

De leur côté, les *Joint Stock Banks* convinrent d'avancer à leurs clients accepteurs « avec la coopération de la Banque d'Angleterre et du Gouvernement, si cela était nécessaire », les sommes requises pour le payement à l'échéance des nouvelles acceptations, lorsque les remises n'auraient pas été faites en temps voulu par le débiteur effectif.

Enfin, lorsque fut effectuée la liquidation de la Bourse, en novembre 1914, la Banque d'Angleterre s'engagea à avancer sur nantissement 60 0/0 de leurs créances aux personnes qui avaient fourni des fonds, de liquidation en liquidation, aux membres du Stock-Exchange. Le taux de ces avances était fixé à 1 0/0 au-dessus du taux officiel avec minimum de 5 0/0. De leur côté, les bénéficiaires devaient prolonger jusqu'à un an après la guerre les avances consenties par eux.

Telles sont les mesures exceptionnelles prises en Angleterre, avec le concours de la Banque, pour conjurer la crise du début de la guerre. Il convient de remarquer que toutes ces opérations ont été effectuées avec la garantie de l'Etat. La Banque d'émission s'est, en la circonstance, appuyée sur le Trésor qui a pris à sa charge tous les risques et toutes les pertes.

L'action de la Banque d'Angleterre pour aider le commerce et les établissements financiers à surmonter les difficultés du début de la guerre a été facilitée par la modicité relative du concours qu'elle a eu à fournir à la Trésorerie de l'Etat.

En raison des circonstances spéciales dans lesquelles se trouvait l'Angleterre, dont la vie n'était pas arrêtée par l'invasion et la mobilisation générale, le Gouvernement a pu obtenir directement du marché les ressources nécessaires, soit par le placement de bons à court terme, soit par l'émission d'emprunts consolidés. La Banque d'Angleterre n'a été appelée qu'occasionnellement à compléter ces ressources. Elle l'a fait en consentant au Trésor des avances temporaires à des taux variables qui ont été de 2 1/2 ou 3 0/0 au début et qui, plus tard, atteignirent jusqu'à 5 0/0.

Le mécanisme et le montant desdites avances ne sont pas exactement connus. L'examen des bilans de la Banque d'Angleterre fournit cependant quelques indications à cet égard. Le chapitre des « Effets publics » qui, à la veille de la guerre, s'élevait à 11 millions de livres environ, atteignait 29.779.000 livres le 26 août 1914. Après avoir été ramené à 17.004.000 livres le 11 novembre, il s'élevait de nouveau jusqu'à 31.290.000 livres le 2 décembre ; la semaine suivante, les remboursements effectués à l'aide du produit du premier emprunt le réduisaient à 11.959.000 livres. Il recommençait ensuite à augmenter pour s'établir à 53.158.000 livres le 22 juillet 1915.

De ces chiffres, on peut conclure qu'à aucun moment, pendant la première année de guerre, le concours direct de l'Institut d'émission à la Trésorerie de l'Etat n'a sensiblement dépassé un milliard de francs.

Mais, d'autre part, la Banque d'Angleterre avait consenti, pour le compte du Gouvernement, des avances aux Alliés. Ces opérations étaient confondues dans le portefeuille d'escompte et d'avances, lequel, à la date du 29 juillet 1915, s'élevait à 192.195.000 livres.

A ce moment, le Gouvernement britannique, qui venait d'émettre son second emprunt de guerre, décida de rembourser à la Banque les avances directes qu'elle lui avait consenties, les avances faites aux pays alliés, enfin le solde des avances qu'elle avait, au début des hostilités, accordées aux maisons d'acceptation, avec la garantie de l'Etat.

Ces remboursements, effectués dans la dernière semaine de juillet et la première semaine d'août 1915, ont porté sur 160.428.000 livres, soit plus de 4 milliards de francs.

**

Au début du mois d'août 1915, la Banque d'Angleterre se trouvait donc dégagée des immobilisations qu'elle avait assumées en 1914. L'État, qui lui avait, dès l'origine, fourni sa garantie, se substituait définitivement à elle, faisant son affaire du recouvrement des créances restées en souffrance.

A partir de ce moment, le portefeuille d'escompte et d'avances de la Banque d'Angleterre, malgré de nouveaux crédits ouverts aux pays alliés, reste en général sensiblement inférieur à ce qu'il avait été dans la période précédente. Après avoir atteint 114.748.000 livres le 6 janvier 1916, il descend jusqu'à 71.136.000 livres le 6 juin, et ce n'est qu'à la fin de l'année 1916 qu'il remonte à 106.461.000 livres. Fin 1917, il était de 94.889.000 livres.

Durant cette période, le concours de la Banque d'Angleterre à la Trésorerie, qui jusque-là était resté modéré, a pris, à certains moments, d'importantes proportions. Il en a été ainsi notamment dans les semaines qui ont précédé le troisième emprunt de guerre. A ce moment là, l'Etat n'a pu subvenir à ses dépenses qu'en puisant largement dans le compte « Voies et Moyens », alimenté principalement par les emprunts en compte courant que fait la Banque pour le Trésor.

Entre le 21 décembre 1916 et le 8 février 1917, le chapitre des « Effets publics » à la Banque d'Angleterre a passé de 42.188.000 livres à 212.397.000 livres, soit plus de 5.300 millions de francs. Les remboursements opérés sur le produit de l'emprunt l'ont ramené à 24.081.000 livres le 15 mars; le 27 décembre 1917, il s'élevait à 58.303.000 livres.

*
**

Le développement des opérations de la Banque d'Angleterre, au cours de la période de guerre, de s'est pas accompagné d'un accroissement correspondant de sa circulation de billets. Celle-ci figurait pour 29.317.000 livres au bilan du 23 juillet 1914; elle a atteint le 19 août 37.185.000 livres, maximum de l'année 1914. En 1915, elle a varié entre 31.515.000 livres et 35.877.000 livres; elle s'élevait à 39.676.000 livres à la fin de décembre 1916 et à 45.944.000 livres le 27 décembre 1917.

On pourrait s'étonner de la faiblesse de cette augmentation, d'autant plus que l'encaisse-or de la Banque d'Angleterre, loin de diminuer, s'est renforcée. Après être descendue de 40.164.000 livres à 27.622.000 livres, du 23 juillet au 6 août 1914, elle atteignait, le 18 novembre, le chiffre sans précédent de 72.570.000 livres, grâce notamment aux envois d'or de la Russie et aux remises de métal que les Etats-Unis, alors débiteurs de l'Europe, durent effectuer à l'agence de la Banque d'Angleterre à Ottawa.

Par la suite, l'importance des achats en Amérique a obligé l'Angleterre à exporter de grosses quantités d'or pour défendre son change. La tâche lui a été facilitée par le fait que les deux tiers, en chiffres ronds, de la production annuelle de l'or dans le monde sont fournis par les Dominions et les colonies britanniques; en outre, dans la mesure où ces exportations d'or ont servi à des règlements effectués pour le compte des pays alliés de l'Angleterre, elles ont été compensées par des remises, au moins égales, de la part desdits pays. C'est ainsi que la France seule, depuis le début de la guerre, a vendu ou prêté à l'Angleterre tout près de 3 milliards d'or.

Ces circonstances expliquent que le stock de la Grande-Bretagne ne se soit pas affaibli au cours de la guerre : malgré la constitution d'une réserve d'or de 28.500.000 livres pour le remboursement des Currency Notes, l'encaisse de l'institut d'émission, après avoir varié entre 50 millions de livres et 70 millions de livres en 1915, entre 51 millions de livres et 62 millions de livres en 1916, se retrouve, à la fin de 1917, à 58.337.000 livres.

Ainsi, durant cette crise sans précédent, la Banque d'Angleterre a pu maintenir constamment — sauf pendant les deux premières semaines d'août 1914 — une circulation de billets inférieure à son encaisse.

Mais il ne faut pas oublier que, concurremment avec les billets de la Banque d'Angleterre, circulent, ainsi que nous l'avons dit précédemment, les billets du Trésor (Currency Notes) et les billets des banques privées.

Destinés primitivement à faire des avances aux établissements financiers dont les capitaux se trouvaient immobilisés, les Currency notes ont ultérieurement reçu, en fait, un autre emploi. A la fin de décembre 1914, les avances aux banques et aux caisses d'épargne ne figuraient plus au compte des Currency notes que pour 769.000 livres, alors que les Currency notes en circulation s'élevaient à 38.478.000 livres. Pour le surplus, la couverture consistait en 18.500.000 livres d'or, 9.924.000 livres d' « effets publics » et 9.285.000 liv. représentant un solde créditeur à la Banque d'Angleterre.

Fin décembre 1917, la circulation des Currency notes s'élevait à 212.782.000 livres, ayant comme contre partie : 28.500.000 livres d'or (chiffre invariable depuis le 13 mai 1915) ; 186.637.000 livres d' « effets publics » ; 5.486.000 livres de crédits à la Banque d'Angleterre ; 714.000 livres d'avances aux banques et caisses d'épargne (1).

D'autre part, la circulation des banques privées et des banques écossaises et irlandaises a considérablement augmenté. Elle a passé de 15.981.000 livres au 31 décembre 1913 à 40.430.695 livres au 1ᵉʳ décembre 1917.

Enfin, il faut se rappeler que l'usage du chèque est si répandu en Grande-Bretagne que c'est plutôt par les variations des dépôts à vue que l'on peut juger de l'inflation des moyens de payement. Fin 1913, les 77 établissements qui publiaient un bilan (y compris la Banque d'Angleterre) avaient 1.142.038.000 livres de dépôts à vue ; fin 1916, le total atteint 1 milliard 657.705.000 livres. Pour fin 1917, on n'a pas encore les chiffres exacts, mais on sait qu'il y a en moyenne 20 0/0 d'augmentation. On peut en conclure que les dépôts à vue doivent dépasser 1.900.000.000 livres.

Pour la Banque d'Angleterre même, la situation se traduit de la façon suivante : la proportion de l'encaisse-or des deux départements réunis contre tous engagements envers les tiers est tombée de 47,1 0/0, au 23 juillet 1914, à 28,2 0/0 au 16 janvier 1918.

Pris sous une autre forme, la circulation fiduciaire de la Grande-Bretagne, qui s'élevait au 31 décembre 1913 à 45.589.000 livres, atteint au 1ᵉʳ décembre 1917 des chiffres suivants :

Banque d'Angleterre	42.909.950 liv.
Banques privées :	
Angleterre	159.580 »
Écosse	18.104.676 »
Irlande	22.166.489 »
Total	83.339.745 liv.
Currency notes	197.454.727 »
Total	280.794.472 liv.

Enfin, la couverture métallique de la monnaie fiduciaire en circulation au 1ᵉʳ décembre 1917 se décompose comme suit :

Banque d'Angleterre (en or seulement) :		
Issue department	56.010.945 liv.	
Banking department	1.524.010 »	
	57.534.955 liv.	57.534.955 liv.
Currency notes (en or seulement)		28.500.000 »
Banques irlandaises (or, argent et Currency notes)		16.504.786 »
Banques écossaises id.		16.989.360 »
Total		119.529.001 liv.

(1) Au passif du compte figurait, à côté des 212.782.000 livres de circulation, une somme de 8.554.000 liv., représentant un fonds de réserve constitué par les intérêts et arrérages des valeurs de l'actif.

Impôt de guerre.

Ainsi qu'on l'a vu, la Banque est soumise, sur ses bénéfices exceptionnels, à la taxe des « Excess Profits ». Par suite des amortissements qu'elle a dû effectuer sur son portefeuille, elle n'a pas encore eu de bénéfice extraordinaire.

Bénéfices, dividendes.

Le dividende a été maintenu à 10 0/0 brut. On ne peut connaître le chiffre des bénéfices, car les amortissements ne ressortent pas clairement des bilans publiés.

Italie.

Les banques d'émission italiennes. — *Régime de l'avant-guerre.*

Trois banques ont, en Italie, le privilège d'émettre des billets : la « Banca d'Italia », le « Banco di Napoli », le « Banco di Sicilia ».

Jusqu'en 1893, le statut juridique des banques d'émission était fixé par les lois du 30 avril 1874 sur la circulation fiduciaire et du 7 avril 1881 sur l'abolition du cours forcé. A cette époque, jouissaient du privilège de l'émission quatre compagnies d'une part : la Banque Nationale, la Banque nationale de Toscane, la Banque Romaine et la Banque Toscane de crédit ; d'autre part, deux instituts bancaires : la Banque de Naples et la Banque de Sicile.

En 1893, la Banque Romaine fut mise en liquidation ; la Banque Nationale, la Banque nationale de Toscane, la Banque Toscane de crédit fusionnèrent pour former la « Banca d'Italia », à qui fut concédé le privilège de l'émission. Son capital nominal était fixé à 300 millions de lire, dont 210 étaient effectivement versés. En 1897, ce capital fut réduit à 180 millions de lire.

Émission. — La somme des billets que les trois banques d'émission : Banca d'Italia, Banco di Napoli, Banco di Sicilia, devaient mettre en circulation ne devait pas dépasser, dans une période de quatorze ans, 864 millions de lire. Chacune de ces banques était tenue d'accepter les billets des autres banques dans les villes où ils avaient cours légal. La réserve métallique devait être portée, en l'espace d'un an, à 40 0/0 de la somme représentée par les billets en circulation, et, dans la proportion de 33 0/0, cette réserve devait être constituée par des espèces métalliques, dont les trois quarts en monnaie d'or et une partie du dernier quart en monnaie d'argent. Les 7 0/0 restant pouvaient être constitués par des effets de premier ordre sur l'étranger. Les opérations hypothécaires étaient interdites à ces instituts. La Banque de Naples était, toutefois, autorisée à continuer la pratique des prêts sur gages. Ces trois instituts étaient autorisés à recevoir, dans des provinces, le payement des impôts. Davantage, elles assurèrent le service de Trésorerie dans toutes les provinces du Royaume, du 1er février 1895 jusqu'à la fin de 1912.

La circulation bancaire est réglée par le texte de la loi sur les instituts d'émission, combiné avec le décret royal du 28 avril 1910, n° 204, et modifié par la loi du 29 décembre 1912, n° 1346.

La limite normale maxima de la circulation est de 908 millions, répartis comme suit :

(Millions de lire)

Banca d'Italia	660	avec couverture de 400
Banco di Napoli	200	— 120
Banco di Sicilia	48	— 28

La partie de la circulation normale à découvert est assujettie à une taxe de 1 0/00.

Les maxima normaux de circulation fixés pour chaque institut peuvent être dépassés, sans qu'il y ait obligation de payer la taxe, sous condition que l'excédent soit entièrement couvert en espèces métalliques, dont le montant doit être, pour les trois quarts, en or. Les maxima normaux peuvent encore être dépassés dans de certaines limites sous la double condition : 1° que l'excédent soit toujours couvert dans le proportion de 40 0/0 par les réserves métalliques ; 2° que cet excédent acquitte une taxe équivalente au quart, à la moitié, aux trois quarts de l'escompte, ou même au taux intégral de l'escompte, d'après le montant de cet excédent.

La circulation qui dépasse la limite normale, et dont la couverture est inférieure à 40 0/0, est assujettie à une taxe égale au taux de l'escompte.

Il faut ajouter que, à côté de cette circulation bancaire, il existe une circulation d'État, constituée par des coupures de faible valeur. Cette circulation est réglementée par le décret royal du 20 novembre 1912, n° 1206.

Au 31 décembre 1913, la circulation bancaire s'élevait à 2.283.508.850 lire, avec couverture de 1.569.355.620, soit dans la proportion de 68,72 0/0, et elle se décomposait ainsi qu'il suit :

En lire :

908.000.000........ couverture de 40 0/0 dans la limite normale ; taxe de 1 0/00 ;
127.808........ pour le fonds des filiales de Lybie ;
1.093.253.467........ à pleine couverture métallique ;
97.000.000........ à 40 0/0 de couverture ; taxe de 1/4 de l'escompte ;
93.531.087........ à 40 0/0 de couverture ; taxe de 1/2 de l'escompte ;
79.600.724........ à 40 0/0 de couverture ; taxe de 3/4 de l'escompte ;
17.955.164........ à 40 0/0 de couverture ; taxe égale au taux de l'escompte.

Au mois d'août 1914, il se produisit, en Italie comme dans les pays belligérants, une crise des instruments de payement. Par les décrets des 4 août (n° 791) et 6 août (n° 824) 1914, la limite de la circulation pour les trois instituts d'émission fut élevée des deux tiers. Sur ce supplément, le Trésor percevait une taxe de 1 0/0. Plus tard, la limite d'émission fut encore élevée d'un tiers (décret du 28 novembre 1914, n° 1284) et la taxe portée à 2 0/0. Le même texte supprimait toute disposition restrictive en ce qui concernait les comptes courants productifs d'intérêts, et augmentait de moitié les limites assignées aux opérations d'escompte au taux de faveur.

Ces dispositions permirent aux banques d'émission italiennes d'atténuer les conséquences de la crise économique que traversait alors l'Italie. Elles usèrent des facultés qui leur étaient concédées avec intelligence et générosité. D'abord, elles augmentèrent la circulation pour le compte du commerce, et elles la restreignirent ensuite, prudemment, à mesure que s'enflait la circulation pour le compte de l'État. Le poids monétaire de ces augmentations d'émission fut, d'ailleurs, atténué par le ralentissement dans la rapidité de circulation des billets, d'abord, et ensuite, par la réduction dans le mouvement de tous les autres titres de crédit.

Cette politique prudente ne fut pas sans soulever des objections. On voulait que les instituts d'émission accumulassent, les yeux fermés, tout le portefeuille des banques, grandes et petites ; on appelait, aussi, la garantie de l'État pour se réescompte ; on désirait, enfin, qu'une grande facilité de crédit galvanisât la vie économique dans le temps même où il était normal qu'elle fût ralentie.

D'ailleurs les banques d'émission prirent des mesures rapides pour soutenir les autres établissements de crédit. On sait que la loi bancaire permet aux banques d'émission d'escompter, à un taux de faveur, le papier des banques populaires et des autres instituts d'escompte et de crédit agricoles. Les instituts d'émission étendirent cette facilité aux industries particulièrement atteintes. De plus, le décret du 11 octobre 1914, n° 1089, leur permit de réescompter à taux réduit le portefeuille des caisses d'épargne, des caisses de dépôts et prêts agricoles, des coopératives de crédit.

À cet ordre de mesures, il faut rattacher le décret du 18 août 1914 (n° 827), autorisant une émission de 300 millions de billets, sans réserves métalliques, exempts de tout impôt. Ces billets étaient destinés à la concession d'avances aux caisses d'épargne et aux monts-de-piété, sur titres de l'État ou garantis par lui ou sur créances hypothécaires. Le bénéfice résultant de cette opération devait être appliqué à l'augmentation de la couverture des billets d'État.

La circulation, en fin de 1914, se décomposait comme suit :

	BANCA d'Italia.	BANCO di Napoli.	BANCO di Sicilia.	TOTAL.
	(en millions de lire.)			
Dans la limite du contingent; 40 0/0 de couverture, taxe 0 fr. 50	660	200	48	908
Supplément au contingent	660	200	25 1	885 1
Pour les opérations sur les soufres	»	»	1 5	1 5
Pour les filiales de Lybie	»	»	0 8	0 8
À pleine couverture métallique	323 6	58 8	23 8	405 8
Total de la circulation pour le commerce	1.643 6	458 8	99 2	2.201 1
Avances statutaires au Trésor	230	60	20	310
Avances aux Caisses d'épargne	18 3	6 5	0 1	24 9
Avances aux Caisses de dépôts et de prêts	270 5	104	25 5	400
Total de la circulation pour le compte de l'État	518 8	170 5	45 6	734 9
Total de la circulation pour le commerce	1.643 6	458 8	99 2	2.201 1
Total de la circulation pour le compte de l'État	518 8	170 5	45 6	734 9
Total général de la circulation	2.162 4	628 8	144 8	2.936

Réserves métalliques (au 31 décembre 1914).

En millions de lire.

Banca d'Italia 1.343 7
Banco di Napoli 319 5
Banco di Sicilia 75 4

Total 1.738 6

dont :

Or..	1.396 8
Argent..	130 6
Bons du Trésor étrangers.........................	148 3
Crédits à l'étranger.................................	39 3
Titres de l'Etat ou garantis par l'Etat...........	12 6
Titres des banques étrangères....................	11
Total.............................	1.738 6

Le rapport entre la couverture et la circulation est, en fin de 1914, de :

58 06 0/0 pour la Banca d'Italia;
46 83 0/0 pour le Banco di Napoli;
41 88 0/0 pour le Banco di Sicilia;

soit, en moyenne, 54 86 0/0.

Opérations. — Nous donnons ci-après la situation des principaux comptes, en fin de 1914, des banques d'émission :

	BANCA d'Italia.	BANCO di Napoli.	BANCO di Sicilia.
	(en millions de lire).		
Portefeuille sur l'intérieur...............	705 8	220	69 2
Avances.....................................	151 2	47	10 7
Titres...	204 6	91	26 1
Crédits sur l'intérieur.....................	40	16 8	7 4
Crédits sur l'extérieur....................	129 5	65 1	21 4

Total des opérations d'escompte : 4.277 millions de lires.

Taux de l'escompte (moyenne) :

Banca d'Italia.............................	5 42
Banco di Napoli..........................	5 42
Banco di Sicilia...........................	5 37

Compte courant avec le Trésor. Les opérations de trésorerie du Gouvernement italien sont, en fait, concentrées à la Banca d'Italia.

Le compte courant du Trésor à cet institut s'est élevé, en moyenne, à 94.8 millions de lire. Le maximum s'est produit en novembre avec 279.3 millions, le minimum en septembre avec 1.7 million.

Bénéfices. — Le bénéfice net réalisé par les instituts d'émission s'est élevé à

81.591.050 lire. La Banca d'Italia a augmenté ses réserves de 10 millions et n'a pas accru les dividendes distribués à ses actionnaires.

Il est revenu à l'État sur ces bénéfices :

	BANCA d'Italia.	BANCO di Napoli.	BANCO di Sicilia.
	lire.	lire.	lire.
Impôts et taxes..................	6.568.523	1.788.083	392.456
Part aux bénéfices..................	4.500.000	446.723	?

Les banques d'émission italiennes en 1915 et 1916.

Émission.

On a vu par quelles mesures la circulation avait été développée en 1914. Peut-être, malgré la prudence qu'on y avait mise, était-on allé trop loin dans les concessions faites aux financiers et économistes qui tenaient pour avantageuse, dans l'intérêt du développement de l'industrie surtout, la multiplication des instruments de payement. Toujours est-il que, dès les premiers mois de 1915, le danger de l'inflation apparut menaçant.

Dès lors, les instituts d'émission s'appliquèrent, surtout dans la seconde moitié de l'année, à réduire la circulation pour le compte du commerce, et effectivement, on enregistre, dans ce compartiment, une notable réduction.

Quant à la circulation pour le compte de l'État, durant la même année, il faut citer le décret royal du 23 mai 1915 (n° 711) par lequel fut élevé de 300 à 600 millions de lire le montant de la somme à fournir en billets, par les trois instituts, pour être employée en avances à concéder, pour le compte de l'État, aux caisses d'épargne et aux sociétés de prêts. A ces institutions, on joignit, ensuite, les sociétés coopératives de crédit et les caisses coopératives de prêts, à qui l'on désirait faciliter le remboursement de leurs dépôts. Un autre décret du 13 juin 1915 (n° 845) décida que les avances aux établissements qui recueillaient l'épargne pourraient être accordées sur des effets correspondants à des dettes effectives et régulières, souscrites par les provinces, communes ou syndicats au profit desdits établissements.

Le fonds de 600 millions ainsi constitué est destiné à une série d'opérations de crédit pour le compte de l'État dans l'intérêt public. L'émission qui s'y rapporte est nettement distincte de celle qui a trait à la caisse de dépôts et prêts, à plus forte raison, des nombreuses émissions qui ont pour fin de fournir au Trésor les moyens financiers extraordinaires à l'aide de quoi les dépenses de l'État sont couvertes. Au surplus, le Trésor s'est aperçu du danger de ces émissions et il a fait appel à d'autres ressources.

En 1916, il n'est pas apporté de modification au régime des banques d'émission, mais on élève le total des billets à émettre pour avances aux organisations diverses d'utilité publique à la somme de 1 milliard de lire (Décret du 31 août 1916, n° 1124), soit :

Banca d'Italia..................	667 millions de lire.
Banco di Napoli..................	267 — —
Banco di Sicilia..................	66 — —

Sur ce total, 20 millions de lire étaient réservés aux caisses de crédit agricole.

C'est à ces mesures qu'on doit rapporter la dilatation de la circulation fiduciaire pour le compte de l'Etat en 1916.

Toutefois, d'un point de vue relatif comme du point de vue absolu, cette dilatation est moindre que celle qui s'était produite en 1915.

Quant à la circulation pour le compte du commerce, elle a suivi une marche ascendante analogue dans l'entraînement du mouvement économique et, surtout, industriel. Elle a eu pour conséquences la dépression monétaire, la cherté des marchandises et des services, bref l'augmentation générale du coût de la vie.

Nous donnons ci-dessous les tableaux analytiques de la circulation en 1915 et 1916 :

	BANCA d'Italia.	BANCO di Napoli.	BANCO di Sicilia.
	lire.	lire.	lire.
1915.			
Circulation dans la limite du contingent...	660.000.000	200.000.000	48.000.000
Supplément à la limite normale...........	660.000.000	192.357.902	26.733.664
Pour le réescompte du portefeuille du consortium des valeurs industrielles........	12.430.345	»	»
A pleine couverture métallique au delà de la limite normale.....................	99.211.649	»	»
Total de la circulation pour le compte du commerce...................	1.431.641.994	392.357.902	74.733.664
Avances statutaires du Trésor...........	360.000.000	94.000.000	31.000.000
Avances extraordinaires au Trésor.......	300.000.000	38.000.000	12.000.000
Avances pour caisses d'épargne, grains, chemins de fer............................	432.533.856	98.852.148	2.949.736
Avances pour la Caisse de dépôts et prêts..	516.000.000	148.000.000	36.000.000
Total de la circulation pour le compte de l'Etat...................	1.608.533.856	378.852.148	81.949.736
Total général de la circulation........	3.040.175.850	771.210.050	156.683.400

Couverture métallique au 31 décembre 1915.

Millions de lire.

Banca d'Italia... 1.331.9
Banco di Napoli.. 293.7
Banco di Sicilia... 74.1

Total................... 1.699.7

se décomposant ainsi qu'il suit :

	BANCA d'Italia.	BANCO di Napoli.	BANCO di Sicilia.	TOTAL fin 1915.
	en millions de lire.			
Or..	1.077.4	235.3	51.4	1.364.1
Argent....................................	104.8	16.9	5.9	127.6
Effets sur l'extérieur.................	»	»	»	»
Bons du Trésor étrangers............	20.7	24.0	14.1	58.8
Crédits à l'étranger....................	127.7	4.9	2.4	129.0
Billets de banques étrangères.......	7.2	2	3	7.7
Bons du Trésor italien en or........	»	1.5	»	1.5
Titres italiens d'État ou garantis par l'État.......................................	»	10.8	»	10.8
Total...........	1.331.9	293.7	74.1	1.699.7

Avec la grande dilatation de la circulation, le rapport de l'encaisse métallique à la circulation a fortement diminué. Il est, en fin d'année, de 39.88 0/0 pour la Banca d'Italia, de 34.39 pour le Banco di Napoli, de 33.56 pour le Banco di Sicilia, soit, en moyenne, de 35.94 0/0.

	BANCA d'Italia.	BANCO di Napoli.	BANCO di Sicilia.
	lire.	lire.	lire.
1916.			
Circulation dans la limite du contingent....	660.000.000	200.000.000	35.169.403
Circulation supplémentaire au contingent..	660.000.000	170.010.808	»
Circulation pour le réescompte du portefeuille du consortium des valeurs industrielles..................	25.988.801	6.930.214	»
Circulation pour escompte au consortium des grains......................	1.546.459	73.446	»
Circulation à pleine couverture métallique.	377.844.939	»	»
Circulation à 40 0/0 de couverture assujettie à la taxe du 1/4 de l'escompte...........	70.000.000	»	»
Circulation à 40 0/0 de couverture assujettie à la taxe de 1/2 de l'escompte...........	70.000.000	»	»
Circulation à 40 0/0 de couverture assujettie à la taxe des 3/4 de l'escompte..........	70.000.000	»	»
Circulation à 40 0/0 de couverture assujettie à la taxe égale au taux de l'escompte.....	110.612.993	»	»
Total de la circulation pour le compte du commerce..............	2.045.992.692	377.014.468	35.169.403
Avances statutaires au Trésor.............	360.000.000	94.000.000	31.000.000
Avances extraordinaires.................	300.000.000	76.000.000	24.000.000
Pour les grains, chemins de fer, etc.......	654.749.008	250.717.482	63.706.547
Pour la caisse de dépôts et prêts..........	516.000.000	148.000.000	36.000.000
Circulation pour le compte de l'État........	1.830.749.008	568.717.482	154.706.547
Total général de la circulation......	3.876.741.700	945.731.950	189.875.950

Couverture métallique au 31 décembre 1916.

La couverture métallique s'élevait, au 31 décembre 1916, au total de 1.736.1 millions de lire, répartie ainsi qu'il suit :

Banca d'Italia.......................	1.369.1
Banco di Napoli......................	294.7
Banco di Sicilia......................	72.3
	1.736.1

Elle se décomposait ainsi :

	BANCA d'Italia.	BANCO di Napoli.	BANCO di Sicilia.
	En millions de lire.		
Or	899.7	212.7	45.1
Argent	72.6	30.4	9.6
Effets sur l'extérieur	»	»	»
Bons du Trésor étrangers	20.7	23.3	15.9
Crédits à l'étranger	367.6	6.8	1.4
Bons du Trésor italien en or	»	1.5	»
Billets des banques étrangères	8.5	0.3	0.3
Certificats de dépôts d'or	»	9.9	»
Titres italiens d'État ou garantis par l'État	»	9.8	»
Totaux	1.369.1	294.7	72.3

Par comparaison avec 1915, la couverture métallique a diminué dans de grandes proportions. Pour la Banca d'Italia seule, la différence est de 210 millions. Cette diminution résulte du retrait, par le Trésor, des espèces métalliques lui appartenant. Au contraire, les espèces métalliques appartenant à la Banque ont augmenté, et, en fin d'année, atteignaient la somme, en chiffres ronds, de 150 millions de lire.

Le rapport de la couverture métallique à la circulation était, au 31 décembre 1916 :

Banca d'Italia 30.05 0/0
Banco di Napoli 27.21 0/0
Banco di Sicilia 23.60 0/0

Soit en moyenne : 26.95 0/0.

Opérations bancaires.

Nous donnons, ci-après, la situation des principaux comptes des instituts d'émission en fin 1915 et 1916 :

	BANCA d'Italia.	BANCO di Napoli.	BANCO di Sicilia.
	En millions de lire.		
1915.			
Portefeuille sur l'intérieur	473.7	146.9	60.9
Avances	199.6	50.8	18.1
Titres	204.9	95.0	25.9
Crédits à l'intérieur	11.0	9.5	10.6
Portefeuille et crédits à l'étranger	169.4	32.5	17.3

	BANCA d'Italia.	BANCO di Napoli.	BANCO di Sicilia.
	En millions de lire.		
1916.			
Portefeuille sur l'intérieur...............	539.8	245.7	46.3
Avances..	307.0	64.4	20.6
Titres...	219.8	100.4	27.3
Crédits à l'intérieur..........................	11.1	10.1	5.1
Portefeuille et crédits à l'étranger........	407.3	43.8	19.5

Total des opérations d'escompte :

4.908.0 millions de lire en 1915 et
2.967.6 millions de lire en 1916.

Le taux moyen de l'escompte a été :

En 1915 :

Banca d'Italia............................... 5 35 0/0
Banco di Napoli............................ 5 44 0/0
Banco di Sicilia............................ 5 42 0/0

En 1916 :

Banca d'Italia............................... 5 02 0/0
Banco di Napoli............................ 4 84 0/0
Banco di Sicilia............................ 5 08 0/0

Compte courant avec le Trésor. — Le compte courant de la Banca d'Italia avec le Trésor s'est élevé, en 1915, à 126.8 millions de lire, en moyenne. Pour 1916, voici les variations de compte en fin de mois :

	millions de lire.		millions de lire.		millions de lire.
Janvier............	300.6	Mai........	(solde négatif).	Septembre........	5.7
Février............	675.6	Juin........	(—).	Octobre..........	150.4
Mars...............	320.2	Juillet......	30.6	Novembre........	16.5
Avril...............	179.6	Août........	32.4	Décembre........	53.1

Ces oscillations sont déterminées, essentiellement, par les encaissements pour les emprunts.

Il est à remarquer que l'activité commerciale des instituts d'émission s'est notablement ralentie en 1915, et surtout en 1916. D'une part, en effet, le public a repris confiance dans les établissements ordinaires de crédit et a recommencé à diriger vers eux ses fonds ; d'autre part, l'activité des banques d'émission a été absorbée par les opérations financières de l'État.

La gestion des trois instituts a rapporté des bénéfice ssatisfaisants. En 1915, ces bénéfices atteignaient 102.029.720 lire, et, en 1916, ils diminuaient à 97.576.738 lire.

La Banca d'Italia, pour l'une et l'autre année, a distribué un dividende de 48 lire par action (8 0/0). En 1915, elle a créé une caisse d'amortissement (5.500.000 lire) en conformité avec le décret du 7 février 1916 (n° 123) sur la limitation des dividendes.

Il est revenu à l'Etat sur ces bénéfices :

	BANCA d'Italia.	BANCO di Napoli.	BANCO di Sicilia.
	lire.	lire.	lire.
En 1915.			
Impôts et taxes...............	5.537.417 12	2.678.914 52	612.166 19
Participation aux bénéfices......	10.720.969 68	1.498.402 32	?
En 1916.			
Impôts et taxes...............	7.042.812 30	2.973.735 59	348.667 93
Participation aux bénéfices......	15.691.916 82	1.140.483 36	?

Conclusion.

Nous avons déjà indiqué comment les banques d'émission italiennes ont contribué à maintenir le crédit au moment des crises qui se sont déclarées, en 1914 d'abord, puis au cours de la période qui a suivi immédiatement l'entrée en guerre de l'Italie. En venant au secours des autres établissements de crédit, en réescomptant à un taux de faveur leur portefeuille, en appliquant le même traitement à des industries qui périclitaient, elles ont sauvegardé la vie économique, dans son ensemble, et permis l'essor industriel très brillant qui commence en 1916 et qui constitue la caractéristique de l'année 1917. L'origine de ce mouvement est le « Syndicat entre Instituts d'émission et autres personnes morales pour subventions aux valeurs industrielles » institué par le décret du 20 décembre 1914.

D'autre part, la *Banca d'Italia* a joué, dès le début, un rôle très actif dans des tentatives faites pour relever le cours du change italien, tentatives qui ont conduit à la création de l'*Institut national des changes*, fondé par décret du 11 novembre 1917. Trois délégués des instituts d'émission figurent dans le conseil d'administration de cette organisation, où le directeur de la Banca d'Italia tient une place prépondérante. Les trois banques d'émission ont la charge de constituer, par prélèvement sur leurs réserves, un fonds de 10 millions qui servira de capital à l'Institut national des changes, et elles prennent part, par moitié, dans les bénéfices.

Enfin, les instituts d'émission ont rendu les plus grands services au moment des emprunts. Ils ont formé le noyau d'un syndicat de garantie qui s'est constitué dans le premier emprunt et qui s'est engagé, lors de chaque émission, à absorber une certaine quantité de titres. Ajoutons que le patriotisme des souscripteurs italiens n'a permis à ce consortium d'exercer son activité que dans des limites réduites.

États-Unis.

Les banques fédérales de réserve.

Les États-Unis sont actuellement, au point de vue banques d'émission, sous le régime du Federal Reserve Banks Act de 1913, entré en vigueur le 1er novembre 1914. On peut remarquer en passant que ce système est entré en fonction après le début de la crise mondiale, et qu'il n'avait guère que deux ans d'existence quand les États-Unis eux-mêmes sont entrés dans la lutte.

Nous rappellerons pour mémoire que, jusqu'au 1er novembre 1914, les États-Unis vivaient sous le régime du National Banks Act de 1865. La loi actuelle n'a que partiellement aboli cette loi de 1865 et les National Banks gardent provisoirement leur pouvoir d'émission. Elles perdront ce pouvoir au fur et à mesure de l'extinction de leur privilège.

La nouvelle loi a créé deux organismes distincts :

1° Le Federal Reserv Board, qui constitue un comité de surveillance et de direction générale ; il comprend une majorité de fonctionnaires du Trésor et une minorité de grands banquiers. Parmi ses fonctions principales, on peut citer celle de déterminer si tel ou tel papier commercial peut être réescompté par les banques fédérales de réserve.

2° Douze banques fédérales de réserve, qui n'en constituent dans la pratique qu'une seule.

Les caractéristiques de ces banques sont les suivantes :

Leur capital-actions est obligatoirement souscrit par toutes les banques nationales du district correspondant, et la loi réserve le droit aux State Banks et aux Trust Companies de participer à cette souscription. Cette opération permet ainsi aux banques ci-dessus de participer aux avantages réservés aux National Banks quant à la proportion de réserve liquide à maintenir contre les dépôts en comptes-courants. Ce point spécial sera traité en détail un peu plus loin.

La répartition des profits des banques fédérales est la suivante :

1° On prélève un dividende cumulatif de 6 0/0 en faveur du capital-actions ;

2° 50 0/0 du surplus est versé à un fonds de réserve jusqu'à ce que ledit fonds atteigne 40 0/0 du capital versé ;

3° Le solde est versé au Gouvernement des États-Unis, et doit être employé soit à augmenter la réserve or destinée à couvrir les billets d'Etat encore en circulation, soit à amortir la dette nationale.

Le tableau ci-dessous donne le bilan résumé et condensé pour les douze banques fédérales fin décembre 1914, 1916 et 1917 :

Bilan résumé des banques fédérales de réserve.

	31 DÉCEMBRE 1914.	31 DÉCEMBRE 1916.	31 DÉCEMBRE 1917.
Passif.	En milliers de dollars.		
Capital	16.050	55.695	69.050
Dépôts	256.020	650.660	1.472.360
Billets en circulation	16.025	275.350	1.110.535
Billets des autres banques fédérales	»	»	8.000
Autres engagements	»	785	4.990
Total	290.095	982.490	2.664.935
Actif.			
Or	241.320	736.240	1.631.360
Monnaie légale (argent, billets)	26.575	17.535	51.950
Encaisse totale	267.895	753.775	1.683.310
Traites escomptées	10.595	156.695	877.585
Avances	255	64.385	100.540
Fonds d'amortissement	»	400	535
Actifs divers	11.350	6.235	2.965
Total égal	290.095	982.490	2.664.935

L'examen de ces bilans fait ressortir que, par suite des agrégations des State Banks et Trust Companies, le capital s'est accru de 16.050.000 de dollars en décembre 1914 à plus de 69 millions en décembre 1917. Si l'on additionne les billets en circulation avec les dépôts, ce qui constitue l'ensemble des engagements envers le public, on voit qu'ils ont passé de 270 millions à 2.580 millions de dollars. D'autre part, la réserve or s'est élevée, pendant la même période, de 240 millions à 1.630 millions de dollars. De ces chiffres, il ressort que les banques fédérales détenaient comme couverture de leurs engagements envers le public un pourcentage d'or de 88,7 0/0 en décembre 1914, de 79 0/0 en décembre 1916 et de 63,2 0/0 en décembre 1917.

Si l'on veut se rendre compte de l'élasticité que le dernier bilan laisse aux banques au point de vue des avances, on arrive aux conclusions suivantes.

La loi requiert que les billets soient couverts par un minimum de 40 0/0 en or, et les dépôts par un minimum de 35 0/0 en or ou en monnaie légale. Si l'on appliquait ces minima, on constate que les banques fédérales pourraient ouvrir des crédits supplémentaires aux banques associées pour un total de 2.000 millions de dollars. Ces crédits additionnels de 2.000 millions de dollars formeraient la base de prêts supplémentaires des banques associées à leur clientèle pour plus de 15 millions de dollars, ce qui leur permettrait d'aider, dans une proportion fantastique, au financement des industries et de tout emprunt de guerre à venir.

Pour se rendre compte de l'effet bienfaisant qu'a eu la réforme bancaire de 1913 et de l'extension des facilités de crédit qu'elle a provoquée, nous rappellerons quelle était la situation des banques de dépôts, au point de vue des réserves liquides à maintenir en face des dépôts, avant et depuis l'entrée en vigueur du présent système.

Avant que ce système fût établi, les banques nationales de New-York, Chicago et Saint-Louis (villes centrales de réserve) étaient obligées de maintenir un minimum d'encaisse liquide de 25 0/0 de leurs engagements: le système actuel réduisit ce minimum à 18 0/0, et un amendement de juin 1917 abaissa encore le pourcentage à 13 0/0. Cet amendement stipulait en outre que cette réserve légale minima de 13 0/0 serait maintenue en dépôt à la Banque fédérale du district, contre 7 0/0 antérieurement, et que l'encaisse liquide qui se trouverait chez les banques nationales de ces villes n'entrerait plus en compte dans le calcul du pourcentage. Ces minima de réserve liquide sont inférieurs pour les National Banks domiciliées dans les autres villes. Ces mesures ont considérablement accru les dépôts et les réserves d'or des banques fédérales, et le Bureau fédéral de réserve a encouragé les State Banks et Trust Companies à s'associer au système en les autorisant à placer une partie de leur réserve dans les banques fédérales.

On voit que les Américains, comme les Allemands, n'ont pas hésité dans les mesures à prendre pour se procurer toutes les facilités de crédit nécessaires à la poursuite de la guerre.

Mais pour se faire une idée exacte de la situation des États-Unis au point de vue de la circulation fiduciaire, il y a lieu de rappeler qu'il n'existe pas seulement en circulation des billets de réserve fédérale, mais plusieurs autres sortes de papier-monnaie, dont nous donnerons les montants en circulation en juillet 1914 et au 31 décembre 1917 :

	31 JUILLET 1914.	31 DÉCEMBRE 1917.
	En milliers de dollars.	
Certificats d'or	1.080.975	1.096.861
— d'argent	490.850	472.192
Billets de la Réserve fédérale	»	1.227.243
— des banques fédérales de réserve	»	12.336
— — nationales	750.670	704.920
— des États-Unis	346.680	341.272
Bons du Trésor de 1890	2.440	2.035
Total	2.671.615	3.856.859

Aux mêmes dates, les quantités d'or, d'argent (pièces de 1 dollar) et de monnaie divisionnaire d'argent en circulation étaient les suivantes :

	31 JUILLET 1914.	31 DÉCEMBRE 1917.
	En milliers de dollars.	
Or	1.890.675	972.561
Argent (pièces de 1 dollar)	65.835	77.869
Monnaie divisionnaire d'argent	182.845	216.635
Total	2.139.825	1.267.065

On voit que depuis le début de la crise, le montant de la circulation fiduciaire a augmenté de 1.185.244.000 dollars, tandis que la monnaie métallique en circulation a diminué de 871.760.000 dollars.

Pendant la même période, l'encaisse-or des banques fédérales s'est accrue de 1.390.040.000 dollars, donc plus que n'a diminué la circulation métallique.

Allemagne.

Fonctionnement général de la Reichsbank.

La loi fondamentale en matière de banques d'émission est la loi du 14 mars 1875, modifiée par les lois du 18 décembre 1889, 7 juin 1899 et 1ᵉʳ juin 1909.

Il reste aujourd'hui en Allemagne, outre la Reichsbank, quatre banques d'émission. Si l'une d'elles vient à renoncer à son privilège, la Reichsbank peut augmenter sa circulation exonérée d'impôt du chiffre attribué à cette banque. Actuellement (depuis le 1ᵉʳ janvier 1911), la Reichsbank a droit à une circulation à découvert exonérée d'impôt ou *contingent de billets* qui s'élève à 550 millions de marks, et à 750 millions aux fins de trimestre; si elle émet un surplus de billets, ce surplus supporte un impôt de 5 0/0. (1).

La Banque est obligée d'avoir toujours dans ses caisses, pour la couverture du montant de ses billets en circulation, au moins un tiers en monnaie allemande ayant son cours légal, en bons de caisse de l'Empire (2) ou en or, en lingots ou en monnaies étrangères, et le surplus en lettres de change escomptées à trois mois au plus, portant normalement trois, et exceptionnellement deux signatures notoirement solvables.

Depuis la loi de 1909, les billets ont cours légal (la loi du 4 août 1914 a dispensé, jusqu'à nouvel ordre, la Reichsbank de l'obligation de rembourser les billets).

La Reichsbank est une société par actions dont le capital comprend 40.000 actions de 3.000 marks et 60.000 actions nouvelles de 1.000 marks, soit 180 millions de marks.

Elle est placée sous la surveillance et la direction de l'Empire; la surveillance est exercée par un « *kuratorium* » composé du chancelier de l'Empire et de quatre membres, dont un nommé par l'Empereur et les trois autres par le Conseil fédéral. Le chancelier a la direction de la Banque, il est assisté d'un Conseil de direction.

Les actionnaires sont représentés par un Comité central, dont le rôle est purement consultatif, sauf en ce qui concerne les affaires traitées avec l'État en dehors des règles statutaires, affaires pour lesquelles il a droit de vote. Un contrôle spécial journalier est, en outre, exercé par trois délégués.

La Reichsbank fait les opérations communes à toutes les banques d'émission et elle est chargée en outre, à titre gratuit, du service de caisse de l'État.

Sa situation, avant l'ouverture des hostilités, était la suivante :

Bilan au 23 juillet 1914.

Passif :

Capital.. 180.000.000 Marks.
Réserves.. 64.500.000 »
                                                         ─────────────
                                                         254.500.000 Marks.

---

(1) Aux termes de la loi de guerre du 4 août 1914, les dispositions de la loi sur les banques relatives au contingent des billets et à l'impôt de 5 0/0 cessent d'être en vigueur.
(2) Ou en bons de Caisses de prêts (loi de guerre du 4 août 1914).

Billets en circulation....................................	1.890.900.000 Marks.
Comptes-courants créditeurs.............................	944.000.000 »
	2.834.900.000 Marks.
Comptes d'ordre..	40.000.000 »
	2.874.900.000 Marks.
Total.................	3.129.400.000 Marks.

Actif :

Or..	1.356.900.000 Marks.
Argent..	334.500.000 »
Bons du Trésor..	65.500.000 »
Billets d'autres banques...............................	40.100.000 »
Total de l'argent liquide........	1.797.000.000 Marks.
Traites escomptées....................................	750.900.000 »
Avances..	50.200.000 »
Portefeuille-titres.....................................	230.900.000 »
Actifs divers..	200.400.000 »
	1.332.400.000 »
Total égal..................	3.129.400.000 Marks.

Pourcentage de l'or aux billets en circulation : 71.7 0/0.
Pourcentage de l'or à tous les engagements : 47.8 0/0.
Pourcentage de l'actif liquide aux billets en circulation : 95.0 0/0.
Pourcentage de l'actif liquide aux engagements : 63.4 0/0.

L'Empire n'a contracté aucune dette permanente envers la Banque. Celle-ci a, depuis le début de la guerre, escompté des traites de l'Empire qui sont confondues dans son portefeuille, où elles figurent, au 23 décembre 1917, pour au moins 12 milliards de marks.

La Reichsbank pendant la guerre.

Au moment où la guerre a éclaté, la mobilisation financière de l'Allemagne était depuis longtemps préparée. En particulier, le rôle que la Reichsbank aurait à remplir était minutieusement prévu, et les textes législatifs nécessaires n'attendaient plus que la sanction du Reichstag.

Le 4 août 1915, celui-ci votait dix-sept lois d'ordre économique. Trois d'entre elles concernaient le régime de l'émission fiduciaire ; elles poursuivaient un double but :

1° fournir à l'Etat tout le papier-monnaie dont il avait besoin sans se préoccuper de l'inflation ;

2° reporter toutes les mesures pour réorganiser les finances après la conclusion du traité de paix.

Le régime d'émission était modifié sur les points suivants :

1° établissements du cours forcé des billets de banque et des billets de la Caisse de l'Empire ;

2° autorisation donnée à la Reichsbank d'escompter des traites de l'Empire à échéance maxima de trois mois et à les comprendre dans la couverture de la circulation à découvert, « même lorsque lesdites traites n'engagent pas d'autres personnes » ; étaient en outre assimilées à ces traites les obligations de l'Empire (bons du Trésor) remboursables à la valeur nominale dans un délai de trois mois au plus ;

3° suppression, jusqu'à nouvel ordre, de l'impôt frappant la circulation à découvert au-delà du « contingent » ;

4° création de caisses de prêts (Darlehenskassen) installées dans les bureaux et succursales de la Reichsbank et gérées par celle-ci pour le compte de l'Empire.

Ces établissements, qui étaient au nombre de 150 dès le 5 août 1914 et de 217 le 29 septembre, ont pour objet de consentir des avances à trois ou à six mois, renouvelables, sur nantissement de titres et de marchandises non périssables de toutes sortes. En représentation de leurs avances, ils émettent des bons de caisse (Darlehenskassenscheine) ayant cours légal limité, c'est-à-dire qu'ils doivent être acceptés par toutes les caisses de l'État et par la Reichsbank, sans pouvoir cependant être imposés en payement aux particuliers.

Les bons de caisses de prêts constituent une dette de l'empire ; ils sont assimilés aux « bons de la caisse de l'Empire » et peuvent, au même titre que l'encaisse métallique, servir de couverture à la circulation fiduciaire de la Reichsbank.

Les caisses de prêts sont un des facteurs essentiels de la mobilisation financière allemande. Elles ont servi à masquer la véritable situation de la circulation fiduciaire en détournant de l'institut central d'émission une notable partie des demandes de crédit. Ainsi dégagée, la Reichsbank a pu de bonne heure fonctionner presque exclusivement au profit de l'État et devenir avant tout « banque de guerre ».

Toutefois, cette évolution ne s'est faite que graduellement. Dans la dernière semaine de juillet 1914 et au début des hostilités, la Reichsbank a dû venir au secours des banques privées, que le retrait des fonds de leurs déposants obligeait à mobiliser leur actif.

Il n'est pas possible de suivre sur les bilans le mouvement des escomptes de cette nature ; à partir du 7 août, en effet, — peut-être même dès le 31 juillet — le portefeuille de la Reichsbank comprend, à côté des effets commerciaux, des traites de l'Empire et des bons du Trésor dont le montant n'est pas indiqué séparément. Toutefois, les déclarations faites par M. Havenstein, président de la Reichsbank, nous apprennent que le portefeuille purement commercial a passé de 750 millions de marks le 23 juillet à 2.980 millions de marks le 15 août (à cette date, le portefeuille total s'élevait à 4.426 millions de marks).

Ce chiffre de 2.980 millions de marks marque le maximum atteint par les escomptes pour compte privé. Par la suite, le portefeuille d'effets de commerce diminue progressivement, grâce aux payements et remboursements effectués par les principaux obligés ou par les banques. Le 23 novembre 1914, il était tombé à 1.400 millions de marks et, le 23 janvier 1915, il était inférieur à 615 millions. Depuis lors, il ne semble pas qu'il ait de nouveau grossi, sauf exceptionnellement. L'industrie allemande travaillant presque exclusivement pour l'État et réalisant des bénéfices considérables, les disponibilités sont abondantes et les demandes de crédit du monde commercial limitées ; les banques privées peuvent aisément y faire face, sans recourir dans de fortes proportions au réescompte.

En revanche, le besoin de prêts sur titres va sans cesse en augmentant, à mesure que de nouveaux capitaux sont placés en emprunts de guerre. Mais les souscripteurs de ces emprunts trouvent, pour effectuer les versements de libération, toutes facilités auprès des caisses de prêts, qui leur consentent des avances à des taux inférieurs à celui prélevé par la Reichsbank. C'est donc vers ces institutions que se tourne le public : tandis que leurs avances se sont constamment accrues, pour atteindre le chiffre de 7.689 millions de marks au 31 décembre 1917, le chapitre des prêts sur nantissement de la Reichsbank n'a subi qu'une augmentation passagère et relativement faible. De 53 millions de marks le 23 juillet 1914, il a passé à 226 millions de marks le 7 août. Le 30 septembre 1914, il n'était plus que de 31 millions de marks, et le 31 décembre 1917, de 5.100.000 marks.

Le concours que l'institut d'émission a dû fournir à la trésorerie de l'État a été autrement considérable, et son ampleur n'a pas cessé de s'accroître. Il se manifeste, nous l'avons vu, par l'escompte de bons du Trésor. A la différence de ce qui se passe en France, ceux-ci ne sont pas placés dans le public ; le mécanisme est le suivant : la Reichsbank reçoit de l'Empire des bons du Trésor à trois mois et le crédit de la contre-valeur, sous déduction de l'escompte au taux officiel, soit 5 0/0; elle conserve en portefeuille une partie — la plus importante — de ces bons et cède le reste aux banques privées, qui trouvent ainsi un emploi des dépôts de leur clientèle, à mesure qu'ils s'accroissent, du fait des dépenses de l'État. Ce procédé, tout en faisant bénéficier la Banque centrale de l'écart entre le taux de 5 0/0 qu'elle a perçu et celui de 3 1/2, 4, 4 1/2 ou 4 3/4, selon l'état du marché monétaire, qu'elle doit payer, limite, dans une certaine mesure, l'augmentation de son portefeuille.

Les émissions d'emprunts de consolidation, qui ont lieu régulièrement tous les six mois, provoquent un mouvement inverse. Le public affectant à la souscription les sommes déposées dans les banques, ces dernières viennent réescompter à l'institut d'émission les bons du Trésor qu'elles possèdent. On voit ainsi, chaque fois, à la veille de la période fixée pour le premier versement de libération, le portefeuille de la Reichsbank se gonfler brusquement de plusieurs milliards. Il diminue ensuite avec la même rapidité lorsque l'État, ayant encaissé en grande partie le produit de l'emprunt, rembourse les effets portant sa signature.

Il s'en faut cependant de beaucoup que le chiffre des avances de la Reichsbank à l'État — représentées par les bons du Trésor qu'elle détient, — reste stationnaire ; bien au contraire, il augmente constamment. En effet, les emprunts allemands ne suffisent pas à couvrir intégralement les dépenses de guerre et ne permettent de consolider qu'une fraction, considérable il est vrai, de la dette flottante créée dans l'intervalle. Après chaque emprunt, l'institut d'émission se retrouve avec un portefeuille de bons du Trésor plus élevé qu'il n'était six mois auparavant et même à la veille de l'émission de l'emprunt.

Il est impossible de suivre exactement le montant des avances consenties. C'est seulement pendant les premiers mois de la guerre que M. Havenstein s'est risqué à fournir quelques indications sur la composition du portefeuille de l'institut d'émission. Nous savons ainsi qu'au 23 septembre 1914, il avait été avancé à l'Empire 2.348 millions de marks. Les remboursements effectués à la suite du premier emprunt (septembre 1914) semblent avoir porté sur 2 milliards de marks environ ; mais il ne s'est pas écoulé longtemps avant que l'État ne fût obligé de recourir de nouveau aux escomptes de bons du Trésor. Ceux-ci entraient dans le portefeuille commercial pour près de 1.500 millions de marks au 23 novembre 1914, et pour plus de 3 milliards le 23 janvier 1915.

A partir de cette date, nous en sommes réduits à des hypothèses, qui se compliquent encore du fait que, en vertu d'un accord intervenu dans les premiers mois de la guerre, la Reichsbank escompte des bons du Trésor autrichien et hongrois à raison de 100 millions de marks par mois (1). Néanmoins, sachant que, depuis le début de 1915, les effets purement commerciaux ne représentent que quelques centaines de millions, on ne risque pas d'exagérer l'importance des créances de l'institut d'émission sur l'Empire allemand et sur ses alliés, si l'on admet qu'à chaque bilan cette créance est égale au montant du portefeuille, diminué de 1 milliard de marks.

C'est dans ce sens qu'il est permis d'interpréter les chiffres ci-dessous. Ils donnent, à partir de 1915, le montant du portefeuille de la Reichsbank à la veille de la première période de libération de chaque emprunt, son maximum au moment des préparatifs faits en vue des versements, et le minimum auquel il est tombé à la suite des remboursements effectués à l'aide du produit desdits emprunts.

---

(1) D'après les journaux autrichiens, il avait été avancé de cette façon par l'Allemagne, à la fin de 1917, 4 milliards 1/2 de couronnes, soit en chiffres ronds 3 milliards de marks.

	millions de marks.		millions de marks.
23 mars 1915	4.875	23 septembre 1916	7.688
31 mars 1915	6.860	30 septembre 1916	10.759
23 avril 1915	3.435	14 octobre 1916	7.479
23 septembre 1915	5.327	23 mars 1917	9.258
30 septembre 1915	7.471	7 avril 1917	13.597
30 octobre 1915	4.206	23 avril 1917	8.485
23 mars 1916	5.898	22 septembre 1917	11.266
31 mars 1916	8.113	30 septembre 1917	15.633
22 avril 1916	4.718	23 octobre 1917	11.543

On voit que les avances de la Reichsbank à l'Empire allemand et aux États alliés, qui s'élevaient à 2 milliards 1/2 de marks environ le 23 avril 1915, n'ont cessé d'augmenter pour arriver à 10 milliards 1/2 le 23 octobre 1917. Le 31 décembre dernier, elles atteignaient 13 milliards 1/2 environ, dont 4 milliards de bons du Trésor autrichiens et hongrois (1).

***

Quand on examine les bilans de la Reichsbank, on remarque un parallélisme constant entre les mouvements du portefeuille et ceux des comptes courants. Ce dernier chapitre — qui comprend également le solde du Trésor impérial — s'accroît progressivement dans l'intervalle des emprunts ; l'augmentation s'accentue brusquement au moment des versements de libération, en raison du réescompte des bons du Trésor détenus par les banques privées. Elle est suivie d'une forte diminution lorsque le produit des souscriptions de ces banques, viré de leur compte à celui du Trésor, a servi à rembourser la Reichsbank.

Ces oscillations n'influent pas sur l'allure générale de la courbe, qui reste nettement ascendante. Du 23 juillet 1914 au 31 décembre 1917, le chapitre des comptes courants a passé de 944 millions de marks à 8.050 millions de marks.

L'énorme augmentation des engagements de la Reichsbank envers ses déposants a évité à cet établissement d'importantes sorties de billets. Au 31 décembre 1917, sa circulation figurait au bilan pour 11.468 millions de marks (14.335 millions de francs), contre 1.891 millions de marks au 23 juillet 1914.

Considérés isolément, ces chiffres ne donneraient qu'une idée incomplète du montant de la circulation fiduciaire allemande et de l'augmentation qu'elle a subie depuis le début de la guerre. Il convient d'y ajouter les bons de la Caisse de l'Empire et ceux des Caisses de prêts, qui, pouvant s'échanger à tout moment contre des billets de la Reichsbank, ont, en définitive, pour gage métallique l'encaisse de cette institution.

A la veille de la guerre, le 23 juillet 1914, la circulation comprenait 1.890 millions de marks de billets de la Reichsbank, 140 millions de marks de bons de la Caisse de l'Empire, soit un total de 2.030 millions de marks (2).

Le 31 décembre 1917, les billets de la Reichsbank en circulation s'élevaient à 11.468 millions de marks, les bons de la Caisse de l'Empire à 350 millions de marks, les bons des Caisses de prêts (déduction faite de 1.304 millions se trouvant dans les caisses de la Reichsbank et de 120 millions de marks déposés en couverture de bons de la Caisse de l'Empire)

---

(1) Le portefeuille total (y compris les effets commerciaux) figurait au bilan pour 14.596 millions de marks.

(2) Dans ce chiffre ne sont pas compris les billets des banques locales d'émission, lesquels s'élevaient, au 23 juillet 1914, à 134 millions de marks, et dont le montant n'a que peu varié depuis lors.

à 6.265 millions de marks. La circulation effective atteignait donc 18.083 millions de marks, soit 22.604 millions de francs (1).

L'augmentation de la circulation fiduciaire allemande, depuis le début de la guerre, ressort ainsi à 791 0/0. La progression a été beaucoup plus rapide qu'en France, ainsi que le montre le tableau suivant :

Circulation fiduciaire en Allemagne et en France.

DATES.	ALLEMAGNE.					FRANCE.	
	Billets de la Reichsbank.	Bons de la Caisse de l'Empire.	Bons des Caisses de prêts.	Circulation totale.	Augmentation de la circulation.	Billets de la Banque de France.	Augmentation de la circulation.
	En millions de francs.				%	En millions de francs.	%
23 juillet 1914	2.363	175	»	2.538	»	5.912	»
31 décembre 1914	6.307	295	557	7.159	4.621	182 2	10.043	4.139	69 8
31 décembre 1915	8.647	372	1.252	10.271	3.112	43 5	13.201	3.158	31 4
31 décembre 1916	10.068	441	3.591	14.100	3.829	37 2	16.501	3.300	25 0
31 décembre 1917	14.335	438	7.831	22.604	8.504	60 3	22.354	5.853	35 5
Du 23 juillet 1914 au 31 décembre 1917	»	»	»	»	20.066	791 0	»	16.442	278

*
* *

De quoi se compose la couverture de cette circulation fiduciaire de 18.083 millions de marks et des 8.050 millions de marks de comptes courants ?

Au 31 décembre dernier, elle comprenait comme éléments principaux :

1° Le portefeuille de la Reichsbank, soit 14.596 millions de marks, dont 13 milliards 1/2 de marks au moins, nous l'avons vu, représentant des avances à l'Empire ou aux États alliés ;

2° Les avances des Caisses de prêts pour 7.689 millions de marks. La plupart de ces avances, dont le montant paraît destiné à s'accroître d'ici la fin des hostilités, ont été consenties sur des titres de la dette de l'Empire, et par suite, leur remboursement ne pourra se faire qu'lentement. On peut même se demander si, au lendemain de la paix, elles ne continueront pas à augmenter. Les fonds de roulement du commerce et de l'industrie ont été, en effet, immobilisés en grande partie par les souscriptions aux emprunts de guerre ; il sera nécessaire de les mobiliser à nouveau lorsque se produira la reprise de la vie économique. Le Gouvernement allemand et les dirigeants de la Reichsbank s'en rendent si bien compte qu'ils ont, à maintes reprises, déclaré que le système des Caisses de prêts devrait rester en vigueur assez longtemps après la fin des hostilités ;

3° Les réserves métalliques de la Reichsbank. — Au 23 juillet 1914, elles s'élevaient à 1.691 millions de marks, dont 1.357 millions d'or et 334 millions d'argent.

Depuis cette date jusqu'au 31 décembre 1917, l'encaisse or a été portée à 2.407 millions de marks. L'augmentation ressort ainsi à 1.050 millions de marks, dont 205 millions proviennent du transfert à la Reichsbank de l'or déposé à la Tour de Spandau, en garantie de l'émission des bons de la Caisse de l'Empire. Le surplus a été apporté à la Reichsbank par les détenteurs de monnaie et de bijoux d'or.

---

(1) Non compris les billets des banques locales d'émission.

C'est surtout au début de la guerre que l'encaisse or a augmenté dans de fortes proportions. Elle s'élevait à 2.098 millions de marks dès le 31 décembre 1914, et à 2.388 millions de marks le 30¹ juin 1915. Ensuite, l'accroissement a été beaucoup plus lent. Le maximum de 2.533 millions de marks a été atteint le 7 juin 1917. A ce moment, l'on relève deux sorties d'or, l'une de 76 millions de marks le 23 juin 1917, l'autre de 56 millions de marks le 23 juillet. Cette quantité totale de 132 millions de marks est d'ailleurs apparemment la seule que la Reichsbank ait envoyée à l'étranger. C'est l'encaisse or de la Banque d'Autriche-Hongrie qui a servi à effectuer les règlements des Empires centraux à l'extérieur. On voit, en effet, que du 23 juillet 1914 au 7 décembre 1917, celle-ci est tombée de 1.237 millions de couronnes à 264 millions. L'institut d'émission allemand n'a guère joué, en matière de change, qu'un rôle de contrôle et de surveillance.

Quant à l'encaisse argent de la Reichsbank, qui figurait pour 354 millions de marks au bilan du 23 juillet 1914, elle n'était plus que de 16.700.000 marks le 7 octobre. Après quelques fluctuations, elle se retrouvait à 17.500.000 marks le 7 mai 1917. Depuis lors, les menaces de démonétisation de la monnaie divisionnaire ont provoqué son reflux dans les caisses de la Reichsbank.

A la fin de 1917, les réserves métalliques visibles de l'Allemagne s'élevaient à 2.588 millions de marks, dont 2.407 millions d'or et 181 millions d'argent.

La circulation fiduciaire totale est donc couverte jusqu'à concurrence de 14,3 0/0 par l'or et l'argent réunis et de 13,3 0/0 par l'or seul.

Si, au lieu de considérer seulement la circulation fiduciaire, on tient compte, en outre, des dépôts en compte-courant à la Reichsbank, on voit que le total de ses engagements, s'élevant à 26.133 millions de marks, repose sur une base métallique qui est de 9,9 0/0 pour l'or et l'argent et de 9,2 0/0 pour l'or.

Relations de la Banque et de l'État.

On a vu au début de cette étude quelles étaient les relations, au point de vue direction, entre la Banque et l'État.

Au point de vue financier, avant la guerre, il n'existait pas d'avance permanente à l'État.

Depuis la guerre, les avances se sont graduellement élevées jusqu'à 9 milliards 1/2 de marks. Elles se font sous forme d'escompte à 5 0/0 l'an de bons du Trésor à 3 mois contre remise de billets. L'État ne reçoit aucune ristourne directe.

Cette situation s'explique si l'on examine le partage des bénéfices entre l'État et les actionnaires. En effet, aux termes des statuts, après avoir déduit du bénéfice brut les frais généraux, amortissements et impôts sur l'excès de billets en circulation, la Banque, avant la guerre, prélevait la somme correspondant à 3 1/2 0/0 de son capital-actions. Le surplus, sous déduction d'un prélèvement de 10 0/0 porté en réserve, était partagé, 1/4 aux actionnaires et 3/4 à l'État. Dans une année normale, 1913 par exemple, l'État recevait :

Impôt sur l'excédent de circulation.................... 3.674.318 mk.
Part dans les bénéfices............................... 31.020.355 »
            Total.................... 34.694.673 mk.,

tandis que les actionnaires recevaient un dividende de 8,43 0/0.

La loi du 4 août 1914 ayant supprimé l'impôt sur l'excès de circulation, la participation de la Banque d'Empire aux charges de l'impôt de guerre a été réglée par la loi du 24 décembre 1915 :

« Article premier. — Des bénéfices de la Reichsbank pour l'année 1915, avant tout, une somme de 100 millions de marks est attribuée à l'Empire.

« Art. 2. — 1° La Reichsbank a, en outre, à bonifier à l'Empire une somme de 16,3 millions de marks sur les bénéfices de l'année 1915 et autant sur ceux de l'année 1916.

« 2° Pour autant que le bénéfice net de l'année 1915 et de l'année 1916, déduction faite de tous les frais quelconques, dépassera le bénéfice net moyen des années 1911, 1912 et 1913, il appartiendra pour les trois quarts à l'Empire.

« La répartition du bénéfice ainsi restant se réglera conformément au paragraphe 24 de la loi sur les banques, telle qu'elle est contenue dans la loi du 1er juin 1909 (Reichsgesetzblatt, page 515).

« Art. 3. — Les montants qui ont été, suivant les bilans, pour les années 1914, 1915 et 1916, versés comme réserve de la Reichsbank pour les créances douteuses ne pourront, jusqu'à la fin de l'année qui suivra la fin de la guerre, être utilisés que pour couvrir des pertes.

« Pour autant que ces sommes n'auraient pas été utilisées jusqu'à ce moment, elles seront attribuées pour moitié à l'Empire, après déduction du montant que la Reichsbank inscrira comme réserve pour créances douteuses dans le bilan de l'année désignée ci-dessus, avec un maximum de 6 1/4 millions de marks.

« Quant à l'autre moitié, pour autant qu'elle n'aura pas été employée avant le 31 décembre 1920 pour couvrir des pertes, son utilisation définitive sera réglée par une loi à voter conformément à l'article 41 de la loi sur les banques.

« Art. 4. — « Les sommes à payer à l'Etat suivant l'article 2, paragraphe 2, et celles qui sont visées à l'article 3 sont exemptes d'impôts communaux. »

En outre, la loi budgétaire de 1916 a renouvelé la contribution de 100 millions de marks pour l'exercice 1916.

En résumé, depuis les hostilités, les bénéfices nets de la Reichsbank ont été de :

1914	67.010.694 mk.	
1915	106.482.332 »	
1916	96.289.540 »	
	269.782.566 mk.	

Sur ces bénéfices, l'Etat a reçu pour sa part :

1914		42.497.485 mk.	
1915 :			
1er prélèvement	50.972.923 mk.		
2e —	34.446.586 »		
	85.419.509 mk.	85.419.509 »	
1916 :			
1er prélèvement	43.328.340 mk.		
2e —	32.662.840 »		
	75.991.180 mk.	75.991.180 »	
Total		203.908.174 mk.	

En outre, l'Etat a reçu à titre d'impôts qui figurent aux frais généraux de la Banque :

1914	1.040.936 mk.	
1915	114.300.000 »	
1916	114.300.000 »	
	229.640.936 mk.	

Les actionnaires ont reçu un dividende, en 1914 de 10,24 0/0, en 1915 de 8,97 0/0, en 1916 de 8,68 0/0.

Autriche-Hongrie.

Sources d'information.

Les comptes officiels de la Banque austro-hongroise pendant la guerre ne sont connus que depuis peu de temps.

Pendant plus de trois ans à dater de la déclaration de guerre, la Banque a suspendu la publication de ses bilans annuels et de ses bulletins hebdomadaires. Elle n'a pas tenu d'assemblée générale entre le 3 février 1914 et le 19 décembre 1917. Elle s'est bornée, au cours de cette période, à distribuer à ses actionnaires des acomptes provisoires sur le dividende de chaque exercice, mais sans faire connaître les résultats susceptibles de justifier ces répartitions.

Une seule lueur éclairait alors ces ténèbres : les rapports semestriels de la Commission du contrôle des dettes de l'Etat autrichien montraient l'augmentation progressive des avances de la Banque au compte de l'Autriche. Par un simple calcul de proportion arithmétique, on pouvait en déduire le chiffre de ses avances pour le compte de la Hongrie, et mesurer ainsi l'importance du concours demandé à la Banque d'émission pour les deux Etats de la Monarchie.

Par contre, aucun renseignement n'était fourni sur la circulation fiduciaire et sa couverture métallique, et ce silence obstiné contribuait trop naturellement à entretenir dans le public les inquiétudes nées de deux phénomènes que chacun pouvait contrôler par sa simple expérience personnelle : la hausse prodigieuse des prix à l'intérieur et, au dehors, la baisse constante de la couronne austro-hongroise sur les marchés neutres ou même en Allemagne et dans les autres pays alliés, ainsi que dans les pays occupés par l'Autriche-Hongrie.

Il est donc peu surprenant que, dans la presse et dans les deux Parlements (surtout depuis que le Reichsrat autrichien put enfin rouvrir ses séances en mai 1917), des voix se soient élevées pour réclamer des clartés sur la situation de la Banque austro-hongroise, qui, seule parmi les grandes institutions similaires des Etats belligérants, a gardé ainsi pendant plus de trois ans sa comptabilité secrète.

Peut-être le gouvernement austro-hongrois qui, depuis le début de la guerre, s'est réservé la haute main sur le fonctionnement de la Banque d'émission, eût-il été tenté de résister plus longtemps encore à des vœux si légitimes, sans une circonstance qui semble l'avoir contraint à lever le mystère.

Le privilège de la Banque allait expirer au 31 décembre 1917. Il fallait le renouveler ou, tout au moins, le prolonger à titre provisoire, négocier à cet effet une convention avec la Banque, demander une loi aux deux Parlements. Or, comment eût-il été moralement possible de solliciter l'approbation parlementaire sans s'assurer aussi l'approbation des actionnaires ? Et comment réunir les actionnaires sans leur fournir des chiffres et des explications sur la situation de la Banque ?

Ces considérations durent, croyons-nous, déterminer le gouvernement à autoriser la convocation d'une assemblée générale extraordinaire pour le 19 décembre 1917, en vue d'approuver la prolongation du privilège. La nouvelle en fut annoncée, dès le 18 octobre, par le docteur Wekerlé, président du conseil, à la Commission des finances de la Chambre hongroise. Le chef du gouvernement hongrois déclarait, en même temps, qu'un bilan serait communiqué à cette assemblée. Enfin, le docteur Wekerlé fournissait lui-même, pour la première fois, une indication relative à la circulation de billets de banque, qu'il évaluait alors à 15.6 milliards de couronnes, se bornant à ajouter que la couverture métallique était « suffisante », et que le prochain bilan « tranquiliserait » à cet égard.

A l'assemblée extraordinaire du 19 décembre 1917, lecture fut en effet donnée un tableau de la situation de la Banque au 7 décembre 1917. Mais si ce rapport exposait assez complètement le mécanisme des opérations de la Banque depuis le début de la guerre, et notamment celui des avances à l'État, il restait muet sur les résultats de sa gestion financière, qui ne pouvaient d'ailleurs être complètement arrêtés à cette date pour l'exercice 1917, et dont la communication fut ajournée à l'assemblée générale ordinaire du 8 février 1918.

Ainsi, à deux mois d'intervalle, les actionnaires de la Banque se réunirent en deux assemblées. Les rapports soumis à ces deux assemblées forment notre source principale d'information ; nous l'avons complétée par l'étude des discussions et documents parlementaires.

Modifications des statuts de la Banque.

Dès le 4 août 1914, le gouvernement austro-hongrois résolut de prendre des mesures exceptionnelles pour adapter le régime statutaire de la Banque d'émission à l'état de guerre. Ces mesures furent autorisées dictatorialement, en Autriche, suivant ordonnance impériale rendue en vertu du paragraphe 14 de la loi constitutionnelle de 1867 et, pour la Hongrie, par application d'une disposition similaire de la loi 63 de 1912, prévoyant des mesures exceptionnelles pour le cas de guerre.

En quoi consistèrent les modifications introduites en vertu du principe posé par l'ordonnance du 4 août 1914 ?

On l'ignora pendant longtemps. L'ignorance publique ne fut complètement dissipée que par le rapport du docteur Kraft, député autrichien, sur le projet de loi déposé en vue d'obtenir la ratification de l'ordonnance. Ce rapport, venu en discussion le 6 février 1918 devant la Commission du budget de la Chambre autrichienne, distingue jusqu'à treize modifications des statuts de la Banque. Elles n'ont pas toutes pour nous un égal intérêt.

Les plus importantes ont eu pour effet d'autoriser la Banque à consentir des prêts et des ouvertures de crédits à l'État ; de permettre à la Banque de considérer les engagements de l'État comme éléments de couverture bancaire et de suspendre pour elle l'obligation de couvrir en or les deux cinquièmes de la circulation fiduciaire, ainsi que la publication des bulletins hebdomadaires, qui devaient « être considérés comme secrets jusqu'à nouvel ordre et n'être communiqués qu'aux deux gouvernements » ; d'interrompre également la publication des bilans annuels et la convocation d'assemblées générales, tant ordinaires qu'extraordinaires, étant spécifié que les pouvoirs des administrateurs seraient prolongés d'office, et que la date de la prochaine assemblée générale devrait être fixée de concert entre le Conseil général de la Banque et les deux gouvernements.

Ces dispositions auraient même permis, semble-t-il, de prolonger le privilège sans consulter les actionnaires ; mais, en fait, le Gouvernement n'a pas fait usage de ce droit théorique.

Une autre disposition intéressante dispensait la Banque, « pour cause de force majeure », de l'obligation de consacrer toutes ses ressources à maintenir au pair le cours du billet de banque sur les marchés étrangers. Enfin, une série de mesures accessoires affranchissaient la Banque de l'impôt de 5 0/0 sur les billets non gagés par l'encaisse-or ; établissaient de nouvelles règles de répartition, entre l'Autriche et la Hongrie, de leur part dans les bénéfices ; imposaient à la Banque diverses opérations de prêts sur titres des emprunts de guerre ; l'autorisaient à créer des succursales en territoires occupés, etc.

Il y avait là toute une construction destinée à mettre complètement la Banque sous le joug de l'État, en absorbant toutes ses forces pour la guerre, fût-ce au risque de fausser gravement les ressorts de l'institution et de léser son crédit dans l'avenir : imprudente méthode, qui eut pour résultats une inflation fiduciaire démesurée et l'état général de déséquilibre qui pèse lourdement sur le change austro-hongrois. C'est pourquoi le rapporteur Kraft concluait au rejet du projet de loi sanctionnant l'ordonnance impériale du 4 août 1914 et proposait, en outre, d'inviter le Gouvernement à provoquer, d'accord avec la Hongrie, la reprise de la publication des bulletins hebdomadaires.

Enfin, nous devons signaler que le rapport Kraft mentionne une importante concession accordée aux actionnaires de la Banque austro-hongroise.

Le Gouvernement a pris l'engagement de rembourser en or, ou à la valeur de l'or, le capital-actions et la réserve statutaire, pour le cas où le privilège ne serait pas renouvelé et où l'Etat déciderait d'exploiter lui-même la Banque. Cette hypothèse, bien que peu vraisemblable, pourrait néanmoins se réaliser un jour, en raison des tendances séparatistes qui se sont manifestées en Hongrie pour la création d'une Banque nationale indépendante.

A l'appui de cette clause, on a fait ressortir que la Banque, au prix d'un effort constant de longues années, s'était mise en mesure de rembourser elle-même en or son capital-actions et ses réserves, au cas de liquidation, et cela au moyen de l'or qui appartenant en propre : seul, l'entier concours apporté à l'Etat par la Banque pendant la guerre a absorbé graduellement ses réserves d'or. Tel est l'argument exposé par la Banque dans son rapport à l'assemblée du 19 décembre 1917. Le comte Tisza, ancien président du Conseil de Hongrie, sous le ministère duquel cet accord est intervenu, l'a également invoqué à la séance du 12 décembre 1917 de la Chambre hongroise. A la Commission du budget de la Chambre autrichienne, le rapporteur Kraft, sans faire d'objection absolue, a fait ressortir l'opposition des intérêts entre l'Etat et la Banque à cet égard ; il a recommandé la question à l'examen attentif de la Commission du budget, tant au point de vue du principe de l'avantage ainsi concédé que de son étendue, et il a conclu à la nécessité de sauvegarder en pareille matière l'influence du Parlement.

Les avances à l'État.

Dès 1912, à l'époque de la guerre balkanique, le Gouvernement austro-hongrois avait pris des accords avec la banque d'émission, en vue de s'assurer son concours au cas de mobilisation générale.

Au mois d'août 1914, le Gouvernement eut d'abord indirectement recours à la Banque austro-hongroise, sous la forme suivante.

Le consortium des grandes banques privées accepta alors de prendre pour 950 millions de couronnes en bons du Trésor 5 0/0 à deux ans et demi (dont 600 millions pour l'Autriche et 350 millions pour la Hongrie), et se procura les fonds nécessaires en faisant escompter ces bons par la banque d'émission. Ces bons du Trésor, dont le remboursement avait d'abord été fixé au 1er février 1917, ont été prolongés depuis jusqu'au 1er août 1919.

Pourquoi cet appel indirect à la banque d'émission ?

Le rapport à l'assemblée du 19 décembre 1917 indique, sans préciser davantage, que l'opération eut lieu « aussitôt après la déclaration de guerre », et il s'agit évidemment de la déclaration de guerre à la Serbie (28 juillet 1914). L'accord fut donc vraisemblablement antérieur de quelques jours à l'ordonnance du 4 août 1914. Or, à ce moment, il était encore interdit à la Banque d'effectuer des prêts au Trésor. L'intervention du consortium, véritable « personne interposée » entre l'Etat et la Banque, permettait d'éluder cette défense, et l'on peut admettre que les juristes autrichiens, formalistes mais ingénieux, imaginèrent de recourir à cette méthode détournée.

Ce qui paraît fortifier notre hypothèse, c'est que, dix jours après l'ordonnance du 4 août 1914, on abandonna le procédé indirect, et cette fois, semble-t-il, pour n'y plus revenir : suivant convention du 14 août 1914, la Banque austro-hongroise prit directement pour 2 milliards de bons du Trésor 5 0/0 or, représentant 2.666,66 millions de couronnes.

Jusque là, les avances de la banque étaient garanties par un dépôt de bons du Trésor portant de l'intérêt élevé. Si ce taux avait été maintenu, il eût procuré aux actionnaires de la Banque un bénéfice formidable. Mais les prêts ultérieurs furent contractés sans garantie particulière et à un taux d'intérêt très réduit.

Suivant convention du 7 octobre 1914, la Banque escompta une traite du Trésor de 2 milliards de couronnes, dont 1.272 millions (63,6 0/0) pour l'Autriche et 728 millions (36,4 0/0) pour la Hongrie. Cette clef de répartition correspondait à la quote-part respective des deux États dans les dépenses communes de la Monarchie, telle qu'elle est déterminée par le compromis austro-hongrois, et il paraît bien qu'elle a toujours été appliquée depuis lors. Quelques mois plus tard, cette avance de 2 milliards s'augmenta d'une somme de 800 millions, en vertu d'une convention additionnelle.

Vers le mois de novembre 1914, l'Autriche-Hongrie put émettre son premier emprunt de guerre. Chacun commençait à comprendre que la guerre serait de plus longue durée qu'on ne l'avait cru à l'origine. Une question se posa pour la Banque : devait-elle continuer d'ouvrir à l'État des crédits illimités, bien qu'il parût désormais en mesure d'emprunter régulièrement dans le public ? Le conseil général de la Banque se prononça pour l'affirmative, en raison de l'immense responsabilité qu'il eût encourue, si son refus avait obligé le Gouvernement à émettre des billets d'État.

Une série de conventions spéciales furent alors conclues aux dates suivantes : 15 juillet 1915, 16 septembre 1915, 24 février 1916, 31 mai 1916, 21 septembre 1916, 23 novembre 1916, 19 mai 1917, 30 août 1917, 28 septembre 1917, 24 novembre 1917. Chacune comportait un nouveau prêt de 1.500 millions de couronnes (954 millions pour l'Autriche, 546 millions pour la Hongrie), sur simple reconnaissance de dette à régler six mois au plus tard après la conclusion de la paix.

Au 31 décembre 1917, la somme effectivement versée sur les 15 milliards prêtés en vertu de ces dix conventions spéciales ne s'élevait encore qu'à 13 milliards 698 millions (dont 9.540 millions pour l'Autriche et 4.158 millions pour la Hongrie).

Quel était alors le montant global des avances de la Banque aux deux États depuis le début de la guerre ?

Notre collègue M. Louis Marin, rapporteur général du budget, a évalué ce montant à 19 milliards, chiffre rond, au 5 décembre 1917.

Il est intéressant de noter ici que, depuis l'impression de son rapport, son évaluation s'est trouvée confirmée par la *Neue Freie Presse* de Vienne (n° du 29 janvier 1918), qui avait d'abord proposé à tort un chiffre de 17,8 milliards seulement, combattu dans le rapport Marin (page 254).

En outre, le rapport Kraft, déjà cité, apporte un nouvel élément de contrôle et permet de suivre le mouvement des avances de la Banque jusqu'au 6 février 1918, date de la discussion de ce rapport.

Le rapporteur Kraft communique, à cette date, le tableau suivant de la dette de guerre de l'Autriche :

	Couronnes.
Banque austro-hongroise..	13.102.800.000
Banques autrichiennes..	7.233.756.390
Banques allemandes (emprunts en marks)...................	2.947.782.532
Sept premiers emprunts de guerre..............................	29.274.603.300
Dette de guerre de l'Autriche au 6 février 1918......	52.558.942.222 (1)

---

(1) En appliquant ici à la dette de guerre de la Hongrie, la méthode de calcul exposée au rapport Marin (pages 245-246), on est conduit à admettre que la dette de guerre de la monarchie austro-hongroise, en février 1918, devait approcher de 80 milliards, et le total de sa dette publique, y compris la dette antérieure à la guerre, de 100 milliards de couronnes, soit, à l'ancienne parité légale de 1 couronne = 1 fr. 05, 105 milliards de francs.

Ce tableau suggère les remarques suivantes :

Au 5 décembre 1917, d'après le baron de Plener, rapporteur du budget autrichien à la Chambre des Seigneurs (voir le rapport de M. Marin sur le budget de 1918, p. 249 et suivantes), les avances de la Banque à l'Autriche s'élevaient à .... Cour. 12.148.800.000

En conséquence, la Banque a dû consentir aux deux États, entre cette date et le 6 février 1918, une nouvelle avance de 1.500 millions (1), dont 63,6 0/0 pour l'Autriche, soit 954.000.000

pour porter à .... Cour. 13.102.800.000

le montant de ses avances à l'État autrichien indiqué par le rapport Kraft.

Cette rigoureuse concordance vérifie l'authenticité du chiffre Plener pour le 5 décembre 1917 et contrôle par suite l'évaluation Marin, établie en prenant ce chiffre pour base de calcul.

Il en résulte qu'au 5 décembre 1917, le montant global des avances de la Banque aux deux États de la monarchie devait effectivement s'élever à .... Cour. 19.100.800.000

En ajoutant à cette somme le montant du nouveau prêt de .... 1.500.000.000 consenti avant le 6 février 1918, l'ensemble des crédits ouverts à l'État par la banque se trouve porté, pour cette date, à la somme de..... Cour. 20.600.800.000

Nous verrons plus loin que la lecture du bilan de la banque justifie de même ces évaluations.

Bilan de la Banque Austro-Hongroise au 31 décembre 1917.

On a vu précédemment que la publication des bulletins hebdomadaires de la banque a été complètement suspendue depuis le 23 juillet 1914. Malgré les protestations qui se sont manifestées à ce sujet au Parlement et dans la presse, il ne semble pas que l'on songe à reprendre de longtemps cette publication interrompue.

Par contre, un tableau de la situation de la banque au 7 décembre 1917 a été publié dans le rapport à l'assemblée extraordinaire du 19 décembre 1917 (voir rapport Marin, pages 251-252).

Puis, aux approches de l'assemblée ordinaire du 8 février 1918, la Banque a publié son bilan au 31 décembre 1914, ainsi que son bilan au 31 décembre 1917.

Nous reproduisons ce dernier bilan ci-dessous :

Bilan au 31 décembre 1917.

Actif :

Encaisse métallique :   Couronnes.

Monnaie d'or en couronnes, lingots d'or, monnaies d'or étrangères et commerciales, le kilog. d'or fin calculé à 3.278 couronnes.. 265.136.861
Traites en or sur places étrangères........... 60.000.000
Argent courant et monnaies divisionnaires.... 56.484.777
                                              381.621.638   381.621.638

---

(1) Nous devons noter toutefois que, suivant une récente déclaration de M. de Popovicz, ministre des finances de Hongrie, aucun nouveau prêt n'aurait été fait depuis le 1er janvier ; cette affirmation se concilie malaisément avec les chiffres du rapport Kraft.

Bons de la Caisse de prêts de guerre.................................	107.217.250
Traites, effets, warrants...	2.822.043.351
Prêts sur titres..	3.429.110.500
Effets et coupons échus et payés.....................................	1.044.910
Administration des pays et royaumes autrichiens......................	60.000.000
Dette de l'État autrichien en vertu de conventions spéciales.........	9.540.000.000
Dette de l'État hongrois en vertu de conventions spéciales...........	4.158.000.000
Prêts hypothécaires...	291.758.431
Obligations rachetées en bourse.....................................	4.030.227
Versements au fonds de réserve......................................	36.262.223
Versements au fonds des pensions....................................	14.795.781
Immeubles..	51.112.921
Actif divers...	960.391.640
Total de l'actif...............................	21.857.388.872

Passif :

Capital actions...	210.000.000
Fonds de réserve..	42.190.270
Circulation de billets..	18.439.694.767

Exigibilités immédiates.

Comptes-courants........................	1.966.406.668	
Autres comptes créditeurs...............	48.625.966	
Obligations amorties, non remboursées...	1.057.000	
Intérêts non payés.....................	630.552	
Dividendes non payés...................	1.628.682	
	1.958.348.868	1.958.348.868

Obligations en circulation............................		276.241.000
Intérêts non encore échus à la charge de l'exercice...		2.824.332
Fonds des pensions....................................		16.755.682
Somme réservée sur les produits de 1917...............		102.019.996
Passif divers...		793.250.818
Report de bénéfices à 1918............................		163.639
Bénéfice net de 1918..................................	46.167.418	
ainsi employé :		
acompte sur le dividende du 1ᵉʳ juillet 1917...... 4.200.000		
fonds des pensions 1.510.127		
part des deux États...... 24.557.291		
30.267.418 30.267.418		
	15.900.000	15.900.000
Total du passif...............................		21.857.388.872

Observations.

Affaires d'État et affaires privées. — La lecture de ce bilan montre que le rôle de la Banque austro-hongroise, depuis le début de la guerre, a consisté presque exclusivement à procurer des ressources à l'État ; son activité dans le domaine des affaires privées est devenue, au contraire, insignifiante.

C'est ce qui ressort avec évidence de l'examen des deux postes intitulés : « Traites, effets et warrants » et « prêts sur titres ».

D'après les chiffres fournis par le rapport à l'assemblée ordinaire du 8 février 1918, le premier poste ne comprend qu'un portefeuille commercial de 22 millions de couronnes, contre 2.800 millions en traites du Trésor, et le second poste 621 millions seulement d'avances sur titres aux particuliers, le surplus (2.807 millions) représentant des avances à l'État.

Voici, d'après le même document, le mouvement de ces deux comptes au cours des cinq derniers exercices, en ce qui concerne uniquement les affaires privées :

Portefeuille d'effets de commerce au 31 décembre.

1913	1914	1915	1916	1917
(En millions de couronnes)				
925.9	862.5	176.7	56.7	22

Prêts sur titres aux particuliers au 31 décembre.

1913	1914	1915	1916	1917
(En millions de couronnes)				
310.6	670	568.4	620.6	621.6

Si le portefeuille d'effets de commerce n'a cessé de décroître depuis le début de la guerre, le compte des avances sur titres a, au contraire, presque doublé d'importance par rapport à 1913 ; mais ce phénomène doit être attribué surtout aux opérations de prêts sur titres des emprunts de guerre.

Compte des avances à l'État. — Les chiffres du bilan, complétés par ceux qu'on vient de lire, permettent d'établir comme suit le tableau des avances de la Banque à l'État, au 31 décembre 1917 :

Couronnes.

Traites du Trésor	2.800.000.000
Avances sur titres	2.807.500.000
Dette de l'État autrichien en vertu de conventions spéciales	(1) 9.540.000.000
Dette de l'État hongrois en vertu de conventions spéciales	4.158.000.000
Soit ensemble, au 31 décembre 1917	19.305.500.000
En ajoutant à cette somme le montant du nouveau prêt de	1.500.000.000

consenti aux deux États entre le 1ᵉʳ janvier et le 5 février 1918, le total des crédits ouverts à l'État par la Banque se trouve porté, pour cette dernière date, à la somme de 20.805.000.000

---

(1) Si l'on compare ce chiffre au chiffre correspondant qui figurait au tableau de la situation de la Banque au 7 décembre 1917, contenu dans le rapport à l'assemblée extraordinaire du 19 décembre 1917 (voir rapport Marin, p. 251), on constate qu'entre le 7 et le 31 décembre, l'État autrichien a appelé 500 millions sur les crédits à sa disposition en vertu des conventions spéciales antérieures : c'est ainsi que le chiffre est passé de 9.040.000.000 Cour. à 9.540.000.000 Cour.

qui s'accorde à 205 millions près avec l'évaluation que nous avons tenté d'établir plus haut à l'aide des chiffres du rapport Kraft, évaluation que nous avions portée seulement à la somme de 20 milliards 600 millions.

Billets en circulation et encaisse-or. — Le tableau suivant résume les variations de la circulation fiduciaire et des divers éléments de couverture du billet de banque au 31 décembre de chacune des cinq dernières années :

	FIN 1913.	FIN 1914.	FIN 1915.	FIN 1916.	FIN 1917.
	(En millions de couronnes)				
Billets en circulation.................	2.498 6	5.136 6	7.162 3	10.888 6	18.439 6
Couverture métallique :					
Encaisse-or........................	1.240 9	1.055	684 8	290	265 1
Traites or sur places étrangères........	60	14	60	6	60
Encaisse-argent....................	261	126	66	58	56
	1.561 9	1.195	810 8	354	381 1
Billets de banque étrangers et avoir divers à l'étranger.........................	67 4	67 1	134 1	162 1	716 4

L'émission moyenne de billets de banque s'est élevée à environ 400 millions de couronnes pour chacun des 41 premiers mois de la guerre ; mais, en 1917, elle a été portée à 625 millions par mois, sur l'ensemble de l'exercice, et il semble même qu'elle ait atteint un milliard par mois depuis le mois de juillet.

La diminution progressive de l'encaisse-or est due aux exportations d'or à l'étranger pour les besoins de l'armée et du ravitaillement public.

La forte augmentation du portefeuille de la Banque en moyens de règlement à l'étranger en 1917 est attribuée par le rapport du 8 février 1917 à l'amélioration de la balance commerciale au cours de cet exercice, et surtout à la réglementation légale du commerce des devises depuis décembre 1916. Le volume des opérations de change de la Banque est passé de 2.705,7 millions de couronnes en 1914 à 3.194,4 millions en 1915, 6.626,8 millions en 1916, et 7.511,1 millions de couronnes en 1917.

Les révélations sur les progrès de l'inflation fiduciaire et sur l'évaporation de l'encaisse-or ont causé en Autriche-Hongrie une émotion profonde, dont notre collègue M. Louis Marin a analysé de près les phases successives dans son rapport (pages 271 et suivantes). On a étudié les moyens d'y remédier dans la mesure du possible, dans le présent et dans l'avenir, et cela tout d'abord en imposant à la Banque la création d'une nouvelle « Réserve monétaire « (*Währungsreserve*), sur laquelle nous aurons à revenir plus loin.

D'autre part, les milieux parlementaires recommandaient, dans le même sens, l'émission à jet continu de bons du Trésor à court terme, sur le modèle français, destinés à retirer des billets de la circulation. Le gouvernement austro-hongrois semble persévérer jusqu'ici dans son hostilité contre ce système qui, en ayant pour effet de réduire les dépôts du public dans les banques et institutions de crédit, risquerait de tarir ainsi la source du concours demandé à ces établissements privés.

Par contre, dans le courant du mois de janvier 1918, il a été décidé que la Banque austro-hongroise émettrait elle-même des « Bons de caisse » (*Kassenscheine*) portant intérêt. Cette émission devait avoir lieu fin février ou au début de mars. Le taux d'intérêt serait de 3 1/2 0/0 pour les bons à trois mois, de 4 0/0 pour les bons à six mois d'échéance.

Cette innovation a d'ailleurs déjà soulevé de nombreuses critiques dans la presse, et il est probable qu'elle mécontente également la Banque d'émission et les établissements de crédit. On fait observer qu'il eût été bien préférable, à tous les points de vue, d'émettre des bons du Trésor. L'opération constituera nécessairement une mauvaise affaire pour la banque austro-hongroise, qui empruntera à 3 1/2 ou 4 0/0, alors qu'elle ne reçoit de l'État qu'un intérêt de 1/2 0/0 pour ses avances. Sa tendance naturelle sera donc de réduire son sacrifice autant que possible; ou, si l'État y participe en relevant à proportion le taux des avances, quel avantage recueillera-t-il à n'avoir pas émis lui-même des bons du Trésor ?

Impôt sur les bénéfices de guerre. — Part de l'État et des actionnaires. — La nouvelle « Réserve monétaire ».

Le tableau suivant, que nous empruntons à l'exposé des motifs du projet de loi sur les bénéfices de guerre de la Banque pour les exercices 1914, 1915 et 1916, résume la répartition des bénéfices de la Banque austro-hongroise pour l'ensemble de cette période :

Couronnes.

Bénéfices nets de 1914, 1915 et 1916 .... 302.473.568

A répartir comme suit :

Impôts sur les bénéfices de guerre........................	149.327.945
Part des deux États dans les bénéfices.....................	63.533.287
Dividendes..	56.877.762
Réserve statutaire..	10.520.934
Réserve pour pertes de guerre.............................	20.000.000
Fonds de pensions..	2.213.638
	302.473.568

Le bénéfice net de 1917 s'est élevé à 148.187.414 couronnes, dont 25.557.291 couronnes ont été attribuées aux deux États comme part bénéficiaire, 20.100.000 couronnes affectées au dividende et 1.510.127 couronnes au fonds des pensions.

L'impôt sur les bénéfices de guerre de cet exercice n'étant pas encore fixé par la loi, la Banque a réservé une somme de 102.019.996 couronnes pour cet impôt et pour les réserves.

Observations.

Bénéfices nets de la Banque et nouvelle Réserve monétaire. — Le bénéfice net moyen des trois exercices 1911 à 1913 avait atteint 38 1/2 millions de couronnes. Les bénéfices nets de la Banque se sont ensuite trouvés portés, en chiffres ronds, à 57 1/2 millions pour 1914, 108 millions pour 1915, 136 millions pour 1916 et 148 millions pour 1917, soit ensemble 450 millions de couronnes, chiffre rond pour ces quatre exercices de guerre.

Ces bénéfices considérables ont eu pour principale source le produit de l'intérêt des avances à l'État. Mais la somme de 450 millions ne suffit pas à représenter la totalité des profits réalisés par la Banque pendant la période 1914-1917 : il convient d'y ajouter une somme de 255 millions, qui n'a pas été comprise dans l'établissement des bénéfices nets.

Cette somme, s'élevant exactement à 255.186.541 couronnes au 30 septembre 1917, provient des gains de la Banque dans le domaine des opérations de change.

D'une part, en effet, la Banque a réalisé une prime considérable sur ses exportations d'or. D'autre part, elle a été chargée de diriger les « Centrales des devises » instituées en 1916 à Vienne et Budapest et destinées à régulariser le commerce des instruments de change. En participant à ce commerce, elle a obtenu des gains ou subi des pertes dont le résultat définitif ne sera d'ailleurs véritablement appréciable que lors du passage à un état de stabilité monétaire.

Aussi le Gouvernement et la Banque ont-ils estimé, d'un commun accord, que le profit de 255 millions, obtenu au 30 septembre 1917 sur l'ensemble de ces opérations, n'offre qu'un caractère essentiellement provisoire, qu'il ne se rapporte point d'ailleurs aux conditions normales d'activité statutaire de la Banque ; que, par suite, il ne saurait faire l'objet d'un partage quelconque entre l'État et les actionnaires ; mais que la Banque a, au contraire, le devoir de le consacrer à restaurer le crédit du billet de banque, compromis par les exportations d'or.

En vertu d'une convention entre l'État et la Banque, soumise à l'approbation du Parlement, cette somme de 255 millions constituera donc la première dotation d'une nouvelle réserve, dite « réserve monétaire » (Währungsreserve), destinée à reconstituer l'encaisseor et à accroître le portefeuille de la Banque en instruments de change sur l'étranger (voir rapport Marin, page 275).

La nouvelle « réserve monétaire » doit faire l'objet d'un compte spécial et sa gestion sera soumise au contrôle du Parlement. Cette réserve figure, au bilan, dans le « passif divers ». Au cas de non-renouvellement du privilège, il est stipulé qu'elle ferait retour à l'État.

Impôt sur les bénéfices de guerre. — L'ordonnance impériale du 16 avril 1916, qui a introduit en Autriche l'impôt sur les bénéfices de guerre, contenait (§ 28) une disposition la rendant inapplicable à la Banque austro-hongroise, dont l'imposition devait être réglée séparément.

La loi autrichienne du 30 décembre 1917 et la loi hongroise 2 de 1918 ont fixé, par la suite, le montant de l'impôt de la Banque, en le calculant, pour chacun des exercices 1914 à 1916, à 80 0/0 de l'augmentation du bénéfice net de chaque exercice par rapport au bénéfice net moyen de la période 1911-1913.

Sur l'ensemble des trois exercices 1914-1916, l'impôt de guerre autrichien s'est élevé à 94.707.451 couronnes et l'impôt de guerre hongrois à 54.620.493.

Le surplus du bénéfice net de chaque exercice a été ensuite réparti comme suit entre la Banque et les deux États.

Part des deux États. — La participation de l'État aux bénéfices résulte de l'article 102 des statuts de la Banque. Mais la clef de la répartition entre l'Autriche et la Hongrie a été modifiée suivant convention du 14 août 1914.

Pour les trois exercices 1914-1916, la part de l'Autriche s'est élevée à 39.275.066 couronnes et la part de la Hongrie à 24.258.221 couronnes.

Réserves de la Banque. — Les dotations effectuées pour 1916 ayant porté à leur plein niveau la réserve statutaire (cour. 42 millions, soit 20 0/0 du capital social) et la réserve pour pertes de guerre (cour. 20 millions), il ne sera plus fait d'attribution à ces réserves.

L'excédent de la somme de 102 millions réservée sur les bénéfices de 1917, par rapport au montant de l'impôt sur les bénéfices de guerre de cet exercice, sera affecté à la création d'une nouvelle réserve.

Dividendes distribués et dividende garanti. — Le dividende moyen des trois exercices 1910, 1911 et 1912 s'était élevé à 106 couronnes.

Le dividende de 1913, année particulièrement favorable, atteignit 129 couronnes.

Le dividende des années de guerre s'est élevé à 118 couronnes par action pour 1914, 127 couronnes pour 1915, 133 couronnes pour 1916 et 134 couronnes pour 1917.

En outre, au cours des négociations entre le Gouvernement et la Banque, il a été stipulé qu'un dividende minimum de 105 couronnes, correspondant au dividende moyen des années 1910-1912, serait garanti aux actionnaires, tant que l'État resterait débiteur de la Banque.

Dans le cas où les résultats d'un exercice ne permettraient pas de distribuer un dividende de ce montant, le taux d'intérêt des avances à l'État serait relevé de manière à parfaire l'insuffisance, sans toutefois pouvoir excéder 4 0/0.

Prolongation du privilège de la Banque.

En vertu de la loi autrichienne du 27 décembre 1917 et de la loi hongroise 18 de 1917, les conventions en vigueur concernant le privilège de la Banque austro-hongroise ont été prolongées à titre provisoire pour une période de deux années, à partir du 1er janvier 1918 et jusqu'au 31 décembre 1919 au plus tard.

Cette durée correspond à celle de la prolongation, à titre provisoire, du compromis austro-hongrois.

Russie.

La Banque d'Empire.

Cet établissement est le vrai type de la Banque d'État. Son directeur est un fonctionnaire des Finances et sa gestion est surveillée par la Chancellerie de crédit. Elle ne possède pas d'actionnaires. Aussi a-t-on pu opérer, durant la guerre, toutes modifications dans son statut fondamental sans les livrer à la publicité. Ce n'est que par les résultats qu'elles ont été connues.

Au 21 juillet 1914, son bilan était le suivant :

Actif.

Encaisse or	1.745.900.000 Rb.
— argent	73.020.000 »
Actif liquide	1.818.920.000 »
Avances et escomptes	760.810.000 »
Avances au Trésor	67.600.000 »
Total	2.647.330.000 Rb.

Passif.

Circulation de billets	1.548.220.000 Rb.
Dépôts créditeurs	1.099.110.000 »
Total égal	2.647.330.000 Rb.

De ce bilan il ressort que les billets en circulation avaient une couverture de 106 0/0. Mais la situation n'a pas tardé à changer. Pour couvrir les frais de guerre, on eut recours à de nouvelles émissions de billets. Le maximum une fois atteint, un ukase le relevait.

Nous donnons ci-dessous un tableau des billets en circulation, des bons du Trésor et de l'or en caisse. Nous négligeons le poste « Or à l'étranger », car il ne correspond qu'à des crédits ouverts dans les banques des pays de l'Entente, et dont on ne peut disposer que pour des achats dans ces pays.

	OR.	BONS du Trésor.	BILLETS en circulation.
	(En millions de roubles)		
23 octobre 1914	1.555	507	2.984
23 juin 1915	1.579	1.546	3.596
23 octobre 1915	1.611	3.259	5.493
23 mars 1916	1.626	3.816	6.022
23 juin 1916	1.541	3.734	6.533
14 janvier 1917	1.474	6.866	9.097
6 septembre 1917	1.293	?	16.661
29 octobre 1917	1.295	?	16.784

La circulation a crû plus vite que les bons du Trésor en caisse, car à ceux-ci sont venues s'ajouter les « Séries » émises par le Bureau des revenus impériaux qui, au 1ᵉʳ août 1916, s'élevaient à un milliard de roubles. Au 14 janvier 1917, l'encaisse or ne couvre plus que 16,2 0/0 des billets et, au 6 septembre 1917, 7,8 0/0.

La Banque d'Empire voit croître de semaine en semaine son portefeuille de bons du Trésor. La circulation a dépassé le point critique. Le pouvoir d'émission à découvert, strictement limité en temps de paix à 300 millions de roubles, a été relevé à mainte reprise.

Actuellement, voici la règle en vigueur :

« Provisoirement, pour la durée de la guerre et pour au maximum un an après la conclusion de la paix, la Banque d'Empire pourra émettre du papier-monnaie au delà des limites légales, à condition que les billets ainsi émis correspondent au montant des bons du Trésor déposés ; de plus, jusqu'à ce que le droit de conversion en or des billets soit rétabli, les billets seront garantis par l'or en caisse et par les bons du Trésor déposés à la Banque d'Empire ».

Cette règle correspond à l'abolition de l'étalon or pour la Russie.

ADDENDUM

Dotation du crédit agricole.

Pour avoir le montant de cette dotation à la fin de 1917, il faut ajouter à la somme indiquée à la page 90 une portion de la redevance du deuxième semestre de 1917, à savoir la portion afférente du produit des opérations commerciales, soit.. 7.472.436 fr. 52.
On arrive ainsi à un chiffre de................................. 167.995.189 fr. 16.
et le solde disponible pour le crédit agricole apparaît comme s'élevant, au 31 décembre 1917, à.. 106.852.736 fr. 95.

N° 4826

CHAMBRE DES DÉPUTÉS
ONZIÈME LÉGISLATURE
SESSION DE 1918

Annexe au procès-verbal de la séance du 5 juillet 1918 (1).

RAPPORT SUPPLÉMENTAIRE

FAIT

AU NOM DES COMMISSIONS DU COMMERCE ET DE L'INDUSTRIE * ET DU BUDGET ** exceptionnellement autorisées à se réunir POUR EXAMINER EN COMMUN (2) LE PROJET DE LOI *portant renouvellement du privilège de la* **Banque de France**,

Par M. LANDRY,

Député.

---

(1) Ce rapport a été remis au Président de la Chambre le 8 juillet 1918 (Voir le *Journal officiel* du 9 juillet) et rattaché à la séance du 5 juillet en vertu du 2ᵉ paragraphe de l'article 33 du Règlement.

* Cette Commission est composée de MM. Puech, *président*; Failliot, Chaulet, Landry, Sixte-Quenin, Géo Gérald, Verlot, *vice-présidents*; Le Cherpy, Levasseur, Petitjean, Paul Ribeyre (Haute-Loire), Jean Peyret, Louis Viellard, Jovelet, Connevot, *secrétaires*; marquis de Baudry-d'Asson, Bokanowski, Brenier, Buisset, Butin, Decroze, Demoulin, Derveloy, marquis de Dion, Alex. Durandy (Alpes-Maritimes), Durre, Giray (Isère), commandant de Grandmaison, James Hennessy, marquis de Juigné, Laguerre, Eugène Laurent (Nièvre), Modeste Leroy (Eure), Émile Magniez, Marrou, Edmond Mathis (Haute-Saône), Blaise Neyret (Loire), Pain, Dominique Pugliesi-Conti (Corse), Ravisa, Marc Réville, Serre, Villault-Duchesnois.

** Cette Commission est composée de MM. Raoul Péret, *président*; Jacques Piou, Jules Siegfried, Raiberti, Monestier, Adrien Veber, *vice-présidents*; Maurice Damour, de Kerguézec, Paul Aubriot, Georges Ancel, Chaulin-Servinière, Louis Serre, *secrétaires*; J.-B. Abel (du Var), Ajam, Albert Grodet, Aldy, André Hesse, marquis de Baudry d'Asson, Bedouce, Benazet, Émile Bender (Rhône), Bokanowski, Bouffandeau, Emmanuel Brousse, Caillaux, Ceccaldi, Compère-Morel, Adrien Dariac, Joseph Denais, Louis Dubois (Seine), Charles Dumont (Jura), Laurent Eynac, Abel Ferry, Abel Gardey, Lagrosillière, Landry, André Lefèvre (Bouches-du-Rhône), Louis Marin, Fernand Merlin, Noël, Jules Roche, Sembat, Simyan, Alexandre Varenne.

Voir les n°ˢ 4039-4429-4630-4643.

(2) Décision de la Chambre du 11 décembre 1917.

Messieurs,

Dans la séance de la Chambre du 2 juillet 1918, au cours du débat auquel a donné lieu une motion préjudicielle de M. Magniaudé tendant à renvoyer à une commission nouvelle les amendements déposés sur le projet de loi relatif à la Banque de France, les commissions du commerce et du budget ont fait savoir, par l'organe de M. Raoul Péret, président de la commission du budget, leur intention de procéder à un examen nouveau de tous les amendements, en présence des auteurs de ceux-ci, spécialement convoqués en vue de cette délibération.

La réunion ainsi annoncée a eu lieu vendredi dernier 5 juillet. Après une discussion approfondie, il a paru aux commissions qu'elles devaient adopter l'une des idées inscrites dans les nombreux amendements dont elles étaient saisies. La lettre suivante, qui a été adressée au ministre des finances, indiquera les résolutions qu'elles ont arrêtées.

Paris, le 5 juillet 1918.

Monsieur le Ministre,

Les commissions du commerce et du budget ont l'honneur de porter à votre connaissance qu'elles viennent de procéder à un nouvel examen des amendements déposés sur le projet de loi portant renouvellement du privilège de la Banque de France.

A l'unanimité, elles ont décidé qu'il y avait lieu de retenir le principe qui a inspiré les amendements de MM. Bokanowski (n° 10), Barthe (n° 24) et Siegfried (n° 33). D'après leur décision, un partage de bénéfices entre la Banque et l'État devrait intervenir lorsque le dividende attribué aux actionnaires dépasserait le chiffre de 240 francs net.

La part revenant à l'État devrait, en second lieu, être affectée à des œuvres de crédit, dans les conditions qui sont prévues à l'article 3 du projet de loi pour le produit de la redevance supplémentaire.

Il a semblé, enfin, aux commissions qu'il n'y avait lieu de n'instituer le partage de bénéfices entre la Banque et l'État que pour la durée du cours forcé.

Les commissions seraient heureuses de connaître, dans le plus bref délai possible, la suite que vous vous proposez de donner à leur délibération, M. Landry devant déposer un rapport supplémentaire qui sera distribué mardi prochain.

Veuillez agréer, Monsieur le Ministre, l'assurance de ma haute considération.

Le Président de la commission du budget,

Signé : Raoul PÉRET.

Les résolutions mentionnées dans la lettre ci-dessus n'appellent que peu de commentaires.

Le dividende de 240 francs net, au-delà duquel devrait intervenir le partage de bénéfices entre la Banque et l'État, est celui-là même qui a été distribué pour les exercices 1916 et 1917, et qui paraît devoir être distribué aussi pour 1918, le dividende du premier semestre de 1918 ayant déjà été fixé à 120 francs net.

Les commissions n'ont pas voulu que le produit éventuel du partage prévu tombât dans les recettes générales du budget, de manière que l'État ne soit jamais tenté de regarder du côté des bénéfices de la Banque, quand il sera en quête de ressources pour l'équilibre budgétaire.

Enfin, en n'instituant le partage que pour la durée du cours forcé, on incite la Banque — si tant est que cela soit nécessaire — à hâter le moment où ce cours forcé prendra fin.

Une autre satisfaction a été donnée à M. Barthe, comme auteur de l'amendement n° 26. M. Barthe a expliqué que sa pensée, en déposant cet amendement, avait été d'obtenir la certitude que la Banque de France s'emploierait au lendemain de la guerre, durant la période — qui sera peut-être longue — où la situation de nos changes créera des difficultés pour notre commerce, à procurer du change à celui-ci, tout comme elle fait en ce moment. Sur ce point, la lettre suivante a été adressée au ministre :

Monsieur le Ministre,

Les commissions du commerce et du budget, saisies de l'amendement n° 26 déposé par M. Barthe sur le projet portant renouvellement du privilège de la Banque de France, ont l'honneur d'appeler votre attention sur l'intérêt qu'il y aurait à ce que notre institut d'émission, au lendemain de la guerre, continuât d'une manière active le concours qu'il donne actuellement au commerce français en s'appliquant à acquérir, par des achats de devises à l'étranger, le change dont il a besoin.

Les commissions attacheraient du prix à ce que vous vous assuriez des intentions de la Banque sur cette question.

Veuillez agréer, Monsieur le Ministre, l'assurance de ma haute considération.

Le Président de la commission du budget,

Signé : Raoul PÉRET.

On ne manquera pas de remarquer les conditions dans lesquelles les commissions ont pris leurs décisions, et la portée qu'ont celles-ci.

L'unanimité qui s'est établie sur la question du superdividende marque la volonté de conciliation dont les membres des deux commissions, quelles que fussent leurs opinions ou leurs tendances, étaient tous animés. Les commissions, par là, ont voulu donner un exemple dont elles souhaitent que la Chambre s'inspire.

D'autre part, l'institution du partage de bénéfices en cas de superdividende ôte une grande partie de leur intérêt à un certain nombre d'amendements concernant la gratuité des avances de la Banque à l'État, les redevances sur la circulation productive, les bénéfices de guerre, tous amendements inspirés de la crainte que le régime établi par la convention du 26 octobre 1917 ne permette à la Banque de France, demain ou plus tard, de réaliser des bénéfices excessifs. Et nous pensons que le partage de bénéfices prévu, en calmant cette même appréhension, facilitera le vote de l'article premier du projet à certains qui, autrement, hésiteraient à lier l'État par un contrat d'une durée de vingt-cinq ans. Les commissions croient, de la sorte, avoir aidé à l'heureux et prompt achèvement d'une discussion qui ne saurait se prolonger longtemps sans de graves inconvénients, au vote d'une loi nécessaire pour la consolidation du billet et l'affermissement du crédit public.

AMENDEMENTS

Le désir a été exprimé, au cours de la séance du 2 juillet, que les nombreux amendements déposés fussent réunis, de manière qu'on les eût commodément sous les yeux quand ils seront appelés. Pour déférer à ce désir, nous les reproduisons ci-dessous, dans l'ordre même où ils ont été présentés.

Pour les amendements 1 à 9, nous ne donnons que le texte. Ces amendements, en effet, ont déjà été insérés et examinés dans notre précédent rapport.

Pour les amendements suivants (10 à 35), non content de les reproduire, nous y joignons les exposés sommaires dont ils ont été accompagnés, ainsi que des explications brèves, de nature à faire comprendre les décisions que les commissions ont prises à leur propos.

Amendement n° 1, présenté le 26 décembre 1917 par MM. Petitjean, Failliot, Louis Lajarrige, Henri Galli, Poirier de Narçay, députés :

Art. 2.

Rédiger ainsi qu'il suit le premier paragraphe de cet article :

« Est approuvée la convention passée le 26 octobre 1907 entre le Ministre des Finances et le Gouverneur de la Banque de France, sous réserve de l'adjonction à l'article 5 de ladite convention de la disposition suivante : « La Banque de France fera, en outre, à l'État « une avance supplémentaire de 100 millions, non productive d'intérêts, amortissable dans « un délai égal à la durée du privilège et destinée à permettre au Trésor public de « concourir à la constitution ou à l'accroissement de la dotation des monts-de-piété en « consentant lui-même, jusqu'à concurrence de pareille somme, des avances amortissables « et sans intérêts à ces établissements de crédit populaire. »

Amendement n° 2, présenté le 26 décembre 1917 par M. Arthur Rozier, député :

1° Ajouter à l'article 5 de la convention la disposition suivante :

« En outre, la Banque fera à l'État une avance supplémentaire sans intérêt de 100 millions, qui sera remboursée par les premières annuités de la redevance supplémentaire prévue à l'article 4 ».

2° Modifier ainsi l'article 3 du projet de loi :

« L'avance supplémentaire de 100 millions prévue à l'article 5 de la convention et les produits de la redevance supplémentaire devenus disponibles par suite du remboursement de cette avance seront affectés à une caisse nationale de prêts ayant pour objet : 1° de mettre à la disposition de chaque mont-de-piété une somme au moins égale au montant moyen de son emprunt au cours de ces cinq derniers exercices, à charge pour ces établissements de diminuer les intérêts exigés par leurs emprunteurs ; 2° de contrôler les opérations de prêts sur nantissements, d'en faciliter l'extension à tous les produits ou valeurs et de contribuer à fournir les fonds nécessaires à la restauration des monts-de-piété ruinés par la guerre et à la création de nouveaux établissements dans les villes qui en sont dépourvues ; 3° d'aider les œuvres de crédit fondées sur le principe de la coopération.

« La constitution et les attributions de cette caisse nationale de prêts seront déterminées par un règlement d'administration publique ».

Amendement n° 3, présenté le 31 décembre 1917 par M. Bergeon, député :

Ajouter un article nouveau ainsi conçu :

« Le montant et les modalités des avances mises par la Banque de France à la disposition de l'État seront déterminées en vue de procurer notamment au Trésor public les moyens d'assurer, dans l'année qui suivra la promulgation de la présente loi, la constitution ou l'accroissement de la dotation des monts-de-piété, en consentant lui-même à ces établissements de crédit populaire, jusqu'à concurrence de 80 millions de francs, des avances non productives d'intérêts et amortissables dans un délai égal à la durée du privilège de la Banque ».

Amendement n° 4, présenté le 25 janvier 1918 par MM. Bokanowski, Paul Ribeyre, Abel Gardey, Constant Verlot, l'amiral Bienaimé, Amédée Couesnon, députés :

Article additionnel.

Le 1° de l'article 9 des statuts fondamentaux de la Banque, établi par le décret du 16 janvier 1808 et modifié par l'article 2 de la loi du 17 novembre 1897, est complété ainsi qu'il suit :

« A escompter jusqu'à concurrence de 20 0/0 du montant de ses dépôts, et dans la limite d'un maximum de 300 millions de francs, des lettres de change et autres effets de commerce à ordre payables en France à des échéances qui ne pourront excéder six mois et ayant pour origine des exportations de marchandises produites en France ».

Amendement n° 5 (rectifié), présenté le 26 février 1918 par M. Magniaudé, député :

Art. 2.

Modifier comme suit l'article 6 de la convention :

« La Banque de France s'engage à créer, dans le délai de trois ans après la signature du traité de paix, des succursales dans les chefs-lieux d'arrondissement et de canton de 14.000 habitants et au-dessus, ce qui portera le nombre de ses succursales à 1,048 ».

Amendement n° 6, présenté le 26 février 1918 par M. Magniaudé, député :

Article additionnel.

Le capital de la Banque de France est porté à deux milliards.

Le taux d'émission des nouvelles actions sera fixé d'accord entre le Gouvernement et la Banque de France.

Toute souscription personnelle à une action ne pourra être réduite et prendra rang de priorité.

Dans le cas où les souscriptions porteraient le capital de la Banque de France à plus de deux milliards, c'est à ce chiffre atteint qu'il sera fixé.

Les actionnaires actuels de la Banque de France auront un droit de priorité, après les souscripteurs d'unité, pour souscrire un nombre d'action inférieur ou égal à celui qu'ils possèdent.

Amendement n° 7, présenté le 26 février 1918 par M. Magniaudé, député :

Article premier.

Modifier comme suit cet article :

« Le privilège concédé à la Banque de France par les lois des 24 germinal an XI, 22 avril 1806, 30 juin 1840, 9 juin 1857 et 17 novembre 1897, est prorogé de quinze ans à partir du 1ᵉʳ janvier 1921 et prendra fin le 31 décembre 1935 ».

Amendement n° 8, présenté le 26 février 1918 par M. Magniaudé, député :

Article additionnel.

A partir du renouvellement de son privilège, la Banque de France acceptera les dépôts en numéraire dans les conditions suivantes :

Dépôts à vue (8 jours au moins)		2 0/0
— à 3 mois		3 0/0
— à 6 mois		4 0/0
— à 1 an ou plus		6 0/0

Amendement n° 9, présenté le 26 février 1918 par M. Magniaudé, député :

Article additionnel.

Toute valeur présentée à l'escompte, ayant moins de 30 jours à courir, sera assujettie à un supplément de 0 fr. 50 pour frais d'encaissement.

Amendement n° 10, présenté le 5 mars 1918 par MM. Bokanowski, Deyris, Queuille, Louis Serre, Paul Laffont (Ariège), Fernand Merlin, Pierre Rameil, Laurent Eynac, de Kerguézec, députés :

Article additionnel.

Lorsque le dividende d'une année sera porté au delà de 250 francs par action, l'État recevra de la Banque une somme égale à celle qui sera distribuée aux actionnaires en excédent du dividende de 250 francs.

Exposé sommaire. — La notion de la participation de l'État aux bénéfices des grandes entreprises trouverait une application heureuse à la Banque de France, détentrice du monopole et des profits de l'émission.

D'autre part, le partage du super-dividende entre la Banque et l'État atténuerait les inquiétudes de ceux qui pourraient craindre que la convention soit trop avantageuse aux actionnaires de la Banque.

Enfin, la disposition proposée, en incitant la Banque à grossir ses réserves renforcerait par là même, si besoin en était, le crédit accordé au billet de banque.

On a pu voir plus haut dans quelles conditions les commissions ont estimé qu'il y avait lieu de donner satisfaction à cet amendement.

Amendement n° 11, présenté le 6 mai 1918 par M. Aristide Jobert, député :

Article additionnel.

À partir de la date fixée par un décret du Ministre des Finances, la Banque de France est seule autorisée à émettre des coupures d'un franc et de cinquante centimes.

Exposé sommaire. — L'amendement a pour but de faciliter l'échange et la circulation de la monnaie fiduciaire en uniformisant nationalement les types des billets divisionnaires.

Des organes comme les chambres de commerce sont mieux placés que la Banque de France pour régler l'émission des petites coupures de 1 franc et de 50 centimes conformément aux besoins des diverses régions.

Il serait, d'autre part, extrêmement difficile, pour ne pas dire impossible, à la Banque de France d'assurer dans de bonnes conditions la fabrication et le transport de 150 millions de billets par an, en sus de ceux qu'elle émet déjà.

Amendement n° 12, présenté le 7 mai 1918 par M. Édouard Barthe, député :

CONTRE-PROJET

Article premier.

L'article premier de la loi du 5 août 1914 est modifié ainsi qu'il suit :

« Le chiffre des émissions de billets de la Banque de France et de ses succursales, fixé au maximum de 6 milliards 800 millions par la loi du 29 décembre 1911, est élevé provisoirement à 27 milliards.

« Il ne pourra être porté au delà de cette limite qu'en vertu d'une loi. »

Art. 2.

L'article 2 de la loi du 5 août 1914 est modifié ainsi qu'il suit :

« Le chiffre des émissions de billets de la Banque d'Algérie et de ses succursales, fixé au maximum de 300 millions par la loi du 29 décembre 1911 et le décret du 14 août 1912, est élevé provisoirement à 600 millions.

« Il ne pourra être porté au delà de ce chiffre qu'en vertu d'une loi.

Art. 3.

Le privilège de l'émission concédé à la Banque de France jusqu'au 31 décembre 1920, par la loi du 17 décembre 1897, est provisoirement prorogé jusqu'au premier janvier de l'année qui suivra celle pendant laquelle aura été supprimé le cours forcé du billet de banque institué par l'article 3 de la loi du 5 août 1914.

Art. 4.

Le bénéfice des opérations d'escompte prévues par les statuts fondamentaux de la Banque de France (art. 9 du décret du 16 janvier 1808) est étendu aux sociétés de caution mutuelle, du petit et moyen commerce, de la petite et moyenne industrie.

Art. 5.

Les fonctions de gouverneur et de sous-gouverneur de la Banque de France ne peuvent être attribuées aux fonctionnaires ni aux anciens fonctionnaires du Ministère des Finances ayant entretenu avec elle des relations de service.

Le gouverneur et les sous-gouverneurs ne seront plus tenus de justifier de la propriété de 100 ou de 50 actions de la Banque avant leur entrée en fonctions. L'article 13 de la loi du 22 avril 1806 est abrogé.

Art. 6.

La Banque de France effectuera gratuitement à ses guichets le payement des pensions militaires et civiles non frappées d'opposition et comprise sur un bordereau annuel établi et transmis par le Trésor public, pour le siège et pour chaque succursale de la Banque, à la demande des pensionnés.

Art. 7.

La redevance instituée par l'article 5 de la loi du 17 novembre 1887 est calculée comme suit :

Lorsque le taux de l'escompte n'a pas dépassé 3,5 0/0, la redevance annuelle est égale au produit du huitième du taux de l'escompte par le chiffre de la circulation productive, effets prorogés compris.

Lorsque le taux de l'escompte aura été, pendant une période quelconque, supérieur à 3,5 0/0, la redevance annuelle sera pour cette période élevé du huitième au septième du taux de l'escompte.

Lorsque le taux de l'escompte aura été, pendant une période quelconque, supérieur à 4 0/0, la redevance annuelle sera, pour cette période, élevée à un cinquième du taux de l'escompte.

Lorsque le taux de l'escompte aura été, pendant une période quelconque, supérieur à 4,5 0/0, la redevance annuelle sera, pour cette période, élevée à un tiers du taux de l'escompte.

Art. 8.

A partir du 1ᵉʳ janvier 1918, le bénéfice net constaté en fin d'année, après déduction des frais d'administration et des impôts, est réparti comme il suit :

1° Un dividende brut de 150 francs par action, taux moyen réalisé pendant les dix dernières années normales 1904-1913 ;

2° Un versement de 20 0/0 de ce qui reste, au fonds de réserve, tant que ce fonds n'atteindra pas le chiffre de cinquante millions ; ce fonds de réserve sera converti en rentes sur l'État disponibles, et les arrérages s'ajouteront annuellement au bénéfice net ;

3° Le surplus est partagé par moitié entre les actionnaires et l'État, sans que le dividende total des actionnaires puisse dépasser 200 francs par action;

4° Sur la portion de la moitié revenant aux actionnaires qui dépasse 200 francs de dividende, il revient un sixième aux actionnaires et cinq sixièmes à l'État.

Art. 9.

Quand le bénéfice net n'atteint pas 150 francs par action, le fonds de réserve servira à compléter le dividende à ce chiffre.

A l'expiration du privilège de l'émission, s'il n'est pas renouvelé, le fonds de réserve est réparti comme suit : un tiers aux actionnaires et deux tiers à l'État.

Art. 10.

Le montant de l'émission fiduciaire affectée au Trésor public, soit pour son propre compte, soit pour l'escompte des bons du Trésor français à des gouvernements alliés, est fourni gratuitement par la Banque. Il sera remis à la Banque pour ce montant, un bon du Trésor annuellement renouvelable.

L'article 5 de la convention du 21 septembre 1914 est abrogé.

Art. 11.

Le montant de l'impôt sur les bénéfices de guerre réalisés par la Banque de France pour la période du 1er août 1914 au 31 décembre 1917, calculé suivant les dispositions de la loi du 1er juillet 1916, modifiée par celles des 30 décembre 1916 et 1er janvier 1917, ne pourra être inférieur à 242 millions, montant des intérêts payés à la Banque par l'État depuis le début des hostilités, et sera compris parmi les recettes budgétaires.

Art. 12.

Les avances permanentes de la Banque de France à l'État, résultant des traités des 10 juin 1857, 29 mars 1878, 31 octobre 1896, 11 novembre 1911 et s'élevant ensemble à 200 millions de francs sont prorogées jusqu'à l'expiration du privilège. Ces avances ne porteront pas intérêt. En garantie de leur remboursement, il sera remis à la Banque de France un bon du Trésor à l'échéance des avances.

Art. 13.

Dans le délai de deux ans qui suivra la signature de la paix, le nombre des succursales sera porté de 143 à 200 par la transformation de 57 bureaux auxiliaires en succursales.

Il sera créé, en outre, une succursales dans chacun des chef-lieux d'arrondissement d'une population d'au moins 15.000 habitants qui n'en possèdent pas.

Les bureaux auxiliaires non transformés en succursales seront maintenus, et il sera créé cinq bureaux auxiliaires et dix villes rattachées par an, à dater de la deuxième année qui suivra la fin de la guerre.

Art. 14.

La Banque de France continuera d'effectuer gratuitement le payement des chèques et virement tirés par les comptables du Trésor sur le compte du Trésor et de prêter à l'État son concours gratuit dans les conditions fixées par les décrets en vigueur, pour faciliter le règlement par virements des mandats ordonnancés et visés bon à payer, établis au profit de ceux des créanciers de l'État et des départements qui ont des comptes ouverts soit à la banque de France, soit dans une maison de banque titulaire d'un compte à la Banque de France.

Elle prêtera son concours au Trésor gratuitement dans les mêmes conditions, pour faciliter le règlement, par virements au débit du compte courant du Trésor, des mandats qui lui seront transmis par les communes et les établissements publics, au profit de leurs créanciers ayant des comptes ouverts soit à la Banque de France, soit dans une autre maison de banque titulaire d'un compte à la Banque de France.

Elle procédera sans frais à l'encaissement des chèques tirés ou passés à l'ordre des comptables du Trésor et des règles financières.

Art. 15.

La Banque de France exonérera de toute commission, pour tous ses comptes, l'encaissement des chèques barrés tirés sur les places bancables et des chèques tirés sur les banques adhérentes à une Chambre de compensation ou sur leurs correspondants.

Elle maintiendra pour tous ses comptes, la faculté de domicilier sans frais à ses guichets le payement de leurs effets et d'échanger, également sans frais, des virements entre comptes résidant sur des places différentes.

Art. 16.

Les dispositions règlementant le recrutement, la rémunération, l'avancement et la discipline du personnel seront réunies en un statut réglementaire. Ce statut ainsi que toutes modifications ultérieures, seront délibérés en conseil général en présence de trois délégués du personnel qui auront voix délibérative, et qui seront annuellement élus, et seront présentés par le Gouverneur, appuyés de la sténographie des procès-verbaux de délibération, à l'agrément du Ministre des Finances qui statuera après avis du Conseil d'État.

Exposé sommaire. — Notre proposition de loi n° 4235 contient les raisons qui justifient notre opposition à la prorogation pure et simple du privilège d'émission au bénéfice exclusif des actionnaires de la Banque de France et au détriment des droits et intérêts de la nation.

Mais nous tenons à marquer ici spécialement d'abord que la convention du 26 octobre 1917 qui n'impose à la Banque de France qu'une somme forfaitaire de 180.449.897 francs (200 millions — 19.550.103 fr.) à titre de contribution extraordinaire sur ses bénéfices de guerre crée un régime de faveur inadmissible envers un établissement privé qui a réalisé un bénéfice net de 604 millions soit un bénéfice exception de 423 millions de francs du 1er août 1914 au 31 décembre 1917, sur lequel l'impôt dû est de 338 millions; ensuite que la même convention libère la Banque de France de toute contribution de guerre et de toute participation de l'État sur ses réserves inutilisées à partir du 1er janvier 1918 ; enfin, que les nouveaux impôts qu'elle substitue aux impôts actuels sur les produits de l'escompte et des avances sur titres, réalisent un véritable dégrèvement général en ce qui concerne les taux d'escompte et d'avances habituellement pratiqués, les impôts anciens n'étant aggravés que pour les taux supérieurs à 5 0/0 et pour une situation productive supérieure à 2 milliards et demi, deux circonstances qui ne se réalisent que dans des cas très exceptionnels et pour de très courtes périodes en temps de paix.

Le budget, surtout à l'heure actuelle, est en droit d'escompter des rendements constamment progressifs et directement proportionnels aux bénéfices effectifs de la Banque de France ; avec les propositions gouvernementales il se voit privé des rendements antérieurs, et de leur progressivité légitime, et cela au moment où les bénéfices nets de la Banque, on ne peut plus importants, sont appelés à se maintenir et à se développer par le renouvellement projeté du privilège et par l'extension prévue et considérable des opérations d'escompte et d'avances sur titres.

La nécessité dans laquelle nous nous trouvons d'augmenter continuellement et dans des proportions véritablement excessives les prélèvements d'impôt sur les ressources des contribuables les plus intéressants pour remédier à une situation budgétaire grave, nous crée une obligation impérieuse d'assurer une participation effective plus équitable de l'État aux bénéfices obtenus sans mérite par des actionnaires privilégiés.

Ce contre-projet constitue, en réalité, une collection d'amendements. Toutes celles de ses dispositions qui ne sont pas empruntées purement et simplement à la convention du 26 octobre 1917 sont reproduites dans les amendements déposés par M. Barthe sous les n°s 17 à 25, à l'exception de la disposition contenue dans l'article 11. Nous aurons donc à nous en expliquer à propos desdits amendements.

Amendement n° 13, présenté le 7 mai 1918 par M. Ernest Lairolle, député :

Art. 2.

Ajouter à la fin du premier paragraphe de cet article les mots suivants :
« Sous réserve des modifications ci-après ».

Art. 3.

Ajouter à cet article la disposition suivante :

« Toutefois, l'État, dès maintenant, mettra à la disposition des monts-de-piété, la somme de soixante millions aux mêmes conditions d'intérêts qu'il paye à la Banque de France. Cette somme sera amortissable pendant un délai égal à la durée du privilège de la Banque de France ».

Art. 4 (nouveau)

La Banque de France fera l'application à son personnel de la loi du 26 avril 1917 sur les sociétés anonymes à participation ouvrière.

Le nombre des actions nécessaires pour participer aux assemblées générales est réduit à cinquante.

Exposé sommaire. — Si l'article 3 renvoie à une époque ultérieure le règlement des conditions dans lesquelles le produit de la redevance supplémentaire sera affecté à des œuvres de crédit, il convient de venir immédiatement en aide aux monts-de-piété qui se trouvent dans une situation particulière.

La Banque de France doit donner l'exemple à toutes les sociétés anonymes de l'application de la loi du 26 avril 1917.

Les statuts de la Banque de France, en exigeant 100 actions pour être gouverneur, 50 actions pour être sous-gouverneur et 200 actions pour prendre simplement part aux assemblées générales, a créé une anomalie qui doit être rectifiée.

La première des dispositions de cet amendement appelle des observations analogues à celles qui ont été formulées dans le précédent rapport à propos des amendements Petitjean, Rozier et Bergeon (p. 119 à 125).

L'application à la Banque de France de la loi du 26 avril 1917 sur les sociétés anonymes à participation ouvrière ne pourrait résulter que d'une loi en réglerait les modalités. La Banque de France, en effet, n'est pas une société régie par la loi de 1867 ; c'est le législateur qui a arrêté ses statuts, et qui seul, peut les modifier.

En ce qui concerne le dernier point visé par M. Lairolle, il y a lieu de remarquer que participent à l'assemblée générale de la Banque, non pas les actionnaires ayant un nombre déterminé d'actions, mais les 200 plus forts actionnaires. Nous ajouterons qu'en 1916, 1917 et 1918, il a suffi de 52 actions pour être admis à l'assemblée générale.

Amendement n° 14, présenté le 10 mai 1918 par M. Magniaudé, député :

I. — Supprimer les deux derniers paragraphes de l'article 2 de la convention du 26 octobre 1917.

II. — Ajouter au texte du projet de loi la disposition suivante :

Les lois du 1er juillet 1916, du 30 décembre 1916 et du 31 décembre 1917 sont applicables à la Banque de France.

Exposé sommaire. — Les deux paragraphes que nous désirons supprimer sont ceux qui soustraient la Banque de France au droit commun, et remplacent, pour le présent et pour l'avenir par une somme forfaitaire de 200.000.000, portée à un compte spécial, les impôts sur les bénéfices de guerre, fixés par les lois du 1er juillet 1916, 30 décembre 1916 et 31 décembre 1917.

Les raisons données par le Gouvernement, dans son exposé des motifs du 11 décembre 1917, en faveur de ce forfait de 200.000.000, ne nous ont paru absolument spécieuses et mal défendre les intérêts du Trésor.

En tout cas, il est inadmissible que la loi faite pour tous ne soit pas appliquée à tous.

Il y aurait là un précédent dangereux sur lequel nous croyons inutile d'insister.

Le précédent rapport a indiqué (p. 63 à 70) les raisons décisives pour lesquelles il était impossible de soumettre la Banque de France, en matière de bénéfices de guerre, au droit commun.

Amendement n° 15, présenté le 10 mai 1918 par MM. Vincent Auriol, Albert Thomas, Aldy, Paul Aubriot, Barabant, Édouard Barthe, Basly, Bedouce, Louis Bernard (Gard), Betoulle, Alexandre-Blanc, Jean Bon, Bouisson (Bouches-du-Rhône), Bouveri, Bracke, Bras, Brenier, Théo-Bretin (Saône-et-Loire), Brizon (Allier), Frédéric Brunet (Seine), Buisset, Cabrol, Marcel Cachin (Seine), Cadenat, Cadot, Camelle, Claussat, Compère Morel, Paul Constans (Allier), Deguise, Dejeante, Demoulin, Doizy, Durre, Émile-Dumas (Cher), Fourment, Giray (Isère), Goniaux, Goudé (Finistère), Groussier, Jules Guesde, Hubert Rouger, Jean Longuet, Aristide Jobert, Ernest Lafont (Loire), Lamendin, de La Porte, Lauche, Eugène Laurent (Nièvre),

Pierre Laval, André Lebey, Lecointe, François Lefebvre (Nord), Levasseur, Lissac, Locquin, Manus, Mauger, Mayéras, Pierre Mélin (Nord), Mistral, Ferdinand Morin (Indre-et-Loire), Moutet, Jules Nadi, Navarre, Nectoux, Parvy, Philbois, Paul Poncet (Seine), Pouzet, Adrien Pressemane, Ellen Prévot, Raffin-Dugens, Reboul, Renaudel, Ringuier, Rognon, Arthur Rozier, Sabin, Salembier, Sembat, Sixte-Quenin, Thivrier, Marius Valette, Valière, Alexandre Varenne, Adrien Veber, Octave Vigne, Lucien Voilin (Seine), Voillot (Rhône), Walter, députés.

Art. 2.

Modifier qu'il suit l'article 2 de la convention :

« Les lois du 1er juillet 1916, 30 décembre 1916, 31 décembre 1917 sur la contribution extraordinaire des bénéfices de guerre demeurent appliquées à la Banque de France.

« Exceptionnellement, le délai prévu par l'article 15 de la loi du 1er juillet 1916 pour l'établissement définitif du compte « amortissement » est porté à cinq années, à dater du dernier jour de la cessation des hostilités, pour le règlement du compte définitif de la contribution des bénéfices de guerre entre la Banque de France et l'État.

« Après la cessation des hostilités et tant que la Banque de France bénéficiera des produits exceptionnels dus à l'état de guerre, la contribution de la loi du 1er juillet 1916 et des lois du 30 décembre 1916 et du 31 décembre 1917 sera perçue sur les bénéfices résultant de ces produits exceptionnels ».

Exposé sommaire. — Aucune disposition législative n'exonère la Banque de France de la contribution extraordinaire des bénéfices de guerre. Il y a lieu de s'étonner qu'un acte du Gouvernement l'ait exemptée des déclarations obligatoires.

Les lois des 1er janvier 1916 et des 30 décembre 1916 et 31 décembre 1917 doivent lui être appliquées d'autant plus que les bénéfices de guerre de la Banque de France sont uniquement dus à l'établissement du cours forcé du billet de banque et à la résistance du crédit national.

Mais le calcul des bénéfices donnant actuellement lieu, comme pour tous les assujettis, à des difficultés provenant de l'ignorance où l'on est des amortissements exacts, il est nécessaire de prolonger exceptionnellement le délai prévu par l'article 15 de la loi du 1er juillet 1916 en raison de la nature spéciale des risques et des amortissements et de la nécessité où l'on est de ne pas troubler le marché français par des opérations bancaires et des amortissements trop rapides.

Enfin, il est logique que la contribution extraordinaire des bénéfices de guerre soit perçue, en l'espèce, tant que dureront ces bénéfices par suite de la persistance des produits exceptionnels qui en sont à la source.

L'amendement ci-dessus s'écarte, on peut dire, du droit commun, en matière de bénéfices de guerre, tout autant que les dispositions inscrites dans la convention du 26 octobre 1917. Il n'est pas essentiellement différent de ces dispositions. Il se heurte, cependant, à des objections sérieuses qui doivent le faire écarter. Il n'est pas certain le moins du monde que la Banque de France, cinq ans après la cessation des hostilités, ait pu liquider complètement ses risques ; et la détermination des « bénéfices résultant des produits exceptionnels » sera bien malaisée à effectuer, si tant est qu'elle puisse être effectuée autrement que d'une manière arbitraire.

Amendement n° 16, présenté le 23 mai 1918 par M. Magniaudé, député :

Art. 2

Ajouter à l'article 8 de la convention du 26 octobre 1917 un paragraphe ainsi conçu :

« Les chèques désignés au premier alinéa seront crédités, valeur du quatrième jour de leur remise ».

Exposé sommaire. — Il est dit au premier alinéa de l'article 8 de la convention que la Banque de France s'engage à exonérer de toute commission, pour tous ses comptes, l'encaissement de chèques barrés tirés sur les places bancables et des chèques tirés sur les banques adhérentes à une chambre de compensation ou sur leurs correspondants.

Mais si la Banque de France ne créditait le montant de ces chèques que 15 jours après la date de leur remise, ce qui représente 0 fr. 25 0/0, elle se trouverait avantageusement indemnisée de l'exonération de toute commission.

C'est pour que l'article 8 reçoive sa stricte application que nous proposons notre amendement laissant à la Banque de France un délai très suffisant de 4 jours pour l'encaissement des chèques qui lui seront remis.

Les chèques barrés sont crédités par la Banque dans le délai qui serait normalement nécessaire pour recevoir par la poste avis de leur encaissement. Ce délai est variable ; dans la plupart des cas, il est inférieur à 4 jours, ou il n'excède pas cette durée. Mais il est des cas (zone des armées, Corse, etc.) où 4 jours seraient insuffisants.

Amendement n° 17, présenté le 23 mai 1918 par MM. Édouard Barthe, Albert Thomas, Aldy, Paul Aubriot, Vincent Auriol, Barabant, Basly, Bedouce, Louis Bernard (Gard), Betoulle, Alexandre-Blanc, Jean Bon, Bouisson (Bouches-du-Rhône), Bouveri, Bracke, Bras, Brenier, Théo-Bretin (Saône-et-Loire), Brizon (Allier), Frédéric Brunet (Seine), Buisset, Cabrol, Marcel Cachin (Seine), Cadenat, Cadot, Camelle, Claussat, Compère-Morel, Paul Constans (Allier), Deguise, Déjeante, Demoulin, Doizy, Durre, Émile-Dumas (Cher), Fourment, Giray (Isère), Goniaux, Goude (Finistère), Groussier, Jules Guesde, Hubert Rouger, Jean Longuet, Aristide Jobert, Ernest Lafont (Loire), Lamendin, de La Porte, Lauche, Eugène Laurent (Nièvre), Pierre Laval, André Lebey, Lecointe, François Lefebvre (Nord), Levasseur, Lissac, Locquin, Manus, Mauger, Mayéras, Pierre Mélin (Nord), Mistral, Ferdinand Morin (Indre-et-Loire), Moutet, Jules Nadi, Navarre, Nectoux, Parvy, Philbois, Paul Poncet (Seine), Pouzet, Adrien Pressemane, Ellen Prévot, Raffin-Dugens, Raboul, Renaudel, Ringuier, Rognon, Arthur Rozier, Sabin, Salembier, Sembat, Sixte-Quenin, Thivrier, Marius Valette, Valière, Alexandre Varenne, Adrien Veber, Octave Vigne, Lucien Voilin (Seine), Voillot (Rhône), Walter, députés :

Article premier.

Modifier ainsi qu'il suit cet article :

« Le privilège de l'émission concédé à la Banque de France jusqu'au 31 décembre 1920, par la loi du 17 décembre 1897, est provisoirement prorogé jusqu'au premier janvier de l'année qui suivra celle pendant laquelle aura été supprimé le cours forcé du billet de banque institué par l'article 3 de la loi du 5 août 1914. »

Exposé sommaire. — Nous pensons qu'il n'est pas possible, à l'heure actuelle, de proroger le privilège de la Banque de France pour une durée de 25 ans, du moment où ce privilège est, en fait, exploité pour le compte de l'État, et où le billet de banque est sous le régime du cours forcé.

Nous n'avons pas encore examiné quels seront les problèmes économiques et financiers que posera l'après-guerre, le Gouvernement ne s'en est pas encore préoccupé, mais nous savons, nous soupçonnons qu'ils seront vraiment redoutables et que l'existence et l'avenir du pays seront étroitement liés à la solution que nous leur donnerons.

Une des conditions les plus importantes du relèvement du pays, c'est, à n'en pas douter, l'assainissement de notre circulation monétaire et la réorganisation de notre crédit, deux questions vraiment vitales pour notre avenir économique, et qui ne se posent nulle part à l'étranger, chez nos alliés comme chez nos ennemis, avec le même caractère d'urgence que chez nous; elles ne se posent même pas du tout en Angleterre et en Amérique, grâce à la sagesse des dirigeants. La question du change est véritablement angoissante pour nous, e elle ne peut être sérieusement envisagée que le jour où nous reprendrons nos payements en numéraire.

Il convient d'examiner, par ailleurs, si le bénéfice de l'émission fiduciaire ne doit pas être exclusivement réservé aux besoins de l'État et des institutions d'intérêt public, caisses diverses de crédit mutuel, monts-de-piété, etc., les banques ne devant pratiquer leurs opérations d'escompte et d'avances qu'avec les capitaux individuels qu'elles appelleraient dans leurs caisses, en offrant toutes facilités pour l'emploi des chèques et des virements de comptes, suivant l'expérience que nous donne l'Angleterre, dont les finances forcent l'admiration du monde entier dans cette guerre.

Mais ces problèmes ne peuvent être résolus que plus tard, quand l'État aura réparé son erreur et celle de la Banque de France, en rétablissant l'équilibre entre l'émission fiduciaire de la nation et sa couverture.

Le précédent rapport a exposé les raisons pour lesquelles les commissions considèrent comme un point de la plus haute importance le renouvellement du privilège pour 25 ans (pp. 38-41).

Parmi les amendements déposés sur cette question, celui de M. Barthe est assurément le moins acceptable, comme prorogeant le privilège pour une durée incertaine.

Amendement n° 18, présenté le 23 mai 1918 par MM. Édouard Barthe, Albert Thomas, Aldy, Paul Aubriot, Vincent Auriol, Barabant, Basly, Bedouce, Louis Bernard (Gard), Betoulle, Alexandre-Blanc, Jean Bon, Bouisson (Bouches-du-Rhône), Bouveri, Bracke, Bras, Brenier, Théo-Bretin (Saône-et-Loire), Brizon (Allier), Frédéric Brunet (Seine), Buisset, Cabrol, Marcel Cachin (Seine), Cadenat, Cadot, Camelle, Claussat, Compère-Morel, Paul Constans (Allier), Deguise, Dejeante, Demoulin, Doizy, Durre, Émile-Dumas (Cher), Fourment, Giray (Isère), Goniaux, Goude (Finistère), Groussier, Jules Guesde, Hubert Rouger, Jean Longuet, Aristide Jobert, Ernest Lafont (Loire),

Lamendin, de La Porte, Lauche, Eugène Laurent (Nièvre), Pierre Laval, André Lebey, Lecointe, François Lefebvre (Nord), Levasseur, Lissac, Locquin, Manus, Mauger, Mayéras, Pierre Mélin (Nord), Mistral, Ferdinand Morin (Indre-et-Loire), Moutet, Jules Nadi, Navarre, Nectoux, Parvy, Philbois, Paul Poncet (Seine), Pouzet, Adrien Pressemane, Ellen Prévot, Raffin-Dugens, Reboul, Renaudel, Ringuier, Rognon, Arthur Rozier, Sabin, Salembier, Sembat, Sixte-Quenin, Thivrier, Marius Valette, Valière, Alexandre Varenne, Adrien Veber, Octave Vigne, Lucien Voilin (Seine), Voillot (Rhône), Walter, députés :

Art. 2.

Modifier ainsi qu'il suit l'article 2 de la convention du 26 octobre 1917 :

« Le montant de l'émission fiduciaire affectée au Trésor public, soit pour son propre compte, soit pour l'escompte des bons du Trésor français à des gouvernements alliés, est fourni gratuitement par la Banque. Il sera remis à la Banque pour ce montant, un bon du Trésor annuellement renouvelable.

« L'article 5 de la convention du 21 septembre 1914 est abrogé ».

Exposé sommaire. — Ces prétendues avances ne coûtent à la Banque de France que les frais de fabrication de billets; il est inadmissible que le privilège de l'émission soit retourné contre l'État qui l'a concédé, et que le contribuable soit tenu de payer un tribut à des actionnaires qui ne disposent d'aucun capital en faveur de l'État.

Notre amendement stipule la gratuité de ces prétendues avances et abroge les dispositions contraires de la convention du 21 septembre 1914.

Il n'est pas sans intérêt de constater que lors de la précédente guerre les premières avances de la Banque de France à l'État ont eu lieu avec un intérêt de 6 0/0 qui a été appliqué jusqu'au 21 janvier 1871, mais que le législateur n'a pas hésité, par deux fois et par un acte d'autorité supérieur aux dispositions contractuelles passées en 1857 entre la Banque de France et l'État pour une période qui ne devait prendre fin qu'en 1917, à ramener le taux de l'intérêt à 3 0/0 jusqu'au 31 décembre 1871 et à 1 0/0 à partir du 1er janvier 1872.

Le législateur de 1918 ne peut avoir, moins que celui de 1870-71, le souci du bien public et des charges sacrées qui incombent au budget national dans cette tourmente tragique.

Les auteurs de l'amendement ci-dessus semblent avoir perdu de vue que l'émission n'est pas précisément, pour la Banque, exempte de frais. Les frais de l'émission (impression des billets, manipulation, transport, contrôle, opérations de toutes sortes qui se multiplient avec la circulation elle-même) doivent être estimés, au total, comme s'approchant sensiblement de ce qui restera d'intérêt net à la Banque, après les prélèvements institués sur ses produits exceptionnels par l'article 2 de la convention du 26 octobre 1917.

Amendement n° 19, présenté le 23 mai 1918 par MM. Édouard Barthe, Albert Thomas, Aldy, Paul Aubriot, Vincent Auriol, Barabant, Basly, Bedouce, Louis Bernard (Gard), Betoulle, Alexandre-Blanc,

Jean Bon, Bouisson (Bouches-du-Rhône), Bouveri, Bracke, Bras, Brenier, Théo-Bretin (Saône-et-Loire), Brizon (Allier), Frédéric Brunet (Seine), Buisset, Cabrol, Marcel Cachin (Seine), Cadenat, Cadot, Camelle, Claussat, Compère-Morel, Paul Constans (Allier), Déguise, Dejeante, Demoulin, Doizy, Durre, Émile-Dumas (Cher), Fourment, Giray (Isère), Goniaux, Goude (Finistère), Groussier, Jules Guesde, Hubert Rouger, Jean Longuet, Aristide Jobert, Ernest Lafont (Loire), Lamendin, de La Porte, Lauche, Eugène Laurent (Nièvre), Pierre Laval, André Lebey, Lecointe, François Lefebvre (Nord), Levasseur, Lissac, Locquin, Manus, Mauger, Mayéras, Pierre Mélin (Nord), Mistral, Ferdinand Morin (Indre-et-Loire), Moutet, Jules Nadi, Navarre, Nectoux, Parvy, Philbois, Paul Poncet (Seine), Pouzet, Adrien Pressemane, Ellen Prévot, Raffin-Dugens, Reboul, Renaudel, Ringuier, Rognon, Arthur Rozier, Sabin, Salembier, Sembat, Sixte-Quenin, Thivrier, Marius Valette, Valière, Alexandre Varenne, Adrien Veber, Octave Vigne, Lucien Voilin (Seine), Voillot (Rhône), Walter, députés :

Art. 2.

Modifier ainsi qu'il suit l'article 4 de la convention du 26 octobre 1917 :

« La redevance instituée par l'article 5 de la loi du 17 novembre 1897 est calculée comme suit :

« Lorsque le taux de l'escompte n'a pas dépassé 3,5 0/0, la redevance annuelle est égale au produit du huitième du taux de l'escompte par le chiffre de la circulation productive, effets prorogés compris.

« Lorsque le taux de l'escompte aura été, pendant une période quelconque, supérieur à 3,5 0/0, la redevance annuelle sera pour cette période élevée du huitième au septième du taux de l'escompte.

« Lorsque le taux de l'escompte aura été, pendant une période quelconque, supérieur à 4 0/0, la redevance annuelle sera, pour cette période, élevée à un cinquième du taux de l'escompte.

« Lorsque le taux de l'escompte aura été, pendant une période quelconque, supérieur à 4,5 0/0, la redevance annuelle sera, pour cette période, élevée à un tiers du taux de l'escompte ».

Exposé sommaire. — Nous avons vu que l'escompte et les avances sur titres sont pratiqués par la Banque de France en faisant appel à l'émission fiduciaire dont le privilège lui est confié par l'État. Jusqu'en 1897, la Banque de France n'a payé que les impôts généraux communs aux autres banques; depuis la loi du 17 novembre 1897 elle paye une redevance, directement proportionnelle à la fois au produit des opérations de la Banque et au taux de l'escompte.

Il est, en effet, indispensable de tempérer la tendance de la Banque de France à augmenter ses bénéfices en exagérant le taux de l'escompte; dans ce but, les lois du 17 novembre 1897 et du 29 décembre 1911 ont prescrit que le prélèvement sur le produit de l'escompte et des avances serait de 1/8, du 1/7 ou du 1/6 suivant que le taux de cet escompte serait de 3 1/2 0/0, de 4 0/0 ou de 4 1/2 et 5 0/0; quand le taux de l'escompte dépasse 5 0/0, les 3/4 de son produit reviennent à l'État, c'est le taux actuel.

La convention du 26 décembre 1917 institue une nouvelle échelle de prélèvements, correspondant aux différents taux de l'escompte, qui se traduit au total par une large réduction d'impôt.

Nous pensons qu'à cette heure le budget ne peut faire les frais d'un dégrèvement au bénéfice des actionnaires de la Banque, et par notre amendement nous maintenons les tarifs actuels pour les taux d'escompte inférieurs à 4 0/0 ; lorsque le taux de l'escompte dépassera 4 0/0 jusqu'à 5 0/0, le prélèvement du Trésor public s'accroîtra proportionnellement jusqu'au 1/3 du produit de l'escompte ; la loi du 17 novembre 1897 a déjà, en effet, fixé ce prélèvement aux 3/4 pour les taux dépassant 5 0/0, le dernier quart devant être ajouté au fonds social et non réparti aux actionnaires. Le législateur de 1918 sera ainsi bien moins rigoureux que celui de 1897

Le nouveau système de redevances institué par la convention du 26 octobre 1917 a été longuement commenté et justifié dans le précédent rapport (pp. 80 à 90). Ce système est préférable, pour diverses raisons que nous avons indiquées, au système actuellement en vigueur, que M. Barthe maintient, en aggravant simplement la charge imposée à la Banque lorsque le taux de l'escompte est supérieur à 4 0/0.

Amendement n° 20, présenté le 23 mai 1918 par MM. Édouard Barthe, Albert Thomas, Aldy, Paul Aubriot, Vincent Auriol, Barabant, Basly, Bedouce, Louis Bernard (Gard), Betoulle, Alexandre-Blanc, Jean Bon, Bouisson (Bouches-du-Rhône), Bouveri, Bracke, Bras, Brenier, Théo-Bretin (Saône-et-Loire), Brizon (Allier), Frédéric Brunet (Seine), Buisset, Cabrol, Marcel Cachin (Seine), Cadenat, Cadot, Camelle, Claussat, Compère-Morel, Paul Constans (Allier), Deguise, Dejeante, Demoulin, Doizy, Durre, Émile-Dumas (Cher), Fourment, Giray (Isère), Goniaux, Goude (Finistère), Groussier, Jules Guesde, Hubert Rouger, Jean Longuet, Aristide Jobert, Ernest Lafont (Loire), Lamendin, de La Porte, Lauche, Eugène Laurent (Nièvre), Pierre Laval, André Lebey, Lecointe, François Lefebvre (Nord), Levasseur, Lissac, Locquin, Manus, Mauger, Mayéras, Pierre Mélin (Nord), Mistral, Ferdinand Morin (Indre-et-Loire), Moutet, Jules Nadi, Navarre, Nectoux, Parvy, Philbois, Paul Poncet (Seine), Pouzet, Adrien Pressemane, Ellen Prévot, Raffin-Dugens, Reboul, Renaudel, Ringuier, Rognon, Arthur Rozier, Sabin, Salembier, Sembat, Sixte-Quenin, Thivrier, Marius Valette, Valière, Alexandre Varenne, Adrien Veber, Octave Vigne, Lucien Voilin (Seine), Voillot (Rhône), Walter, députés :

Art. 2.

Modifier ainsi qu'il suit l'article 6 de la convention du 26 octobre 1917 :

« Dans le délai de deux ans qui suivra la signature de la paix, le nombre des succursales sera porté de 143 à 200 par la transformation de 57 bureaux auxiliaires en succursales.

« Il sera créé, en outre, une succursale dans chacun des chefs-lieux d'arrondissement d'une population d'au moins 15.000 habitants qui n'en possèdent pas.

« Les bureaux auxiliaires non transformés en succursales seront maintenus, et il sera créé cinq bureaux auxiliaires et dix villes rattachées par an, à dater de la deuxième année qui suivra la fin de la guerre ».

Exposé sommaire. — La Banque de France a longtemps résisté à la pression du Parlement pour développer ses succursales en province ; ainsi la loi du 9 juin 1857 qui lui accordait le renouvellement de son privilège jusqu'en 1897 à des conditions exceptionnellement avantageuses, stipulait par son article 10 que chaque département devait être doté d'une succursale dans un délai maximum de 10 ans ; en 1867, cependant vingt-cinq départements n'avaient pas encore de succursales ; une injonction nouvelle de la loi du 27 janvier 1873 prescrivant l'exécution, dans un délai de 3 ans, des engagements du contrat de 1857, n'eut pas plus de résultat, puisque les vingt-cinq derniers départements n'eurent leur comptoir qu'en 1882. Jamais pourtant les bénéfices de la Banque de France ne s'étaient élevés si haut que dans la période 1871-1876.

Les progrès tardifs qu'elle a réalisés dans cette voie depuis 1897 sont encore manifestement insuffisants et il importe de les développer rapidement pour que toutes les villes de province d'une population de 15.000 habitants obtiennent une succursale, et avec la possibilité de bénéficier de tous les bienfaits du crédit dans l'intérêt général de la collectivité. Ce n'est pas proprement une charge que nous imposons ainsi à la Banque puisque nous développons par là son portefeuille d'escompte et d'avances de la manière la plus fructueuse ; les bénéfices de ces deux portefeuilles sont en effet plus élevés pour les succursales que pour la banque centrale, et l'appeler à multiplier ses succursales c'est l'appeler à multiplier ses produits.

Cet amendement tend à obliger la Banque à une multiplication des places bancables allant bien au delà de ce qui est prévu dans la convention. La question est traitée dans le précédent rapport (pp. 96 à 101, 137 à 138).

Amendement n° 21, présenté le 23 mai 1918 par MM. Édouard Barthe, Albert Thomas, Aldy, Paul Aubriot, Vincent Auriol, Barabant, Basly, Bedouce, Louis Bernard (Gard), Betoulle, Alexandre-Blanc, Jean Bon, Bouisson (Bouches-du-Rhône), Bouveri, Bracke, Bras, Brenier, Théo-Bretin (Saône-et-Loire), Brizon (Allier), Frédéric Brunet (Seine), Buisset, Cabrol, Marcel Cachin (Seine), Cadenat, Cadot, Camelle, Claussat, Compère-Morel, Paul Constans (Allier), Deguise, Dejeante, Demoulin, Doizy, Dure, Émile-Dumas (Cher), Fourment, Giray (Isère), Goniaux, Goude (Finistère), Groussier, Jules Guesde, Hubert Rouger, Jean Longuet, Aristide Jobert, Ernest Lafont (Loire), Lamendin, de La Porte, Lauche, Eugène Laurent (Nièvre), Pierre Laval, André Lebey, Lecointe, François Lefebvre (Nord), Levasseur, Lissac, Locquin, Manus, Mauger, Mayéras, Pierre Mélin (Nord), Mistral, Ferdinand Morin (Indre-et-Loire), Moutet, Jules Nadi, Navarre, Nectoux, Parvy, Philbois, Paul Poncet (Seine), Pouzet, Adrien Pressemane, Ellen Prévot, Raffin-Dugens, Reboul, Renaudel, Ringuier, Rognon, Arthur Rozier, Sabin, Salembier, Sixte-Quenin, Thivrier, Marius Valette, Valière, Alexandre Varenne, Adrien Veber, Octave Vigne, Lucien Voilin (Seine), Voillot (Rhône), Walter, députés :

Art. 2.

Compléter ainsi l'article 7 de la convention du 26 octobre 1917 :

« La Banque de France effectuera gratuitement à ses guichets le payement des pensions militaires et civiles non frappées d'opposition et comprises sur un bordereau annuel établi et transmis par le Trésor public, pour le siège et pour chaque succursale de la Banque, à la demande des pensionnés ».

Exposé sommaire. — Au moment même où la dette viagère va atteindre des proportions extraordinaires, aussi bien comme importance que comme nombre de pensionnaires, il est indispensable d'alléger la charge des caisses de l'État.

La Banque de France, qui est en compte courant avec le Trésor, et qui a des comptoirs dans les principaux centres du territoire, est tout particulièrement désignée pour seconder la tâche du Trésor en faisant bon accueil, à ses guichets, à tous les pensionnés de l'État et, notamment, aux nombreuses victimes de la guerre. Elle assure déjà le payement gratuit des coupons de rente, tout comme les banques privées d'ailleurs, et elle trouve plus d'avantages que de charges dans ce service, puisqu'elle a ainsi l'occasion d'étendre sa propre clientèle en développant ses opérations dans la classe des rentiers de l'État. Il en sera de même avec les pensionnés de la nation.

On ne voit pas l'avantage que pourraient retirer de l'adoption de l'amendement les titulaires des pensions. Celles-ci sont actuellement payables chez tous les trésoriers généraux, receveurs des finances et percepteurs, ainsi que dans tous les bureaux de poste. En outre, en vertu de la loi du 26 juillet 1917, la Caisse nationale d'épargne (c'est-à-dire tous les bureaux de poste), les Caisses d'épargne privées et les monts-de-piété peuvent faire des avances sur les pensions et payer les arrérages.

Amendements n° 22, présenté le 23 mai 1918 par MM. Édouard Barthe, Albert Thomas, Aldy, Paul Aubriot, Vincent Auriol, Barabant, Basly, Bedouce, Louis Bernard (Gard), Betoulle, Alexandre-Blanc, Jean Bon, Bouisson (Bouches-du-Rhône), Bouveri, Bracke, Bras, Brenier, Théo-Bretin (Saône-et-Loire), Brizon (Allier), Frédéric Brunet (Seine), Buisset, Cabrol, Marcel Cachin (Seine), Cadenat, Cadot, Camelle, Claussat, Compère-Morel, Paul Constans (Allier), Deguise, Dejeante, Demoulin, Doizy, Durre, Émile-Dumas (Cher), Fourment, Giray (Isère), Goniaux, Goude (Finistère), Groussier, Jules Guesde, Hubert Rouger, Jean Longuet, Aristide Jobert, Ernest Lafont (Loire), Lamendin, de La Porte, Lauche, Eugène Laurent (Nièvre), Pierre Laval, André Lebey, Lecointe, François Lefebvre (Nord), Levasseur, Lissac, Locquin, Manus, Mauger, Mayéras, Pierre Mélin (Nord), Mistral, Ferdinand Morin (Indre-et-Loire), Moutet, Jules Nadi, Navarre, Nectoux, Parvy, Philbois, Paul Poncet (Seine), Pouzet, Adrien Pressemane, Ellen Prévot, Rafin-Dugens, Reboul, Renaudel, Ringuier, Rognon, Arthur Rozier, Sabin, Salembier, Sembat, Sixte-Quenin, Thivrier, Marius Valette, Valière, Alexandre Varenne, Adrien Veber, Octave Vigne, Lucien Voilin (Seine), Voillot (Rhône), Walter, députés :

Art. 4 (additionnel).

L'article premier de la loi du 4 août 1914, est modifié ainsi qu'il suit :

« Le chiffre des émissions de billets de la Banque de France et de ses succursales, fixé au maximum de 6 milliards 800 millions par la loi du 29 décembre 1911, est élevé provisoirement à 30 milliards.

« Il ne pourra être porté au delà de cette limite qu'en vertu d'une loi ».

Exposé sommaire. — Au moment de la déclaration de guerre le Parlement a voté un certain nombre de lois, toutes en date du 5 août 1914, pour habiliter le Gouvernement à prendre par voie de décret, toutes les mesures rendues nécessaires pour la conduite de la guerre, pendant l'absence des Chambres.

La délégation donnée au Gouvernement par la loi du 5 août 1914, de fixer ainsi lui-même éventuellement le chiffre maximum de l'émission des billets de la Banque de France ne valait que pour la durée de l'absence des Chambres ; elle a pris fin en droit depuis décembre 1914 et les décrets des 11 mai 1915, 15 mai 1916, 15 février, 10 septembre 1917, qui ont successivement porté le chiffre maximum de l'émission pour la Banque de France, à 15, 18, 21, 24, 27 et 30 milliards sont proprement illégaux.

Est-il utile de rappeler qu'en 1870-1871 le chiffre de l'émission fiduciaire de la Banque de France a toujours et exclusivement été fixé par la loi ? Celle du 2 août 1870 établit le cours forcé et limite l'émission à 1.800.000.000 francs ; celle du 14 août 1870 porte la limite à 2.400.000 francs ; les chiffres de 2.800.000.000 fr. et 3.200.000.000 francs ne sont atteints que dix-huit mois et deux ans plus tard, en vertu des lois du 29 décembre 1861 et 15 juillet 1872.

Les principes de notre droit constitutionnel sont formels : « les Chambres n'ont pas la disposition du pouvoir législatif, elles n'en ont que l'exercice, et le pouvoir de faire la loi, c'est une charge qu'on leur a confiée et qui ne peut être déléguée. »

Les conventions relatives aux avances de la Banque de France à l'État étant soumises à la ratification du Parlement, celui-ci a la possibilité de contrôler ce qui est la cause principale — la seule dangereuse — de l'augmentation de la circulation fiduciaire.

Il y aurait, d'autre part, de sérieux inconvénients à soumettre à la même procédure les décisions fixant le maximum de l'émission.

Amendement n° 23, présenté le 23 mai 1918 par MM. Édouard Barthe, Albert Thomas, Aldy, Paul Aubriot, Vincent Auriol, Barabant, Basly, Bedouce, Louis Bernard (Gard), Betoulle, Alexandre-Blanc, Jean Bon, Bouisson (Bouches-du-Rhône), Bouveri, Bracke, Bras, Brenier, Thé-Bretin (Saône-et-Loire), Brizon (Allier), Frédéric Brunet (Seine), Buisset, Cabrol, Marcel Cachin (Seine), Cadenat, Cadot, Camelle, Claussat, Compère-Morel, Paul Constans (Allier), Deguise, Dejeante, Demoulin, Doizy, Durre, Émile-Dumas (Cher), Fourment, Giray (Isère), Goniaux, Goude (Finistère), Groussier, Jules Guesde, Hubert Rouger, Jean Longuet, Aristide Jobert, Ernest Lafont (Loire), Lamendin, de La Porte, Lauche, Eugène Laurent (Nièvre), Pierre Laval, André Lebey, Lecointe, François Lefebvre (Nord), Levasseur, Lissac, Locquin, Manus, Mauger, Mayéras, Pierre

Mélin (Nord), Mistral, Ferdinand Morin (Indre-et-Loire), Moutet, Jules Nadi, Navarre, Nectoux, Parvy, Philbois, Paul Poncet (Seine), Pouzet, Adrien Pressemane, Ellen Prévot, Raffin-Dugens, Reboul, Renaudel, Ringuier, Rognon, Arthur Rozier, Sabin, Salembier, Sembat, Sixte-Quenin, Thivrier, Marius Valette, Valière, Alexandre Varenne, Adrien Veber, Octave Vigne, Lucien Voilin (Seine), Voilot (Rhône), Walter, députés.

Art. 5 (additionnel).

Les fonctions de gouverneur et de sous-gouverneurs de la Banque de France ne peuvent être attribuées aux fonctionnaires ni aux anciens fonctionnaires du Ministère des Finances, ayant entretenu avec elle des relations de service.

Le gouverneur et les sous-gouverneurs ne seront plus tenus de justifier de la propriété de 100 ou de 50 actions de la Banque avant leur entrée en fonctions. L'article 13 de la loi du 22 avril 1806 est abrogé.

Exposé sommaire. — Alors que l'État a des intérêts considérables à débattre contradictoirement avec la Banque de France, nous assistons à ce spectacle singulier depuis quelques temps, de fonctionnaires de la Banque qui se désignent pour siéger aux bancs du Gouvernement au moment même où celui-ci a pour mission d'imposer à la Banque des obligations et des sacrifices nouveaux dans l'intérêt général, et de fonctionnaires de l'État, directement chargés d'opposer l'intérêt public à l'intérêt particulier de la Banque, qui passent au service de la Banque.

Il est permis de se demander, à cette heure, si les intérêts de la Banque sont plus sacrés que ceux de l'État, puisqu'on ne retrouve plus, pour défendre ceux-ci, que des fonctionnaires de la Banque d'hier et de demain. Ce qui implique, que les intérêts de l'État n'existent plus et que le Gouvernement ne considère plus que les intérêts des actionnaires de la Banque. Pour sauvegarder les intérêts de l'État, il convient de prescrire l'incompatibilité des fonctions de gouverneur ou sous-gouverneur, avec celles de l'agent qui a pour mission, au Ministère des Finances, de traiter avec la Banque.

Pour éviter que le crédit de la Banque et du pays ne soit compromis par une gestion qui ne poursuit qu'une politique de dividendes, il faut désintéresser complètement cette politique, les dirigeants de la Banque nommés par l'État, en les dispensant d'être, eux-mêmes, des actionnaires, les intérêts de l'État et ceux des actionnaires n'étant pas toujours concordants.

Il serait regrettable de supprimer la possibilité de recruter les gouverneurs et sous-gouverneurs de la Banque parmi les compétences qui existent au ministère des finances.

Il est bon, d'autre part, de maintenir la garantie que procure aux actionnaires la possession, par le gouverneur et les sous-gouverneurs, d'un certain nombre d'actions.

Amendement n° 24, présenté le 23 mai 1918 par M. Édouard Barthe, Albert Thomas, Aldy, Paul Aubriot, Vincent Auriol, Barabant, Basly, Bedouce, Louis Bernard (Gard), Betoulle, Alexandre-Blanc, Jean Bon, Bouisson (Bouches-du-Rhône), Bouveri, Bracke, Bras, Brenier, Théo-Bretin (Saône-et-Loire), Brizon (Allier), Frédéric Brunet (Seine), Buisset, Cabrol, Marcel Cachin (Seine), Cadenat,

Cadot, Camelle, Claussat, Compère-Morel, Paul Constans (Allier), Deguise, Dejeante, Demoulin, Doizy, Durre, Émile-Dumas (Cher), Fourment, Giray (Isère), Goniaux, Goude (Finistère), Groussier, Jules Guesde, Hubert Rouger, Jean Longuet, Aristide Jobert, Ernest Lafont (Loire), Lamendin, de La Porte, Lauche, Eugène Laurent (Nièvre), Pierre Laval, André Lebey, Lecointe, François Lefebvre (Nord), Levasseur, Lissac, Locquin, Manus, Mauger, Mayéras, Pierre Mélin (Nord), Mistral, Ferdinand Morin (Indre-et-Loire), Moutet, Jules Nadi, Navarre, Nectoux, Paivy, Philbois, Paul Poncet (Seine), Pouzet, Adrien Pressemane, Ellen Prévot, Raffin-Dugens, Reboul, Renaudel, Ringuier, Rognon, Arthur Rozier, Sabin, Salembier, Sembat, Sixte-Quenin, Thivrier, Marius Valette, Valière, Alexandre Varenne, Adrien Veber, Octave Vigne, Lucien Voilin (Seine), Voillot (Rhône), Walter, députés :

Art. 6 (additionnel).

A partir du 1er janvier 1918, le bénéfice net constaté en fin d'année, après déduction des frais d'administration et des impôts, est réparti comme il suit :

1° Un dividende brut de 150 francs par action, taux moyen réalisé pendant les dix dernières années normales 1904-1913, aux actionnaires ;

2° Un versement de 20 0/0 de ce qui reste au fonds de réserve, tant que ce fonds n'atteindra pas le chiffre de cinquante millions ; ce fonds de réserve sera converti en rentes sur l'Etat disponibles et les arrérages s'ajouteront annuellement au bénéfice net ;

3° Le surplus est partagé par moitié entre les actionnaires et l'État, sans que le dividende total des actionnaires puisse dépasser 200 francs par action ;

4° Sur la portion de la moitié revenant aux actionnaires qui dépasse 200 francs de dividende, il revient un sixième aux actionnaires et cinq sixièmes à l'Etat.

Quand le bénéfice net n'atteint pas 150 francs par action, le fonds de réserve servira à compléter le dividende à ce chiffre.

A l'expiration du privilège de l'émission, s'il n'est pas renouvelé, le fonds de réserve est réparti comme suit : un tiers aux actionnaires et deux tiers à l'Etat.

Exposé sommaire. — Dès son origine, la Banque de France, établissement privé, s'est vu limiter non ses bénéfices, mais son droit de les répartir entre les actionnaires sans le contrôle de l'Etat.

Dans l'esprit de Napoléon lui-même, qui avait pourtant souscrit avec son entourage immédiat, c'est-à-dire avec les principaux membres de sa famille, la presque totalité des premières actions de la Banque de France, la concession du privilège était, en effet, faite dans l'intérêt bien compris de l'Etat et non dans l'intérêt proprement dit des actionnaires.

C'est ainsi que la loi du 14 avril 1803, qui concède le privilège, dispose immédiatement « que le dividende ne pourra dépasser 6 0/0 pour chaque action de 1.000 francs, qu'il sera payé tous les six mois et que le bénéfice excédant le dividende annuel sera converti en fonds de réserve et celui-ci en rentes sur l'Etat, qui ne pourront être vendues sans autorisation, ce qui donnera lieu à un second dividende. Le dividende total ne pourra excéder 8 0/0 pour l'an XII ». (Art. 3.)

La loi du 22 avril 1806, par son article 4, précise encore que les droits des actionnaires (loi du 14 avril précitée) sont désormais fixés ainsi qu'il suit : « Le dividende réglé par l'article 8 de la susdite loi annuel se composera : 1° d'une répartition qui ne pourra excéder 6 0/0 du capital primitif; 2° d'une autre répartition égale aux deux tiers du bénéfice excédant ladite répartition du 6 0/0. Le dernier tiers des bénéfices sera mis en fonds de réserve. »

La moitié des fonds de réserve revient à l'Etat à l'expiration de la concession si le privilège n'est pas renouvelé.

Notre amendement, en assurant une participation de l'État aux bénéfices de la Banque de France, ne fait que reprendre la bonne et saine tradition.

On a vu que les commissions avaient adopté le principe de cet amendement.

Amendement n° 25, présenté le 23 mai 1918 par MM. Édouard Barthe, Albert Thomas, Aldy, Paul Aubriot, Vincent Auriol, Barabant, Basly, Bedouce, Louis Bernard (Gard), Betoulle, Alexandre-Blanc, Jean Bon, Bouisson (Bouches-du-Rhône), Bouveri, Bracke, Bras, Brenier, Théo-Bretin (Saône-et-Loire), Brizon (Allier), Frédéric Brunet (Seine), Buisset, Cabrol, Marcel Cachin (Seine), Cadenat, Cadot, Camelle, Claussat, Compère-Morel, Paul Constans (Allier), Deguise, Dejeante, Demoulin, Doizy, Durre, Émile-Dumas (Cher), Fourment, Giray (Isère), Goniaux, Goude (Finistère), Groussier, Jules Guesde, Hubert Rouger, Jean Longuet, Aristide Jobert, Ernest Lafont (Loire), Lamendin, de La Porte, Lauche, Eugène Laurent (Nièvre), Pierre Laval, André Lebey, Lecointe, François Lefebvre (Nord), Levasseur, Lissac, Locquin, Manus, Mauger, Mayéras, Pierre Mélin (Nord), Mistral, Ferdinand Morin (Indre-et-Loire), Moutet, Jules Nadi, Navarre, Nectoux, Parvy, Philbois, Paul Poncet (Seine), Pouzet, Adrien Pressemane, Ellen Prévot, Raffin-Dugens, Reboul, Renaudel, Ringuier, Rognon, Arthur Rozier, Sabin, Salembier, Sembat, Sixte-Quenin, Thivrier, Marius Valette, Valière, Alexandre Varenne, Adrien Veber, Octave Vigne, Lucien Voilin (Seine), Voillot (Rhône), Walter, députés :

Art. 7 (additionnel).

Les dispositions réglementant le recrutement, la rémunération, l'avancement et la discipline du personnel seront réunies en un statut réglementaire. Ce statut ainsi que toutes modifications ultérieures, seront délibérés en conseil général en présence de trois délégués du personnel qui auront voix délibérative et qui seront annuellement élus, et seront présentés par le Gouverneur, appuyés de la sténographie des procès-verbaux de délibération, à l'agrément du Ministre des Finances qui statuera après avis du Conseil d'État.

Exposé sommaire. — Notre amendement développe les principes posés par la loi du 22 avril 1906 qui a créé une caisse de réserve pour les employés de la Banque, réserve dont la quotité, l'emploi et la distribution doivent être soumis à l'approbation du Gouvernement.

Le Gouvernement impérial reconnaissait lui-même la nécessité de soustraire le personnel de la banque nationale d'émission à la rapacité des actionnaires, et il a mis ce personnel sous la protection du Gouvernement de la nation.

La convention de 1911 a précisé que les règles d'avancement et de discipline devaient être réglementées pour échapper à l'arbitraire, et elle a stipulé qu'elles feraient l'objet d'un statut approuvé par le Ministre des Finances; mais elle a oublié d'appeler à délibérer sur ce statut le personnel intéressé que l'on a voulu protéger..... si bien que les garanties édictées n'existent que sur le papier et que, dans la pratique, le droit d'association étant formellement interdit au personnel de la Banque, la situation de celui-ci n'est rien moins qu'améliorée, le statut actuel n'ayant fait que *réglementer l'arbitraire des dirigeants* et hauts fonctionnaires de l'établissement ; ainsi la situation *matérielle* du personnel n'a pas été améliorée depuis le dernier renouvellement de 1897, qu'à compter du 1er janvier 1918..... et la *situation morale* a plutôt empiré depuis, du fait de la profonde déception infligée à l'immense majorité des agents par l'arbitraire « réglementé » qui préside, depuis 1911, à la distribution de l'avancement.

Le personnel de la Banque, dont on ne saurait, sans manquer par trop à la vérité, représenter le sort comme particulièrement malheureux, trouve une garantie des plus sérieuses dans l'article 8 de la convention du 11 novembre 1911. Il ne semble pas qu'il soit nécessaire d'aller jusqu'à l'adoption de l'innovation réclamée par M. Barthe.

Amendement n° 26, présenté le 28 mai 1918 par MM. Edouard Barthe, Albert Thomas, Aldy, Paul Aubriot, Vincent Auriol, Barabant, Basly, Bedouce, Louis Bernard (Gard), Betoulle, Alexandre-Blanc, Jean Bon, Bouisson (Bouches-du-Rhône), Bouveri, Bracke, Bras, Brenier, Théo-Bretin (Saône-et-Loire), Brizon (Allier), Frédéric Brunet (Seine), Buisset, Cabrol, Marcel Cachin (Seine), Cadenat, Cadot, Camelle, Claussat, Compère-Morel, Paul Constans (Allier), Deguise, Dejeante, Demoulin, Doizy, Durre, Émile-Dumas (Cher), Fourment, Giray (Isère), Goniaux, Goude (Finistère), Groussier, Jules Guesde, Hubert Rouger, Jean Longuet, Aristide Jobert, Ernest Lafont (Loire), Lamendin, de La Porte, Lauche, Eugène Laurent (Nièvre), Pierre Laval, André Lebey, Lecointe, François Lefebvre (Nord), Levasseur, Lissac, Locquin, Manus, Mauger, Mayéras, Pierre Mélin (Nord), Mistral, Ferdinand Morin (Indre-et-Loire), Moutet, Jules Nadi, Navarre, Nectoux, Parvy, Philbois, Paul Poncet (Seine), Pouzet, Adrien Pressemane, Ellen Prévot, Raffin-Dugens, Reboul, Renaudel, Ringuier, Rognon, Arthur Rozier, Sabin, Salembier, Sixte-Quenin, Thivrier, Marius Valette, Valière, Alexandre Varenne, Adrien Veber, Octave Vigne, Lucien Voilin (Seine), Voillot (Rhône), Walter, députés :

Article 8 (additionnel).

La Banque de France organisera un portefeuille spécial pour l'escompte et la négociation des effets payables à l'étranger et dans les colonies françaises.

Exposé sommaire. — La création d'un organisme central pour l'achat et la vente des devises est une nécessité de la guerre autant que de l'après-guerre, pour la défense de notre change. C'est par une centralisation de l'espèce que nos ennemis ont pu prévenir dans une large mesure et dans des conditions beaucoup plus défavorables que nous, l'effondrement de leur change ; cette centralisation était d'ailleurs réalisée depuis toujours en Allemagne, la Reichsbank achetant les devises depuis sa fondation, et tous les effets étrangers escomptés en Allemagne passant par elle pour être vendus au cours de la Bourse.

Notre institut d'émission doit centraliser aussi bien les créances de la France sur l'étranger que les créances de l'étranger sur la France pour soustraire notre change aux fluctuations de la spéculation des établissements de crédit privés qui, eux, n'ont jamais hésité et hésiteront moins que jamais à escompter les effets étrangers.

Nous ne devons pas gaspiller nos moyens de payement à l'étranger, et l'organisation du temps de guerre doit survivre pour faciliter, d'une part, le règlement de nos dettes étrangères en les soldant un moindre prix, d'autre part, la production et l'activité nationales par l'entretien de relations commerciales directes avec les pays les plus solvables du monde.

La Banque de France puisera, d'ailleurs, dans ce portefeuille spécial, de nouveaux bénéfices et surveillera mieux les opérations des établissements privés à l'étranger.

Il a été donné satisfaction, dans les conditions qu'on a vues plus haut, à l'idée dont cet amendement est inspiré.

Amendement n° 27, présenté le 28 mai 1918 par M. André Lebey, député.

Art. 2.

Ajouter à cet article les dispositions suivantes :

« L'avance de 20 millions de francs versée au Trésor par la Banque de France en vertu de l'article premier de la convention du 11 novembre 1911 sera portée à 25 millions. Sur cette somme, le Gouvernement est autorisé à disposer de 5 millions de francs pour être attribués, sous forme d'avances portant intérêt à 2 0/0 l'an, aux sociétés anonymes à participation ouvrière.

« Les conditions dans lesquelles ces sociétés pourront obtenir des avances seront déterminées par un règlement d'administration publique et devront se rapprocher de celles prévues par la loi du 7 mai 1917 et le décret du 5 septembre 1917 pour les sociétés coopératives de consommation ».

Exposé sommaire. — L'intérêt de cette avance se démontre de lui-même, surtout à une heure où la réorganisation économique du pays s'impose sur tous les terrains. Les sociétés anonymes à participation ouvrière se trouveront, au lendemain de la paix, dans une situation difficile. Les avances qui leur seraient consenties dans les conditions que nous proposons seraient de nature à les aider efficacement.

Les commissions ont cru devoir écarter cet amendement, de même que tous ceux qui tendent à une augmentation de la circulation fiduciaire. Si les sociétés anonymes à participation ouvrière doivent bénéficier d'une aide de l'État, ce devra être, par exemple, grâce aux ressources visées à l'article 3 du projet de loi.

Amendement n° 28, présenté le 30 mai 1918 par MM. Deschamps, de Kerguézec, Boussenot, Ossola, Pierre Robert, Garat, Fayolle, Maurice Rontin, Durafour, Drivet, Charles Baudet, Théveny, Coyrard, députés :

Article premier.

Le privilège de la Banque de France sera prorogé d'une durée égale à la longueur de la guerre.

Exposé sommaire. — Il serait d'une imprévoyance extrême d'engager en ce moment la politique financière de la France alors que nous ne possédons aucun élément qui nous permette d'apprécier ce que sera, après la guerre, la situation économique, financière, industrielle et commerciale du monde.

La prolongation du privilège de la Banque de France dans ces conditions ne peut nuire de la moindre façon à son crédit. Elle se trouvera au lendemain des hostilités, en ce qui concerne son privilège, dans une situation semblable à celle dans laquelle elle se trouvait lorsque la guerre a éclaté.

Amendement n° 29, présenté le 30 mai 1918 par MM. Victor Augagneur, Albert Grodet, Bergeon, Antoine Borrel (Savoie), Jules-Louis Breton (Cher), Camuzet, Louis Defos, Emile-Favre (Haute-Savoie), Even, Emile Faure, François-Fournier, de Kerguézec, Louis Lajarrige, Lancien, Lenoir, Mahieu, Maître, Paul-Meunier, Pierre Rameil, Tournan, Maurice Viollette, René Viviani, députés :

Article premier.

Rédiger comme suit cet article :

« Le privilège concédé à la Banque de France par les lois du 24 germinal an XI, 22 avril 1806, 30 juin 1840, 9 juin 1857, 17 novembre 1897 est prorogé, à partir du 1ᵉʳ janvier 1921, pour une durée égale à celle des hostilités. »

Exposé sommaire. — Sans prendre parti sur le fonds de la question du renouvellement du privilège de la Banque de France, nous pensons que le renouvellement de ce privilège pour vingt-cinq années serait dans les conditions présentes, une imprudence. Nul ne peut prétendre connaître ce que seront, au lendemain de la guerre, les conditions économiques déterminant notre système bancaire. Les erreurs des économistes sur les événements actuels doivent éveiller nos défiances quant aux prédictions concernant la période durant la guerre.

Par notre amendement, nous donnons au Gouvernement et à la Banque tout le temps nécessaire pour connaître les besoins auxquels ils devront satisfaire, sans consentir à prendre d'ores et déjà des mesures qui, au moment de leur application, ne correspondraient plus aux nécessités.

Au sujet des deux amendements n°s 28 et 29, nous renvoyons, une fois de plus, à notre précédent rapport (pp. 38 à 41).

Amendement n° 30, présenté le 6 juin 1918 par M. L. Nouhaud, député :

Art. 4.

Ajouter à l'article 5 de la convention du 20 décembre 1917 la disposition suivante :

« Une augmentation supplémentaire de 20 millions, pour une durée de dix ans, sera attribuée au Crédit agricole, en vue de faciliter et développer la loi du 9 avril 1918. »

Exposé sommaire. — L'augmentation proposée poursuit un but humanitaire, puisqu'il s'agit de doter nos mutilés d'un gîte.

Nous sommes donc bien convaincus que tous (la Banque de France elle-même) accueilleront cet amendement.

De même qu'au sujet de l'amendement n° 27, nous répéterons ici qu'en ce moment, l'émission, en dehors des fonctions normales de la Banque, ne doit être utilisée que pour les besoins de l'Etat, c'est-à-dire de la défense nationale.

Amendement n° 31, présenté le 13 juin 1918 par MM. Édouard Barthe, Albert Thomas, Aldy, Paul Aubriot, Vincent Auriol, Barabant, Basly, Bedouce, Louis Bernard (Gard), Betoulle, Alexandre-Blanc, Jean Bon, Bouisson (Bouches-du-Rhône), Bouveri, Bracke, Bras, Brenier, Théo-Bretin (Saône-et-Loire), Brizon (Allier), Frédéric Brunet (Seine), Buisset, Cabrol, Marcel Cachin (Seine), Cadenat, Cadot, Camelle, Claussat, Compère-Morel, Paul Constans (Allier), Deguise, Dejeante, Demoulin, Doizy, Durre, Émile Dumas (Cher), Fourment, Giray (Isère), Goniaux, Goude (Finistère), Groussier, Jules Guesde, Hubert Rouger, Jean Longuet, Aristide Jobert, Ernest Lafont (Loire), Lamendin, de La Porte, Lauche, Eugène Laurent (Nièvre), Pierre Laval, André Lebey, Lecointe, François Lefebvre (Nord), Levasseur, Lissac, Locquin, Manus, Mauger, Mayéras, Pierre Mélin (Nord), Mistral, Ferdinand Morin (Indre-et-Loire), Moutet, Jules Nadi, Navarre, Nectoux, Parvy, Philbois, Paul Poncet (Seine), Pouzet, Adrien Pressemane, Ellen Prévot, Raffin-Dugens, Reboul, Renaudel, Ringuier, Rognon, Arthur Rozier, Salembier, Sembat, Sixte-Quenin, Thivrier, Marius Valette, Valière, Alexandre Varenne, Adrien Veber, Octave Vigne, Lucien Voilin (Seine), Voillot (Rhône), Walter, députés :

Art. 2.

Supprimer le 3° alinéa de la convention du 26 octobre 1917, commençant ainsi :

« Le compte sera débité de même..... »

Exposé sommaire. — Le paragraphe de la convention dont nous demandons la suppression met à la charge de la caisse spéciale de réserve, par conséquent de l'Etat, les risques que court la Banque de France pour le remboursement des 500 millions qu'elle a avancés à 75 maisons de banques françaises pour le compte de l'Etat russe, sur créances russes moratoriées.

Ces 500 millions ne peuvent être considérés que comme créances moratoriées réescomptées à la Banque de France par les 75 banques dont il s'agit, et, en cas de risques, la responsabilité de ces banques doit être retenue au même titre que celle des banques qui ont présenté au réescompte des effets moratoriés tirés sur des Français.

Il serait, en effet, inadmissible, que les banques qui pratiquaient l'exportation des capitaux avant la guerre, sans autre souci que celui de fructueuses commissions, engagent aujourd'hui la responsabilité de l'État avant la leur, alors que les banques qui n'employaient leurs dépôts qu'à féconder le travail national doivent répondre du montant de leur portefeuille réescompté, et que les millions d'épargnants français, victimes de leur politique antinationale, perdent aujourd'hui les intérêts en même temps que le capital.

La Banque de France, sur l'invitation du gouvernement, a payé à 75 maisons françaises le montant de créances qu'elles avaient acquises sur la Russie avant la guerre, et que les difficultés résultant du change, notamment, les empêchaient de recouvrer ; elle est devenue, ainsi, créancière de la Banque de l'État russe — avec garantie subsidiaire de l'État russe — pour une somme de 500 millions. Cette opération a été faite à une époque où le crédit de la Banque de l'État russe et celui de l'État russe apparaissaient tout à fait solides ; elle tendait à mettre nos banques en mesure de ne plus se prévaloir, vis-à-vis de leurs déposants, du moratorium édicté le 1er août 1914. On ne voit en elle rien qui soit critiquable. Mais quoi que l'on en veuille penser, la proposition de M. Barthe, qui refuse de couvrir la Banque du risque encouru par elle, ne saurait être retenue. Il serait illogique et injuste d'exposer la Banque à perdre 500 millions, et de la soumettre en même temps à une contribution sur des bénéfices de guerre que cette perte éventuelle ferait disparaître.

Amendement n° 32, présenté le 20 juin 1918 par MM. Édouard Barthe, Albert Thomas, Aldy, Paul Aubriot, Vincent Auriol, Barabant, Basly, Bedouce, Louis Bernard (Gard), Betoulle, Alexandre-Blanc, Jean Bon, Bouisson (Bouches-du-Rhône), Bouveri, Bracke, Bras, Brenier, Théo-Bretin (Saône-et-Loire), Brizon (Allier), Frédéric Brunet (Seine), Buisset, Cabrol, Marcel Cachin (Seine), Cadenat, Cadot, Camelle, Claussat, Compère-Morel, Paul Constans (Allier), Deguise, Dejeante, Demoulin, Doizy, Durre, Émile-Dumas (Cher), Fourment, Giray (Isère), Goniaux, Goude (Finistère), Groussier, Jules Guesde, Hubert Rouger, Jean Longuet, Aristide Jobert, Ernest Lafont (Loire), Lamendin, de La Porte, Lauche, Eugène Laurent (Nièvre), Pierre Laval, André Lebey, Lecointe, François Lefebvre (Nord), Levasseur, Lissac, Locquin, Manus, Mauger, Mayéras, Pierre Mélin (Nord), Mistral, Ferdinand Morin (Indre-et-Loire), Moutet, Jules Nadi, Navarre, Nectoux, Parvy, Philbois, Paul Poncet (Seine), Pouzet, Adrien Pressemane, Ellen Prévot, Raffin-Dugens, Reboul, Renaudel, Ringuier, Rognon, Arthur Rozier, Sabin, Salembier, Sembat, Sixte-

Quenin, Thivrier, Marius Valette, Valière, Alexandre Varenne, Adrien Veber, Octave Vigne, Lucien Voilin (Seine), Voillot (Rhône), Walter, députés :

Article additionnel.

En augmentation des avances permanentes actuelles, une avance de cinq cents millions, ne portant pas d'intérêts, sera mise par la Banque de France à la disposition du Trésor public et par lui à celle des institutions de crédit agricole.

En garantie du remboursement de cette avance il sera, comme pour les précédentes, remis un bon du Trésor à l'échéance de l'expiration du privilège.

Exposé sommaire. — La Banque de France se sert de l'émission fiduciaire pour alimenter ses opérations d'escompte et d'avances sur titres qu'elle devrait pratiquer, au contraire, avec ses dépôts, si elle avait le souci de les accroître et de transformer ainsi en capitaux actifs circulants, les sommes élevées actuellement éparses dans les caisses individuelles et totalement stériles pour l'activité économique du pays.

Par notre amendement, nous demandons que l'émission fiduciaire soit d'abord réservée pour les besoins de la collectivité surtout après la guerre, où les considérations d'intérêt général doivent continuer à primer les considérations d'intérêts particuliers, si nous voulons assurer le relèvement de ce pays.

L'avance réclamée pour le crédit agricole n'est nullement exagérée si on envisage que les institutions actuelles doivent permettre la reconstitution des territoires envahis, la réfection de notre outillage agricole, la réalisation de grands travaux d'intérêt agricole projetés depuis longtemps, et enfin l'accession à la propriété rurale des nombreuses victimes de la guerre.

Même observation qu'à propos des amendements n°s 27 et 30.

Amendement n° 33, présenté le 1er juillet 1918 par M. Jules Siegfried, député :

Article additionnel.

Dans le cas où la Banque de France distribuerait à ses actionnaires un dividende supérieur à 250 francs par action, la moitié de ce superdividende reviendra à l'État qui sera tenu de l'affecter à un ou plusieurs établissements ou sociétés ayant pour but le développement des affaires françaises à l'étranger et dans les colonies.

Exposé sommaire. — Le meilleur moyen de faire face aux charges considérables qui pèseront sur les contribuables après la guerre, sera de développer les affaires commerciales et industrielles françaises à l'étranger.

Il sera nécessaire, à cet effet, de faciliter l'escompte du papier à long terme, de favoriser la création de maisons françaises dans les pays étrangers et dans les colonies, et d'encourager par tous les moyens possibles l'expansion française.

Les sommes provenant du superdividende de la Banque de France pourraient être employées avec avantage à subventionner les institutions et les sociétés de l'initiative individuelle qui seraient créées dans ce but.

Une commission spéciale, nommée par les Ministres du Commerce et des Finances, serait chargée de la répartition de ces fonds.

Cet amendement a reçu satisfaction en même temps que les amendements de M. Bokanowski (n° 10) et de M. Barthe (n° 24), auquel il s'apparente.

N° 4826

Amendement n° 34, présenté le 2 juillet 1910 par MM. Édouard Barthe, Albert Thomas, Aldy, Paul Aubriot, Vincent Auriol, Barabant, Basly, Bedouce, Louis Bernard (Gard), Betoulle, Alexandre-Blanc, Jean Bon, Bouisson (Bouches-du-Rhône), Bouveri, Bracke, Bras, Brenier, Théo-Bretin (Saône-et-Loire), Brizon (Allier), Frédéric Brunet (Seine), Buisset, Cabrol, Marcel Cachin (Seine), Cadenat, Cadot, Camelle, Claussat, Compère-Morel, Paul Constans (Allier), Deguise, Dejeante, Demoulin, Doizy, Durre, Émile-Dumas (Cher), Fourment, Giray (Isère), Goniaux, Goude (Finistère), Groussier, Jules Guesde, Hubert Rouger, Jean Longuet, Aristide Jobert, Ernest Lafont (Loire), Lamendin, de La Porte, Lauche, Eugène Laurent (Nièvre), Pierre Laval, André Lebey, Lecointe, François Lefebvre (Nord), Levasseur, Lissac, Locquin, Manus, Mauger, Mayéras, Pierre Mélin (Nord), Mistral, Ferdinand Morin (Indre-et-Loire), Moutet, Jules Nadi, Navarre, Nectoux, Parvy, Philbois, Paul Poncet (Seine), Pouzet, Adrien Pressemane, Ellen Prévot, Raffin-Dugens, Reboul, Renaudel, Ringuier, Rognon, Arthur Rozier, Sabin, Salembier, Sembat, Sixte-Quenin, Thivrier, Marius Valette, Valière, Alexandre Varenne, Adrien Veber, Octave Vigne, Lucien Voilin (Seine), Voillot (Rhône), Walter, députés :

Disposition additionnelle.

Les 75 maisons de banque françaises auxquelles la Banque de France a payé, pour le compte de la Banque de l'État russe, la somme de 500 millions, montant de leurs créances en Russie, demeurent responsables, jusqu'à concurrence des sommes qui leur ont été individuellement payées, du recouvrement définitif de leurs créances, les effets *moratoriés* qui leur ont été réglés ne pouvant être considérés que comme réescomptés à la Banque d'État russe.

Exposé sommaire. — La Banque de France ne demande à l'État de couvrir ses risques du portefeuille moratorié qu'après avoir mis vainement en cause la responsabilité de la Banque qui lui a présenté au réescompte l'effet définitivement impayé; c'est ainsi que le portefeuille moratorié français ne réserve en définitive que très peu d'aléas, chaque banque demeurant en définitive responsable de ses actes, c'est-à-dire de son propre portefeuille.

Est-il possible de faire aux banques qui, courant les risques d'un portefeuille étranger, réalisaient de hauts profits, une situation plus avantageuse que celle qui est imposée aux établissements français ne pratiquant pas l'exportation des capitaux? Nul ne le pensera, et tout le monde paraît devoir s'accorder à proclamer que les 75 banques qui ont réussi à faire réescompter leurs effets moratoriés à la Banque de l'État russe demeurent responsables devant celles-ci, c'est-à-dire en fait devant la Banque de France qui a agi pour son compte, de celles de leurs créances qui demeurent définitivement irrécouvrables, exactement dans les mêmes conditions que pour leurs effets moratoriés. Il s'agit dans les deux cas de créances moratoriées réalisées avant leur règlement, c'est-à-dire d'opérations faites en toute indépendance par chaque établissement qui a pu ainsi apprécier ses risques et les couvrir en toute connaissance de cause par un prélèvement d'intérêts correspondant.

Les articles 446 et 447 du Code de commerce s'opposent à ce que la proposition de M. Barthe puisse être accueillie.

Cette proposition, au reste, n'a qu'un rapport indirect avec la question du renouvellement du privilège de la Banque de France.

Amendement n° 35, présenté le 2 juillet 1918 par MM. Édouard Barthe, Albert Thomas, Aldy, Paul Aubriot, Vincent Auriol, Barabant, Basly, Bedouce, Louis Bernard (Gard), Betoulle, Alexandre-Blanc, Jean Bon, Bouisson (Bouches-du-Rhône), Bouveri, Bracke, Bras, Brenier, Théo-Bretin (Saône-et-Loire), Brizon (Allier), Frédéric Brunet (Seine), Buisset, Cabrol, Marcel Cachin (Seine), Cadenat, Cadot, Camelle, Claussat, Compère-Morel, Paul Constans (Allier), Deguise, Dejeante, Demoulin, Doizy, Durre, Émile-Dumas (Cher), Fourment, Giray (Isère), Goniaux, Goude (Finistère), Groussier, Jules Guesde, Hubert Rouger, Jean Longuet, Aristide Jobert, Ernest Lafont (Loire), Lamendin, de La Porte, Lauche, Eugène Laurent (Nièvre), Pierre Laval, André Lebey, Lecointe, François Lefebvre (Nord), Levasseur, Lissac, Locquin, Manus, Mauger, Mayéras, Pierre Mélin (Nord), Mistral, Ferdinand Morin (Indre-et-Loire), Moutet, Jules Nadi, Navarre, Nectoux, Parvy, Philbois, Paul Poncet (Seine), Pouzet, Adrien Pressemane, Ellen Prévot, Raffin-Dugens, Reboul, Renaudel, Ringuier, Rognon, Arthur Rozier, Sabin, Salembier, Sembat, Sixte-Quenin, Thivrier, Marius Valette, Valière, Alexandre Varenne, Adrien Veber, Octave Vigne, Lucien Voilin (Seine), Voillot (Rhône), Walter, députés,

Disposition additionnelle.

Le fonds spécial de réserve et d'amortissement prévu par l'article 5 de la convention du 21 septembre 1914 et l'article 3 de celle du 26 octobre 1917 est géré par la Caisse des dépôts et consignations.

Exposé sommaire. — La gestion du fonds dont il s'agit, exclusivement alimenté par des prélèvements sur les ressources du Trésor public — le versement forfaitaire de 200 millions est lui-même la représentation de l'impôt sur les bénéfices de guerre dû par la Banque — ne peut être soustraite au contrôle de la Cour des comptes; c'est la Cour des comptes qui, par ses travaux, prépare la loi de règlement du budget en France, et, confier la gestion du fonds de réserve et d'amortissement projeté à la Banque de France, c'est soustraire l'emploi de ces fonds au contrôle de la Cour des comptes et conséquemment, à la surveillance du Parlement.

Celui-ci ne peut vouloir, à la réflexion, témoigner aux fonctionnaires de la Banque de France plus de confiance qu'à ses propres fonctionnaires qu'il a toujours placés sous le contrôle étroit et tutélaire de la Cour des comptes, et il le peut d'autant moins que, n'étant pas lui-même organe de contrôle, il serait dans l'impossibilité de garantir l'emploi et la liquidation de la caisse en question autrement que sur le rapport de fonctionnaires incompétents, c'est-à-dire de simples agents d'exécution.

La Caisse des dépôts et consignations est seule qualifiée et offre seule toutes les garanties pour la gestion rationnelle et selon les règles du droit établi, des fonds que l'État projette d'immobiliser.

L'intervention réglementaire de la Caisse des dépôts et consignations s'impose au surplus d'autant mieux qu'elle fera bénéficier ce fonds d'intérêts supérieurs à ceux qu'offre la Banque de France : celle-ci ne servira qu'un intérêt de 1 0/0, malgré qu'elle en retire elle-même plus de 5 0/0 de l'État, tandis que la Caisse des dépôts et consignations servira au moins 2 0/0, et dans le cas particulier pourra bonifier le fonds du montant total de l'intérêt servi par l'État pour les valeurs de la Défense nationale.

Cet amendement s'inspire d'une pensée de défiance à l'égard de la Banque que rien ne justifie. Il se concilie mal, d'ailleurs, avec les dispositions de l'article 3 de la convention du 26 octobre 1917.

PROJET DE LOI

portant renouvellement du privilège de la Banque de France.

Article premier.

Le privilège concédé à la Banque de France par les lois des 24 germinal an XI, 22 avril 1806, 30 juin 1840, 9 juin 1857 et 17 novembre 1897, est prorogé de vingt-cinq ans, à partir du 1er janvier 1921, et prendra fin le 31 décembre 1945.

Art. 2.

Sont approuvées la convention passée le 26 octobre 1917 et la convention additionnelle passée le 11 mars 1918 entre le Ministre des Finances et le Gouverneur de la Banque de France.

Ces conventions sont dispensées des droits de timbre et d'enregistrement.

Art. 3.

Le produit de la redevance supplémentaire instituée par l'article 4 de la convention du 26 octobre 1917 sera réservé et porté à un compte spécial du Trésor, jusqu'à ce que des dispositions législatives aient déterminé les conditions dans lesquelles ce produit sera affecté à des œuvres de crédit.

N° 355

SÉNAT
ANNÉE 1918
SESSION ORDINAIRE

Annexe au procès-verbal de la séance du 17 septembre 1918.

RAPPORT

FAIT

Au nom de la Commission des finances chargée d'examiner le projet de loi, ADOPTÉ PAR LA CHAMBRE DES DÉPUTÉS, *portant renouvellement du* **privilège de la Banque de France,**

PAR M. MILLIÈS-LACROIX

SÉNATEUR

PARIS
IMPRIMERIE DU SÉNAT
Palais du Luxembourg
1918

N° 355

SÉNAT
ANNÉE 1918
SESSION ORDINAIRE

Annexe au procès-verbal de la séance du 17 septembre 1918.

RAPPORT

FAIT

Au nom de la Commission des finances chargée d'examiner le projet de loi, ADOPTÉ PAR LA CHAMBRE DES DÉPUTÉS, *portant renouvellement du privilège de la Banque de France,*

PAR M. MILLIÈS-LACROIX

Sénateur.

---

(1) Cette Commission est composée de MM. PEYTRAL, *Président*; Alexandre BÉRARD, DE SELVES, Émile CHAUTEMPS, Jules DEVELLE, *Vice-Présidents*; Guillaume CHASTENET, Lucien HUBERT, Léon BARBIER, ALBERT PEYRONNET, PETITJEAN, *Secrétaires*; TOURON, AMIC, Henry CHÉRON, Émile DUPONT, SERVANT, JÉNOUVRIER, BEAUVISAGE, Laurent THÉRY, Étienne FLANDIN, MAURICE-FAURE, MURAT, CAZENEUVE, GOY, LHOPITEAU, GUILLIER, Albert GÉRARD, Victor LOURTIES, Lucien CORNET, COUYBA, MILLIÈS-LACROIX, HENRI-MICHEL, BOUDENOOT, Eugène LINTILHAC, Louis MARTIN, Léon MOUGEOT, PERCHOT.

(Voir les n°° 340, Sénat, année 1918, et 4039-4429-4630-4648-4826 et in-8° n° 1049. — 11° légis. — de la Chambre des Députés.)

MESSIEURS,

C'est le 31 décembre 1920 que prendra fin le régime qui lie l'État et la Banque de France, pour l'exercice du privilège d'émission qui a été concédé à notre grand établissement national par la loi du 24 germinal an XI (14 avril 1803) et qui a été successivement prorogé depuis cette époque, la dernière prorogation ayant été accordée par la loi du 17 novembre 1897.

Bien qu'une période assez longue restât à s'écouler jusqu'à cette échéance, le Gouvernement a cru devoir déposer à la Chambre des Députés le projet de loi portant renouvellement du privilège, dès le 11 décembre 1917, afin de permettre au Parlement de procéder, sans hâte ni pression, à un examen et à une discussion approfondis. Ce projet de loi, qui fit l'objet d'un très remarquable rapport (n° 4429) de l'honorable M. Landry, déposé le 12 mars 1918, et d'un rapport supplémentaire (n° 4826) déposé le 5 juillet suivant, donna lieu, devant la Chambre, à des débats animés, qui se sont déroulés du 16 mai au 30 juillet. Il nous a été transmis, le 2 août suivant, au moment précis où le Sénat a dû ajourner ses travaux.

La Chambre a apporté diverses modifications aux propositions du Gouvernement. Ces modifications se sont traduites les unes par des conventions additionnelles passées avec la Banque, les autres par des amendements au texte du projet de loi. Nous en ferons connaître le détail au moment où nous procéderons à l'examen analytique et critique du projet de loi et des conventions y annexées.

Opportunité du renouvellement du privilège de la Banque de France.

La question posée devant le Parlement est particulièrement importante, car elle touche à l'organisation de tout notre système bancaire.

D'aucuns avaient pensé qu'il était peut-être prématuré de trancher dès maintenant cette question et de fixer pour une longue période les liens devant exister à l'avenir entre l'État et la Banque de France. Il leur avait semblé que l'heure était mal choisie, vu l'impossibilité d'entrevoir et de déterminer en ce moment la nature et l'étendue des concours que la Banque de France sera appelée à prêter à l'État, pour l'œuvre gigantesque de reconstitution économique et de rénovation financière qui s'imposera après la guerre. Sous l'empire de ce sentiment, des propositions furent faites à la Chambre des Députés, tendant à surseoir à l'examen du projet de loi jusqu'à la cessation des hostilités, ou à réduire la durée de la nouvelle prorogation du privilège, afin de conserver au Gouvernement et aux Chambres toute la plénitude de leur liberté.

D'autres avaient envisagé une transformation de notre grand établissement national, soit en élargissant son champ et ses moyens d'action, soit en restreignant l'étendue de son privilège, soit en le subordonnant davantage à l'autorité de l'État, soit encore en lui imposant des charges plus onéreuses et des obligations plus étendues au point de vue financier et social.

Mais la Chambre a pensé qu'il y avait, en ce moment même, une nécessité impérieuse à résoudre sans plus tarder le problème qui lui était soumis, tout atermoiement dans la solution, toute restriction dans la durée du privilège lui ayant paru de nature à ébranler le crédit dont jouit notre billet de banque national dans le monde entier. Elle a donc écarté les amendements tendant à retarder le vote de la loi ou à diminuer la durée du privilège. Elle a également repoussé les transformations qui lui ont été proposées. Finalement, c'est à une grosse majorité qu'elle s'est prononcée en faveur du projet de loi présenté par le Gouvernement, après y avoir ajouté quelques dispositions, destinées à améliorer les avantages réservés à l'État.

Il est à noter, comme une des caractéristiques les plus intéressantes des longs débats de la Chambre des Députés, qu'aucune opposition systématique n'a été faite au principe du privilège de l'émission. Aucune proposition ne fut déposée tendant soit à créer une banque d'émission d'État, soit à confier le privilège d'émission à plusieurs établissements concurrents. Ainsi paraissent vidées, tout au moins pour un temps, ces questions de doctrine qui firent l'objet de controverses passionnées dans les précédentes assemblées.

Nous ne les aborderons donc pas dans notre rapport. Il nous sera seulement permis de rappeler que l'histoire des Banques d'État a toujours été lamentable. Les Gouvernements dont elles sont l'organe sont fatalement entraînés à exiger d'elles, non seulement pour couvrir des situations financières troubles ou obérées, mais encore dans des buts politiques plus ou moins avérés, des services incompatibles avec la nature même des banques d'émission. Quoi de plus dangereux que de subordonner la solution des questions financières à des considérations passagères de la politique ou de livrer aux passions la détermination du taux de l'escompte? Ajoutons enfin qu'il n'est pas sans importance qu'au crédit de l'État s'ajoute celui d'une puissante banque privée, ayant des racines dans les entrailles même de la nation industrielle et commerciale, pour soutenir la confiance du public dans le billet de banque.

Quant à la liberté de l'émission, elle n'a jamais compté en France que peu de partisans. Les inconvénients qu'elle présente l'emportent avec trop d'évidence sur les avantages problématiques qu'on peut invoquer en sa faveur pour qu'il soit utile de s'étendre sur ce sujet. Qu'il nous suffise de signaler l'évolution qui se fait dans tous les pays vers le système de la banque d'émission unique.

En Angleterre, en Allemagne, les quelques banques d'émission subsistant à côté de la Banque d'Angleterre et de la Reichsbank ne jouent qu'un rôle insignifiant. La Suisse, en 1905, s'est donné une banque d'émission fédérale. Aux États-Unis, la réforme bancaire de 1913 a substitué à l'ancien régime, qui comportait une pluralité excessive des banques d'émission — on n'en comptait pas moins de 7.600 en 1913 — le régime nouveau de douze banques fédérales de réserve, lesquelles, dans la pratique, n'en constituent qu'une seule.

Qui donc, en France, pourrait songer, par une régression injustifiable, à rétablir la pluralité des banques d'émission, à cette heure où l'émission au profit de l'État a atteint les proportions que l'on sait ?

Votre Commission a été unanime à penser qu'il serait sans utilité pratique de rouvrir devant vous des débats de doctrine, que la Chambre, elle-même, a eu la sagesse d'écarter.

Aussi bien, si l'on s'en réfère aux origines de la Banque de France, on est conduit à reconnaître qu'elle est placée vis-à-vis de l'État dans des conditions tout à fait particulières qui la distinguent de toutes les grandes institutions analogues de l'étranger. Certes, on ne peut dire qu'elle soit une banque d'État ; mais l'on ne saurait néanmoins la considérer comme un établissement privé, absolument libre et indépendant vis-à-vis de l'État. Sans doute son capital est constitué par des fonds privés. Mais c'est la loi qui a fixé l'importance de ce capital et qui a établi les statuts fondamentaux de la Banque, quant aux conditions du crédit qu'elle a été appelée à prêter au commerce au moyen de l'émission de ses billets. La loi initiale du 24 germinal an XI, qui avait fixé à 15 ans la durée de son privilège, avait placé son administration entre les mains d'un Conseil général de régence, désigné par l'assemblée générale des actionnaires ; la direction de l'ensemble de ses opérations était confiée à un Comité central de trois régents, choisis par le Conseil général. En sorte qu'au début la Banque jouissait d'une véritable autonomie et d'une certaine liberté à côté du Gouvernement. Mais les choses ne tardèrent pas à changer, à la suite de la crise subie par la Banque en 1805. Une loi nouvelle intervint, le 22 avril 1806, qui fit obligation à la Banque d'élever son capital de 45 millions à 90 millions et la plaça sous la haute direction et l'autorité du Gouvernement. Le Comité central, émanation des actionnaires, fut remplacé par un gouverneur, nommé par le Gouvernement.

« La direction de toutes les affaires de la Banque, est-il
« dit dans la loi du 22 avril 1806 (art. 10), déléguée à son
« Comité central par la loi du 24 germinal an XI, sera désor-
« mais exercée par un gouverneur de la Banque de France.

. . . .

« Le gouverneur et ses deux suppléants seront nommés
« par Sa Majesté l'Empereur (art. 12).

« Nul effet ne pourra être escompté que sur la propo-
« sition du Conseil général et sur *l'approbation formelle*
« *du gouverneur*... Il signera seul, au nom de la Banque,
« tous traités et conventions... Le gouverneur présidera le
« Conseil général de la Banque et tous les comités ; *nulle*
« *délibération ne pourra être exécutée, si elle n'est re-*
« *vêtue de sa signature* ; il fera exécuter dans toute leur
« étendue les lois relatives à la Banque, les statuts et les dé-
« libérations du Conseil (art. 19). »

Le gouverneur est donc investi des prérogatives les plus élevées. Il a l'initiative de la direction. Il ne possède point, à la vérité, le pouvoir exclusif de décision, qui appartient au Conseil général nommé par les actionnaires ; mais il a un droit de veto sur les délibérations dudit Conseil général. Dans de telles conditions, on aperçoit quelle est l'influence du Gouvernement sur l'administration de la Banque.

En réalité la Banque de France est liée à l'État par des liens assez étroits pour que l'on n'ait jamais à craindre de sa part des manifestations d'indépendance en contradiction avec les intérêts de l'Etat, dans ce qu'ils ont de commun avec les intérêts économiques et financiers du pays. Mais, d'autre part, les pouvoirs de décision étant partagés entre le Gouverneur, représentant de l'État, et le Conseil général, représentant des actionnaires, cette association constitue un frein salutaire à toute mesure arbitraire qui pourrait être dictée, en des circonstances critiques ou troublées, par des préoccupations étrangères aux intérêts financiers et économiques de la nation ou en contradiction avec eux.

A l'heure présente, le problème se résume pour nous dans la question de savoir pour quelle durée et à quelles conditions doit être prorogé le privilège exclusif de la Banque de France.

A l'unanimité, votre Commission des finances s'est prononcée en faveur de la prorogation du privilège d'émission dans les conditions et limites qui ont été fixées par le projet de loi adopté par la Chambre.

Elle a toutefois donné mission à son rapporteur de formuler certaines réserves.

Conditions dans lesquelles la Banque de France a exercé son privilège depuis la loi du 17 novembre 1897.

Avant de procéder à l'examen du texte du projet de loi et des conventions que nous sommes appelés à consacrer, et afin de mieux éclairer cet examen, il nous a paru utile de rechercher dans quelles conditions la Banque de France a exercé son privilège d'émission pendant la dernière période de prorogation, c'est-à-dire depuis le 1er janvier 1898, en distinguant le temps normal d'avant-guerre (1898-1914) du temps de guerre (1914-1918).

I

PÉRIODE D'AVANT-GUERRE

Du rôle de la Banque de France.

Nous ne referons pas ici l'historique de l'institution depuis son origine. La Haute Assemblée n'a certainement pas oublié le magistral exposé qui en fut tracé dans un rapport analogue, fait au Sénat par le rapporteur de la loi du 17 novembre 1897, M. le Président Antonin Dubost (1).

Rappelons seulement que le privilège d'émission ne lui fut conféré, en 1803, que dans le but d'apporter au commerce et à l'industrie le décisif concours qui leur était indispensable pour l'escompte des lettres de change. L'objet du privilège se résume dans ces quelques mots : l'escompte des lettres de change par l'émission de billets de banque payables au porteur.

---

(1) La création de la Banque de France remonte au 28 nivôse an VIII (18 janvier 1800); pour la première fois, la loi du 24 germinal an XI (14 avril 1803) lui attribua, pour quinze ans, le privilège exclusif d'émettre des billets à Paris. La loi du 22 avril 1806, qui éleva son capital de 45 à 90 millions, prorogea son privilège jusqu'au 24 septembre 1843 et lui permit d'établir des comptoirs ou succursales dans les villes des départements où les besoins du commerce en feraient sentir la nécessité. Cette loi modifia en outre complètement le régime administratif de la Banque et la plaça sous le contrôle de l'État. Ses dispositions, ainsi que celles du règlement d'administration publique du 16 janvier 1808, prises en exécution de son article 22, sont encore en vigueur, sauf quelques modifications intervenues ultérieurement.

Le capital fut réduit à 67.900.000 francs par la loi du 4 juillet 1820.

La loi du 30 juin 1840 prorogea le privilège jusqu'au 31 décembre 1867.

Les décrets des 27 avril et 2 mai 1848 conférèrent à la Banque de France le monopole exclusif de l'émission dans tout le pays et relevèrent son capital à 91.250.000 francs.

La loi du 9 juin 1857 prorogea le privilège jusqu'au 31 décembre 1897, et c'est elle qui porta le capital à 182.500.000 francs, qui est le chiffre actuel.

Enfin, la loi du 17 novembre 1897 a prorogé le privilège jusqu'au 31 décembre 1920. Elle avait prévu qu'une loi pourrait faire cesser le privilège à la date du 31 décembre 1912, mais cette clause résolutoire n'a pas joué.

Dans les débuts de son fonctionnement et pendant une très longue période, l'émission n'eut d'autres limites que les possibilités de remboursement résultant de l'encaisse et de l'état du portefeuille : c'est ainsi que les statuts primitifs de la Banque (1800) disposaient que « les billets seraient émis « dans des proportions telles qu'au moyen du numéraire « réservé dans les caisses de la Banque et des échéances de « papier de son portefeuille, elle ne puisse dans aucun « temps être exposée à différer le payement de ses engage- « ments ».

Bien que cette disposition ne figure point dans les statuts fondamentaux de la Banque fixés par les lois du 24 germinal an XI et par le décret réglementaire du 16 janvier 1808, pris en exécution de la loi du 22 avril 1806, on en trouve néanmoins l'esprit dans le texte de ces actes législatifs :

« La Banque, lit-on dans la loi du 24 germinal an XI, « escomptera les lettres de change et autres effets de com- « merce. Elle ne pourra faire aucun commerce autre que « celui des matières d'or et d'argent. Elle refusera d'es- « compter les effets dérivant d'opérations qui paraîtront « contraires à la sûreté de la République ; les effets qui « résulteraient d'un commerce prohibé ; *les effets dits de* « *circulation, créés collusoirement entre les signa-* « *taires, sans cause ni valeur réelle.* » Cette dernière et prudente mention avait pour but d'assurer le remboursement des billets de banque par la réalisation à bonne date d'un portefeuille solide.

Cette sûreté de la réalisation du portefeuille de la Banque constitue la préoccupation dominante du législateur qui a concédé le privilège ; on la retrouve consacrée dans le règlement d'administration publique du 16 janvier 1808, lequel a fixé les statuts définitifs de la Banque.

« La Banque, lit-on à l'article 8 dudit décret, ne peut, « dans aucun cas et sous aucun prétexte, faire ou entre- « prendre d'autres opérations que celles qui lui sont per- « mises par les lois et les présents statuts. »

« Les opérations de la Banque consistent, d'après l'article 9 du même décret : 1° A escompter à toutes per-
« sonnes des lettres de change et autres effets de commerce
« à ordre, à des échéances déterminées, *qui ne pourront*
« *excéder trois mois*, et souscrits par des commerçants
« et autres personnes notoirement solvables ;

« 2° A se charger, pour le compte des particuliers et des
« établissements publics, du recouvrement des effets qui lui
« sont remis ;

« 3° A recevoir en compte courant les sommes qui lui
« sont versées par des particuliers et des établissements
« publics et à payer les dispositions faites sur elle et les
« engagements pris à son domicile, jusqu'à concurrence des
« sommes encaissées ;

« 4° A tenir une caisse de dépôts volontaires pour tous
« titres, lingots et monnaies d'or et d'argent de toute
« espèce. »

Comme on le voit, par la limitation à trois mois de l'échéance maxima, les auteurs des statuts ont voulu que, concurremment avec l'encaisse, la Banque possédât un moyen certain du remboursement presque immédiat de ses billets. Cette sûreté a été fortifiée par l'article 11 du décret de 1808, lequel dispose que « la Banque, soit à Paris,
« soit dans les comptoirs et succursales, n'admet à l'es-
« compte que des effets de commerce à ordre, timbrés et
« garantis par trois signatures au moins, notoirement sol-
« vables ». Toutefois, est-il dit à l'article suivant, elle peut accepter « des effets garantis par deux signatures seule-
« ment notoirement solvables, après s'être assurée qu'ils
« sont créés pour faits de marchandises, si on ajoute à la
« garantie des deux signatures un transfert d'actions de la
« Banque ou de cinq pour cent consolidés, valeur nomi-
« nale ».

Enfin, aux termes de l'article 16 du décret de 1808,
« la Banque peut faire des avances sur les effets publics qui
« lui sont remis en recouvrement, lorsque leurs échéances
« sont déterminées ».

Telles sont, sauf de légères modifications (1), les règles toujours en vigueur dont l'application constitue, pour la solidité du crédit du billet de banque français, une sauvegarde telle qu'il est considéré dans le monde entier comme une valeur fiduciaire de circulation d'un pouvoir d'acquisition ou de libération égal à celui de la monnaie métallique.

Admission à l'escompte

La loi du 17 novembre 1897 n'avait rien changé à ces statuts tutélaires. La seule modification apportée par cette loi a consisté dans l'adjonction *des syndicats agricoles ou autres* à l'énumération donnée par l'article 9 du décret du 16 janvier 1808, des souscripteurs éventuels de lettres de change ou effets de commerce admis à l'escompte.

Toutefois, dans une large interprétation de l'article 12 des statuts, conformément au vœu émis par les commissions parlementaires, la Banque a admis à l'escompte des effets de

---

(1) La loi du 17 mai 1834 a, par son article 3, étendu à tous les effets publics français, sans que la condition d'une échéance fixe soit obligatoire, la faculté accordée par l'article 16 du décret du 16 janvier 1808 de faire des avances sur effets publics ;

La loi du 30 juin 1840 a, par son article 3, autorisé l'admission des effets publics français de toute nature comme garantie en remplacement de la troisième signature ;

Le décret du 26 mars 1848 a étendu la faculté de servir de garantie en remplacement de la troisième signature aux récépissés de dépôt sur marchandises ;

La loi du 28 mai 1858 a, par son article 11, autorisé l'admission des warrants comme effets de commerce avec dispense d'une des signatures prévues par les statuts ;

Le décret du 13 janvier 1869 a étendu à toutes les valeurs admises aux avances la faculté de servir de garantie en remplacement de la troisième signature ;

La loi du 17 novembre 1897 a, dans son article 2, autorisé l'admission à l'escompte des effets souscrits par les syndicats agricoles ou autres ;

Les lois des 18 juillet 1898 et 30 avril 1906 ont autorisé l'admission des warrants agricoles comme effets de commerce avec dispense d'une des signatures exigées par les statuts ;

La loi du 8 avril 1913 a autorisé l'admission des warrants hôteliers comme effets de commerce avec dispense d'une des signatures exigées par les statuts.

commerce à deux signatures, pour des sommes supérieures à la valeur des titres déposés en garantie d'escompte, *suivant la solvabilité des obligés*. Cette mesure, qui avait été notifiée au Ministre des Finances par lettre du Gouverneur de la Banque, en date du 31 octobre 1896, est toujours en vigueur. Par une nouvelle lettre du 30 octobre 1917, M. le Gouverneur de la Banque a informé M. le Ministre des Finances que « la « Banque consentira à dépasser la valeur des titres déposés « en garantie, pour l'admission à l'escompte d'effets à deux « signatures, *toutes les fois que la nature des effets et « la qualité des deux signatures lui permettront de le « faire sans s'écarter des règles de prudence aux-« quelles, en ce moment plus que jamais, elle a le de-« voir et le souci de s'attacher* ».

On ne saurait trop approuver la Banque de sa décision. Tout en sauvegardant la solidité du billet de banque, à l'aide duquel elle escompte les effets, par les garanties efficaces qu'elle exige pour que le payement à échéance desdits effets soit assuré, elle a voulu donner des facilités au commerce, apte à s'affranchir des intermédiaires. Certes ces facilités sont précieuses. Mais sont-elles suffisantes? N'a-t-on pas le droit d'être surpris que la Banque continue à exiger trois signatures, comme au temps de sa fondation? A cette époque elle n'avait pas les possibilités de se renseigner rapidement et sûrement sur la valeur du papier qui lui était présenté. Elle avait au surplus un rôle tout particulier à remplir en l'an XI, celui de banque des banquiers. Ceux-ci n'avaient, en effet, d'autre moyen, pour escompter directement le papier du commerce, que de recourir à la banque d'émission. Mais les choses ont bien changé, depuis que les grandes banques de dépôt ont pris le développement que l'on sait. La grande masse du papier s'arrête dans leurs portefeuilles respectifs, en raison du bénéfice que leur procure la différence de l'intérêt minime qu'elles servent avec le taux d'escompte du marché; et elles conservent ce papier aussi longtemps que l'état de leurs disponibilités le leur permet, ne l'apportant souvent à la Banque de France que pour en faire effectuer le recouvrement, ou pour des opérations de compensation ou de virements, toutes choses peu productives pour la Banque de France. Ainsi échappe à notre grand établissement national une masse d'opérations considérable, au préjudice du commerce, obligé de subir la majoration, très légitime d'ailleurs, du taux de l'escompte que comporte le recours aux banques intermédiaires.

On a beaucoup discuté sur la nécessité des trois signatures, comme garantie du payement des billets escomptés. Sans doute en règle générale la lettre de change signée par le tireur, acceptée par le tiré et endossée par le banquier présente toute garantie. Mais ce triple contreseing n'exclut pas cependant tout risque. On en a la preuve dans les pertes, si minimes soient-elles, subies par le portefeuille de la Banque. Ce qui constitue la solidité de la lettre de change, c'est premièrement la cause de sa création, secondement la solvabilité réciproque du souscripteur et de l'endosseur. Que l'effet soit causé par une opération réelle, qu'il soit souscrit et endossé par des commerçants solvables, et son payement à échéance sera assuré.

La Banque de France possède par la multiplicité de ses comptoirs — succursales, bureaux auxiliaires et villes rattachées — tous les moyens propres à l'édifier rapidement sur la valeur réelle des lettres de change présentées à l'escompte, et à déjouer toute tentative de collusion ayant pour objet de lui glisser du papier de circulation.

Dès lors, pourquoi n'accepterait-elle pas du papier à deux signatures ? La continuité de ses exigences s'explique mal, si l'on considère que la Banque d'Algérie et les banques coloniales — moins bien placées cependant que la Banque de France au point de vue de la sécurité des escomptes — se contentent de deux signatures.

En vertu de l'article 15 de ses statuts, annexés à la loi du 4 août 1851, la Banque d'Algérie, en effet, « reçoit à

« l'escompte les effets à ordre timbrés, payables en Algérie
« ou en France, *portant la signature de deux personnes
« au moins, notoirement solvables*, et dont l'une au
« moins est domiciliée à Alger ou au siège d'une des suc-
« cursales. L'échéance de ces effets ne doit pas dépasser
« cent jours de date ou soixante jours de vue. *La Banque
« refusera d'escompter les effets dits de circulation
« créés collusoirement entre les signataires, sans
« cause ni valeur réelle.* »

Le crédit direct du commerce n'offre-t-il pas les mêmes garanties en France qu'en Algérie ? Quoi qu'il en soit, la libéralité de la mesure prise par la Banque de France, de consentir à dépasser la valeur des titres déposés en garantie pour l'admission à l'escompte des effets à deux signatures, dépend de la proportion dans laquelle elle consent ce dépassement. Elle serait bien inspirée, à cet égard, de faire preuve d'une certaine largeur de vues ; comme aussi il serait bon que ces facilités fussent portées à la connaissance de la généralité du moyen commerce, habitué, jusqu'ici, à considérer comme rigide et inflexible la règle des trois signatures.

Limitation de l'émission des billets.

Le système de la limitation de l'émission par la loi a donné lieu à de nombreuses controverses. Il ne se justifie que par la nécessité de réfréner cette émission, lorsque les crises financières ou les appels directs du Trésor au concours de la Banque obligent à décréter le cours forcé du billet de banque. Il constitue alors un contrepoids indispensable. Mais, en temps normal, le cours forcé ayant disparu, la limitation de l'émission ne s'explique point. Ce n'est d'ailleurs que par des procédés tout à fait empiriques qu'on l'a toujours fixée, dans le temps normal.

Il a été longtemps admis dans certains milieux que la circulation des billets pouvait atteindre, mais sans le dépasser, le triple de l'encaisse métallique. C'est le régime sous lequel est encore placée la Banque d'Algérie. On a toujours ignoré de quel fondement scientifique ou de quelle expérience pratique dérivait un pareil système. La vérité est que, suivant le principe émis dans les statuts primitifs de la Banque, l'émission ne doit avoir d'autre limite que la possibilité de remboursement des billets de banque au moyen de l'encaisse métallique et des échéances du portefeuille.

La seule explication plausible que l'on puisse donner à la limitation de l'émission par la loi, en temps normal, est qu'elle permet aux pouvoirs publics de suivre et de surveiller les opérations de la Banque de France.

On sait que, corrélativement à l'établissement du cours légal et forcé du billet de banque, la loi du 12 août 1870 limita le maximum de l'émission à 1 milliard 800 millions. Ce chiffre fut successivement porté à 2 milliards 400 millions par la loi du 14 août 1870, à 2 milliards 800 millions par la loi du 29 décembre 1871 et à 3 milliards 200 millions par celle du 15 juillet 1872. Mais, le cours forcé du billet de banque ayant été supprimé en 1877, le Gouvernement avait estimé qu'il convenait de revenir à la tradition et de s'en tenir, quant à l'émission, à la règle primitive qui l'avait limitée aux possibilités de remboursement des billets, c'est-à-dire au montant de l'encaisse et du portefeuille.

La question fut posée devant le Parlement à l'occasion de la loi de finances de 1884. Bien qu'on eût pu considérer que, le cours forcé ayant été abrogé, la limitation du maximum de l'émission dût disparaître *ipso facto*, le Gouvernement, par l'organe de son Ministre des Finances, M. Tirard, crut devoir en proposer la suppression par la voie législative. M. Rouvier, alors président de la Commission du budget à la Chambre des Députés, fit échouer cette mesure, par ces motifs qu'il importait d'opposer un frein aux négociations abusives des bons du Trésor par les Ministres des Finances, qui, disait-il, se trouvent trop souvent entraînés à négocier avec la Banque de France, à l'exclusion des banquiers. La raison était spécieuse ; car l'émission des bons du Trésor étant limitée par les lois de finances, on ne s'explique pas les craintes manifestées par M. Rouvier.

Quoi qu'il en soit, malgré l'opposition faite à la limitation par MM. Léon Say et Denormandie devant le Sénat, la loi de finances du 30 janvier 1884 maintint le principe de la mesure édictée en 1870, en portant à 3.500 millions le maximum de l'émission des billets de banque. Relevé à 5 milliards par la loi du 17 novembre 1897, ce maximum fut successivement porté à 5.800 millions par la loi du 9 février 1906, puis à 6.800 millions par celle du 29 décembre 1911.

Comme on le verra plus loin, les nécessités de la guerre ont provoqué des relèvements successifs qui se traduisent aujourd'hui par le chiffre énorme de 33 milliards. Nous nous expliquerons à ce sujet dans la partie de ce rapport qui s'applique à la période de guerre, nous bornant, à cette place, à rechercher par quoi s'est justifiée, pendant la période normale de 1897 à 1914, l'augmentation de la circulation. C'est par là, au surplus, que nous pénétrerons dans les détails des opérations de la Banque de France et qu'il nous sera permis d'apprécier le rôle qu'elle a joué dans le développement industriel et commercial de notre pays, en vue duquel elle a été créée.

Rapport de la circulation avec l'encaisse et le portefeuille.

Nous venons de signaler les relèvements de la limitation de l'émission successivement autorisés par la loi, pendant la période d'avant-guerre, de 1897 à 1914. Ces relèvements furent nécessités par la progression des opérations de la Banque, laquelle s'est traduite par l'accroissement du portefeuille ; ils ont été également causés, dans une certaine mesure, par la persistance du public dans sa prédilection pour le billet de banque, laquelle eut pour conséquence l'accumulation automatique des espèces métalliques dans les caisses. On sait, en effet, que la circulation est fonction des mouvements du portefeuille et de l'encaisse. Lorsque la progression de l'émission correspond à la progression du portefeuille, c'est un signe évident de l'essor du commerce et de la finance ; si, au contraire, l'augmentation de l'émission ne correspond qu'à l'accroissement de l'encaisse, c'est une marque indubitable de la stagnation des affaires, concordant d'ailleurs avec la haute confiance accordée par le public au billet de banque.

A cet égard, il est du plus haut intérêt de suivre la publication de la situation hebdomadaire de la Banque de France et de son bilan annuel. Ces documents constituent le baromètre économique précieux et sûr, par quoi se révèle, d'une manière aussi précise que constante, l'état réel des affaires commerciales dans notre pays.

Nous ne reprendrons pas, bien entendu, l'examen rétrospectif de toutes les situations hebdomadaires, quelque intérêt qu'offrirait l'étude comparative des fluctuations des comptes spéciaux de la circulation, de l'encaisse et du portefeuille. Ce travail dépasserait de beaucoup le cadre de notre rapport et nous conduirait à des développements hors de proportion avec le rôle qui nous est imparti.

Nous nous bornerons donc à faire passer rapidement sous les yeux du Sénat, en un tableau comparatif synoptique, les développements annuels de ces comptes pendant la période considérée, afin de dégager quels furent les rapports entre l'ensemble des disponibilités (portefeuille et encaisse) et la circulation, d'une part, et, d'autre part, respectivement entre chacun des deux éléments des disponibilités et cette même circulation. Mais pour éclairer ce tableau, il nous a paru utile d'analyser sommairement les opérations et produits de l'année 1897, prise comme point de départ de la comparaison.

La circulation moyenne s'était élevée, en 1897 (1), à trois

---

(1) Maximum 3.872.591.500 francs ; minimum 3.542.327.900 francs.

milliards 687 millions. Si nous ajoutons à ce chiffre la somme de 492 millions, montant du solde créditeur des comptes courants particuliers, nous constatons un passif exigible de 4.179 millions. Pour faire face à ce passif exigible, les disponibibilités de la Banque s'inscrivaient pendant la même année, non compris son capital et ses réserves non affectées, au chiffre moyen de 4.310 millions, se subdivisant comme suit :

Encaisse.	3.222 millions.
Portefeuille (escompte et avances sur titres).	1.088 —
Total.	4.310 millions.

En sorte que la somme des disponibilités était au rapport de 103,1 0/0 du passif exigible, et que chacun des éléments de ces disponibilités représentait :

Encaisse.	77,1 0/0	du passif exigible.
Portefeuille.	26 0/0	—

Cette situation a correspondu à un ensemble d'opérations productives s'élevant à 15 milliards 308 millions, savoir :

Escompte des effets de commerce .	10.365	millions.
Effets au comptant (recouvrements)	570	—
Avances sur titres	1.251	—
Billets à ordre, virements, chèques	2.833	—
Opérations sur matières d'or et d'argent.	56	—
Encaissement d'arrérages de titres de chemins de fer, négociation de titres	233	—
Total	15.308	millions.

Le taux moyen de l'escompte a été en 1897 de 2 0/0.

Ces opérations ont procuré à la Banque un produit brut de 29.155.000 francs, se résolvant par un produit net de 14.624.000 francs, à quoi sont venus s'ajouter les produits généraux, tels que les revenus de titres de rente possédés par la Banque, lesquels n'avaient pas été inférieurs à 8 millions 465.993 francs.

Aux opérations productives il y a lieu de joindre celles qui sont effectuées gratuitement, telles que les virements de compte à compte, lesquels avaient atteint la somme de 43.138 millions, et les opérations effectuées pour le compte du Trésor, en recettes et en dépenses, qui s'étaient élevées à 6.491 millions.

On voit quelle était déjà en 1897 l'importance énorme des opérations de la Banque. Il est intéressant de dégager dans cette masse — tout au moins en ce qui concerne les opérations productives — la part qui revient aux succursales : elle ne fut pas inférieure à 7.907 millions, contre 7 milliards 401 millions se rapportant au siège central de Paris. Quant aux produits, ils se répartissaient comme suit :

	Produits bruts		Produits nets	
Paris	47 0/0	13.824.000 fr.	42 0/0	6.168.000 fr.
Succursales	53 0/0	15.331.000 fr.	58 0/0	8.456.000 fr.

De ce qui précède il ressort très nettement que le développement général des affaires, et conséquemment leur rendement, était dû aux succursales pour la part la plus large. Le dividende distribué aux actionnaires s'était élevé à 109 francs, net d'impôts. Le cours moyen des actions en bourse ressort, en 1897, à 3.701 francs.

Les éclaircissements qui précèdent nous ont paru utiles pour guider nos collègues dans la lecture du tableau qui va suivre, lequel peut paraître d'une certaine aridité, à première vue.

TABLEAU du mouvement des principaux comptes, des opérations, des produits bruts et des bénéfices nets de 1897 à 1913.

ANNÉES	ENGAGEMENTS A VUE			DISPONIBILITÉS			RAPPORTS		NOMBRE de succursales et bureaux auxiliaires.	MASSE DES OPÉRATIONS (1).			MASSE DES OPÉRATIONS PRODUCTIVES			TAUX moyen de l'escompte.	PRODUITS BRUTS DES OPÉRATIONS PRODUCTIVES			PRODUITS NETS (2).			DIVIDENDES	COURS moyen des actions.
	Circulation.	Comptes courants créditeurs.	Total.	Encaisse.	Portefeuille (escompte et avances).	Total.	de l'ensemble des engagements avec les engagements à vue.	du portefeuille avec les engagements à vue.		Ensemble.	Paris.	Succursales.	Ensemble.	Paris.	Succursales.		Ensemble.	Paris.	Succursales.	Ensemble.	Paris.	Succursales.		
	en millions de francs.									en millions			de francs.				en millions de francs.						francs	francs
1897	3.597	580	4.179	3.222	1.098	4.319	103.13	77.10	26.06	173	21.500	11.367	10.443	15.306	7.404	7.907	2	29.454	13.891	13.331	14.684	5.168	9.466	109	3.701
1898	3.695	491	4.186	3.500	1.159	4.589	103.46	74.06	25.40	175	23.095	11.617	11.278	16.360	7.936	8.624	2.98	30.461	15.723	17.728	17.639	7.414	10.345	110	3.895
1899	3.830	478	4.298	3.062	1.272	4.334	100.84	71.34	29.60	172	24.270	12.140	12.130	17.823	8.496	9.338	3.06	45.054	20.701	24.353	39.232	11.401	17.831	130	4.076
1900	4.634	493	4.516	3.327	1.207	4.564	101.05	71.68	32.97	174	25.353	12.869	12.986	18.456	9.649	9.014	3.22	56.060	21.647	28.503	24.781	14.036	22.745	145	4.095
1901	4.110	514	4.636	3.016	1.085	4.300	99.33	73.04	23.95	173	26.314	14.319	11.309	18.571	7.758	8.962	3	38.370	16.140	22.389	22.397	7.953	14.329	125	3.770
1902	4.192	493	4.685	3.669	998	4.667	100.04	78.69	21.44	175	24.970	13.096	12.305	16.452	7.939	9.091	3	36.501	15.334	21.167	20.017	7.008	13.109	120	3.797
1903	4.310	432	4.733	3.628	1.147	4.748	100.31	76.20	24.91	177	27.748	13.496	13.578	19.097	8.886	10.195	3	40.956	17.358	23.302	24.616	9.325	14.293	130	3.815
1904	4.884	349	4.833	3.878	1.332	4.891	100.99	76.10	24.80	177	27.190	13.413	13.612	18.216	7.540	10.408	3	42.706	16.428	24.296	23.336	7.340	17.996	130	3.876
1905	4.406	372	4.501	3.937	1.195	5.028	108.63	79.46	25.59	180	28.071	14.158	13.846	18.915	8.478	10.443	3	40.548	16.667	22.891	22.603	8.589	15.037	130	3.866
1906	4.689	381	5.748	3.933	1.467	5.349	102.08	55.04	27.04	181	31.749	16.447	15.263	22.650	10.317	12.411	3	50.448	22.490	29.516	32.408	12.388	12.960	130	3.959
1907	4.879	449	5.328	3.676	1.704	5.376	101.06	59.68	30.02	183	32.394	16.301	16.093	21.839	10.825	14.401	3.46	66.747	27.050	39.697	47.095	17.502	29.378	172	4.067
1908	4.853	337	5.180	3.937	1.486	5.329	105.03	73.95	24.95	189	31.679	14.992	17.295	21.791	8.627	13.124	3.04	52.885	18.721	34.134	37.157	11.599	25.308	140	4.195
1909	5.036	683	5.763	4.336	1.876	6.799	100.82	76.50	23.18	197	32.007	16.137	17.172	22.118	9.259	12.902	3	46.136	17.754	21.780	20.501	7.916	18.603	145	4.278
1910	5.196	615	5.814	4.459	1.997	6.789	99.62	73.34	26.29	199	27.112	17.150	10.433	22.544	12.496	14.368	3	52.684	19.436	34.368	32.248	19.287	22.821	144	4.377
1911	5.245	507	5.652	4.458	1.962	5.879	100.67	69.11	31.56	206	46.845	17.526	29.319	35.071	10.723	15.748	3.14	54.947	22.742	42.064	43.414	12.260	31.053	150	4.694
1912	5.833	574	5.891	4.829	2.018	6.046	100.27	67	33.67	208	51.846	25.217	27.123	30.702	13.040	22.002	3.37	80.101	25.899	53.383	54.268	14.492	39.103	165	4.390
1913	5.665	646	6.311	3.979	2.374	6.348	100.33	68.04	37.04	217	51.983	21.942	30.002	39.264	12.493	24.789	4	105.376	34.291	71.194	56.357	20.848	37.489	200	4.030

(1) La masse générale des opérations comprend, d'une part, les opérations productives et, d'autre part, les opérations effectuées pour le compte du Trésor.
(2) Le produit net est obtenu en déduisant du produit brut les dépenses d'administration proprement dites, mouvements, redevances, impôts et autres charges générales.

Le tableau qui précède révèle d'une manière saisissante les fluctuations par lesquelles ont passé les affaires commerciales du pays, de 1897 à 1913 inclus.

Si nous envisageons cette période, dans son ensemble, nous constatons que les engagements à vue (circulation et comptes courants créditeurs, non compris le compte courant du Trésor) ont progressé de 4.179 millions en 1897 à 6.311 millions en 1913, soit une augmentation de 51 0/0 ; la somme des disponibilités (encaisse et portefeuille) a monté de 4.310 millions à 6.346 millions, soit de 47,2 0/0. Mais il est à considérer que les rapports des disponibilités (encaisse et portefeuille) avec les engagements à vue (circulation et comptes courants créditeurs) se sont singulièrement modifiés. Le rapport de l'ensemble des disponibilités ou actif réalisable avec les engagements à vue a peu varié. De 103,1 0/0 il est seulement descendu à 100,5 0/0 ; mais les différences sont grandes quant aux rapports entre l'encaisse d'une part, le portefeuille d'autre part, et les engagements à vue.

De 77,1 0/0 le rapport de l'encaisse avec les engagements à vue descend à 62,9 0/0 ;

De 26 0/0 le rapport du portefeuille avec les engagements à vue monte à 37,6 0/0.

Si l'on rapproche ces chiffres de la masse générale des opérations productives (15.308 millions en 1897 et 38.214 millions en 1913), on voit combien était juste notre observation préliminaire, à savoir que le rapport du portefeuille à la somme des engagements à vue est l'indice certain du mouvement général des affaires.

De 1897 à 1900. — Considérés dans leur mouvement annuel, les chiffres enregistrés dans le tableau ci-dessus révèlent, pendant les années 1898, 1899 et 1900, une progression très appréciable des affaires, due certainement à l'essor exceptionnel de l'industrie et du commerce provoqué par la grande exposition universelle de 1900.

1901 et 1902. — Survient ensuite, après l'exposition, en 1901 et 1902, une régression sensible, accusée tout à la fois, d'une part, par une augmentation de la circulation, concomitante avec un accroissement de l'encaisse et une dépression du portefeuille, et, d'autre part, par une forte diminution du chiffre de la masse des opérations. Cette régression a sa répercussion fatale sur les produits bruts et les produits nets de l'ensemble des opérations et conséquemment sur le dividende, lequel, après avoir passé successivement de 109 francs en 1897, à 110 francs en 1898, 130 francs en 1899 et 145 francs en 1900, est descendu à 120 francs en 1901 et 1902. Le cours des actions de la Bourse a, bien entendu, été corrélativement influencé. De 3.701 francs en 1897, le cours moyen était passé à 3.685 en 1898, 4.070 en 1899, pour s'abaisser légèrement à 4.035 en 1900 ; une forte réaction le fit tomber à 3.770 en 1901 et il ne remonta qu'insensiblement à 3.797 en 1902.

De 1903 à 1905. — En 1903, nous assistons à un relèvement important, causé, à la vérité, principalement par la hausse générale des prix des matières premières et des produits fabriqués. Ce relèvement est suivi, en 1904, par un léger fléchissement provoqué par la répercussion sur notre économie intérieure de la guerre russo-japonaise. En 1905, sous l'influence d'événements divers et à tendances contraires (essor industriel contre-balancé par des spéculations sucrières), la situation reste sensiblement la même qu'en 1904. Le dividende, qui avait remonté à 130 fr. en 1903, a été maintenu à ce chiffre en 1904 et 1905. Durant ces trois années le cours des actions a peu varié entre 3.805 et 3.830 francs.

1906. — L'année 1906 ouvre une ère de progression qui, après un temps d'arrêt en 1908, ne s'arrêtera pas jusques y compris 1913. Dans son compte rendu à l'assemblée générale des actionnaires du 31 janvier 1907, sur les opérations et la situation de la Banque en 1906, l'honorable Gouverneur signala, avec une satisfaction marquée et pleinement justifiée, l'ouverture d'une période de grande activité économique et enregistra l'existence d'un mouvement d'affaires considérable. La masse des opérations productives passe, en effet, en 1906, de 18.915 millions à 22.858 millions, en augmentation, sur 1905, de 3.943 millions, soit 21 0/0. A ce résultat concourt, à la vérité, la marche ascensionnelle des prix qui s'était déjà dessinée dans les précédentes années, notamment en ce qui concerne les métaux.

Toutefois un phénomène se produisit, provoqué par le développement même des affaires, qui ne fut pas sans causer des émotions, sinon des inquiétudes, dans le monde financier. Vers la fin de l'année 1906, un resserrement monétaire se manifesta dans le monde entier. Il fut, sans doute, moins sensible en France que sur l'ensemble des marchés européens, mais il y entraîna cependant un contre-coup, dont la situation de l'encaisse de la Banque et la sagesse du Conseil général de notre grand établissement national permirent d'éviter les dangers.

Des demandes inaccoutumées de devises métalliques étaient adressées aux banques de toutes les parties du monde, notamment de la part de la place de New-York au marché de Londres. Il en résultait une élévation rapide du taux de l'escompte, qui avait été porté à Londres à 6 0/0, sans que cette augmentation eût suffisamment enrayé l'exode de l'or. Il était à craindre que si l'on ne réussissait pas à atténuer cette tension monétaire, elle n'eût sa répercussion en France et ne contraignît la Banque de France à élever, à son tour, le taux de l'escompte.

Pour obvier au péril et écarter cette éventualité, la Banque de France crut de son devoir d'intervenir, de même qu'elle était déjà intervenue dans des circonstances analogues, en 1839, en 1891 et en 1903. Autorisée par ses statuts, elle accepta d'escompter des effets à 90 jours sur Londres, endossés par un groupe de maisons françaises de premier ordre, pour une valeur totale d'environ 65.647.000 francs, dont elle avait livré la contre-partie en *souverains*.

Par ce moyen la Banque de France prévint toute crise sur notre marché et put maintenir chez nous le taux de l'escompte à 3 0/0. Cette judicieuse intervention lui a été facilitée par la situation tout à fait exceptionnelle de son encaisse, jointe à l'excellence d'un portefeuille de réalisation certaine et rapide. Comme on le verra plus loin, cette opération se renouvela en 1907.

La circulation moyenne des billets de banque a été, en 1906, de 4.659 millions, en dépassement de 251 millions sur 1905. Son minimum avait été de 4.405 millions; mais elle avait atteint un maximum de 4.905 millions. Si l'on ajoute le montant des comptes courants et de dépôt (moyenne de 581 millions), la somme des engagements à vue a été, en 1906, de 5.240 millions, en moyenne.

Le rapport des disponibilités (encaisse et portefeuille) avec les engagements à vue reste approximativement à son niveau permanent, soit 102,8 0/0; mais le rapport de l'encaisse, qui était de 79,4 0/0 en 1905, descend à 75 0/0 et le rapport du portefeuille monte de 22,6 0/0 à 27 0/0.

Les résultats de l'exercice ont été heureux; les produits bruts ont monté de 40.548.000 fr., en 1905, à 50.442.000 fr. et les bénéfices nets se sont élevés à 32.188.000 francs contre 23.605.000 francs en 1905, ce qui a permis de distribuer un dividende net d'impôts de 150 francs, au lieu de 130 francs en 1905. Le cours des actions en a bénéficié : la moyenne a été de 3.939 francs, au lieu de 3.805 francs pendant l'année précédente.

1907. — L'année 1907 se distingue par la continuité du mouvement ascensionnel des affaires, malgré cependant des circonstances plutôt défavorables. On constate tout d'abord une baisse sur certaines matières premières de grande consommation industrielle. D'autre part, une crise aiguë, succédant à la fin de la crise qui s'était ouverte en octobre 1906 et qui s'était dénouée au printemps de 1907, surgit vers la fin de l'année aux États-Unis et son contre-coup se fit sentir à Londres, où le taux officiel de l'argent passa successivement de 4 1/2 0/0 à 5 1/2 le 31 octobre, à 6 0/0 le 4 novembre et à 7 0/0 le 7 novembre.

Dans ces circonstances, l'intervention de la Banque de France sur le marché de Londres fut de nouveau sollicitée. La Banque d'Angleterre lui fit demander de consentir à accepter, dans des conditions semblables à celles de l'opération précédente, des traites sur Londres, jusqu'à concurrence de 75 à 80 millions de francs, dont la contre-valeur serait fournie en *souverains anglais* ou en *aigles américaines*. Le Conseil général de la Banque de France autorisa, en principe, ce nouveau concours ; mais il crut, néanmoins, devoir en subordonner l'ampleur aux besoins propres du commerce français, l'intervention de la Banque de France dans la crise ne pouvant se justifier qu'autant qu'elle avait pour objet, et qu'elle pouvait avoir pour résultat, d'assurer la défense de notre change et d'empêcher la hausse du taux de l'escompte en France.

Mais les circonstances étaient, cette fois, plus graves que précédemment. Le marché financier de New-York était, en effet, en plein désarroi. C'est pourquoi la Banque de France avait dû relever le taux de l'escompte. Déjà au mois de mars, elle avait opéré un premier relèvement de 3 à 3 1/2 0/0, comme « mesure d'avertissement et de sauvegarde (1), qui
« eut enfin raison d'une tension des changes, qui n'allait à
« rien moins qu'à menacer notre circulation monétaire d'un
« drainage en règle ». La crise ayant paru être conjurée vers le mois de juin 1907, la question du rabaissement du taux de l'escompte à 3 0/0 s'était posée ; mais l'on fut

---

(1) Compte rendu du Gouverneur sur les opérations de 1907 à l'assemblée générale des actionnaires du 30 janvier 1908.

bien inspiré en résistant à cette pensée. La mesure « aurait « eu simplement pour effet, en appauvrissant nos res- « sources, de livrer notre marché moins bien pourvu, par « conséquent moins en état de dominer l'orage, au contre- « coup de la nouvelle crise beaucoup plus aiguë qui, dès « la seconde semaine d'octobre, éclatait à New-York, mena- « çant toutes les places européennes de répercussions aussi « brusques que violentes (1). ». En raison de ces circonstances, la Banque de France dut opérer un nouveau relèvement du taux de l'escompte, qui fut porté à 4 0/0, le taux des avances étant relevé de son côté à 4 1/2 0/0. Toutefois, il est à considérer que notre commerce a été favorisé par l'avantage d'un taux très inférieur à celui des autres places d'Europe.

A l'abri des soubresauts brusques qui se sont produits sur ces places, le taux officiel de l'escompte de Paris était, au mois de décembre 1907, inférieur de 3 et de 3 1/2 0/0 aux taux de Londres et de Berlin. Ajoutons que, dès le mois de janvier 1908, en raison de l'améliora-tion du marché monétaire, il était ramené successivement à 3 1/2, puis à 3 0/0; mais le taux des avances ne fut pas abaissé au-dessous de 4 0/0.

Le mouvement ascensionnel des affaires constaté en 1906 s'était accentué en 1907, avons-nous signalé plus haut. En effet, de 22.858 millions la masse des opérations produc-tives monta à 24.830 millions. Ce nouveau progrès était dû au mouvement général des affaires en France, bien plus qu'aux circonstances monétaires que nous venons de rappe-ler. Nous en trouvons l'indice dans l'augmentation des opé-rations d'escompte beaucoup plus importante dans les succursales, où l'escompte des effets sur Londres n'a eu aucune action, les opérations ayant été exclusivement effec-tuées à Paris, centre des grosses affaires internationales.

---

(1) Compte rendu du Gouverneur sur les opérations de 1907 à l'assem-blée générale des actionnaires du 30 janvier 1908.

Voici, en effet, comment se sont réparties les opérations d'escompte et d'avances en 1906 et en 1907 :

Paris :

Augmentation.

1906. . . . . 10.217 millions
1907. . . . . 10.829   —   5,99 0/0

Succursales :

1906 . . . . 12.641 millions
1907 . . . . 14.001   —   10,76 0/0

La circulation des billets a automatiquement progressé en raison de l'augmentation du portefeuille ; de 4.659 millions, elle a monté à 4.800 millions ; le portefeuille est passé de 1.417 millions à 1.704 millions. Pendant ce temps l'encaisse métallique a subi une dépression : de 3.932 millions, elle est descendue à 3.674 millions.

Le rapport des disponibilités aux engagements à vue a peu varié : il est de 101 0/0 ; mais le rapport de l'encaisse descend de 75 0/0 à 69 0/0 et le rapport du portefeuille monte de 27 0/0 à 32 0/0.

Les produits bruts réalisés, en 1907, se sont élevés à 66.747.000 francs, en augmentation de 16.305.000 francs, soit de 32,3 0/0 sur 1906. Quant aux bénéfices nets, ils ont monté corrélativement de 32.188.000 francs à 47.025.000 fr., en augmentation de 14.837.000 francs, soit 46,1 0/0.

Le dividende distribué aux actionnaires est passé de 150 à 175 francs. Il aurait pu être supérieur ; mais le Conseil général préleva sur les bénéfices une somme de 5 millions pour être affectée à une première provision, en vue des travaux d'agrandissement des bâtiments du siège central. Le cours moyen des actions atteignit 4.067 francs.

1908. — A l'essor vraiment merveilleux de 1906 et de 1907 succède une régression, en 1908. La masse des opérations productives de la Banque descend de 24.830 millions à 21.751 millions, en diminution de 12,4 0/0.

Dans son compte rendu à l'assemblée des actionnaires du 28 janvier 1909 sur les opérations de 1908, l'honorable Gouverneur de la Banque de France signalait que l'on pouvait « considérer comme terminé, sinon la crise elle-même, « du moins le fléau de tension monétaire et de resserrement « de crédit ». Mais il dut constater en même temps une dépression générale dans le mouvement des affaires, dépression qui n'épargna pas la France, quoique à un degré moindre que les autres nations. Notre commerce extérieur avait sensiblement fléchi.

Le portefeuille se ressentit naturellement du fléchissement des affaires. De 15.769 millions, les opérations d'escompte descendirent à 12.801 millions, en diminution de 18,8 0/0. Le montant moyen du portefeuille était tombé de 1.704 millions à 1.425 millions. Mais il est à remarquer que la diminution atteignit beaucoup plus le portefeuille des effets de commerce (897 millions en 1908 contre 1.126 millions en 1907) que le portefeuille des avances, qui ne fléchit que de 50 millions (528 millions en 1908 contre 578 en 1907). Par contre, l'encaisse métallique progressa dans une proportion importante. De 3.674 millions en 1907, elle monta à 3.957 millions en 1908 : augmentation 283 millions, soit 7,7 0/0.

Aussi constatons-nous des fluctuations corrélatives dans le rapports entre les deux éléments des disponibilités et la sommedes engagements à vue. L'encaisse, qui était, en 1907, au rapport de 69 0/0 avec les engagements à vue, remonta à 3,5 0/0 ; quant au portefeuille, son rapport descendit de 32 0/0 à 26,5 0/0.

Les produits avaient naturellement subi le contre-coup du fléchissement des opérations d'escompte. De 66.747.000 fr. en 1907, les produits bruts sont descendus à 52.855.000 fr. ; es produits nets se sont abaissés de 47.025.000 francs à 73.157.000 francs et le dividende distribué a été ramené de

175 francs à 160 francs, chiffre cependant supérieur de 10 francs au dividende de 1906.

Malgré cette réduction du dividende, le cours moyen des actions, à 4.185 francs, a été néanmoins supérieur de 118 francs au cours moyen de 1907. Cette différence a été due à l'abondance mondiale des capitaux, qui provoqua une élévation générale des taux de capitalisation et un abaissement du taux de l'intérêt. Dans son compte rendu à l'assemblée générale des actionnaires du 28 janvier 1909 sur les opérations de 1908, l'honorable Gouverneur de la Banque constata cette situation du marché en termes que nous croyons utile de reproduire :

« Notre marché monétaire ne pouvait manquer de res-
« sentir très vivement les effets de l'abondance de l'argent à
« l'extérieur. Les capitaux français disponibles, lorsqu'ils
« n'ont plus subi l'attraction d'une rémunération avantageuse
« sur les places étrangères, ont été rapatriés par grandes
« masses et sont venus se faire concurrence sur le marché
« intérieur. La Banque, par la diminution des présentations
« à l'escompte, a éprouvé les effets de cette abondance de
« capitaux flottants. Ce retour au foyer de ressources momen-
« tanément inutilisées au dehors a en même temps contribué
« à nous procurer une période prolongée de changes extrê-
« mement favorables . . . .
« . . . .

« C'est ainsi que nous avons vu notre encaisse, sans in-
« tervention d'aucune sorte, par le seul mouvement naturel
« du marché international, atteindre le total le plus élevé
« que nous ayons jamais réuni dans nos caisses. Les charges
« que nous impose cette encaisse, indépendamment des
« obligations croissantes qui nous incombent par ailleurs,
« deviennent de plus en plus lourdes, mais les services que
« par sa grandeur même elle a rendus aux intérêts généraux
« du pays sont trop récents pour qu'il soit utile d'insister
« longuement ici sur l'importance du devoir qui nous est

« assigné, comme gardien et comme administrateur de la
« réserve métallique de la France.

« Il ne faut pas oublier que l'abondance monétaire
« assure aux transactions une sécurité dont toute la valeur
« apparaît aux heures de crise : c'est à l'autonomie que cette
« abondance nous garantit dans une très large mesure que
« nous devons de pouvoir seconder efficacement l'expansion
« du commerce, de l'industrie et de l'agriculture français,
« en leur conservant l'avantage de la modération et de la
« stabilité si appréciée des conditions du crédit.

« Nous ne méconnaissons pas que si, à travers toutes
« fluctuations, nos réserves se développaient plus rapide-
« ment que notre activité commerciale, on pourrait craindre
« qu'un capital de plus en plus important et peut-être
« excessif vînt à être consacré à la fonction monétaire.
« Aussi la Banque fait-elle des vœux pour que, dans notre
« pays, se généralise de plus en plus un vaste système de
« circulation de capitaux par le moyen de dépôts et de chè-
« ques, qui diminuerait d'autant la quantité des billets dont
« le public a besoin et qui ont leur représentation dans nos
« réserves métalliques. Pour sa part, la Banque ne manque
« pas de faciliter ce résultat en favorisant, autant qu'il est
« en elle, l'accès des comptes de chèques, les domiciliations
« d'effets de commerce, les règlements par virements.

« S'il nous appartient, Messieurs, de seconder cette évo-
« lution, par tous les moyens de persuasion qui sont en
« notre pouvoir, nous n'en avons pas moins le devoir de
« laisser la base métallique des échanges se proportionner à
« la masse des transactions qu'elle est appelée à garantir. »

Ce langage est admirable ; il procède du sentiment le plus élevé et d'un souci religieux des devoirs qui incombent au Gouvernement de la Banque, et nous le louerions sans réserve s'il avait été suivi de conclusions dont nous ne nous expliquons pas l'absence.

Sans doute de grands efforts s'imposent pour réduire l'accumulation des billets de banque dans les caisses du public, qu'il convient d'habituer aux règlements par chèques et par compensations. Mais cette solution, qui se rapporte à l'excès de l'émission, en appelle une autre, qui est la régularisation du taux de l'escompte, en raison des fluctuations de l'encaisse.

L'abondance monétaire extrême, en 1908, provoqua sur toutes les places d'Europe un abaissement général et considérable du taux de l'escompte. En Angleterre, de 6 0/0 le 2 janvier 1908, il descend à 5 0/0, puis à 4 0/0, dans le courant du même mois, pour descendre de nouveau à 3 1/2 0/0 et à 3 0/0 en mars et tomber à 2 1/2 0/0 fin mai. Ce dernier taux persista pendant le restant de l'année, jusqu'au 14 janvier 1909. En Allemagne, où le loyer de l'argent est toujours plus cher qu'en France et qu'en Angleterre, le taux de l'escompte, par des abaissements successifs, est descendu de 7 1/2 0/0 en janvier à 4 0/0 en juin. Il en est de même de l'Autriche, où le taux a passé de 6 0/0 à 4 0/0 ; de la Belgique, où il est descendu de 6 0/0 à 3 0/0 ; des Pays-Bas qui ont aussi abaissé leur taux de 5 0/0 à 3 0/0.

La Banque de France n'a suivi ce courant qu'avec une certaine timidité. A la vérité, comme nous l'avons vu plus haut, au moment de la crise générale de 1907, l'escompte en France n'avait été relevé que de 3 0/0 à 4 0/0. Dès janvier 1908, l'amélioration de la situation générale et l'inflation de l'encaisse permettent l'abaissement à 3 1/2 0/0, puis à 3 0/0. Mais là s'arrête la baisse, et le taux de 3 0/0 reste invariable jusqu'à la fin de l'année. Pendant ce temps, l'inflation de l'encaisse s'accentue concomitamment avec la dépression de portefeuille.

Ce double relèvement n'aurait-il pas dû conduire la Banque à réduire de nouveau le taux de son escompte ?

En 1897, le taux de l'escompte de la Banque de France était de 2 0/0, pendant qu'on le cotait à 2,64 0/0 en Angleterre ; 3 0/0 en Belgique ; 3,13 0/0 en Hollande ; 3,82 0/0 en Allemagne ; 4 0/0 en Autriche ; 5 0/0 en Espagne et en Italie.

On ne s'explique pas qu'en 1908, elle n'ait pas maintenu un pareil écart et abaissé l'escompte à 2 0/0.

Or, si nous rapprochons la situation du portefeuille et de l'encaisse par rapport aux engagements à vue, nous constatons les rapports ci-après, presque identiques, pour les deux années considérées (1897 et 1908).

	1897	1908
Rapports de l'encaisse aux engagements à vue.	77,1 0/0	73, 0/0
Rapports du portefeuille avec les engagements à vue.	26 0/0	26,5 0/0

En améliorant le taux de l'escompte, la Banque aurait certainement donné un coup de fouet aux affaires, dont elle aurait provoqué le développement. En ramenant le loyer officiel de l'argent à un taux plus conforme à l'état général du marché, elle aurait fait bénéficier le commerce des avantages résultant de l'abondance des capitaux.

Sans doute, pour justifier cet arrêt à 3 0/0 dans l'abaissement de son escompte, la Banque de France s'abrite derrière son principe de la fixité des taux, qu'elle oppose aux oscillations excessives qui caractérisent les banques étrangères et plus particulièrement la Banque d'Angleterre. Certes, nous ne contredirons pas d'une manière absolue à ce principe, qui découle chez nous des conditions dans lesquelles joue l'encaisse au regard de l'émission, conditions tout à fait différentes de celles qu'on trouve en Angleterre. Mais une fixité excessive risque de conduire à l'atonie et à l'inertie. Le taux du loyer de l'argent ne saurait être invariable. Il suit le mouvement des capitaux, d'après la loi économique inéluctable de l'offre et de la demande. Le fixer avec une rigidité inflexible, c'est imposer un frein non légitime à l'essor du commerce.

Au surplus, les grandes banques de dépôt, dont le développement est allé croissant depuis 25 ans, sont loin de suivre d'une manière absolue l'exemple de la Banque de

France. Elles n'hésitent pas, pour de grosses opérations, à abaisser leur escompte à un taux inférieur à celui de la Banque, tout en bénéficiant pour les affaires moyennes et petites de la majoration habituelle qu'elles s'attribuent sur le taux officiel.

Le moyen et le petit commerce n'étant pas admis à ces avantages ont raison de se plaindre. C'est en leur nom que nous avons cru devoir présenter ici les doléances qui précèdent et demander que la Banque, tout en évitant les brusques et trop fréquentes variations, adopte une méthode plus souple et plus en harmonie avec les faits économiques et les intérêts du commerce et de l'industrie.

1909. — L'année 1909, si l'on ne consulte que les comptes principaux de la Banque de France, aurait été une année médiocre. La masse des opérations productives s'éleva, en effet, à 22.198 millions, en augmentation seulement de 447 millions sur 1908. Mais la moyenne du portefeuille ne dépassa pas 1.275 millions, en diminution de 150 millions sur 1908, tandis qu'au contraire l'encaisse passait de 3.957 millions à 4.524 millions.

Or cette même année le mouvement économique témoignait, en France, d'un réel progrès, ainsi que le constate le compte rendu annuel de l'honorable Gouverneur : « A l'ex-
« ception des entrées d'articles d'alimentation, dont l'impor-
« tance continue à diminuer, ce qui n'est pas pour contra-
« rier notre industrie agricole, notre commerce extérieur se
« présente sur toute la ligne en nouvelle augmentation. Le
« tonnage de nos ports est également en progrès. Les élé-
« ments d'appréciation du trafic intérieur : recettes des
« grands réseaux, etc., dénotent une progression moins
« prononcée, il est vrai, que dans les années qui ont pré-
« cédé la crise de 1907, mais cependant très sensible. Tous
« ces indices favorables trouvent une confirmation particu-
« lièrement décisive cette année dans l'excédent des dépôts
« confiés aux caisses d'épargne. »

Le taux de l'escompte reste en France stationnaire durant

toute l'année à 3 0/0, tandis qu'il subit de grandes variations en Angleterre : 2 1/2 0/0, 3 0/0, 2 1/2 0/0, 3 0/0, 4 0/0, 5 0/0, 4 1/2 0/0. En Allemagne, de 4 0/0 il descend à 3 1/2, puis monte à 4 et 5 0/0 ; en Belgique, de 3 0/0 il monte à 3 1/2 0/0 ; dans les Pays-Bas, il varie de 3 à 2 1/2 0/0, pour remonter à 3 0/0.

Le rapport de l'encaisse aux engagements à vue est encore supérieur à celui de 1908 : 78,5 0/0, au lieu de 73,5 0/0, et celui du portefeuille inférieur : 22,1 0/0, au lieu de 26,5 0/0. L'escompte des effets de commerce n'a donné lieu qu'à 12.336 millions d'opérations, au lieu de 12.801 millions en 1908. Un abaissement du taux de l'escompte aurait certainement amélioré le portefeuille, au grand avantage du commerce et aussi de la Banque de France elle-même.

Malgré le progrès économique général constaté par l'honorable Gouverneur, comme il est rappelé plus haut, les résultats de 1909 furent inférieurs à ceux de 1908. Les produits nets descendirent de 37.157.000 fr. à 26.521.000 fr. et le dividende subit une nouvelle réduction : de 160 francs, il fut ramené à 140 francs, ce qui n'empêcha pas le cours moyen des actions de hausser encore. De 3,81 0/0 en 1906 et 4,30 0/0 en 1907, le taux de capitalisation des actions était passé à 3,82 0/0 en 1908 et 3,28 0/0 en 1909, sous l'action signalée plus haut de l'abondance des capitaux.

1910. — Avec l'année 1910 nous assistons à un essor très sensible du chiffre d'affaires. Il faut reconnaître toutefois que ce relèvement a pour cause, en même temps qu'un réel progrès accusé par les indices ordinaires du mouvement économique (recettes des chemins de fer, navigation, timbre des effets de commerce, etc...), « une augmentation des prix « de toutes les matières, dans des proportions considérables « qui atteint, pour les textiles particulièrement, de 20 à « 90 0/0, selon les articles, dans les trois dernières « années (1) ».

(1) Compte rendu du Gouverneur sur les opérations de 1910 à l'assemblée générale des actionnaires du 26 janvier 1911.

Quoi qu'il en soit, l'amélioration est certaine. De 22.198 millions, en 1909, la masse des opérations productives passe à 25.489 millions en 1910. La somme des escomptes des effets de commerce s'élève de 12.336 millions à 14.581 millions. Le portefeuille moyen (escompte et avances) monte de 1.275 millions à 1.527 millions, tandis que l'encaisse s'abaisse de 4.524 millions à 4.262 millions. La circulation ne s'accroît que faiblement : 5.198 millions contre 5.080 millions en 1909. Les dépôts en compte courant fléchissent de 683 millions à 613. L'escompte a été maintenu très heureusement au taux modéré de 3 0/0, inférieur à celui pratiqué sur les places étrangères, où il a subi de nombreuses fluctuations.

La somme des engagements à vue étant de 5.811 millions, le rapport de l'encaisse est de 73,3 0/0, en baisse de 5,2 0/0 sur 1909 ; le rapport du portefeuille de 26,3 0/0, en augmentation de 4,2 0/0 sur 1909.

Le dividende a été maintenu à 140 francs, comme en 1909.

1911. — En 1911 se manifeste la continuité de l'essor de 1910, tempéré cependant par les craintes que fit naître l'incident connu sous le nom d'Agadir et les négociations laborieuses et difficiles qui se terminèrent par le traité franco-allemand du 4 novembre 1911.

La masse des opérations productives passe de 25.489 millions à 29.071 millions. L'escompte des effets de commerce atteint 16.648 millions.

Le portefeuille moyen monte de 1.527 millions à 1.843 millions, pendant que l'encaisse, au contraire, s'abaisse de 4.262 millions à 4.036 millions. La moyenne de la circulation a été de 5.243 millions, mais comme elle avait atteint, en octobre 1911, 5.574 millions, se rapprochant sensiblement de la limite légale de 5.800 millions, le maximum fut élevé à 6.800 millions par la loi du 29 décembre 1911. Cette loi a apporté à la convention de 1897 diverses modifications touchant le régime des redevances versées à l'État et constituant des améliorations au profit de l'État et du public. Nous y reviendrons plus loin.

Nous constatons le relèvement du rapport du portefeuille à la somme des engagements à vue : 31,6 0/0, au lieu de 26,3 0/0 en 1910, tandis que le rapport de l'encaisse, au contraire, s'abaisse à nouveau : 69,1 0/0, au lieu de 73,3 0/0.

Le taux de l'escompte est maintenu à 3 0/0 jusqu'au 21 septembre, où il est relevé à 3 1/2 0/0, relèvement parfaitement justifié d'ailleurs par un mouvement intensifié des importations et des émissions et introductions de titres étrangers, qui provoqua une tension des changes, dont la répercussion se fit sentir sur les réserves métalliques de la Banque. Au surplus, à l'extérieur, le taux de l'escompte, qui avait subi de très nombreuses variations, fut toujours supérieur à celui de notre établissement national.

Le dividende fut maintenu à 140 francs ; le cours moyen des actions ressort, en 1911, à 4.088 ; le taux de capitalisation est remonté de 3,28 à 3,42.

1912. — « L'année 1912, lisons-nous dans le compte
« rendu fait à l'assemblée générale des actionnaires du 30 jan-
« vier 1913, a été pour les services de la Banque centrale et
« des succursales une période de labeur intense et d'impor-
« tant développement. Les opérations de toutes natures sont
« en augmentation considérable. Nous avons dû pourvoir,
« en premier lieu, aux besoins normaux de crédits accrus,
« cette année, par le développement de la prospérité écono-
« mique, l'abondance relative des récoltes, l'activité indus-
« trielle et commerciale du pays. »

D'autre part, la guerre des Balkans, par les inquiétudes auxquelles elle donna lieu, « enraya les progrès des transac-
« tions financières et il se produisit une mobilisation de ca-
« pitaux à court terme, qui provoqua des demandes impor-
« tantes », auxquelles la Banque répondit utilement. Il faut reconnaître que, dans ces circonstances, notre grand établissement national montra, une fois de plus, la puissante efficacité des réserves de crédit dont il dispose. Les besoins auxquels il dut faire face justifient la légère augmentation du taux de l'escompte à laquelle il recourut à la fin du mois

d'octobre. De 3 1/2 0/0 en septembre 1911, l'escompte avait été abaissé à 3 0/0 en mai 1912, pour être ramené à 3 1/2 0/0 le 17 octobre et relevé à 4 0/0 le 31 octobre. Pendant ce temps, l'escompte variait à Londres de 3 à 5 0/0, à Berlin de 4 1/2 0/0 à 6 0/0, en Belgique de 4 à 5 0/0. On voit combien furent favorisées les places françaises.

L'activité commerciale du pays se traduisit à la Banque de France par un accroissement notable dans la masse des opérations productives, qui passèrent de 29.071 millions à 35.702 millions, soit une augmentation de 22,8 0/0. La somme des effets de commerce escomptés atteignit 19.168 millions, contre 16.648 millions en 1911. La moyenne du portefeuille s'éleva de 1.843 millions à 2.018 millions. Quant à l'encaisse, elle resta à peu près stationnaire à 4.028 millions. La circulation moyenne fut de 5.323 millions, dépassant de 79 millions et demi celle de 1911; toutefois elle avait atteint 5.724 millions en 1912, ce qui démontra l'opportunité de la mesure prise en 1911 d'élever le maximum de 5.800 millions à 6.800 millions.

Les produits nets s'élevèrent à 54 millions 593.000 fr., qui permirent la distribution d'un dividende de 160 francs par action, supérieur de 20 francs à celui de 1911. Le cours moyen des actions a été de 4.380 francs.

1913. — L'année 1913 a été influencée par les événements balkaniques, dont les perturbations causèrent, à cette époque, tant d'incertitudes que l'on put craindre que le cours normal des transactions purement commerciales s'en trouvât suspendu. Néanmoins, l'on vit se développer notablement les affaires. Ce mouvement se traduisit à la Banque de France par une augmentation de 2.512 millions sur la masse des opérations commerciales, qui atteignirent 38.214 millions. Cette augmentation est d'autant plus intéressante qu'elle coïncida avec une tendance générale à la baisse des prix et à un ralentissement des affaires à l'étranger. La somme des effets de commerce escomptés s'éleva à 20.006 millions, en augmentation de 838 millions. La moyenne du portefeuille passa de 2.018 à 2.374 millions; l'encaisse, au contraire, s'infléchit de 4.028 millions à 3.972 millions. La moyenne de la circulation s'éleva à 5.665 millions, en augmentation de 342 millions; mais le maximum avait dépassé 6 milliards, au mois de février.

Le rapport du portefeuille à la somme des engagements à vue continua à s'élever; il atteignit 37,6 0/0; quant au rapport de l'encaisse, il s'abaissa à 62,9 0/0. Cette situation suffit à justifier le maintien à 4 0/0 du taux de l'escompte, avec un écart en moins d'environ 1 0/0 sur les taux pratiqués à l'étranger.

Les bénéfices nets partageables, après la mise en réserve d'une somme de 16 millions en vue de l'agrandissement du siège central de la Banque, se sont élevés à 36.500.000 francs, permettant de distribuer un dividende de *200 francs*. Ce brillant résultat final est dû certainement au taux relativement élevé de l'escompte.

Développement des services de la Banque dans les départements. — Succursales. — Bureaux auxiliaires. — Villes rattachées.

Aux termes de l'article 11 de la loi du 17 novembre 1897, la Banque de France était tenue de porter le nombre de succursales, qui était alors de 94, à 112, par la transformation de 18 bureaux auxiliaires en succursales. En outre, elle devait créer une succursale dans chacun des chefs-lieux de département qui n'en possédaient point; en plus des bureaux auxiliaires non transformés qui étaient maintenus, il en devait être établi 30 nouveaux. Toutes ces créations ou transformations devaient être achevées dans le délai de deux ans; et, à partir de 1900, la Banque était tenue d'ouvrir, chaque année, au moins un bureau auxiliaire, jusqu'à concurrence de 15.

Toutes ces obligations étaient remplies et même largement dépassées, lorsqu'intervint la convention du 11 novembre 1911, approuvée par la loi du 29 décembre suivant, si bien que le nombre des places bancables était passé de 261 en 1897 à 512 en 1910, supérieur de 60 0/0 à celui des 317 places prévues par la loi de 1897.

En voici la répartition :

	1897	1910
Banque centrale.	1	1
Succursales.	94	128
Bureaux auxiliaires.	38	71
Places réunies chacune à un de ces établissements	23	312
Villes rattachées.	105	
Ensemble des places bancables. . .	261	512

Les conventions des 11 et 28 novembre 1911 stipulèrent qu'en plus des créations réalisées et acquises, la Banque aurait à transformer en succursales dix bureaux auxiliaires, à créer douze nouveaux bureaux auxiliaires et à organiser le service d'encaissement dans 50 villes rattachées, parmi lesquelles seraient compris les chefs-lieux d'arrondissement et de canton de 8.000 habitants et au-dessus, qui ne sont pas encore bancables. Toutes ces améliorations devaient être réalisées dans un délai maximum de deux ans.

Il faut reconnaître que, comme dans la période précédente, la Banque a encore dépassé ses engagements, en transformant jusqu'en 1913 inclusivement 15 bureaux auxiliaires, au lieu de 10, en créant 18 bureaux auxiliaires au lieu de 12 et en organisant le recouvrement des effets dans 2 localités, en plus des 50 prescrites. En 1914, la Banque a encore créé un bureau auxiliaire et une ville rattachée. Elle projetait, en outre, au moment où éclata la guerre, la création de 5 nouveaux bureaux auxiliaires.

A l'heure actuelle, le nombre des places bancables est de 585, savoir :

Banque centrale.	1
Succursales	143
Bureaux auxiliaires	75
Villes rattachées.	366
Ensemble.	585

L'on a souvent, notamment en 1897, mentionné parmi les charges imposées à la Banque, en compensation de son privilège, l'extension de ses services dans les départements par la multiplication de ses succursales, bureaux auxiliaires et villes rattachées. C'est là une légende qu'il convient de détruire.

La vérité est que si le commerce et l'industrie sont intéressés à l'extension des services de la Banque, celle-ci n'y trouve pas de moindres avantages pour ses actionnaires.

Les succursales, on le sait, sont des comptoirs où la Banque effectue toutes les opérations visées dans ses statuts. Elles ont une quasi-autonomie. Non seulement elles se suffisent à elles-mêmes par leur produit, mais encore leur comptabilité fait ressortir des bénéfices propres, distincts des bénéfices du siège central auxquels ils viennent s'ajouter. Elles sont d'ailleurs placées sous l'autorité, la direction et le contrôle du siège central. Elle ont à leur tête un directeur, nommé par décret, un conseil d'administration ou comité d'escompte et des censeurs désignés par le Conseil général de la Banque.

Les bureaux auxiliaires sont des comptoirs annexés aux succursales, où les opérations d'escompte s'effectuent sous le contrôle de ces dernières. Enfin, l'on appelle villes rattachées des localités situées dans le rayon des succursales, où la Banque organise un service d'encaissement. C'est là un service parfois onéreux, il faut le reconnaître, mais qui tend à faire affluer dans le portefeuille de la Banque du papier de premier ordre et à lui procurer un escompte monopolisé dans le portefeuille des établissements de crédit.

Il saute aux yeux que la Banque est intéressée au développement de ses places d'escompte. Au surplus, les comptes rendus annuels de ses bilans sont à ce sujet révélateurs des bénéfices qu'elle en retire pour ses actionnaires.

En 1897, l'on avait signalé au Sénat, au cours de la discussion du renouvellement du privilège, que, en 1872, les succursales, qui étaient au nombre de 84, avaient fourni 40 0/0 des opérations générales et 46 0/0 des bénéfices nets; qu'en 1883, au nombre de 94, elles donnèrent 54 0/0 des opérations générales et 55 0/0 des bénéfices nets. Si l'on consulte le tableau synoptique, publié à la page 22 de ce rapport, on constatera que, pendant la période de 1897 à 1913, la progression des bénéfices généraux de la Banque a été en raison directe de la multiplicité de ses services dans les départements.

En 1897, le nombre des succursales et bureaux auxiliaires était de 132. Les produits nets s'élevèrent à 14.624.000 francs, provenant pour 42 0/0 du siège central et pour 58 0/0 des succursales et bureaux auxiliaires.

Le tableau ci-après donne les résultats correspondants des années suivantes :

ANNÉES	NOMBRE de succursales.	BÉNÉFICES nets.	PART DES BÉNÉFICES	
			Siège central.	Succursales.
		fr.	0/0	0/0
1903	177	24.118.000	38,2	61,8
1907	182	47.025.000	37,5	62,5
1909	197	26.524.000	29,9	70,1
1911	200	43.415.000	28,5	71,5
1913	217	78.337.000	26,6	73,4

Par la lecture de ce tableau, la démonstration est faite de façon péremptoire que, si le commerce et l'industrie sont intéressés à l'extension des services de la Banque dans les départements, les actionnaires n'y ont pas un avantage moindre. A la vérité tous les intérêts y sont liés. C'est pourquoi nous louons la Banque de France de ne pas s'être laissé arrêter par la lettre de ses obligations à cet égard et de les avoir dépassées, sans hésitation. Nous demandons seulement qu'elle accentue encore davantage l'exécution de cette partie de son programme.

Produit de la redevance annuelle.

Une des principales innovations de la loi du 17 novembre 1897 fut la mise à la charge de la Banque de redevances annuelles, comme prix du renouvellement de son privilège. Ainsi fut réalisée, à près de cent ans de distance, une des idées chères à Mollien, Ministre du Trésor du premier Consul. Mollien avait proposé que le dixième du dividende annuel attribué aux actionnaires fût versé au Trésor public. Sous une autre forme la Banque d'Angleterre paya, en 1844, le renouvellement de son privilège, au prix de 72 millions.

« A partir du 1er janvier 1897 et jusques et y compris
« l'année 1920, dit l'article 5 de la loi du 17 novembre 1897,
« la Banque versera à l'État, chaque année, et par semestre,
« une redevance égale au produit du huitième du taux de
« l'escompte par le chiffre de la circulation productive, sans
« qu'elle puisse jamais être inférieure à deux millions.

« Pour la fixation de cette redevance, la moyenne an-
« nuelle de la circulation productive sera calculée, telle
« qu'elle est déterminée pour l'application de la loi du
« 13 juin 1878 (1) ».

---

(1) Loi du 13 juin 1878, article 2. — Les droits de timbre à la charge de la Banque de France, qui sont perçus sur la moyenne des billets au porteur ou à ordre en circulation pendant le cours de l'année, ne porteront, à l'avenir, que sur la quotité moyenne desdits billets correspondant aux opérations productives et commerciales, telles que l'escompte, le prêt ou les avances.

Par les conventions des 11 et 28 novembre 1911, approuvées par la loi du 29 décembre 1911, la redevance a été relevée, chaque fois que le taux de l'escompte a dépassé 3 1/2 et 4 0/0, dans les proportions ci-après :

Lorsque le taux de l'escompte aura été, pendant une période quelconque, supérieur à 3 1/2 0/0, la proportion prévue par l'article 5 de la loi du 17 novembre 1897, pour le calcul de la redevance annuelle, sera, pour cette période, élevée de un huitième à un septième du taux de l'escompte ; la proportion sera de un sixième, lorsque le taux de l'escompte aura été supérieur à 4 0/0.

En exécution des prescriptions ci-dessus, la redevance a produit, de 1897 à 1917, des sommes dont le montant total a atteint le chiffre considérable de 168 millions en nombre rond.

Nous donnons ci-après le détail des versements que la Banque a faits à l'État, au titre de la redevance pour chacune des années écoulées depuis 1897.

La somme indiquée pour l'année 1917 ne comprend, pour le deuxième semestre, que la portion de la redevance afférente au produit des opérations commerciales. La portion correspondant au produit de l'escompte de bons du Trésor à des Gouvernements étrangers, soit 12.294.311 fr. 49, doit, en effet, aux termes de la convention du 26 octobre 1917, entrer dans la contribution forfaitaire des 200 millions, qui doit remplacer l'impôt sur les bénéfices de guerre d'août 1914 au 31 décembre 1917. Nous nous expliquerons, à ce sujet, à l'occasion de l'examen de la convention soumise à l'approbation législative.

1897.	2.742.314 fr. 80
1898.	3.242.899 26
1899.	4.857.289 95
1900.	5.655.333 72
1901.	4.107.620 15
A reporter. . .	20.605.457 fr. 88

Report. . .	20.605.457 fr.	88
1902.	3.777.141	87
1903.	4.314.649	43
1904.	4.521.589	76
1905.	4.225.042	51
1906.	5.332.528	05
1907.	7.357.141	60
1908.	5.533.501	80
1909.	4.790.508	64
1910.	5.733.368	28
1911.	7.225.800	55
1912.	8.722.917	85
1913.	13.625.484	92
1914.	14.486.160	11
1915.	10.125.137	90
1916.	23.663.217	73
1917.	23.955.540	25
Total. . . .	167.995.189 fr.	13

Les variations annuelles de la redevance révélées par le tableau qui précède sont fonction du mouvement de la circulation productive, fonction, elle-même, du développement des opérations d'escompte et d'avances et de l'essor général des affaires. A partir de 1912, ces variations sont affectées par l'application de la loi du 29 décembre 1911, en raison de l'élévation du taux de l'escompte au-dessus de 3 1/2 0/0.

C'est ainsi que la quotité de la redevance a été portée du huitième au septième du taux de l'escompte, du 31 octobre au 31 décembre 1912, période pendant laquelle ledit taux avait été relevé à 4 0/0.

Pendant l'année 1913, c'est la même quotité du septième qui a été appliquée, le taux de l'escompte ayant été maintenu à 4 0/0 pendant toute l'année.

En 1914, en raison des variations de ce taux, la quotité de la redevance a également varié comme suit :

Le septième du taux de l'escompte, du 1ᵉʳ janvier au 29 janvier (taux 4 0/0) ;

Le huitième, du 30 janvier au |30 juillet (taux 3 1/2 0/0) ;

Le sixième, du 31 juillet au 24 décembre (taux 4 1/2, 6 et 5 0/0).

En 1915, 1916 et 1917, la quotité de la redevance a été du sixième du taux de l'escompte, qui fut maintenu à 5 0/0. Mais, dès 1915, un élément nouveau et intéressant est venu apporter sa contribution à la redevance. Nous voulons parler du portefeuille des bons du Trésor escomptés pour avances de l'État aux Gouvernements étrangers.

Cette opération, d'un caractère spécial, fera l'objet d'un examen particulier au cours de nos considérations sur les opérations de la Banque pendant la période de guerre. Il n'est cependant pas sans intérêt de signaler, dès maintenant, quelle en fut l'importance annuelle, afin de mettre en lumière la mesure dans laquelle elle a pu influer sur la progression des redevances données par la Banque au Trésor.

Le portefeuille des bons du Trésor escomptés par les Gouvernements étrangers figure dans les bilans annuels de la Banque pour les valeurs ci-après :

24 décembre 1915 . . . . . . 630.000.000 fr.
23 décembre 1916 . . . . . . 1.730.000.000
22 décembre 1917 . . . . . . 3.215.000.000

Comme il a été prescrit par la loi du 17 novembre 1897, dans son article 18, les sommes versées à la Banque, au titre de la redevance annuelle, auxquelles est venue s'ajouter une nouvelle avance sans intérêt de 40 millions stipulée dans la convention du 31 octobre 1896, ont été affectées à des avances aux caisses régionales de crédit mutuel agricole, qui ont eu ainsi à leur disposition 207.995.189 fr. 13.

Il n'a été fait emploi jusqu'au 31 décembre 1917 que

de 101.142.452 fr. 10 ; il restait donc encore disponible à cette date 106.852.737 fr. 03.

Si important que soit ce reliquat, il ne sera pas de trop, à la condition d'être sagement et judicieusement réparti, pour aider au relèvement des régions agricoles après les hostilités.

Partage entre la Banque et l'État du produit de l'escompte au-dessus de 5 0/0.

La loi du 9 juin 1857, article 8, avait prévu l'élévation à 6 0/0 du taux des escomptes et de l'intérêt des avances de la Banque. Les bénéfices à provenir de l'application de ces taux devaient être déduits des sommes annuellement partageables entre les actionnaires pour être ajoutés au fonds social.

Aux termes de l'article 12 de la loi du 17 novembre 1897, lorsque les circonstances exigeront l'élévation du taux de l'escompte au-dessus de 5 0/0, les produits qui en résulteront pour la Banque seront déduits des sommes annuellement partageables entre les actionnaires ; un quart sera ajouté au fonds social et le surplus reviendra à l'État.

Il n'a été fait que de rares applications des dispositions ci-dessus et l'état qui suit mentionne les versements opérés, à cette occasion, à une réserve du fonds social.

Du 12 octobre au 17 décembre 1857.	1.510.527 fr. 65
Du 8 janvier au 14 mars 1861 . . .	805.975 92
Du 12 novembre 1863 au 8 décembre 1864	4.728.272 45
Du 9 août 1870 au 20 juillet 1871. . .	330.930 25
Du 3 novembre 1871 au 27 février 1872	278.533 81
Du 14 octobre au 27 novembre 1873.	348.073 46
1908 : Escompte d'effets sur l'Angleterre à 5 1/2 0/0	3.832 30
Du 1ᵉʳ au 20 août 1914.	444.551 85
Total.	8.450.697 fr. 69

Cette somme figure aux bilans hebdomadaires et annuels de la Banque sous la rubrique ci-après :

Bénéfices en addition au capital (art. 8 de la loi du 9 juin 1857 et art. 12 de la loi du 17 novembre 1897) 8.450.697 fr. 69.

Opérations gratuites pour le compte du Trésor.

Aux termes de l'article 10 de la loi du 17 novembre 1897, la Banque a été tenue d'ouvrir gratuitement les guichets de ses bureaux auxiliaires, comme de ses succursales, aux versements ou prélèvements opérés par les comptables du Trésor. En outre, même dans les villes rattachées, elle a dû faire opérer, à toutes les échéances, le recouvrement des traites tirées sur les comptables par d'autres comptables du Trésor, ainsi que celui des traites des redevables des revenus publics à l'ordre des comptables du Trésor.

Il est résulté de ces obligations un accroissement de charges pour la Banque, assez appréciable, en raison de la progression des opérations dont il s'agit.

En 1897 les opérations gratuitement effectuées pour le compte du Trésor s'élevaient à 6 milliards et demi. En 1901, elles dépassent 9 milliards. Puis, après un stationnement dans les environs de 9 milliards jusqu'à 1907, elles progressent d'année en année pour atteindre 13 milliards 700 millions en 1913, après avoir touché à 16 milliards en 1912.

Facilités données au commerce.

Par son article 4, la convention du 11 novembre 1911 avait stipulé que dans l'intérêt de l'industrie et du commerce français d'exportation, la Banque de France escompterait, aux conditions déterminées par le Conseil général, les effets payables à l'étranger et dans les colonies françaises.

Par l'article 5 de la même convention, la Banque s'est

engagée à exonérer de toute commission les virements entre les comptes courants de places à places et à maintenir la facilité donnée à tous ses comptes de lui remettre à l'encaissement des effets payables dans toutes les villes de son réseau d'établissements.

Comme de nouvelles facilités seront encore données au commerce par la convention du 26 octobre 1917 soumise à notre approbation, nous nous proposons de traiter dans la partie de notre rapport relative à l'examen du projet de loi et des nouvelles conventions les questions se rapportant à l'escompte du papier colonial et aux règlements commerciaux par chèques, par virements ou par compensation.

Signalons toutefois que l'application de l'article 5 de la convention du 11 novembre 1911 a eu pour effet de développer considérablement à la Banque les opérations de règlement par chèques et par virements. De 6 milliards en 1911, le chiffre de ces opérations s'est élevé à 9 milliards en 1912 et à 10 milliards et demi en 1913. L'économie réalisée par le commerce de ses opérations est de 0,25 0/00.

**

Après avoir passé en revue, dans le compte rendu qui précède, l'ensemble des opérations de la Banque de France pendant la période d'avant-guerre depuis le renouvellement de son privilège en 1897, nous croyons pouvoir déclarer que cet examen ne peut que causer une impression favorable.

Nous avons vu, en effet, que, durant cette période, la masse des opérations de la Banque avait plus que doublé. De 21 milliards 800 millions en 1897, elle passe à 51 milliards 960 millions en 1913. Les opérations productives, dont les principales sont l'escompte des lettres de change et les avances sur titres, suivent une égale progression de 15 milliards 308 millions à 38 milliards 214 millions.

Ce sont là des résultats dont on ne saurait que se féliciter ; car ils sont le témoignage que notre grand établissement national s'est développé dans des proportions en rapport avec la vitalité de notre commerce et de notre industrie. Ses actionnaires ont bénéficié, d'ailleurs, de ce développement et ce fut justice. Mais, tout de même, on peut se demander, en se reportant aux réserves que nous avons formulées dans notre compte rendu, si, tout en sauvegardant comme il convient les intérêts légitimes de ces derniers, la Banque de France n'aurait pas pu favoriser encore davantage qu'elle ne l'a fait l'expansion de notre commerce et de notre industrie. Partisan résolu de la continuation du régime sous lequel lui a été accordé son privilège, nous formons des vœux, quant à nous, pour qu'elle y applique encore plus d'efforts et plus de désintéressement.

II

PÉRIODE DE GUERRE

Généralités.

Avec l'année 1914, nous entrons dans une période qui ne saurait être comparée à la période antérieure.

Sans doute le premier semestre de 1914 offre-t-il des chiffres comparables avec ceux des semestres précédents ; mais, dès le mois de juillet, l'inquiétude se répand dans le monde des affaires, par suite des événements de la politique extérieure qui se préparent et dont la gravité est considérable. Puis vient la mobilisation qui arrête brusquement toutes les opérations commerciales et provoque une suspension générale des payements ; puis la guerre, enfin, avec toutes les angoisses qu'elles a jetées dans le pays et les sacrifices considérables auxquels elle a donné lieu.

Dès ce moment, la Banque est appelée à jouer un rôle tout à fait différent de celui qui lui incombe de par le privilège dont elle est investie. Sans doute ses guichets restent ouverts aux opérations de l'escompte et des avances sur titres ; mais la situation ne permet au commerce de recourir à elle que dans une faible mesure. C'est l'État qui fait appel à son aide par des avances qui, d'abord relativement modérées, atteignent peu à peu des sommes si énormes qu'aucun financier, si avisé eût-il été, n'aurait jamais osé en concevoir la possibilité.

Dans les circonstances difficiles que nous avons traversées, il faut reconnaître que le concours que la Banque a prêté à l'État fut décisif. Sans doute elle y fut puissamment aidée par le crédit dont n'a cessé de jouir l'État français au milieu des péripéties par lesquelles est passé notre pays depuis la déclaration de guerre. Sans doute le concours qui lui a été demandé fut-il facilité par l'émission de billets de banque ayant pu atteindre, sans difficulté ni crise d'aucune sorte, la somme considérable de trente et un milliards, émission reposant sur le crédit de l'État à concurrence du montant des avances à lui faites.

Néanmoins, ce serait commettre un acte d'ingratitude que de ne pas reconnaître les services signalés qu'en toute indépendance et sans hésitation la Banque de France a rendus à l'État pendant cette période mémorable, qui comptera dans l'histoire de notre pays, comme ayant fourni le témoignage de l'esprit de sacrifice de la population tout entière en présence des dangers de la patrie; de la valeur, du courage et de l'abnégation de tous les citoyens transformés, du jour au lendemain, en soldats défenseurs du sol national; de l'extrême vitalité de notre industrie et de notre agriculture, qui ont surmonté toutes les difficultés pour subvenir aux besoins de la défense nationale; du trésor latent, enfin, des ressources inépuisables que la nation a su trouver dans ses réserves. Pour la levée du bouclier économique du pays, la Banque de France a été le metteur en œuvre et le levier du Trésor.

Tel est le rôle qu'elle a joué et que nous allons essayer de retracer rapidement.

Comme pour la période d'avant-guerre, nous avons jugé utile de dresser le tableau synoptique des principales opérations de la Banque pendant la période de guerre.

I. — Tableau du mouvement des principaux comptes, des opérations, des produits bruts et des produits nets de 1914 à 1917 (moyennes).

ANNÉES	ENGAGEMENTS A VUE			DISPONIBILITÉS			MASSE DES OPÉRATIONS (1)			MASSE des opérations productives normales.	TAUX moyen de l'escompte.	PRODUITS BRUTS des opérations productives normales.			PRODUITS NETS des opérations productives normales.			DIVIDENDES	COURS moyen des actions.
	Circulation.	Comptes courants créditeurs.	Total.	Encaisse.	Portefeuille (escompte et avances).	Total.	Ensemble.	Paris.	Succursales.			Ensemble.	Paris.	Succursales.	Ensemble.	Paris.	Succursales.		
	en millions de francs.										en milliers de francs.							fr.	fr.
1914	7.324	1.331	8.656	4.455	2.355	6.743	67.287	37.097	30.190	15.112	21.184	4 90	99.961	41.012	58.949	72.065	26.128	45.937	196	4.276
1915	12.980	2.415	14.606	4.709	932	5.611	106.312	87.287	19.025	6.143	13.866	5	56.008	19.091	35.973	37.963	6.164	21.795	200	4.488
1916	15.552	3.083	17.635	5.206	1.677	6.967	155.382	117.169	38.213	3.323	11.284	5	85.693	36.546	49.157	54.809	22.404	32.304	210	4.884
1917	19.545	3.287	22.472	5.517	1.783	7.300	237.860	159.040	58.820	4.977	14.296	5	87.818	33.100	54.718	59.910	22.790	37.910	210	5.260

(1) La masse des opérations comprend les opérations productives, les opérations pour compte du Trésor, les ventes de change et les ... déplacés exonérés de toute commission depuis 1916.

II. — Opérations productives exceptionnelles.

	1914	1915	1916	1917
	francs.	francs.	francs.	francs.
Avances à l'État (1) (montant des avances nouvelles consenties au cours de chaque année)	3.900.000.000	3.560.000.000	4.600.000.000	5.400.000.000
Escompte de bons du Trésor français pour avances à des Gouvernements étrangers (renouvellements non compris)	»	630.000.000	1.108.000.000	1.488.000.000
Recouvrement d'effets prorogés	999.064.596	1.639.350.000	497.000.000	199.000.000

(1) Après l'émission d'emprunts à long terme, l'État a effectué les remboursements suivants : 1915 : 2.450 millions ; 1916 : 2.250 millions ; 1917 : 300 millions.

III. — Opérations effectuées gratuitement par la Banque de France.

	1914	1915	1916	1917
	francs.	francs.	francs.	francs.
Mouvements de caisse pour le compte du Trésor	31.069.820.000	85.483.105.000	131.188.700.000	180.547.000.000
Payements déplacés au profit des créanciers de l'État				3.050.000.000
Encaissement d'effets et de mandats du Trésor	252.500.000	323.350.000	462.100.000	293.900.000
Payement de valeurs du Trésor :				
Emprunts à long terme	31.700.000	3.963.504.588	3.943.506.030	5.091.028.790
Obligations de la Défense nationale		566.324.990	129.590.300	74.856.566
Bons de la Défense nationale (non compris les renouvellements)	512.770.700	1.024.428.900	3.675.044.420	4.800.083.700
Vente de titres à l'État	»	»	387.132.442	43.300.000
Négociation de valeurs étrangères	»	»	783.900.000	76.000.000
Opérations de change	»	882.000.000	2.509.420.000	6.230.000.000
Payements sur pair	339.990.000	145.613.500.000	363.745.100.000	330.510.150.000
Mouvements et chèques déplacés			17.144.888.400	21.209.406.720

1914.

Résultats du premier semestre. — L'année 1914 s'annonçait sous d'heureux auspices, au point de vue commercial.

Au 25 juin 1914, l'encaisse métallique s'élevait à	4.614.000.000 fr.
Le portefeuille d'effets de commerce atteignait	1.611.207.000
Le portefeuille d'avances sur titres.	717.500.000
L'ensemble des disponibilités était donc de	6.942.700.000 fr.

Les engagements à vue se répartissaient comme suit :

Circulation des billets	5.852.300.000 fr.
Comptes courants créditeurs	1.016.700.000
Total	6.869.000.000 fr.

Cette situation correspondait à un ensemble d'opérations productives au montant de 19.192 millions, parmi lesquelles les escomptes figuraient pour 9.635 millions, dont 3.772 millions au siège central et 5.863 millions aux succursales, et les avances sur titres pour 3.035 millions, dont 515 millions au siège central et 2.520 millions aux succursales. Les virements, billets à ordre et chèques déplacés avaient donné lieu à un ensemble d'opérations s'élevant à 5.686 millions. Les produits généraux s'étaient élevés, en nombre rond, à 53 millions et demi, dont 36 millions pour les succursales et 17 millions et demi pour le siège central à Paris.

Ces résultats, parfaitement comparables aux résultats des semestres précédents, lesquels avaient été particulièrement brillants, faisaient augurer d'un très beau rendement pour l'ensemble de l'année 1914, lorsque tout à coup éclata la guerre.

Le second semestre. — A la mobilisation, des mesures d'ordre économique et social s'imposèrent au Gouvernement. Les chantiers, les ateliers et les usines ayant fermé et'les affaires, soit commerciales, soit de bourse, ayant été arrêtées, par un décret du 31 juillet 1914, complété par les dispositions d'un décret du 5 août suivant, les échéances commerciales furent prorogées de 30 jours. Cette prorogation fut suivie de mois en mois de prorogations nouvelles, qui ont créé la situation moratoire ou de suspension générale des payements, dont les effets se font encore ressentir.

En bourse, la baisse des cours provoqua une crise grave, qui conduisit à l'ajournement de la liquidation ; les guichets des banques furent assaillis par les déposants réclamant le remboursement de leurs dépôts à vue ; la monnaie métallique disparut ; les billets de banque furent présentés en remboursement à la Banque. Bref, la situation devint alarmante.

Par un décret du 1er août 1914, le Gouvernement rendit le moratorium des effets négociables applicable aux dépôts en banque.

La crise fut enfin conjurée par la loi du 5 août, qui, instituant le cours forcé du billet de banque et conservant ainsi intacte l'encaisse métallique de notre institut d'émission, constitua cette encaisse à l'état de trésor suprême de guerre.

Avances de la Banque à l'État. — Il convient de signaler ici que, par une mesure de précaution qu'on ne saurait trop approuver, le Gouvernement, au cours des événements de politique extérieure qui avaient fait craindre de périlleuses complications entre la France et l'Allemagne, en novembre 1911, avait signé avec la Banque de France une convention éventuelle, aux termes de laquelle, en cas de mobilisation générale, cet établissement s'engageait à mettre à la disposition de l'État, à titre d'avance, une somme de deux milliards neuf cents millions. Le taux d'intérêt de cette avance était fixé à 1 0/0. »

Cette convention, qui avait été tenue secrète, fut approuvée par la loi précitée du 5 août 1914. En contre-partie de cette avance nouvelle, cette loi éleva de 6 milliards 800 millions à 12 milliards le maximum de la circulation des billets de banque.

Ainsi étaient assurés tous les payements que comportait la mobilisation générale pour l'équipement, l'habillement et le ravitaillement des armées.

Mais bientôt, à la lumière des événements, le sentiment public ne se trompa point, et le Gouvernement moins que tout autre, sur la durée de la guerre. Cette durée, qu'on avait évaluée tout d'abord à trois mois, six mois au grand maximum, apparut comme devant être très longue. De nouvelles mesures de précaution s'imposèrent donc, auxquelles la Banque de France se prêta avec patriotisme.

Par une convention du 21 septembre 1914, elle mit à la disposition du Trésor une nouvelle avance de trois milliards 100 millions. Des dispositions du plus haut intérêt furent insérées dans cette convention.

L'État s'est engagé à rembourser, dans le plus court
« délai possible, les avances à lui faites par la Banque,
« soit au moyen des ressources ordinaires du budget, soit
« sur les premiers emprunts, soit sur les autres ressources
« extraordinaires dont il pourra disposer ».

La correspondance échangée entre la Banque et le Ministre des Finances de l'époque, l'honorable M. Ribot, éclaire d'un jour tout particulier les légitimes et très patriotiques préoccupations qui ont donné naissance à la disposition qui précède.

« Vous m'avez entretenu, Monsieur le Gouverneur,
« écrivait M. Ribot, le 18 septembre, de la préoccupation
« qu'avaient les Régents d'assurer, après la conclusion de

« la paix, le remboursement, aussi prompt que possible,
« des avances de l'État. Je suis tout à fait d'accord avec eux.
« Rien ne serait plus funeste que de céder à la tentation de
« différer ce remboursement, pour se dispenser de faire
« les emprunts nécessaires et profiter du taux réduit
« d'intérêts de la dette d'État envers la Banque. Le crédit
« de la Banque souffrirait gravement d'une politique aussi
« imprévoyante. Ce qui fait la force du crédit de la Banque
« et ce qui lui permet de fournir, en temps de guerre, à
« l'État les réserves dont il a besoin, c'est qu'en temps
« ordinaire la circulation des billets est entièrement garan-
« tie par l'encaisse métallique et par des effets de commerce.
« Le crédit de la Banque et celui de l'État ne doivent pas
« être confondus et lorsqu'une crise, comme celle d'aujour-
« d'hui, oblige l'État à recourir à la Banque, il ne peut le
« faire sans danger qu'à la condition de rentrer le plus
« possible dans l'ordre habituel...

« Je n'ai pas d'objection à ce que, conformément à la
« demande du conseil de régence, l'intérêt à payer sur les
« avances de la Banque soit, après le délai d'une année à
« partir de la cessation des hostilités, élevé de 1 à 3 0/0, à
« condition toutefois que ce supplément d'intérêt ne soit
« pas destiné à augmenter les bénéfices des actionnaires,
« mais soit entièrement affecté à un fonds de réserve, pour
« couvrir les pertes que la Banque doit prévoir sur le
« montant de son portefeuille...

« ... Si le fonds de réserve dont il s'agit laissait un
« reliquat, celui-ci viendrait en atténuation du montant des
« avances faites par l'État... »

La politique financière exposée dans cette lettre, inspirée par les sentiments les plus élevés, est celle que n'a cessé de conseiller la Commission des finances, qui dès 1915, sollicitait M. le Ministre des Finances de procéder par des emprunts de consolidation à des atténuations du compte des avances de l'État. Peut-être ses conseils auraient-ils mérité d'être mieux écoutés. Quoi qu'il en soit, le caractère temporaire des avances est admirablement défini dans la lettre de M. Ribot, comme aussi a été parfaitement indiquée l'affectation à un fonds de réserve et d'amortissement de l'intérêt supplémentaire de 2 0/0 stipulé à partir de l'année qui suivra la cessation des hostilités.

Nous aurons à revenir dans la deuxième partie de notre rapport sur la constitution de ce fonds de réserve et les affectations nouvelles qu'il a reçues de par la nouvelle convention soumise à notre approbation.

Concours prêté par la Banque de France aux banques et au commerce. — Ayant pourvu, comme on le voit, aux nécessités gouvernementales, la Banque de France n'abandonna point le commerce et la finance, dont les besoins au lendemain de la mobilisation étaient considérables et pressants.

Comme nous l'avons rappelé, durant la semaine qui avait précédé la mobilisation générale, les banques de dépôts avaient été assaillies de demandes de retraits de la part de leurs clients, désireux de s'assurer des disponibilités immédiates. Elles eurent recours à la Banque de France, qui accueillit largement leur présentation à l'escompte. Il en résulta une augmentation rapide du portefeuille commercial.

Le samedi 25 juillet, le portefeuille s'élevait à 1 milliard 554 millions ; les nouveaux escomptes le portèrent successivement :

Le 27 juillet à 1.583 millions.
28 — à 1.682 —
29 — à 1.937 —
30 — à 2.444 —
31 — à 2.890 —
1er août à 3.041 —
3 — à 3.430 —

En une semaine, la Banque de France avait donc

escompté près de deux milliards d'effets, fournissant ainsi aux établissements de dépôts les moyens de rembourser à guichets ouverts, jusqu'au moment où le décret du 1er août eut limité le montant des sommes dont le retrait pouvait être exigé.

Mais là ne s'arrêta point son concours au commerce et aux banques. Les besoins n'ayant pu être tous satisfaits, la Banque consentit à accepter à l'escompte des effets souscrits antérieurement au 1er août, bien cependant qu'ils fussent atteints par la prorogation des échéances décrétée le 31 juillet. Ainsi, elle a pu, tout à la fois, venir en aide aux commerçants, dont la mobilisation avait arrêté les affaires, aux banques de dépôts, qui purent effectuer les remboursements dans les limites prévues par les décrets successifs qui avaient élargi le moratorium, et favoriser l'activité de tous les industriels et commerçants sollicités par les entreprises intéressant la défense nationale et le ravitaillement du pays.

Par suite de ces escomptes, le portefeuille de la Banque de France ne cessa de s'accroître durant les deux mois qui suivirent la déclaration de guerre. Le 13 août, il avait encore augmenté de 600 millions et il atteignait 4.476 millions le 1er octobre. A cette date, la Banque de France avait escompté, depuis le début de la crise, plus de 3 milliards d'effets de commerce.

L'ajournement de la liquidation du 31 juillet 1914 à la Bourse de Paris avait entraîné l'immobilisation des fonds employés en reports et dont plus de la moitié appartenaient à des industriels, commerçants ou banquiers. Il y avait intérêt pour l'activité économique du pays et pour le placement des valeurs de la Défense nationale, comme pour l'avenir du marché financier, à dégager au moins une partie de ces fonds, en attendant que la question de la liquidation pût être réglée dans son ensemble.

La Banque, par deux fois, vint en aide à la Compagnie des agents de change pour dégager cette situation, qui menaçait d'être périlleuse. A la vérité, sauf pour une somme relativement importante (16 millions), le concours de la Banque fut plutôt moral qu'effectif.

En fait, les conventions passées entre la Banque de France et la Compagnie des agents de change, en vue de fournir à cette dernière l'appoint nécessaire pour effectuer la liquidation, n'a pas eu à jouer pratiquement. Il a suffi que les reporteurs aient eu l'assurance que la Chambre syndicale trouverait à la Banque, s'il était besoin, les sommes nécessaires à la mobilisation de leurs créances pour qu'ils consentissent à ajourner leurs demandes de remboursement. La plupart préférèrent laisser leurs fonds à la disposition du marché, afin de profiter du taux élevé qui leur était offert. Le fait méritait d'être signalé, car il est le témoignage éclatant de l'autorité morale qu'exerce la Banque de France et du crédit dont elle jouit dans le monde des affaires et de la finance.

Ajoutons que le taux des reports ne manqua pas d'attirer beaucoup d'autres capitaux disponibles, ce qui a permis aux agents de change de faire la liquidation des opérations en suspens depuis le mois d'août 1914, sans avoir à user de la faculté que leur avait accordée la Banque.

D'autres opérations non moins difficiles et délicates et touchant cette fois au crédit public provoquèrent l'intervention de la Banque.

Concours prêté par la Banque pour la libération de l'emprunt 3 1/2 0/0. — Au moment où la guerre a éclaté, l'emprunt 3 1/2 0/0 amortissable, émis le 7 juillet 1914, était loin d'être classé. Une grande partie des souscripteurs n'avait souscrit que pour revendre aussitôt ; les ventes à terme ainsi faites portaient sur la moitié environ de l'emprunt. L'existence de ce flottant avait grandement contribué à rendre nécessaire l'ajournement de la liquidation du 31 juillet, en raison de l'énormité des différences à payer résultant de la baisse des cours.

D'un autre côté, l'emprunt 3 1/2 0/0 n'était que partiellement libéré. Les versements s'échelonnaient, en effet, comme suit : 10 francs à la souscription, 21 francs à la répartition, 30 francs le 16 septembre et 30 francs le 16 novembre. Au 1ᵉʳ septembre, malgré 113 millions de versements anticipés, le Trésor n'avait encore encaissé que 387 millions. Il restait donc à faire rentrer 418 millions.

Du fait de l'ajournement de la liquidation du 31 juillet, ni les vendeurs, ni les acheteurs à terme n'étaient en mesure d'effectuer les versements de libération dont ils se rejetaient d'ailleurs réciproquement la responsabilité. Quant aux souscripteurs qui avaient mis la nouvelle rente en portefeuille, beaucoup d'entre eux se trouvaient, par suite des divers moratoria et de l'immobilisation des sommes placées en report, privés des ressources sur lesquelles ils comptaient pour effectuer la libération de leurs titres.

Il importait donc, d'une part, de stimuler, en la facilitant, la libération du 3 1/2 0/0, afin d'assurer au Trésor des rentrées prochaines ; d'autre part, de préparer la liquidation d'un emprunt dont le titre constituait un obstacle à la reprise des transactions normales à la Bourse.

C'est dans ce double but qu'un décret du 11 septembre 1914 décida d'admettre les certificats de rente 3 1/2 0/0 amortissable au prix d'émission de 91 francs, pour la libération des souscriptions de rente ou d'obligations à court terme, qui seraient émises par le Trésor avant le 1ᵉʳ janvier 1917. Toutefois, cette faculté était subordonnée à la condition que les versements sur certificats seraient effectués aux époques prévues par les arrêtés ministériels. En même temps, un arrêté du Ministre des Finances autorisait les souscripteurs à échelonner les deux derniers versements sur quatre termes, allant jusqu'au 31 décembre 1914.

La possibilité de convertir la rente 3 1/2 0/0 en titres des futurs emprunts devait influer favorablement sur les cours et par suite faciliter aux porteurs la négociation de leurs certificats après libération. Mais beaucoup restaient dans l'impossibilité de se procurer les ressources nécessaires à cette libération. Quant aux vendeurs à terme, tenus de conserver leurs titres jusqu'à la liquidation, ils ne pouvaient songer à les réaliser. Aussi, les versements ne se faisaient-ils que lentement. Au 30 novembre 1914, il restait encore à rentrer 290 millions.

Pour remédier à cet état de choses, à la demande du Ministre des Finances, la Banque de France, pour prêter son concours aux souscripteurs qui seraient désireux de se libérer, décida de se charger, contre remise des certificats en nantissement, d'opérer les versements demeurant à effectuer sur les titres de rentes 3 1/2 0/0 amortissables. Les sommes avancées par la Banque ont atteint 141.032.543 francs, s'appliquant à la libération de 6.397.757 francs de rente.

L'opération s'est continuée, en 1915, dans des conditions honorables pour la Banque et très avantageuses pour les porteurs de 3 1/2 0/0 et aussi pour le Trésor.

Escompte des effets de commerce. — Mais ce n'est pas tout.

L'on a parfois reproché à la Banque d'avoir réduit systématiquement dès le début de la guerre les opérations ordinaires et de n'avoir pas suffisamment ouvert ses guichets à l'escompte du papier commercial, ce qui aurait contribué à arrêter toutes les affaires commerciales à terme et à établir un régime du comptant qui cause certaine gêne chez les industriels et les commerçants intermédiaires.

La vérité est tout autre. Il était fatal qu'au début de la guerre le moratorium général arrêtât les affaires à terme et que les industriels et les commerçants n'acceptassent plus de ventes qu'au comptant. Mais loin d'avoir favorisé ce mouvement, la Banque, par avance même, avait pris une attitude qui aurait dû entraîner ses correspondants dans une autre voie.

Les instructions que le Gouverneur de la Banque avait envoyées, dès avant la mobilisation, à ses directeurs des départements témoignent hautement de la volonté de notre institut national de continuer à prêter son concours au commerce pendant la guerre.

Sans doute recommanda-t-elle la prudence qui s'imposait impérieusement dans de telles circonstances ; mais elle ne peut encourir de ce fait aucun reproche.

« Quelles que soient les circonstances, écrivait le Gou-
« verneur à ses directeurs, la Banque doit continuer à
« donner, sous forme d'escompte, son concours aux entre-
« prises industrielles et commerciales que la mobilisation
« laisse en état de fonctionner, mais ce concours doit être
« justifié, dans chaque espèce, non par des considérations
« d'ordre privé, mais par le seul intérêt général.

« Il doit, par suite, être réservé, en premier lieu, sinon
« exclusivement, aux entreprises d'intérêt vraiment public,
« telles que celles qui se rattachent à la défense nationale
« ou au ravitaillement des populations.

« Votre devoir est donc de vous renseigner, par tous les
« moyens, sur la destination des fonds qui vous seront de-
« mandés par la voie de l'escompte et de repousser notam-
« ment toute présentation d'effets destinés à favoriser direc-
« tement ou indirectement la spéculation ou la thésaurisa-
« tion individuelle.

« Il est essentiel et juste qu'à partir de l'heure présente,
« chacun conserve ses risques, sans chercher à s'en déchar-
« ger sur la Banque de France par une réalisation immé-
« diate en argent. »

Le 24 novembre 1914, par une lettre circulaire aux directeurs des agences, publiée au *Journal officiel* du lendemain, le Gouverneur s'expliquait catégoriquement sur le concours que la Banque devait continuer à prêter au commerce.

« Je crois utile, écrivait l'honorable M. Pallain à ses
« agents, maintenant que la crise de thésaurisation qui a
« marqué le début des événements paraît heureusement

« s'atténuer, d'appeler toute votre attention sur la tâche non
« moins importante qui vous incombe de seconder tous les
« efforts pour assurer le maintien et le développement de
« l'activité économique. . . . .

« ... Le papier commercial souscrit depuis le 4 août,
« non soumis aux prorogations d'échéances, est un papier
« normal, payable dans les conditions ordinaires, qu'il con-
« vient de traiter comme tel et d'accueillir, en tenant compte
« seulement des réserves générales. Beaucoup d'opérations
« commerciales se traitent actuellement au comptant et se
« trouvent par là étroitement limitées. Leur extension sera
« très certainement favorisée par le développement pro-
« gressif d'escomptes nouveaux, qu'il vous appartient de
« proportionner aux opérations de commerce réelles et aux
« garanties des signatures engagées. Vous pourrez doréna-
« vant, pour ce papier, ne plus réclamer l'acceptation préa-
« lable, la domiciliation en banque et la dispense de pré-
« sentation et de protêt prévues par notre circulaire 895. »

La citation ci-dessus nous a paru utile ; elle répond vic-
torieusement aux insinuations dont la Banque a pu être
l'objet de la part de ceux qui ont cherché des prétextes et
invoqué des motifs spécieux pour légitimer l'institution et
le maintien du régime du comptant et abriter leur responsabilité.

Finalement, les opérations productives du deuxième semestre de 1914, grâce à l'escompte tout à fait exceptionnel
des mois d'août et de septembre, ont été très élevées. Elles
ont atteint 17.105 millions, inférieures seulement de 2.087
millions à celles du premier semestre.

L'escompte a été de 9.167 millions, dont 5.647 millions
à Paris — naturellement favorisé par les opérations d'août
et septembre — et 3.520 millions pour les départements.
Les avances sur titres se sont élevées à 1.682 millions.

Autres opérations. — Les virements, billets à ordre
et chèques déplacés ont donné lieu à un ensemble d'opérations atteignant 5.814 millions.

Résultats de 1914. — L'encaisse métallique, protégée par le cours forcé, était, à la date du 24 décembre 1914, de 4.514.400.000 francs; dont 4.158.500.000 francs en or. L'augmentation sur 1913 est de 356.900.000 francs pour l'ensemble de l'encaisse et de 641.100.000 francs pour l'or.

Cette augmentation, d'après le compte rendu présenté le 28 janvier 1915 à l'assemblée des actionnaires, est due à la situation « des changes constamment favorables et à une « politique de prévoyance monétaire qui trouve, dans les « circonstances actuelles, une nouvelle et décisive justifi- « cation ».

La situation du portefeuille commercial est divisée, au bilan du 24 décembre, en deux compartiments distincts :

Le portefeuille non échu s'élève à.................	258.305.468 fr. 60
Le portefeuille des effets prorogés à..............	3.477.683.317 69
Ensemble.....	3.735.988.786 fr. 29
Quant au portefeuille d'avances sur titres, il atteint.........	745.378.220 fr. 85
La circulation s'élève à......	10.042.899.720 fr.
Les avances à l'État se montent à.	3.900.000.000 fr.

Nous n'avons pas à établir, comme pour le temps normal, les rapports des disponibilités avec les engagements à vue. Le cours forcé des billets enlève tout intérêt à de pareils rapprochements. Il suffit, pour que la situation de la Banque soit solidement établie, que la somme des engagements figurant au passif soit équilibrée par l'ensemble des éléments de l'actif.

Le mouvement des opérations effectuées gratuitement par la Banque a été énorme en 1914.

Les mouvements de caisse opérés pour le compte du

Trésor se sont élevés à 31 milliards 90 millions, contre 14 milliards en 1913. Dans ce chiffre sont compris les encaissements d'effets ou de mandats du Trésor pour 252 millions et l'émission des bons de la Défense nationale pour 273 millions.

Quant aux opérations de virement, elles n'ont pas été inférieures à 329 milliards 990 millions.

Ce sont là des détails d'autant plus intéressants qu'il ne faut pas oublier qu'en 1914 la Banque avait dû évacuer un grand nombre de comptoirs devant l'envahissement progressif du territoire (1).

Finalement les résultats ont été plus que satisfaisants pour la première année de la guerre.

Les bénéfices à distribuer aux actionnaires se sont élevés à 34.675.000 francs, contre 36.500.000 francs en 1913. Le dividende, abaissé de 200 francs à 190 francs, est néanmoins un des plus forts qui aient été distribués depuis 1897.

1915.

Avec l'année 1915 s'ouvre pour le commerce et l'industrie une reprise sensible des affaires. Nos armées ont définitivement arrêté l'envahisseur; la victoire de la Marne en refoulant les Allemands a permis à chacun de se ressaisir dans sa sphère. La confiance naît et se répand partout. Le Gouvernement est revenu à son siège dans la capitale. Les transports de voyageurs et de marchandises sont réorganisés dans des conditions se rapprochant de celles du temps normal. L'industrie nationale est vivifiée par l'appel qui lui est fait pour les besoins de nos armées. L'agriculture, elle-même, supplée à la main-d'œuvre que lui a

---

(1) Amiens, Armentières, Arras, Béthune, Briey, Cambrai, Le Cateau, Caudry, Châlons-sur-Marne, Compiègne, Douai, Épernay, Fourmies, Hazebrouck, Laon, Lens, Lille, Lunéville, Maubeuge, Meaux, Mézières, Péronne, Roubaix, Saint-Quentin, Sedan, Senlis, Soissons, Solesmes, Tourcoing, Valenciennes.

enlevée la mobilisation générale par l'activité prodigieuse des vieillards, des femmes et des enfants, grâce à laquelle les terres, partout mises en travail, ont pu donner des récoltes comparables à la moyenne.

Opérations productives de la Banque. — Sous cette impulsion générale, les affaires se développent peu à peu. Sans approcher du chiffre de 1914, la masse des opérations productives de la Banque s'élève à 20 milliards 29 millions.

Les affaires commerciales proprement dites tombent à un chiffre assez bas. Le commerce vit au jour le jour sous le régime du comptant ; l'incertitude de la durée de la guerre écarte les ventes à terme. C'est ainsi que l'escompte des effets de commerce ne s'élève qu'à 2.823.800.000 francs. Le chiffre des avances, quoique en diminution sur 1913 et 1914, subit une dépression moindre, ce genre d'opérations étant particulièrement activé par les achats au comptant.

L'escompte est resté au taux invariable de 5 0/0. La Banque a eu raison de le maintenir à ce taux modéré.

Le portefeuille commercial se ressent de cet état de choses. Il n'est que de 394.800.000 francs au 24 décembre 1915 ; mais le portefeuille d'effets prorogés s'améliore dans des proportions qui tout à la fois dénotent le relèvement des affaires et la grande probité du monde commercial.

Portefeuille moratorié. — On a vu, dans notre compte rendu de l'année 1914, que le montant des effets moratoriés avait atteint à la Banque de France 4.476 millions, le 1er octobre 1914, pour descendre à 3.477.683.300 fr. au 24 décembre 1914. Au 24 décembre 1915, il était tombé à 1.838.376.500 francs, en diminution de 1.639.306.800 fr. sur le chiffre de l'année précédente et de 2.637.623.500 fr., par rapport au maximum de 4.476 millions.

Comme l'a constaté l'honorable Gouverneur de la Banque dans son compte rendu à l'assemblée générale des actionnaires du 27 janvier 1916, « le commerce français, qui,

« fidèle à d'anciennes et fortes traditions, a toujours pro-
« fessé le respect de l'échéance, a montré un réel désir de
« se libérer, dans la plus large mesure, sans se prévaloir des
« délais facultatifs que lui laissent encore les décrets. Il
« n'ignore pas que la difficulté de traiter les affaires autre-
« ment qu'au comptant est un des obstacles auxquels se
« heurte une reprise plus complète de la vie économi-
« que et que le rétablissement des modes de règlement
« normaux dépend en grande partie de la liquidation des
« dettes antérieures ».

A l'appui de la juste thèse qui précède, on verra, dans le compte rendu de l'année 1916 qui va suivre, quels furent, à cet égard, les bons résultats de la libération progressive du moratorium commercial. Il faut reconnaître que l'intérêt à 5 0/0 mis à la charge des débiteurs par le décret du 29 août 1915, ainsi que le décret du 23 décembre 1815 qui a admis le fractionnement des payements, ont été des stimulants heureux. Néanmoins, l'empressement des commerçants à se libérer est à leur honneur, et il méritait d'être mis en lumière. C'est un devoir dont nous nous acquittons envers eux.

Encaisse métallique. — La progression de l'encaisse métallique fut merveilleuse. Au 24 décembre 1914, l'encaisse était de 4.514.400.000 francs, dont 4.158.500.000 francs en or. Au 24 décembre 1915, elle s'élève à 5.431.400.000 francs, en augmentation de 917 millions. L'encaisse or passe de 4.158.500.000 francs à 5.079.700.000 francs, en augmentation de 921.200.000 francs.

Mais cette augmentation représente seulement l'excédent des entrées sur les sorties. Le total des entrées d'or a été beaucoup plus considérable : il a atteint 1.487.200.000 francs; celui des sorties s'est élevé à la somme de 566 millions, dont la contre-partie s'est retrouvée parmi les disponibilités et avoir à l'étranger, qui figuraient au bilan de la fin de l'année pour 988 millions de francs.

La presque totalité de cet or a été apportée volontairement, sans aucune contrainte, ni pression, par le pays lui-même, au premier appel que le Ministre des Finances lui a adressé le 2 juillet 1915. On peut même dire que c'est à l'envi et avec un véritable enthousiasme patriotique que les détenteurs d'or sont venus aux guichets de la Banque ou des comptables du Trésor demander à échanger leur or contre des billets de banque ou contre des bons de la Défense nationale. Il avait suffi, pour provoquer ce mouvement, de signaler à la population « que l'or, stérile aux mains « des particuliers, est indispensable pour la défense natio- « nale, qu'il facilite les règlements à l'étranger et que, par « sa présence seule dans les caisses de la Banque, il témoigne « de la richesse de la France et consolide son crédit (1) ».

Il n'est que juste de rappeler qu'une propagande active, généreuse et bénévole a secondé dans tout le pays l'appel de M. le Ministre des Finances. Les Chambres de commerce s'y sont puissamment employées et, sous leurs auspices, dans plusieurs régions, des Comités de l'or ont répandu partout la bonne parole et semé une confiance qui a produit la belle récolte d'or que nous avons indiquée plus haut.

Avances à l'État. — Le chiffre des avances temporaires à l'État passe de 3.900 millions à 5 milliards. D'autre part, un nouveau poste est créé au bilan sous la rubrique : *Bons du Trésor français escomptés pour avances de l'Etat à des Gouvernements à l'étranger.*

On connaît la nature d'opérations que concerne ce compte. Afin de faciliter à nos alliés les payements qu'ils avaient à effectuer en France pour les besoins de leurs armées, le Gouvernement, par application de la loi du 1er avril 1915, leur a fait l'avance de bons du Trésor, qu'ils escomptaient ensuite à la Banque de France au taux officiel de l'escompte. Le montant des bons du Trésor ainsi escomptés par la Banque a atteint 630 millions en 1915.

---

(1) Compte rendu du Gouverneur à l'assemblée des actionnaires de la Banque de France du 29 janvier 1916.

Circulation des billets. — La circulation des billets de banque s'élevait à 13.200 millions au 24 décembre 1915 ; la limite d'émission avait été portée à 15 milliards par un décret en Conseil d'Etat du 15 mai 1915.

Opérations de change. — Dès le mois d'octobre 1914, la Banque s'était attachée à rétablir et à étendre le commerce international, en acceptant largement à l'escompte le papier sur les pays alliés ou neutres. Elle avait pu ainsi constituer une importante provision de change, en vue des besoins de sa clientèle.

Mais, au mois de mars 1915, afin d'essayer d'obvier à la tendance générale de la hausse du change qui s'était manifestée, la Banque étendit ses opérations à la vente directe du change sur le marché.

Le montant du change, qu'elle a mis à la disposition du commerce en 1915, a atteint 800 millions (1). Elle a pu ainsi régulariser, dans une certaine mesure, les mouvements du marché ; mais ce ne fut là qu'un léger palliatif. Aussi fut-elle conduite à prêter des concours particuliers. C'est ainsi qu'elle cautionna un crédit d'acceptation de 5 millions de livres à Londres et de 20 millions de dollars à New-York.

C'est ainsi encore que, pour faire face aux besoins financiers du Gouvernement en Angleterre, elle avait concouru à l'exécution de la convention du 30 avril 1915, en remettant à la Banque d'Angleterre 20 millions de souverains, en contre-partie desquels le Trésor français avait reçu à Londres un crédit de 62 millions de livres sterling. Cet envoi servit à compenser les sorties d'or résultant, pour l'Angleterre, de l'affectation partielle de ce crédit au

---

(1) Dans cette somme n'est pas comprise une avance de 500 millions consentie à la Banque d'État de Russie, sous la garantie du Gouvernement russe. Cette opération a été l'objet d'un vif débat à la Chambre des Députés. Nous en avons fait l'étude attentive, à l'occasion de l'article 3 de la convention du 26 octobre 1917, où elle est particulièrement visée. Nous renvoyons donc les éclaircissements que cette affaire comporte à l'examen de ladite convention.

payement d'achats effectués par le Gouvernement français en Amérique.

Opérations gratuites en dehors des opérations de change. — Pour le compte du Trésor, les opérations gratuites sont de deux natures :

En premier lieu, les opérations de versement et de prélèvement par les comptables du Trésor se sont élevées à 85 milliards et demi, au lieu de 31 milliards en 1914. Dans ce chiffre les encaissements d'effets et de mandats du Trésor entrent pour 225 millions.

En second lieu, en exécution de l'article 9 de la loi du 17 novembre 1897, la Banque a prêté son concours gratuit à l'emprunt 5 0/0 de la Défense nationale. Sa participation à la souscription générale fut très fructueuse, grâce à l'influence légitime qu'elle a acquise sur toutes les places ; elle ne fut pas inférieure au cinquième du total de l'emprunt.

Elle a également concouru, toujours gratuitement, au placement des obligations et des bons de la Défense nationale. Le montant des obligations souscrites par son intermédiaire a atteint 560 millions. Quant aux bons, elle en a placé pour 1.628 millions et demi.

Les opérations de virements se sont élevées à 142 milliards 513 millions.

Redevances versées à l'État. — En exécution de la loi du 29 décembre 1911, le quantum de la redevance sur la circulation productive a été du sixième du taux de l'escompte; cette redevance s'est élevée à 10.125.137 fr. 90. Si l'on ajoute à cette somme le montant de la redevance due sur l'intérêt des avances consenties à l'État, soit 7 millions 160.478 fr. 55, on voit que l'État a retiré en 1915 un profit direct de 17.285.616 fr. 45 du privilège d'émission de la Banque.

Produits bruts et produits nets. — Dividende.
— Les produits bruts commerciaux nouveaux et exceptionnels de l'année 1915 se sont élevés à . 174.816.127 fr. 77
d'où il y a lieu de déduire les dépenses d'administration, dont certaines sont exceptionnelles. 78.269.880   99

ce qui a laissé un produit net commercial de . . . .   96.546.246 fr. 78
mais on y a ajouté le réescompte du 2ᵉ semestre de 1914 . . . .   2.104.859   65
et le report des bénéfices non partagés de ce 2ᵉ semestre. 3.936.156   52

Total des produits. . .   102.587.262 fr. 95

Sur ce bénéfice, l'administration de la Banque a opéré divers prélèvements :

1° Tout d'abord la somme des impôts généraux et spéciaux et de la redevance à l'État. . . . .   23.009.648 fr. 66

2° Une provision ou réserve spéciale destinée à couvrir les pertes aléatoires sur les effets en souffrance . . . .   14.000.000   »

3° Une provision spéciale pour travaux à exécuter à Paris ou dans les succursales. . . . .   10.000.000   »

4° Une provision pour dépenses exceptionnelles d'administration . . . .   5.000.000   »

5° Une provision pour amortissement des succursales . . . .   10.000.000   »

6° Un versement à la réserve pour la caisse de réserve des employés . . .   4.000.000   »

A reporter. . . . .   66.009.648 fr. 66

	Report. . . .	66.009.648 fr. 66
7° Un versement à la réserve pour la caisse de retraite des dames employées.		1.500.000 »
8° Un versement au fonds de prévoyance en faveur des auxiliaires aux recettes		1.000.000 »
9° Une allocation de fin d'année au personnel et à ses œuvres mutuelles . .		1.800.000 »
10° Le réescompte du deuxième semestre de 1915		7.413.963 »
11° Le report à l'exercice 1916 du solde des bénéfices du deuxième semestre de 1915.		1.537.860 44
	Soit au total.	79.261.472 fr. 10
Il est resté un solde net de		23.325.790 fr. 85
à quoi sont venus s'ajouter les revenus divers propres au portefeuille de la Banque		13.174.209 15
Les bénéfices partageables se sont ainsi élevés à		36.500.000 fr. »

Nous avons cru devoir énumérer ici les sommes prélevées sur les bénéfices au titre des réserves, de l'amortissement ou des provisions diverses, afin que le Sénat soit initié, d'ores et déjà, à la discussion qui viendra dans la 2ᵉ partie de notre rapport au sujet de l'évaluation des bénéfices de guerre et de la contribution de la Banque de France sur ces bénéfices.

Quoi qu'il en soit, les actionnaires ont vu, après les larges prélèvements ci-dessus, s'augmenter leur dividende dans des proportions plus que satisfaisantes.

Ce dividende a été de 208 fr. 33, soit 200 **francs nets** d'impôts (1). Le cours moyen des actions a été de 4,582 **francs**.

1916.

L'année 1916 fut marquée par la continuation du relèvement des affaires déjà constaté en 1915.

L'agriculture est encore en progrès. « Si, pour 1916, « la récolte du blé est légèrement inférieure à celle de l'année « 1915, déjà réduite par l'absence du contingent des régions « envahies, de notables progrès sont constatés en ce qui « concerne les autres céréales. La production du vin a « presque doublé et se rapproche sensiblement de la nor- « male.

« Dans l'industrie minière, la demande croissante de « charbon et d'acier a conduit non seulement à intensifier « l'exploitation des mines existantes, mais encore à recher- « cher les moyens de mettre en valeur de nouveaux gise- « ments, notamment dans les régions de l'Ouest, si riches en « minerai de fer.

« En Savoie, en Dauphiné, dans les Pyrénées et le « plateau central, de nombreuses usines s'édifient en vue « de l'utilisation de la force hydraulique dans la métallur- « gie et la fabrication des produits chimiques. L'exécution « des commandes de l'armée fournit à ces deux catégories « d'entreprises l'occasion d'une exploitation rémunératrice ; « elle entraîne en même temps un développement consi- « dérable de leur capacité de production, qui trouvera son « emploi dans la période de renaissance économique.

---

(1) Les bénéfices commerciaux de la Banque ont été répartis comme suit:

A l'État..	22 0/0
Aux comptes provisionnels...............................	38 0/0
Aux caisses de retraites et fonds de prévoyance des employés.....	6 0/0
Au personnel et à ses œuvres mutuelles..................	2 0/0
Aux actionnaires..	23 0/0
Attributions d'ordre....................................	9 0/0

« Cet ensemble de progrès se manifeste dans l'accrois-
« sement continu des recettes commerciales brutes des
« réseaux de chemins de fer et dans la reprise des transac-
« tions basées sur le crédit. C'est ainsi que le droit de timbre
« sur les effets de commerce a produit, durant l'année 1916,
« une somme supérieure d'environ 80 0/0 au rendement du
« même impôt pendant l'année 1915. L'impression qui se
« dégage de ces chiffres est confirmée par le développement
« des présentations à l'escompte. Notre portefeuille d'effets
« non échus, qui, à la fin de 1915, s'élevait à 394 millions,
« atteignait, à la fin de l'année 1916, 594 millions ; d'une
« année à l'autre, sa moyenne a passé de 264 à 447 millions.

« L'accroissement des opérations régulières d'escompte
« s'est accompagné d'une nouvelle diminution de près d'un
« demi-milliard du portefeuille d'effets moratoriés. C'est là
« un indice de plus du rétablissement de la circulation des
« capitaux (1). »

Opérations productives. — Les opérations de la Banque se sont naturellement ressenties de l'essor général des affaires. Nous venons de voir ci-dessus que le portefeuille d'escomptes s'était élevé à la fin de 1916 à 594 millions. Si l'on consulte les états communiqués par la Banque, le montant des escomptes se serait élevé à 6.548 millions ; mais dans ce chiffre est compris l'escompte des bons de la Défense nationale. Quoi qu'il en soit, le relèvement est très important.

L'escompte a été maintenu au taux de 5 0/0. Il est à craindre que le commerce n'ait pas bénéficié comme il y aurait eu droit de la modération de ce taux. Peut-être est-ce aussi aux difficultés qu'il a rencontrées pour jouir de cet avantage qu'est due en partie la persistance du régime des ventes au comptant. Nous croyons en trouver un indice dans la progression du montant des effets au comptant donnés à

---

(1) Compte rendu des opérations de 1916. — Assemblée générale des actionnaires du 25 janvier 1917.

la Banque pour l'encaissement, qui, de 806 millions et demi en 1915, a passé à 1.977 millions en 1916.

Comptes courants. — Les comptes courants et comptes de dépôts de fonds, dont le solde était de 2 milliards 190.747.000 francs au 23 décembre 1916, ont donné lieu à un ensemble d'opérations (versements et prélèvements) au montant de 259 milliards et demi, dépassant de 108 milliards et demi le chiffre de 1915.

Ces résultats témoignent des réserves précieuses possédées par le commerce, qui marque sa confiance dans la Banque en lui laissant en dépôt sans intérêt des sommes importantes. On peut toutefois regretter que de pareils capitaux restent improductifs.

Portefeuille moratorié. — Le portefeuille des effets prorogés s'est encore très sensiblement allégé. De 1 milliard 838.376.500 francs le 24 décembre 1915, il est descendu à 1.340.839.450 francs le 23 décembre 1916, soit une diminution de près de 500 millions. Si l'on considère que, parmi les débiteurs dont les effets restent en portefeuille, un grand nombre sont mobilisés ou domiciliés dans les départements encore occupés par l'ennemi, l'on doit reconnaître un progrès sensible dans la voie de la liquidation de ce portefeuille.

Encaisse. — L'encaisse se maintient, sauf une légère diminution, au même niveau qu'en 1915 : 5.379.000.000 fr. le 23 décembre 1916, au lieu de 5.431.400.000 francs le 24 décembre 1915. Mais l'encaisse d'or ne diminue point ; elle s'élève au contraire à 5.082.300.000 francs, en augmentation de 2.600.000 francs sur l'année précédente.

Opérations de change. — En raison de l'élan vraiment remarquable du public à apporter son or à la Banque, l'augmentation de l'encaisse or eût été très supérieure au chiffre que nous venons d'accuser, si la Banque n'avait dû faire de nouveaux envois à l'étranger. Elle a été, en effet, conduite de nouveau à opérer des ventes d'or, en vue de céder du change à sa clientèle, et elle a continué son concours à l'État au moyen de prêts d'or en nantissement de crédits ouverts par le Trésor d'Angleterre au Trésor français.

Ces prêts d'or, que les bénéficiaires se sont engagés à nous restituer dans la période qui suivra la fin des hostilités, figurent dans les écritures de la Banque concurremment avec les dépôts libres que la Banque possède notamment en Russie et aux États-Unis.

Nous signalons qu'en 1916 la Banque a donné son concours pour des opérations de prêts de titres de pays neutres à l'État et pour la négociation sur le marché de Londres des valeurs appartenant à nos nationaux. Les titres de pays neutres qu'elle a réunis en vue de leur prêt à l'État représentent une valeur nominale de 587 millions. Les ordres de vente de titres qu'elle a reçus correspondent à une valeur d'environ 125 millions.

Circulation des billets. — La moyenne de la circulation des billets a été de 15.552 millions. Le 23 décembre 1916, elle avait atteint le chiffre de 16.580 millions. Le maximum de l'émission avait été porté à 18 milliards par le décret du 15 mars 1916.

Avances à l'État. — Les avances temporaires à l'État, en exécution des conventions de 1911, 1914 et 1915, qui étaient de 5 milliards à la fin de 1915, s'étaient élevées, au cours de l'exercice 1916, à 8 milliards 600 millions; elles furent ramenées à 7 milliards 400 millions au 23 décembre 1916, grâce aux remboursements que le Trésor put opérer au moyen des fonds du second emprunt 5 0/0.

Le montant des bons du Trésor escomptés pour avances de l'État à des Gouvernements étrangers s'est augmenté de 470 millions au cours de 1916.

Opérations gratuites en dehors des opérations de change. — Les mouvements de caisse pour le compte du Trésor ont atteint 124.188 millions. Dans ce chiffre les encaissements d'effets et de mandats du Trésor entrent pour 462 millions.

Comme pour le précédent emprunt, les guichets de la Banque furent ouverts à la souscription de l'emprunt du 5 octobre 1916. Le capital nominal des souscriptions recueillies par la Banque fut de près de 4 milliards, somme représentant plus du tiers du produit total de l'emprunt et supérieure de presque 1 milliard au chiffre des souscriptions recueillies par la Banque en 1915.

Le placement par la Banque de bons de la Défense nationale a continué, en 1916, à donner des résultats très satisfaisants. La souscription de ces bons aux guichets de notre institut d'émission, qui avait fourni 1.628 millions et demi en 1915, a produit 3.575 millions en 1916. La souscription des obligations de la Défense nationale à ces mêmes guichets s'est élevée à 129 millions et demi.

Les virements ont atteint 280.893.688.000 francs, dont 17.148.588.000 francs correspondant à des virements et chèques déplacés. Ils ne s'étaient élevés qu'à 142.513.000.000 francs en 1915. Cette progression témoigne des résultats heureux des efforts de la Banque pour amener les règlements commerciaux au régime de la compensation par virements d'écritures et réduire au minimum l'emploi dans ces règlements de la monnaie, aussi bien de la monnaie fiduciaire que de la monnaie métallique.

Redevances à l'État. — La somme des redevances payées à l'État s'est élevée à 32.636.815 fr. 09, savoir :

Redevance sur la circulation productive.	23.663.217 fr. 73
Redevance sur les avances consenties à l'État..................	8.973.597 36
Total égal......	32.636.815 fr. 09

***Produits bruts et produits nets.* — *Dividende.* —**
La masse des opérations productives, tant normales qu'exceptionnelles, ayant été très supérieure à celle de 1915, les produits ont automatiquement augmenté.

Ils se sont élevés à la somme de..	268.058.915 fr.	30
D'où il y a lieu de déduire les dépenses d'administration, y compris les dépenses extraordinaires et les atténuations de moins-values résultant de la dépréciation des titres appartenant à la Banque...............	88.854.502	38
Il reste un produit net commercial de	179.204.412 fr.	92
à quoi sont venus s'ajouter le réescompte du deuxième semestre de 1915 et le report à nouveau de ce semestre, ensemble................	8.951.823	44
Total du produit net....	188.156.236 fr.	36

Sur ce total ont été prélevés :

Les impôts généraux ou spéciaux et les redevances versés à l'État...............	39.752.332 fr.	04
Pour amortissement provisionnel des risques en cours..........	40.000.000	»
Pour le fonds d'assurance contre les accidents du travail.........	1.000.000	»
Pour la provision destinée aux agrandissements de la Banque centrale.	12.000.000	»
Pour travaux dans les succursales.	7.000.000	»
Pour amortissement des succursales...................	14.570.264	83
Pour les caisses de retraites des employés................	20.000.000	»
A reporter......	134.322.596 fr.	87

Report.	134.322.596 fr. 87
Pour le fonds de prévoyance en faveur des auxiliaires.	500.000 »
Pour allocations d'usage au personnel.	3.400.000 »
Le réescompte du deuxième semestre de 1916 et le report à nouveau du même semestre	21.146.135 44
Total des prélèvements.	159.368.732 fr. 31
Le solde net des bénéfices a donc été de.	28.787.504 fr. 05
Avec le revenu du portefeuille.	15.012.495 95
la somme à partager s'est élevée à . . .	43.800.000 fr. »

et a permis de distribuer un dividende de 240 francs, impôts déduits (1).

Le résultat, on le voit, a été brillant pour les actionnaires. Le cours moyen des actions a été de 4.804 francs.

1917.

Avec l'année 1917 s'accentue l'essor constaté l'année précédente. L'activité industrielle redouble et avec elle s'accroissent corrélativement les transactions commerciales de toute sorte. Ce redoublement d'activité est, d'ailleurs, dû pour la plus grande part aux entreprises intéressant la défense nationale.

---

(1) Les bénéfices commerciaux de la Banque ont été répartis comme suit :

A l'État.	21 0/0
Aux comptes provisionnels.	40 0/0
Aux caisses de retraites et fonds de prévoyance des employés.	11 0/0
Au personnel et à ses œuvres mutuelles.	2 0/0
Aux actionnaires.	15 0/0
Attributions d'ordre.	11 0/0

Opérations productives. — La masse des opérations productives normales de la Banque passe de 14 milliards 500 millions à 19.200 millions. L'escompte commercial y figure pour 9.498 millions, au lieu de 6.548 millions. Retenons que les succursales comptent dans ce chiffre pour 6.375 millions et Paris pour 3.123 millions.

Le portefeuille était au 22 décembre 1917 de 845 millions et demi, contre 607 millions et demi le 23 décembre 1916.

Le taux de l'escompte a été maintenu en 1917 à 5 0/0, généralement inférieur aux taux pratiqués à l'étranger, sauf aux États-Unis, en Espagne, en Suisse et en Hollande. A Londres, de 6 0/0 en juillet 1916, l'escompte fut successivement abaissé à 5 1/2 en janvier 1917 et à 5 0/0 en avril ; il n'a pas varié depuis lors. En Italie, le taux était de 5 0/0 depuis juin 1916 ; il remonta à 5 1/2 0/0 en novembre 1916. En Allemagne et en Autriche, cependant, il est à 5 0/0 comme en France. Aux États-Unis, le taux pratiqué en 1916 était de 4 0/0 ; il remonta à 4 1/2 fin décembre 1917. En Suisse, en Espagne et en Hollande, il est resté à 4 1/2 0/0 comme en 1916. En Suède, on constate d'importantes oscillations. A 5 1/2 depuis novembre 1916, l'escompte monta à 6 0/0 en septembre et à 7 0/0 en décembre 1917.

Notre commerce a donc été favorisé de ce chef. Les avances sur titres ont également progressé, à 5.373 millions, en augmentation de 1.160 millions 1/2 sur 1916. De même que pour l'escompte commercial, les sommes avancées dans les succursales (4.691 millions) dépassent de beaucoup celles du siège central (682 millions) ; d'où l'on peut inférer que c'est surtout en province que l'activité commerciale s'est accentuée et que c'est de ses succursales que la Banque de France aura, pendant la période de guerre, retiré la plus grande part de ses bénéfices commerciaux.

Le portefeuille-avances a passé de 1.307 millions au 23 décembre 1916 à 1.211 millions au 22 décembre 1917.

Opérations de change. — La question du change a continué, en 1917, à faire l'objet des préoccupations de la Banque de France et de son concours tant au commerce qu'au Trésor public français.

Dans son compte rendu à l'Assemblée générale des actionnaires du 31 janvier 1918, l'honorable Gouverneur de la Banque rappelle que, durant les années 1915 et 1916, les opérations de crédit à l'étranger négociées sous les auspices de la Banque avaient dépassé 600 millions, non compris l'avance de 500 millions consentie à la Banque de l'État Russe en 1915. « Les sorties d'or soit effectives, soit sous forme de « prêts à la Trésorerie britannique, atteignaient, fin 1916, « 2 milliards 568 millions et avaient permis la conclusion « d'arrangements qui ont procuré, tant au Trésor qu'au « commerce, près de 9 milliards de compensations interna- « tionales. »

En 1917, le change sur Londres et New-York s'est amélioré à la suite de l'entrée des États-Unis d'Amérique dans l'alliance contre l'Allemagne et de leur collaboration financière.

« Cette collaboration de la Trésorerie américaine n'a « pas eu seulement pour résultat de fournir à la France un « plus large approvisionnement de moyens de change sur « l'Amérique. Elle nous a, en outre, dispensé de recourir à « de nouvelles sorties d'or, pour appuyer les crédits qui « nous étaient ouverts.... Les sorties d'or, pour l'année « 1917, ont à peine dépassé 450 millions, dont 20 millions « à destination de l'Espagne ; le surplus représente l'or prêté « à la Trésorerie britannique à l'appui de conventions de « crédits conclues par le Gouvernement français. » (1).

Les ventes de change au commerce ont atteint 6 milliards en 1917.

---

(1) *Ibid.*

Encaisse. — L'encaisse métallique est de 5 milliards 597.400.000 francs au 22 décembre 1917, en augmentation de 218.400.000 francs sur le 23 décembre 1916. L'encaisse or, toujours favorisée par les versements bénévoles du public, passe de 5.082.300.000 francs à 5.350.200.000 francs.

Portefeuille moratorié. — Le portefeuille des effets prorogés continue à s'alléger. De 1.341.000.000 francs le 23 décembre 1916, il passe à 1.141.000 francs le 22 décembre 1917, soit une diminution de 200 millions.

Circulation des billets. — La circulation des billets s'accroît considérablement. Un décret du 10 septembre 1917 en a élevé le maximum à 24 milliards et elle atteint 22.336.087.870 francs le 22 décembre 1917.

Avances à l'État. — Cet accroissement de la circulation est en raison directe du montant des avances faites à l'État et de l'escompte des bons du Trésor français pour avances aux Gouvernements des pays alliés. En 1917, les avances de la Banque à l'État se sont élevées à 5.400 millions et les escomptes de bons du Trésor aux Gouvernements étrangers n'ont pas été inférieurs à 1.485 millions.

Aussi ces deux postes sont-ils très chargés au bilan de la fin de l'année 1917 :

Avances à l'État	12.500.000.000 fr.
Bons du Trésor français escomptés pour avances de l'État à des Gouvernements étrangers	3.215.000.000
Ensemble	15.715.000.000 fr.

Si l'on déduit cette somme du montant de la circulation, il reste 6.621 millions, qui sont couverts et au delà par l'encaisse métallique et par le portefeuille.

Opérations gratuites en dehors des opérations de change. — Les opérations pour le compte du Trésor ont roulé sur plus de 180 milliards. Dans cette somme les payements déplacés au profit des créanciers de l'État atteignent 3.650 millions et les encaissements d'effets ou mandats du Trésor 293 millions.

La Banque a prêté un concours toujours très efficace à l'État pour le troisième emprunt national (4 0/0) du mois de novembre 1917. Sa part dans la souscription générale a été de 5.061.808.250 francs en capital nominal et de 3 milliards 472.400.460 francs en capital effectif, c'est-à-dire plus du tiers de la souscription totale. La Banque a ainsi marqué une fois de plus la haute influence dont elle jouit parmi les capitalistes et plus particulièrement dans le monde des affaires.

Son concours a été non moins appréciable dans le placement des bons de la Défense nationale, qui a atteint par ses guichets 8.809.000.000 francs, contre 3.575.000.000 francs en 1916, soit une augmentation de 5.234.000.000 francs.

Les payements par virements ne cessent de s'accroître.

Les virements sur place s'élèvent à 336 milliards et demi, contre 263 milliards et demi en 1916 ; les virements déplacés à 22 milliards contre 17 milliards en 1916. On voit le progrès des opérations réglées par écritures. Il faut reconnaître à cet égard les efforts de la Banque pour favoriser ces modes de règlements compensatoires. La gratuité pour les virements et chèques déplacés accordée à tous les titulaires de comptes, la création des chèques barrés circulaires, l'encaissement gratuit de tous les chèques barrés ont puissamment aidé ce mouvement.

Dans cet ordre d'idées, sans préjudice du concours précieux qu'elle a prêté à la réorganisation de la Chambre de compensation des banquiers de Paris, la Banque de France a institué des Chambres de compensation sur les principales places de province, notamment à Nancy, Grenoble, Bordeaux, Le Havre, Saint-Étienne, Toulouse, Angers, Amiens, Besançon, Limoges, Lyon, Marseille, Nantes, Orléans, Avignon, Dijon, Rouen, Le Mans, Nîmes, etc....

On trouvera dans notre examen de la convention du 26 octobre 1917, à l'article 8 relatif aux mesures demandées à la Banque pour faciliter l'extension des modes perfectionnés de payement, des explications plus complètes à cet égard.

Produits bruts et produits nets. — Dividende. — Les bénéfices réalisés par la Banque en 1917 sont encore supérieurs à ceux de 1916. Les produits bruts commerciaux se sont élevés à 351.592.564 fr. 99, au lieu de 268.058.915 fr. 30, ce qui a permis d'augmenter considérablement les provisions pour risques en cours (90 millions) et d'inscrire 105 millions à un compte d'attente, en vue d'amorcer le payement de la contribution de la Banque sur les bénéfices de guerre.

Le décompte des bénéfices à attribuer aux actionnaires s'est établi comme suit :

Produits bruts commerciaux. . . .	351.592.564 fr. 99	
dont il y a lieu de déduire les dépenses d'administration	48.558.295	18
Ce qui laisse un produit net commercial de	303.034.269 fr. 81	
A quoi s'ajoutent le réescompte et le report à nouveau du 2° semestre de 1916.	21.146.135	44
Total du produit net	324.180.405 fr. 25	

Sur ce total ont été prélevées les sommes ci-après :

A reporter. . . . . 324.180.405 fr. 25

Report. . . .		324.180.405 fr. 25
Versements à l'État à titre d'impôts généraux ou spéciaux et de redevances (1)................	58.328.856 fr. 36	
Provision pour risqués en cours............,............	90.000.000 »	
Réserve pour effets en souffrance....................	20.000.000 »	
Compte d'attente pour la contribution des bénéfices de guerre................	105.000.000 »	300.150.284 57
Amortissement des succursales....................	8.406.200 »	
Versements aux caisses de retraites...................	3.000.000 »	
Allocations au personnel.....	7.500.000 »	
Réescompte du 2e semestre de 1917...................	3.829.538 »	
Report à nouveau du 2e semestre de 1917................	4.085.690 21	
Solde net..........		24.030.120 fr. 68
Revenus du portefeuille de la Banque...............		19.769.879 32
Somme à distribuer aux actionnaires.................		43.800.000 fr. »

Le dividende a été fixé à 240 francs nets d'impôts (2).
Le cours moyen des actions a été de 5.240 francs.

---

(1) La somme des redevances payées à l'État, en 1917, s'est élevée à 32.636.815 fr. 09, savoir :

Redevance sur la circulation productive............. 23.663.217 fr. 73
Redevance sur les avances consenties à l'État........ 8.973.597 36
     Total égal........ ... 32.636.815 fr. 09

(2) Les bénéfices commerciaux de la Banque ont été répartis comme suit :

A l'État................................;.........·........... 18 0/0
Aux comptes provisionnels...................................... 69 0/0
Aux caisses de retraites des employés...................:...... 1 0/0
Au personnel..............:.......·*·*....................... 2 0/0
Aux actionnaires.. 7 0/0
Attributions d'ordre.......................·.................. 3 0/0

1918.

Les résultats de 1918 ne pourront naturellement être connus qu'à la fin de l'année. Toutefois, à l'aide de la situation hebdomadaire de la Banque du 17 octobre 1918, nous allons essayer de mettre en lumière le développement de ses opérations.

Situation de la Banque de France au 17 octobre 1918 (*matin*).

ACTIF

Encaisse de la Banque...	5.759.407.400 fr.	42
Avoir en compte à la Trésorerie des États-Unis.....................	1.036.000.000	»
Disponibilités et Avoir à l'étranger.....................................	1.529.067.563	41
Effets échus hier à recevoir ce jour...................................	5.725.356	58
Portefeuille de Paris { Effets sur Paris......... 385.498.134 67 ; Effets sur l'étranger..... 21.373.900 26 ; Effets du Trésor remis à l'encaissement. 473.876 05 }	407.345.910	98
Portefeuille des succursales. { Effets sur place......... 434.066.592 86 ; Effets du Trésor remis à l'encaissement. 389.425 14 }	434.456.018	»
Effets prorogés { Paris...	462.668.738	58
Succursales...	592.465.077	»
Avances sur lingots et monnaies à Paris.................................	12.874.000	»
Avances sur lingots et monnaies dans les succursales..............	»	
Avances sur titres à Paris...	204.807.224	16
Avances sur titres dans les succursales.................................	628.539.359	»
Avances à l'État (loi du 9 juin 1857 ; convention du 29 mars 1878 ; loi du 13 juin 1878 prorogée; loi du 17 novembre 1897 et loi du 29 décembre 1911)...	200.000.060	»
Avances à l'État (lois des 5 août et 26 décembre 1914, 10 juillet 1915, 16 février et 4 octobre 1917, 5 avril et 7 juin 1918)...............	18.600.000.000	»
Bons du Trésor français escomptés pour avances de l'État à des gouvernements étrangers (lois des 1er avril et 29 décembre 1915, 15 février et 4 août 1917 et 22 mars 1918)...................................	3.485.000.000	»
Rentes de la réserve. { Loi du 17 mai 1834................ (a)	10.000.000	»
Ex-banques départementales....... (b)	2.980.750	14
Rentes disponibles..	99.800.579	32
Rentes immobilisées (loi du 9 juin 1857, y compris 9.125.000 francs de la réserve).. (c)	100.000.000	»
Hôtel et mobilier de la Banque................................. (d)	4.000.000	»
Immeubles des succursales...	42.420.952	45
Dépenses d'administration de la Banque et des succursales..........	18.384.330	68
Emploi de la réserve spéciale................................... (e)	8.407.137	62
Divers..	1.232.474.358	69
Totaux.................................	**34.876.824.757 fr.**	**03**

PASSIF

Capital de la Banque	182.500.000 fr.	»
Bénéfices en addition au capital (art. 8, loi du 9 juin 1857 et art. 12, loi du 17 novembre 1897)	8.450.697	69
Réserves mobilières. Loi du 17 mai 1834 (a)	10.000.000	»
Ex-banques départementales (b)	2.980.750	14
Loi du 9 juin 1857 (c)	9.125.000	»
Réserve immobilière de la Banque (d)	4.000.000	»
Réserve spéciale (e)	8.407.444	16
Billets au porteur en circulation (Banque et succursales)	30.630.952.720	»
Arrérages de valeurs transférées ou déposées	51.974.909	39
Billets à ordre et récépissés payables à Paris et dans les succursales	2.717.718	55
Compte courant du Trésor	59.497.377	146
Comptes courants et comptes de dépôts de fonds à Paris	1.310.620.696	644
Comptes courants et comptes de dépôts de fonds dans les succursales	1.545.914.491	»
Dividendes à payer	6.351.013	41
Escomptes et intérêts divers à Paris et dans les succursales	75.572.870	09
Réescompte du dernier semestre à Paris et dans les succursales	9.017.455	»
Divers	958.745.313	81
Totaux	34.876.824.757	03

DÉCOMPOSITION DE L'ENCAISSE

Or... En caisse	3.402.744.549 fr.	47
A l'étranger	2.037.108.484	99
Total	5.439.853.034	46
Argent	319.554.365	96
Total	5.759.407.400 fr.	42

TAUX DES OPÉRATIONS

Escompte	5 0/0
Avances sur lingots	4 0/0
Avances sur titres	6 0/0

Comme on le voit, l'encaisse a continué à s'accroître. De 5 milliards 597.406.812 fr. 76 au 22 décembre 1917, elle est passée à 5.759.407.400 fr. 42, en augmentation de 162 millions, dont 89 millions pour l'or. Cette augmentation est due à l'empressement continu du public à apporter bénévolement à la Banque l'or disponible. Il est intéressant de constater que ces apports d'or, depuis le début des hostilités, ont atteint 2 milliards 351 millions, à l'heure où nous écrivons ces lignes.

Depuis le mois de septembre apparaît à l'actif, sous la rubrique : *Avoir en compte à la Trésorerie des États-Unis*, un poste nouveau, au sujet duquel il est utile de fournir quelques éclaircissements.

On sait que le Gouvernement des États-Unis a ouvert au Trésor français un crédit en dollars destiné à l'acquittement en Amérique des achats faits pour la défense nationale.

Ces avances des États-Unis sont remboursables à terme. Mais, par contre, les dépenses faites en France par notre allié américain sont payées au moyen d'avances faites par le Trésor français. En sorte qu'il y a compensation, à due concurrence, entre les payements faits par nous en France pour le compte des États-Unis et le crédit que ceux-ci nous ont ouvert à New-York. Nous compensons donc du terme par du comptant. Pour remédier à cette situation, le Gouvernement a obtenu du Secrétaire du Trésor fédéral à Washington une avance de 200 millions de dollars, laquelle, sur les instructions de notre Ministre des Finances, a été portée au crédit d'un compte ouvert à la Trésorerie fédérale par la Banque de France.

En conséquence, cette somme a été inscrite au bilan de la Banque à un poste spécial de l'actif, à sa valeur en francs, soit 1.036.000.000 francs, et, corrélativement, le compte des avances à l'État a été allégé d'une somme égale.

Telle est la raison pour laquelle les avances de la Banque à l'État tombèrent de 19 milliards 150 millions au 29 août 1918 à 18 milliards 114 millions au 5 septembre suivant.

Il en résulte, pour le moment, un avantage pour le Trésor français, en raison de la diminution des charges d'intérêts sur le compte d'avances. Mais cet avantage sera ultérieurement compensé, lorsque la Banque réalisera les disponibilités qui lui ont été ainsi procurées à New-York.

A 841.801.928 fr. 98, le portefeuille commercial est en légère diminution (4 millions) sur le 22 décembre 1917 ; mais la semaine précédente, il était, au contraire, en augmentation de 26 millions. A la vérité, le portefeuille oscille suivant les périodes de l'année; il n'est pas douteux que d'ici au 31 décembre nous aurons une recrudescence d'escompte. La souscription à l'emprunt en fournira l'occasion.

Le portefeuille des effets prorogés a encore diminué. De 1.140.893.089 fr. 32 au 22 décembre 1917, il est descendu à 1.055.133.815 fr. 58. Il tend peu à peu à ne comprendre que des effets provenant de commerçants mobilisés ou appartenant aux régions envahies par l'ennemi.

Les avances sur titres, par rapport au 22 décembre 1917, sont en diminution de 377 millions et demi. Il est vraisemblable que cette diminution provient de liquidations d'avances moratoriées.

Les avances à l'État, qui étaient de 12.500.000.000 fr. au 22 décembre 1917, s'élèvent à 18.600.000.000 francs au 17 octobre 1918, après avoir été, comme nous l'avons signalé plus haut, de 19 milliards 150 millions au 29 août 1918. La loi du 7 juin 1918 a autorisé le Gouvernement à porter ces avances au chiffre de 21 milliards.

Le poste des bons du Trésor escomptés pour avances de l'État à des Gouvernements étrangers continue à s'accroître ; il est de 3.485.000.000 francs, au lieu de 3.215.000.000 fr.

La circulation atteint 30.630.952.720 francs, au lieu de 22.336.087.870 francs au 22 décembre 1917. Un décret du 5 septembre 1918 a porté le maximum de l'émission à 33 milliards.

Les postes « divers ». — A la lecture du bilan, on est surpris de l'importance considérable qu'ont prise à l'actif et au passif les postes « *divers* ».

Au bilan du 29 décembre 1898, le poste figurait à l'actif pour 28.775.931 fr. 33. Il s'est successivement enflé, au point d'avoir atteint, au 29 août 1918, 1.238.851.984 fr. 34.

Au passif, sous la même rubrique, nous relevons, au 29 décembre 1898, le chiffre de 35.527.300 fr. 67 et, le 29 août 1918, celui de 929.935.868 fr. 55.

A notre demande, la Banque de France a bien voulu nous communiquer le dépouillement comparatif du poste « *divers* » à des époques déterminées depuis 1898. De l'examen de ces documents est résulté pour nous la conviction qu'il y a nécessité de détacher du poste dont il s'agit, où elles sont confusément enregistrées, des opérations roulant sur des sommes considérables et qui méritent de faire l'objet de postes spéciaux. Le bilan y gagnerait en clarté.

**

Nous venons de parcourir, aussi sommairement que nous l'avons pu, mais en entrant dans des détails et des éclaircissements qui nous ont paru devoir intéresser le Sénat, le *curriculum* de la Banque de France pendant le cours des deux périodes d'avant-guerre et de guerre, durant lesquelles elle a exercé le privilège d'émission dont on nous propose le renouvellement.

En toute sincérité, et sauf les quelques réserves que nous avons eu à exprimer, nous avons pour devoir de reconnaître que la caractéristique des opérations de notre grand institut national d'émission fut, pendant ces deux périodes, la prudence, la sagesse, le souci de concourir au développement du commerce et de l'industrie français et de prêter à l'État, pendant la période difficile de guerre, un concours éclairé, dévoué et patriotique.

C'est pourquoi, sans aucune hésitation, la Commission des finances a-t-elle été unanime à se prononcer en faveur du renouvellement du privilège. Reste la question de la durée et des conditions compensatoires du privilège, sur laquelle nous allons nous prononcer à l'occasion de l'examen du projet de loi et des conventions y annexées.

EXAMEN DU PROJET DE LOI
ET DES CONVENTIONS

Par son article premier, le projet de loi porte prorogation du privilège d'émission de la Banque de France, pour vingt-cinq années, à dater du 1ᵉʳ janvier 1921 jusqu'au 31 décembre 1945.

Par l'article 2 sont approuvées les conventions passées entre le Ministre des Finances et le Gouverneur de la Banque de France, stipulant les conditions auxquelles est concédée la prorogation du privilège.

Par l'article 3 sont déterminées les affectations qui seront données par l'État aux redevances supplémentaires dont la charge est imposée à la Banque de France par les conventions visées à l'article 2.

Enfin, par l'article 4, interdiction est faite aux régents de la Banque de France de participer à l'administration de sociétés financières de pays en guerre avec la France.

Nous allons examiner successivement les dispositions du projet de loi, notre étude comportant naturellement l'analyse critique des conventions dont l'approbation est demandée au Sénat.

ARTICLE PREMIER

De la durée du privilège de la Banque de France.

Le privilège concédé à la Banque de France par les lois des 24 germinal an XI, 22 avril 1806, 30 juin 1840, 9 juin 1857 et 17 novembre 1897 est prorogé de vingt-cinq ans à partir du 1ᵉʳ janvier 1921 et prendra fin le 31 décembre 1945.

Par son article premier, le projet de loi proroge de 25 ans, à partir du 1ᵉʳ janvier 1921, le privilège de la Banque de France.

Cette proposition a rencontré une vive opposition à la Chambre dans certains milieux. On y a fait valoir, en faveur d'une prolongation de courte durée, qu'il était impossible de prévoir, dès maintenant, quelles seront les conséquences économiques de la guerre et quel régime bancaire pourrait répondre le mieux aux nécessités de l'avenir. On a affirmé que l'on pourrait au contraire beaucoup mieux dans quelques années rédiger une convention adaptée aux situations créées par la guerre.

A ces arguments le Gouvernement a justement opposé que 25 ans était la période minima nécessaire pour maintenir au billet de banque tout son crédit. Pour que la Banque soit mise en état de pouvoir, de nouveau, rembourser à vue son billet, il est indispensable qu'on lui laisse le temps de réaliser son actif par le recouvrement de ses créances, notamment des avances considérables qu'elle a faites à l'Etat.

Si l'on se reporte à la période qui a suivi la guerre de 1870-1871, on constate que ce n'est qu'après 7 ans que l'on a pu obtenir notre complète restauration monétaire. Or, à cette époque, la dette de l'État envers la Banque n'était que de 1 milliard et demi; la circulation des billets avait à peine atteint 3 milliards et il restait dans le public une circulation d'espèces métalliques appréciable.

Aujourd'hui le montant des avances de la Banque à l'État atteint 18.600 millions. Il faudra, en plus, rembourser 10 milliards de crédits à nos alliés, pour obtenir le retour de l'or qui leur a été confié. Comment pourrait-on espérer, dès lors, que la Banque puisse être remboursée en 10 ou même 15 ans, si l'on considère surtout les charges qui s'imposeront au lendemain de la guerre pour la rénovation et le développement de l'outillage économique du pays ? En cet état de choses, peut-on prévoir la date à laquelle sera supprimé le cours forcé ?

Une des conditions de la suppression du cours forcé, non moins essentielle que le remboursement à la Banque de ses avances, est le rétablissement durable d'une balance commerciale et financière favorable ; car, à défaut, il serait à craindre que la perte au change provoquât des exportations d'or qui absorberaient l'encaisse totale de la Banque, dès qu'elle ne serait plus défendue par le cours forcé. Quand on songe à toutes les reconstitutions que nous aurons à opérer et, par suite, aux importations considérables auxquelles nous devrons recourir, ainsi qu'aux charges qu'entraîneront les emprunts extérieurs, il est prudent de ne pas escompter le rétablissement de notre balance commerciale et financière dans une échéance trop rapprochée.

Aux motifs qui précèdent s'en ajoutent d'autres, tirés de la nécessité de donner à la Banque assez de temps pour lui permettre de coopérer efficacement à l'essor économique d'après guerre. « L'intérêt même du commerce, a exposé
« l'honorable M. Landry dans son rapport à la Chambre
« des Députés, est que la Banque puisse songer en toute
« liberté d'esprit à autre chose qu'à sa fin prochaine. Il faut
« que sa préoccupation principale soit uniquement celle de
« bien remplir sa fonction, de multiplier ses services et de
« progresser. Il serait néfaste de limiter son horizon à quel-
« ques années. Ses vues doivent être larges, atteindre un
« lointain avenir et le préparer par des mesures à longue
« portée. »

**

La Chambre des Députés, ayant successivement repoussé les amendements tendant à limiter la prorogation du privilège soit à la durée de la guerre, soit à une période de quinze ans, adopta finalement la prorogation de vingt-cinq ans.

Mais une proposition subsidiaire survint alors, aux termes de laquelle, par analogie avec ce qu'avait disposé la loi du 17 novembre 1897, la prorogation nouvelle pourrait être résolue, après une première période de dix ans. Cette proposition fut soumise à la Chambre, sous la forme d'un amendement, présenté et défendu, au nom de ses amis, par l'honorable M. Albert Thomas, et ainsi conçu :

« Toutefois, une loi votée par les deux Chambres avant
« le 31 décembre 1929 pourra faire cesser ou modifier le
« privilège à la date du 31 décembre 1930. »

A l'appui de son amendement, l'honorable M. Albert Thomas invoqua le précédent de deux lois de prorogation antérieures. En effet, la loi du 30 juin 1840, qui prorogea le privilège d'émission jusqu'au 31 décembre 1867, avait disposé, dans son article premier, que « le privilège pourrait
« prendre fin ou être modifié le 31 décembre 1855, s'il en
« était ainsi ordonné par une loi votée dans une des deux
« sessions qui précéderont cette époque ». Dans le même ordre d'idées, la loi du 17 novembre 1897, qui prorogea le privilège du 31 décembre 1897 au 31 décembre 1920, stipula que « néanmoins une loi votée par les deux Chambres, dans
« le cours de l'année 1911, pourrait faire cesser le privilège
« à la date du 31 décembre 1912 ».

La disposition résolutoire de la loi du 30 juin 1840 a été abrogée par l'article 3 du décret-loi du 3 mars 1852 ; mais — et l'auteur de l'amendement susvisé ne manqua pas de le rappeler — en 1911, la question fut soulevée par le Gouvernement lui-même et devint le point de départ de modifications conventionnelles à l'exercice du privilège, modifications toutes à l'avantage du Trésor et du commerce.

A la vérité, le débat auquel donna lieu l'amendement fut surtout pour l'orateur l'occasion de développer à nouveau, et avec son éloquence coutumière, des idées générales sur le fonctionnement de la Banque, quant à la circulation fiduciaire rapportée au crédit, au commerce et aux avances à l'État, et de tenter de faire revenir subsidiairement la Chambre sur la fixation à vingt-cinq ans de la durée de la prorogation du privilège.

Pour combattre l'amendement, l'honorable Ministre des Finances fit valoir que l'on ne pouvait comparer les circonstances dans lesquelles s'était posée en 1897 et se posait aujourd'hui la question du renouvellement du privilège. En effet, les avances à l'État, qui atteignaient 140 millions en 1897, s'élèvent aujourd'hui (17 octobre) à 18.800 millions; les billets de banque en circulation sont passés de 3 milliards 700 millions à 30.600 millions.

Au surplus, M. le Ministre des Finances crut pouvoir invoquer le droit du Gouvernement et celui du Parlement, lesquels d'après lui resteraient intacts, malgré la fixation de la durée du privilège à vingt-cinq ans et sans clause résolutoire. Le droit d'initiative demeurerait entier pour le Gouvernement, qui, disposant du droit de nomination du gouverneur et des sous-gouverneurs, est armé pour intervenir à tout moment d'une façon efficace. Quant au Parlement, ses droits ne seraient pas moins intacts, car il a toujours le droit de provoquer l'action gouvernementale.

« Dans les années qui suivront la guerre, ajouta M. le
« Ministre des Finances, vous aurez à connaître de toutes
« les lois nouvelles qui seront nécessaires pour assurer le
« remboursement des avances, pour hâter la réduction de la
« circulation, pour abolir un jour le cours forcé, sans parler
« des conventions de toute nature auxquelles donnera lieu
« le règlement financier de la paix, tant avec nos ennemis
« qu'avec nos alliés d'hier comme d'aujourd'hui, et dans
« lesquelles la Banque pourra, à plus d'un titre, se trouver
« impliquée . . . .
. . . .

« Il peut survenir des circonstances qui rendent néces-
« saire une intervention auprès de la Banque, il se peut
« qu'une initiative vienne de la Banque elle-même. Cela
« s'est déjà vu dans de nombreuses circonstances en cours
« de convention. Voici quelques-unes de ces initiatives :
« création des bureaux auxiliaires et des villes rattachées,
« création des comptes extérieurs, création des comptes
« courants d'avances — qui a été imitée dans le monde en-

« tier — comptes de dépôts de fonds, organisation de tous
« les services de gestion des titres, ordres de bourse, garan-
« tie contre le remboursement au pair. »

Nous nous garderons de vouloir affaiblir ces arguments. Il nous sera permis toutefois de signaler que c'est peut-être pousser un peu loin la théorie de la subordination de la Banque à l'État. Quels que soient les droits du Parlement, la durée du privilège à vingt-cinq ans étant acquise, on ne saurait sans danger laisser croire qu'une loi ultérieure pourra réduire cette durée.

Quoi qu'il en soit, la Chambre des Députés, par une forte majorité, repoussa l'amendement de l'honorable M. Albert Thomas.

**

Nous avons exposé plus haut les conditions dans lesquelles la Banque de France avait exercé son privilège pendant la dernière période de prorogation depuis le 31 décembre 1897. Nous avons suivi le développement de ses opérations au cours des deux périodes distinctes de l'avant-guerre et du temps de guerre. Ayant reconnu l'importance de l'essor commercial qu'elle a atteint dans le temps normal d'avant-guerre, nous avons signalé la possibilité qu'elle aurait eue de s'étendre encore davantage. Quant au rôle qu'elle a joué pendant le temps de guerre, nous avons rendu hommage à l'aide puissante qu'elle a apportée à l'État, tant par les avances directes considérables qu'elle lui a consenties que par le concours qu'elle lui a prêté dans l'émission des bons de la Défense nationale, dans ses opérations de change à l'étranger, dans les facilités de trésorerie qu'elle lui a procurées.

C'est pourquoi, sous les réserves de certaines améliorations, notamment dans le fonctionnement de ses services plus largement distribués dans le pays, la Commission des finances a-t-elle été unanimement d'avis qu'il y avait lieu de proposer au Sénat de consentir à la prorogation pure et simple, pendant vingt-cinq ans, du privilège d'émission concédé à la Banque de France par les lois antérieures.

ART. 2.

Approbation des conventions passées entre le Ministre des Finances et le Gouverneur de la Banque de France.

Sont approuvées la convention passée le 26 octobre 1917 et l'avenant à ladite convention en date du 11 mars 1918 ainsi que les conventions additionnelles, passées les 11 mars et 26 juillet 1918 entre le Ministre des Finances et le Gouverneur de la Banque de France.

Ces conventions sont dispensées des droits de timbre et d'enregistrement.

Le principe du renouvellement du privilège étant admis, et aussi la fixation à 25 ans de la durée de la nouvelle concession, restent à déterminer les conditions dans lesquelles devra se faire cette prorogation.

Ces conditions ont été fixées dans une série d'actes conventionnels passés entre le Ministre des Finances et le Gouverneur de la Banque de France et soumis à l'approbation des Chambres : convention initiale du 26 octobre 1917, complétée, sur l'initiative de la Chambre des Députés, par un avenant en date du 11 mars 1918 et par deux conventions additionnelles successives du 11 mars 1918 et du 26 juillet 1918.

Tout d'abord, à la lecture des actes conventionnels ci-dessus, une constatation s'impose, qui n'a pas laissé que de provoquer quelques regrets au sein de la Commission des finances.

Par l'article premier de la convention initiale du 26 octobre 1917, une extension est apportée à l'article 9 du décret d'administration publique du 16 janvier 1808, qui, en exécution de la loi du 22 avril 1906, a fixé les statuts fondamentaux de la Banque, lesquels ont été modifiés par diverses lois ultérieures.

D'autre part, la Banque de France est exonérée de la contribution des bénéfices de guerre, telle qu'elle a été fixée par la loi du 1er juillet 1916, au moyen d'un versement forfaitaire pour la période de 1914 à 1917 et, pour l'avenir, à dater du 1er janvier 1918, au moyen de prélèvements spéciaux sur le produit de l'escompte des bons du Trésor français à des Gouvernements étrangers et sur les intérêts perçus par elle sur les avances à l'Etat (art. 2 de la convention).

La redevance imposée à la Banque de France par l'article 5 de la loi du 17 novembre 1897 est modifiée par l'article 4 de la convention.

La création des succursales, bureaux auxiliaires et villes rattachées, qui avait été ordonnée par l'article 11 de la loi du 17 novembre 1897, fait l'objet de dispositions nouvelles, mais contractuelles, dans la convention du 26 octobre 1917 (art. 6).

On s'est demandé, au sein de la Commission, si toutes les dispositions ci-dessus n'étaient pas du ressort exclusif de la loi et si ce n'est pas à tort qu'elles ont fait l'objet de contrats avec la Banque de France.

En ce qui concerne l'exception relative à l'application de l'impôt sur les bénéfices de guerre, que nous examinerons au fond plus loin, on a contesté que les dispositions qui y ont trait puissent faire l'objet d'une convention, aussi bien quant au versement forfaitaire de 200 millions destiné à tenir lieu du produit de cet impôt pendant la période du 1er août 1914 jusqu'au 31 décembre 1917 et à la fixation des prélèvements devant remplacer ce même impôt, à partir du 1er janvier 1918, que quant à l'affectation desdits versements et prélèvements.

Il en est de même du mode nouveau de calcul de la redevance instituée par l'article 5 de la loi du 17 novembre 1897. Non seulement l'assiette et les taux de cette redevance sont modifiés par la convention du 26 octobre 1917, mais encore cette convention dispose qu'en cas de majoration des impôts généraux ou de création d'impôts nouveaux auxquels la Banque de France est soumise comme tous les établissements financiers, ces majorations ou créations viendraient se compenser avec le montant des redevances, l'excédent seul étant perçu en sus le cas échéant. N'est-il pas anormal qu'un contribuable, fût-il de l'ordre de grandeur de la Banque de France, puisse contracter avec l'État les conditions dans lesquelles il sera soumis à l'impôt?

En ce qui touche la redevance, sans doute existe-t-il un précédent. En effet, par la convention du 11 novembre 1911, complétée par la convention additionnelle du 28 novembre 1911, toutes deux approuvées par la loi du 29 décembre 1911, des modifications avantageuses pour l'État, il faut le reconnaître, furent apportées au taux de la redevance instituée par la loi du 17 novembre 1897. Mais on a contesté que ce précédent légitimât le procédé, qui est de nature à changer le caractère de la Banque de France, au regard de l'État, dont l'autorité et les droits se trouvent ainsi atténués.

Que des négociations se produisent, au moment de la préparation de la loi, que des contrats interviennent, en ce qui touche l'importance des avances que la Banque de France est appelée à faire à l'Etat et quant aux intérêts que celui-ci devra payer à la Banque, rien de plus juste, rien de plus nécessaire. Dans le domaine du crédit à faire à l'État, la liberté et l'indépendance de la Banque doivent rester entières ; elles sont indispensables et liées à l'intérêt public.

Mais que la redevance à payer par la Banque pour prix de son privilège, que les conditions dans lesquelles elle sera soumise aux impôts généraux ou spéciaux créés par la loi, soient l'objet de contrats et, partant, subordonnées à son acceptation, c'est ce qui a paru peu admissible et qui a inspiré les réserves qui précèdent.

Au surplus, abstraction faite de la question de principe, il convient de signaler qu'ainsi introduites dans des conventions, les dispositions dont il s'agit ne laissent pas au Parlement toute la liberté d'examen et de discussion qu'elles mériteraient. La convention, en effet, est soumise aux Chambres en bloc et non point article par article, comme un projet ou une proposition de loi. Comment pourraient-elles dès lors se prononcer sur telle ou telle clause de la convention, si critiquable fût-elle ? On a bien vu les inconvénients de ce procédé à la Chambre des Députés. Les débats n'y ont pas gagné en clarté. Ils ont dû même souvent être interrompus ou intervertis pour permettre au Gouvernement de négocier à nouveau avec la Banque et d'obtenir des modifications à la convention primitive, sous forme d'avenant ou sous forme de conventions additionnelles.

Cela étant dit, nous allons examiner successivement les clauses des conventions que le Gouvernement nous demande d'approuver.

Admission à l'escompte des sociétés de caution mutuelle du petit et moyen commerce, de la petite et moyenne industrie.

L'article 1ᵉʳ de la convention du 26 octobre 1917 étend le bénéfice des opérations d'escompte prévues par les statuts fondamentaux de la Banque (art. 9 du décret du 16 janvier 1808) aux sociétés de caution mutuelle du petit et moyen commerce, de la petite et moyenne industrie.

La création de ces sociétés de caution mutuelle a été prévue par la loi du 13 mars 1917, relative à l'organisation du crédit au petit et moyen commerce, à la petite et à la moyenne industrie. Ces sociétés, qui peuvent être constituées entre commerçants, industriels, fabricants, artisans et sociétés commerciales, ont pour objet exclusif l'aval et l'endos des effets de commerce et billets créés, souscrits ou endossés par leurs membres à raison de leurs opérations professionnelles. Leur capital, formé de parts nominatives d'au moins 50 francs, et dont un quart au moins doit être versé, est affecté à la garantie des effets et billets avalisés ou endossés par la société, de manière à servir de provision pour ces effets et billets à défaut de règlement. Les sociétés de caution mutuelle bénéficient d'une simplification notable des conditions de publicité imposées d'une manière générale aux sociétés ; elles sont exemptées de l'impôt de la patente ainsi que de l'impôt sur le revenu des valeurs mobilières.

On conçoit combien l'institution de ces sociétés de constitution simplifiée et peu onéreuse est de nature à faciliter au petit commerce et à la petite industrie l'accès au crédit à court terme, dont ils étaient jusque là presque entièrement privés. La signature de la société dont profiteront ses adhérents leur sera d'un puissant secours pour obtenir ce crédit.

A la vérité, l'admission à l'escompte à la Banque de France des sociétés dont il s'agit était de droit, en vertu des dispositions de l'article 2 de la loi du 17 novembre 1897 qui l'avait par avance autorisée, dans les termes ci-après :

« Le 1° de l'article 9 des statuts fondamentaux de la Banque, établis par le décret du 16 janvier 1808, est modifié ainsi qu'il suit :

« Les opérations de la Banque consistent :

« 1° à escompter, à toutes personnes, des lettres de
« change et autres effets de commerce à ordre, à des
« échéances déterminées qui ne pourront excéder trois mois,
« et souscrits par des commerçants, *par des syndicats*
« *agricoles ou autres* et *par toutes* autres personnes
« notoirement solvables ».

Au surplus, sans attendre d'y être conviée par le nouveau contrat, dès le 27 mars 1917, la Banque de France avait déjà pris ses dispositions pour admettre à l'escompte les sociétés commerciales de caution mutuelle.

On ne s'explique pas, dès lors, qu'on ait fait de cette mesure l'objet d'une stipulation spéciale dans la convention du 26 octobre 1917. Si nous relevons le fait, c'est que nous considérons qu'il constitue un précédent fâcheux. Il doit rester entendu que si, dans l'avenir, de nouvelles installations bancaires analogues aux sociétés commerciales de caution mutuelle venaient à être créées, elles auraient droit, sans recours à un texte législatif nouveau, à l'admission de leur papier à l'escompte de la Banque de France dans les conditions prévues par les statuts fondamentaux de la Banque, complétés par la loi du 17 novembre 1897.

Régime applicable à la Banque de France en remplacement de la contribution extraordinaire sur les bénéfices de guerre.

L'article 2 de la convention du 26 octobre 1917 fixe le régime spécial qui sera applicable à la Banque de France en remplacement de la contribution extraordinaire sur les bénéfices exceptionnels de guerre.

Il est ainsi conçu :

A dater du début de l'exercice 1918, les produits exceptionnels résultant de l'escompte des bons du Trésor français à des Gouvernements étrangers et de l'intérêt sur les avances temporaires consenties à l'État donneront lieu, au profit de l'État, aux prélèvements ci-après :

85 0/0 du produit de l'escompte des bons du Trésor français à des Gouvernements étrangers ;

50 0/0 des intérêts perçus sur les avances à l'État, déduction faite de l'intérêt supplémentaire de 2 0/0 visé aux articles 4 et 5 de la convention du 21 septembre 1914, sanctionnée par la loi du 26 décembre 1914, intérêt qui sera versé intégralement au compte de réserve et d'amortissement institué par l'article 5 de ladite convention.

Cette contribution comprendra la redevance sur les éléments susvisés, lesquels ne seront pas repris dans la circulation productive.

Le montant de la contribution ainsi déterminé sera versé, au fur et à mesure de l'encaissement par la Banque des produits correspondants, au compte spécial de réserve et d'amortissement susvisé.

Pour la période écoulée entre le 1er août 1914 et la clôture de l'exercice 1917, la Banque versera audit compte spécial, dès la promulgation de la loi approuvant la présente convention, une somme de 200 millions, qui comprendra le solde de la redevance pour l'exercice 1917 sur les produits visés au paragraphe premier du présent article.

Pour le passé, ce versement de 200 millions et, pour l'avenir, les prélèvements prévus au premier alinéa du présent article tiendront lieu, pour la Banque, d'impôt sur les bénéfices de guerre.

Nous nous sommes déjà expliqué plus haut sur l'erreur d'avoir fait de cette disposition l'objet d'un acte contractuel avec la Banque de France. Cette erreur a eu pour origine la prétention émise par la Banque dans la lettre ci-après, adressée, le 31 octobre 1916, à M. le Ministre des Finances par M. le Gouverneur de cet établissement :

Monsieur le Ministre,

Le délai prévu par l'article 5 de la loi du 1er juillet 1916 étant sur le point d'expirer, le conseil général, se référant aux lettres qui vous ont été adressées les 4 février et 16 août derniers et qui avaient pour objet de vous exposer les principes sur lesquels il appuyait sa manière de voir au sujet du régime des redevances auxquelles la Banque de France est soumise en temps de guerre, a été unanime à maintenir son opinion.

Il considère que les rapports de la Banque et de l'État sont placés sous un régime de charte contractuelle ; toute modification à ce régime spécial établi, non seulement pour le temps de paix, mais aussi pour le temps de guerre, par des conventions librement débattues et sanctionnées par des lois, ne peut être effectuée que dans la même forme et après entente préalable.

Je vous serais très reconnaissant, Monsieur le Ministre, d'aviser, suivant l'indication que vous avez bien voulu m'en donner, M. le Directeur général des contributions directes de cette situation particulière et de lui communiquer cette lettre si vous le jugez à propos.

Dans une lettre ultérieure du 12 novembre, M. le Gouverneur de la Banque répétait encore : « Vous savez bien que la loi ne nous est pas applicable ».

Il n'est pas exact, tout d'abord, qu'en matière d'impôts les rapports de la Banque et de l'État soient placés sous un régime de charte contractuelle. La Banque serait mal fondée à se considérer comme exempte des impôts d'un caractère général. C'est ainsi qu'ayant été imposée à la patente, elle sera imposée à l'impôt sur le revenu. C'est ainsi encore qu'elle acquitte l'impôt du timbre sur ses billets, d'après les tarifs généraux, conformément à la loi du 30 juin 1840 (art. 9), sauf l'atténuation fixée par la loi du 13 juin 1878 (art. 2).

La contribution extraordinaire sur les bénéfices exceptionnels de guerre atteint tous ceux, sans exception, qui, patentés ou non, ont réalisé pendant la guerre des bénéfices exceptionnels ou supplémentaires. Aucune exception ne fut faite en faveur de la Banque de France, qui n'en pouvait donc être exonérée ultérieurement que par un texte législatif.

Dès à présent, nous faisons toutes réserves contre la prétention de la Banque de France d'échapper aux impôts généraux. Nous y reviendrons, d'ailleurs, à l'occasion d'une des dispositions de l'article 4 de la convention.

Quoi qu'il en soit, la Banque de France n'a pas fait, dans le temps légalement fixé, la déclaration prescrite par la loi du 1er juillet 1916 ; il faut reconnaître que cette abstention eut l'agrément du Gouvernement, qui estima que « la
« question du partage avec l'État des bénéfices supplémen-
« taires réalisés pendant la guerre par la Banque de France
« devait être soumise au Parlement au moment du renou-
« vellement du privilège de cette institution ».

Convient-il de soustraire la Banque à la loi commune de la contribution sur les bénéfices de guerre ?

Nous pensons qu'aucun obstacle invincible ne s'opposait à cette application. Toutefois, on peut admettre qu'il soit opportun d'instituer, en ce qui concerne cet impôt, un régime spécial à notre établissement national.

Les raisons invoquées par le Gouvernement, tant dans l'exposé des motifs du projet de loi qu'au cours des débats devant la Chambre, pour justifier la mesure qui nous est soumise, peuvent se résumer comme suit :

a) Subordonnée à des appréciations très délicates et hasardeuses, la contribution n'assurerait à l'État qu'un produit aléatoire et qui apparaît, dans tous les calculs effectués, comme indiscutablement inférieur au prélèvement prévu dans la convention. L'État et la Banque, en stipulant, dès maintenant, un lourd prélèvement contractuel consacré à la liquidation progressive des postes immobilisés du bilan, accomplissent un acte financier d'une portée considérable, en présence de la situation créée par le développement de la circulation fiduciaire.

b) La contribution sur les bénéfices de guerre doit prendre fin à l'expiration du douzième mois qui suivra la cessation des hostilités (art. 1er de la loi du 1er juillet 1916), et sa liquidation devra être définitivement achevée à l'expiration de l'année qui suivra la cessation de la guerre (art. 15). Or, les bénéfices exceptionnels de la Banque continueront longtemps après la guerre. D'autre part, le règlement définitif prévu par l'article 15 de la loi du 1er juillet 1916 obligerait la Banque, pour ne pas payer de contribution sur des résultats problématiques, à exécuter des mobilisés et des sinistrés et à jeter sur le marché la masse de titres sur lesquels elle aura consenti des avances qui ne lui auront pas été remboursées. Des inconvénients du même genre se produiraient pour le règlement des crédits obtenus à l'étranger, que nous aurons sans doute le plus grand intérêt à voir se prolonger, pour ne pas charger nos changes au cours d'une période très critique.

Nous examinerons successivement ces divers arguments.

a) Il est évident que l'appréciation des éléments servant de base à la contribution extraordinaire sur les bénéfices de guerre est fort délicate ; mais il en est de même pour toutes les grandes entreprises. Toutefois, il est particulièrement difficile d'évaluer les pertes éventuelles de la Banque de France. Ces pertes peuvent en effet résulter de diverses causes, notamment :

1° Des dommages subis par les succursales des régions envahies et de la zone de guerre ;

2° De la dépréciation du portefeuille-titres ;

3° De la prorogation des échéances des effets constituant le portefeuille commercial, par application des décrets moratoires ;

4° De la prorogation des échéances des avances sur titres, par application des mêmes décrets ;

5° Des envois d'or à l'étranger ;

6° Des disponibilités constituées par la Banque à l'étranger.

L'étude de ces faits est particulièrement intéressante.

1° *Dommages aux succursales des régions envahies et de la zone de guerre.* — Ces dommages sont certains ; mais y a-t-il lieu d'en faire état, dès lors que le législateur a inscrit dans la loi en préparation sur les dommages de guerre la réparation intégrale de ces dommages ?

2° *Dépréciation du portefeuille-titres.* — Ce portefeuille, qui est important, représente : *a)* le capital et les réserves de l'établissement ; *b)* la plus grande partie de l'avoir de la caisse de retraite des employés, de la caisse de retraite des dames employées et du fonds de retraite des auxiliaires ; *c)* les titres correspondant à diverses provisions constituées par la Banque.

Suivant la règle, les titres du portefeuille en question ont toujours figuré dans les bilans pour leur prix d'achat. A la veille de la guerre, ils étaient donc comptés pour une valeur inférieure à leur valeur véritable. Mais, depuis la guerre, la baisse des cours a été telle que leur valeur est devenue inférieure à celle pour laquelle ils étaient inscrits dans les bilans. Ainsi, non seulement la Banque a subi, du fait de la baisse, une perte considérable, mais elle s'est vue dans la nécessité — malgré la règle de comptabilité très prudente qu'elle avait suivie — de combler des insuffisances qui lui étaient apparues. Elle a été conduite ainsi à acheter, dans cet objet, pour 58 millions de nouveaux titres.

Il ne faudrait d'ailleurs pas s'exagérer l'importance du risque subi; car, le portefeuille de la Banque se composant uniquement de rente française, d'obligations de chemins de fer garanties par l'Etat, toutes ces valeurs ne manqueront pas de remonter. Il est donc à prévoir que, dans un temps plus ou moins prochain, le portefeuille-titres acquerra une plus-value sensible.

3° *Effets prorogés.* — Nous avons déjà signalé quelle fut, pour la Banque, la conséquence du moratorium commercial. Après avoir subi la prorogation des échéances de son portefeuille par application des décrets des 31 juillet et 1er août 1914, elle a ensuite consenti, afin de venir en aide aux établissements de crédit et par eux au commerce, à escompter, après le moratorium, pour plus d'un milliard d'effets, bien qu'ils pussent bénéficier de la prorogation des échéances.

Son portefeuille d'effets prorogés, qui comprenait, le 13 août 1914, un ensemble d'effets au montant de 364 millions 029.641 francs, passa successivement :

à   678.672.911 fr. au 20 août 1914;
à 2.155.960.539 au 24 septembre 1914 ;
à 3.098.144.700 au 22 octobre 1914 ;
à 3.770.599.930 au 12 novembre 1914.

Puis, au fur et à mesure que le commerce s'est ressaisi, le portefeuille moratorié s'est allégé, descendant :

à 3.477 millions fr. au 24 décembre 1914 ;
à 2.273 millions au 24 juin 1915 ;
à 1.838 millions au 24 décembre 1915 ;
à 1.341 millions au 23 décembre 1916 ;
à 1.141 millions au 22 décembre 1917 ;
à 1.055 millions au 17 octobre 1918.

La plupart des effets prorogés que contient, aujourd'hui, le portefeuille de la Banque ont pour signataires des habitants des régions envahies ou des mobilisés qui ne peuvent encore se libérer. On ne peut prévoir exactement quelle sera la situation après la guerre. Toutefois, nous ne croyons pas que la perte définitive puisse être considérable.

Tout d'abord, les commerçants français tiennent particulièrement à faire honneur à leur signature. D'autre part, les sinistrés des régions envahies seront indemnisés et par suite mis en état de se libérer. Il faut tenir compte, aussi, de ce que beaucoup de mobilisés ont eu pour les remplacer dans leurs affaires des parents ou des collaborateurs et qu'ils seront ainsi en mesure de faire face à leurs obligations après la guerre. Enfin, suprême garantie, la plupart des effets ont été avalisés par une banque responsable.

N'oublions pas, en outre, que les pertes portant sur le portefeuille immobilisé, par suite de la prorogation des échéances, seront supportées par le compte de réserve institué par l'article 5 de la convention du 21 septembre 1914, lequel compte sera alimenté par le supplément d'intérêt de 2 0/0 que l'État doit verser sur les avances de la Banque une année après la cessation des hostilités. Or, comme les avances, qui s'élèvent déjà à un chiffre énorme, ne pourront être remboursées que longtemps après la guerre, il est de toute évidence que le compte de réserve couvrira largement le risque de la Banque. Pour 20 milliards d'avances, l'intérêt de 2 0/0 représente 400 millions par an ! Jamais les pertes de la Banque sur son portefeuille d'effets prorogés n'atteindront un pareil chiffre.

Il convient, il est vrai, de remarquer qu'en vertu de l'article 3 de la convention, la Banque ne sera couverte que du montant en principal des effets impayés, et non de la perte des intérêts. Ces intérêts, lorsqu'ils auront été accumulés pendant plusieurs années au taux de 5 0/0 par an, ne seront certainement pas négligeables. Mais, peut-on tenir un grand compte de ce manque à gagner, alors que, par le cours forcé, la Banque a été dispensée de rembourser ses billets ?

4° *Avances sur titres*. — La Banque de France, avant la guerre, avançait jusqu'à 80 0/0 de la valeur des titres apportés en nantissement. Les avances qu'elle avait ainsi consenties avant l'ouverture des hostilités et qui ne lui furent pas remboursées par suite du moratorium s'élèvent aujourd'hui à 600 millions environ. Les cours ont beaucoup baissé depuis août 1914 et il n'est pas certain qu'au lendemain de la guerre, une fois levé le moratorium, les titres aient recouvré une valeur suffisante pour que la Banque, si les emprunteurs ne voulaient ou ne pouvaient rembourser leur dette, puisse réaliser son gage sans perte. Mais l'intérêt de la Banque sera de proroger les avances, afin d'attendre le relèvements des cours. C'est pourquoi on peut être certain qu'elle ne recourra que le moins possible à la réalisation des gages et qu'elle accordera des délais à ses débiteurs. On peut donc affirmer qu'elle parviendra à rentrer dans la presque totalité de ses créances.

5° *Or à l'étranger*. — Au 29 août 1918, la Banque de France avait en dépôt à l'étranger une quantité du précieux métal s'élevant à 2 milliards 37 millions, en nombre rond, dont la plus grande partie, 1.955.230.000 francs, a été envoyée hors de France, à la demande du Gouvernement, en exécution d'accords passés soit entre celui-ci et tel gouvernement étranger, soit entre la Banque de France elle-même et telle banque d'émission de l'étranger. Cet or sera restitué à la Banque lorsque auront été remboursés les crédits correspondants consentis par l'étranger. La Banque ne court de ce chef aucun risque ; car on ne saurait douter que les conventions passées ne soient respectées de part et d'autre.

Le seul risque porte sur l'or libre que la Banque a en dépôt à la Banque d'État russe. Il s'agit de 52 millions.

6° *Disponibilités à l'étranger*. — La Banque s'est livrée depuis le début des hostilités, pour mettre à la disposition du commerce et du Trésor des moyens de règlement, à des opérations de change considérables, dont le montant total dépassait, à la fin d'août 1918, 13 milliards et demi.

Les disponibilités qu'elle possédait à l'étranger du fait de la balance des achats et ventes de change s'élevaient au 31 août, valeur des cours du même jour, à la somme de 1.111.763.000 francs, laquelle comprenait le bénéfice du change qui lui était acquis, soit 2.337.649 francs. Mais, pour toutes les opérations de change qu'elle a faites, la Banque a été obligée de supporter des différences d'intérêt pendant la durée des crédits et d'effectuer le remboursement à l'échéance, en subissant les cours du change à ce moment pratiqués.

De ce chef, il y a lieu de faire état d'une perte de 14.480.236 francs. Finalement, il ressort de toutes ces opérations de change une perte nette de 12 millions en nombre rond.

Signalons en outre que les disponibilités actuelles de la Banque à l'étranger comprennent une créance sur la Banque d'État russe, jouissant d'ailleurs de la garantie de l'État russe, qui s'élève à plus de 187 millions de roubles et qui correspond, au cours où les opérations ont été réalisées, à une dépense de 500 millions. Mais cette créance, sur laquelle nous donnerons plus loin toutes les explications nécessaires, ne constitue pas un risque définitif pour la Banque de France; car l'article 3 de la convention la met, si elle reste en souffrance, comme les effets moratoriés dans le même cas, à la charge du compte spécial créé par l'article 5 de la convention du 21 septembre 1914, et nous avons indiqué plus haut que ce compte sera assez largement alimenté pour faire face à ces dépenses.

*
* *

En résumé, on voit qu'au fond les véritables risques courus par la Banque sont assez restreints. Il y aurait, tout au plus, à faire état de la dépréciation du portefeuille-titres, de la perte d'intérêts sur les effets prorogés tombés en souffrance, des pertes possibles sur les avances sur titres, des risques courus pour les dépôts d'or libre à l'étranger, et enfin de la perte sur les opérations de change effectuées par la Banque. Tout ceci finalement ne représente pas une très grosse somme. Encore ne s'agit-il là que de risques provisoires. Mais, d'après la thèse soutenue à la Chambre par M. le Ministre des Finances, l'application aux bilans de la Banque de la jurisprudence adoptée pour l'établissement de la contribution sur les bénéfices de guerre aurait pour effet de diminuer ses produits annuels de sommes très supérieures aux risques réels que nous venons d'énumérer, si bien que la Banque jusqu'au 1er janvier 1918 ne resterait plus imposable que pour une somme assez réduite.

M. le Ministre des Finances, ayant fait état des produits bruts des exercices 1911, 1912 et 1913, tels qu'ils ressortent des comptes de gestion, d'où il a très justement éliminé certaines charges d'un caractère exceptionnel, a évalué le bénéfice moyen de ces trois exercices à la somme de 37 millions 705.000 francs. C'est à ce chiffre que devrait être arrêté le bénéfice normal annuel devant servir de base à l'établissement de la contribution sur les bénéfices de guerre. Pour la période de 17 mois, à mettre en parallèle avec la première période d'imposition des bénéfices de guerre, le bénéfice normal ressort ainsi à 53.415.000 francs. Ce résultat ne semble pas contestable; il n'a d'ailleurs pas été contesté à la Chambre par les adversaires de la convention.

Pour la première période d'imposition : 1er août 1914-31 décembre 1915, le Gouvernement a établi le produit brut en éliminant, comme ci-dessus, les charges exceptionnelles ; il l'a ainsi évalué, à 92.607.672 francs. De ce total il a retranché les amortissements correspondant à la dépréciation du portefeuille. Au 31 décembre 1915 le portefeuille d'effets se montait à 1.838 millions. On sait que la jurisprudence de la Commission supérieure admet l'amortissement, dès la première année, de 100 0/0 des créances prorogées sur l'étranger et sur les pays envahis, et de 65 0/0 des autres. Mais, étant données les garanties que possède la Banque, de telles proportions appliquées à son portefeuille auraient été vraiment excessives. Le Gouvernement estime qu'on serait resté dans les limites de la prudence en effectuant, pour cette première période de dix-sept mois, un amortissement de 5 0/0. 5 0/0 sur 1.838 millions de francs d'effets prorogés, c'est une somme de 90.190.000 fr. à déduire des 92.607.000 francs de bénéfices. Il ne resterait donc que 2.417.000 francs. Comme le bénéfice normal est, pour dix-sept mois, de 53.415.000 francs, aucune imposition n'aurait été établie, pour la première période.

Pour la deuxième période, les produits de 1916, déterminés suivant les mêmes règles, se chiffreraient par 105.957.000 francs.

Le portefeuille prorogé était descendu à 1.340 millions. En admettant, en présence de l'aggravation de la situation, un nouvel amortissement de 5 0/0, soit de 10 0/0 au total, le Gouvernement évalue l'amortissement à 134 millions. Comme il a été tenu compte de 90 millions en 1915, ce serait une somme de 44 millions à retrancher des bénéfices de 1916.

D'autre part le portefeuille d'avances sur titres, montant à 700 millions, n'était plus garanti pour sa totalité. La rente était tombée, en effet, de 84 francs, cours du premier semestre de 1914, à 61 francs le 31 décembre 1916 ; ainsi la Banque, qui avait avancé 67 fr. 50, se trouvait à découvert de 11 0/0 du montant des avances. C'est pourquoi M. le

Ministre des Finances a admis, de ce fait, un nouvel amortissement de $\left(\frac{700 \times 11}{100}\right)$, soit 77 millions.

Le montant des amortissements s'élevant ainsi à (44 + 77) 121 millions, somme dépassant le produit brut, l'exercice 1916 n'aurait donné lieu à aucune imposition.

Pour la troisième période d'imposition (1917), le produit brut s'est élevé à 242.421.000 francs, compte tenu d'une provision pour effets en souffrance de 20 millions, le portefeuille d'effets non prorogé s'étant reconstitué au cours des 12 derniers mois.

M. le Ministre des Finances admet un amortissement de 20 0/0 sur le portefeuille prorogé, qui ne contenait plus pour la plus grande part que des effets des régions envahies. En appliquant ce taux au total de 1.137 millions, atteint par ce portefeuille au 31 décembre 1917, il obtient une somme de 227.400.000 francs, ramenée à 93.400.000 francs, compte tenu des amortissements déjà déduits. En faisant état, en outre, d'une perte nouvelle de 14 millions sur le portefeuille avances et d'un débet de 7 millions sur les opérations de change, il arrive à un bénéfice passible de l'impôt s'élevant à 90.311.000 francs. D'après les taux fixés par les lois des 1er juillet 1916, 30 décembre 1916 et 30 décembre 1917, l'impôt se serait élevé à 72 millions en nombre rond.

Ainsi, d'après les évaluations du Gouvernement, l'application à la Banque de France de la loi du 1er juillet 1916 n'aurait produit que 72 millions, jusqu'au 1er janvier 1918. En présence de ces résultats, le Gouvernement a estimé qu'il était préférable de recourir à un tout autre régime pouvant procurer des versements immédiats plus importants.

Reste à savoir si cette solution et les avantages qu'elle comporte ne sont pas achetés par un sacrifice éventuel trop lourd. Nous examinerons plus loin, s'il est vrai, comme le pense le Gouvernement, que ladite solution donnera des résultats plus avantageux que l'application de la loi du 1er juillet 1916.

b) Il faut reconnaître que les objections tirées de la durée d'application de la loi sur les bénéfices de guerre sont d'une valeur indiscutable.

En effet, les bénéfices exceptionnels de la Banque de France dureront longtemps après la période de 12 mois qui suivra la cessation des hostilités. Ils se reproduiront, en effet, tant que n'auront pas été remboursées les avances faites à l'État et aux Gouvernements alliés.

De même il ne serait pas possible de procéder, en ce qui concerne la Banque, à la liquidation de la contribution sur les bénéfices de guerre dans l'année qui suivra la cessation des hostilités; car cette liquidation l'exposerait à la double alternative ou de considérer son portefeuille comme net de tous risques, et de payer ainsi une contribution sur des bénéfices problématiques, ou, pour éviter cette contribution, d'exécuter sans merci ses débiteurs défaillants, anciens mobilisés ou habitants des régions envahies. Faudrait-il enfin que, pour réaliser les avances dont le remboursement serait différé, elle jetât sur le marché l'énorme masse de valeurs qu'elle détient comme gage?

De tels procédés ne sauraient être envisagés, car ils seraient funestes à la tranquillité publique et ne seraient pas sans porter une certaine atteinte au crédit de l'Etat.

Il est donc de toute évidence que, ne fût-ce que sur ces points, des modalités spéciales se fussent imposées quant à l'application de la loi du 1er juillet 1916 à la Banque de France.

Comme on l'a vu ci-dessus, la convention prévoit, pour la période comprise entre le 1er août 1914 et le 31 décembre 1917, la substitution d'un versement forfaitaire de 200 millions à l'application de la loi sur les bénéfices de guerre. Pour les années qui suivront le 31 décembre 1917 et jusqu'au remboursement intégral des avances faites à l'Etat et des sommes escomptées aux gouvernements étrangers sur les bons du Trésor français, un régime spécial a été institué pour remplacer le régime général de la contribution des bénéfices de guerre.

Comme le forfait de 200 millions a été fixé en fonction des éléments qui ont servi a l'établissement du nouveau régime spécial, nous commencerons par examiner ce dernier.

Le régime spécial proposé.

Ce régime est basé sur une distinction très nette entre les produits résultant des opérations habituelles de la Banque et ses produits spéciaux pendant l'état de guerre, c'est-à-dire entre les produits de l'escompte du portefeuille et des intérêts des avances sur titres et les produits divers, d'une part, et, d'autre part, les produits des avances à l'État et de l'escompte de bons du Trésor à des gouvernemens étrangers. Le Gouvernement fait valoir que les produits correspondant aux opérations habituelles de la Banque n'ont pas dépassé, dans l'ensemble, depuis la guerre, leur niveau d'avant guerre, comme le montrerait le tableau suivant (1) :

ANNÉES	PRODUITS commerciaux	ARRÉRAGES des valeurs.	TOTAL
	francs.	francs.	francs.
1911	66.941.810	10.742.409	76.784.219
1912	76.994.227	10.833.703	87.827.930
1913	104.115.214	11.115.884	115.231.098
1914	102.195.912	11.889.374	114.085.286
1915	58.397.164	13.174.209	71.571.373
1916	83.235.335	15.012.495	98.247.830
1917	86.079.607	19.769.879	105.849.486

Les bénéfices exceptionnels de guerre que la Banque a réalisés proviendraient donc exclusivement des opérations

---

(1) Non compris toutefois les intérêts perçus sur le portefeuille des effets prorogés, lesquels intérêts se sont élevés à 4.209.734 francs en 1914, 42.619.060 francs en 1915, 42.415.543 francs en 1916 et 24.062.498 francs en 1917.

spéciales qui tirent leur origine de la guerre, savoir : escompte des bons du Trésor à des gouvernements étrangers et avances à l'État.

La solution à laquelle on s'est arrêté a été, en conséquence, de prendre uniquement comme base des prélèvements à opérer au profit de l'État, à titre de contribution de guerre, les produits résultant de ces dernières opérations.

Cette solution ne jouerait d'ailleurs qu'à partir du 1ᵉʳ janvier 1918.

L'escompte susvisé de bons du Trésor à des gouvernements étrangers, en l'espèce à la Russie, est une opération à laquelle la Banque s'est prêtée à la demande du Gouvernement et qui a eu pour objet de mettre à la disposition de l'État russe (1), conformément à des accords conclus le 5 février et le 4 octobre 1915, les sommes nécessaires pour le service de sa dette en France, ainsi que pour le règlement de ses achats et pour les autres dépenses qu'il pouvait avoir à faire dans notre pays.

Le taux d'escompte est de 5 0/0.

La valeur des bons du Trésor escomptés dans ces conditions par la Banque de France s'élevait au 27 décembre 1917 à 3.220 millions. Le 17 octobre 1918, elle atteignait le chiffre de 3.485 millions.

Comme on le sait, les avances à l'État sont faites au taux de 1 0/0, qui sera porté à 3 0/0 un an après la cessation des hostilités. Le maximum en a été élevé progressivement à 21 milliards par diverses conventions successives, dont la dernière en date est celle du 5 juin 1918, ratifiée par la loi du 7 du même mois. Le 27 décembre 1917, elles s'élevaient à 12.500 millions et le 1ᵉʳ août 1918, elles atteignaient 18.900 millions ; mais elles ont été ramenées à 18.600 millions au bilan du 17 octobre.

---

(1) Cette opération d'escompte est indépendante de l'avance de 500 millions consentie par la Banque de France à la Banque de l'État russe, sur laquelle nous donnons plus loin les explications nécessaires.

Le tableau suivant fait connaître les produits que la Banque a retirés, depuis le début de la guerre jusqu'à la fin de 1917, de l'escompte des bons du Trésor aux gouvernements étrangers et des avances à l'État :

	1914	1915	1916	1917
	francs.	francs.	francs.	francs.
Escompte aux gouvernements étrangers............................	»	13.989.349	58.083.072	150.820.409
Avances à l'État.................	8.602.739	56.899.847	71.530.054	103.860.958

La Banque paye d'ailleurs déjà des redevances à l'État sur ces produits par application des conventions en vigueur.

Les escomptes de bons du Trésor à des gouvernements étrangers entrent dans le calcul de la circulation dite productive, laquelle sert à déterminer le montant de la redevance instituée par les lois des 17 novembre 1897 et 29 décembre 1911. Pour le taux d'escompte de 5 0/0, auquel la Banque de France s'est maintenue constamment, depuis le début de la guerre (sauf dans la période allant du 1ᵉʳ août au 20 août 1914), ladite redevance est calculée à raison d'un sixième des produits sur lesquels elle est établie.

Sur les intérêts des avances à l'Etat, la Banque, en vertu de l'article 4 de la convention du 11 novembre 1911, paye une redevance du huitième.

La convention nouvelle, soumise à notre approbation, prévoit, en remplacement de la contribution sur les bénéfices de guerre, un prélèvement au profit de l'État de 85 0/0 du produit de l'escompte des bons du Trésor à des gouvernements étrangers et de 50 0/0 des intérêts perçus sur les avances à l'État, déduction faite de l'intérêt supplémentaire de 2 0/0 qui sera perçu, un an après la cessation des hostilités.

Pour les bons du Trésor escomptés à des Gouvernements étrangers, la part de l'État serait donc de 4,25 0/0, et celle de la Banque de 0,75. Actuellement, sur le produit brut de 5 francs, la redevance du sixième représente pour l'État 0 fr. 84, la Banque gardant pour elle 4 fr. 16.

Pour les avances à l'État, les parts respectives de l'État et de la Banque seraient de 0,50 0/0. Aujourd'hui, sur 1 franc d'intérêts, la Banque paye la redevance spéciale d'un huitième, soit 0 fr. 125, et elle garde net 0 fr. 875. Lorsque le taux d'intérêt des avances sera porté à 3 0/0 (c'est-à-dire une année après la cessation des hostilités), à la même avance correspondra un prélèvement de 2 fr. 50, qui laissera toujours à la Banque un net de 0 fr. 50.

En basant les calculs sur la situation au 12 septembre 1918, les parts respectives de l'État et de la Banque pour 1918 seraient les suivantes :

Bons du Trésor escomptés à des Gouvernements étrangers :

Part de l'État, 85 0/0 de 173.400.000 francs, soit 147 millions 390.000 francs ;
Part de la Banque, 15 0/0, soit 26.010.000 francs.

Avances à l'État :

Part de l'État et de la Banque :
50 0/0 de 180.000.000 francs, soit 90.000.000 francs.

Un an après la cessation des hostilités, la part de l'État dans les intérêts des avances serait de 450.000.000 francs, celle de la Banque restant de 90.000.000 francs.

Le montant des bons du Trésor escomptés à des gouvernements étrangers n'augmente plus qu'en raison de la capitalisation des intérêts.

Quant aux avances de la Banque à l'État français, elles sont, sans aucun doute, appelées à s'accroître.

On voit, d'après ce qui précède, que la part qui reviendrait à l'État dans le régime proposé est assez considérable ;

mais celle de la Banque de France n'est pas négligeable : 26.010.000 francs sur les bons escomptés à des gouvernements étrangers, 90.000.000 francs sur les avances à l'État. Déduction faite du droit de timbre (0,20 0/00, sur la portion de la circulation correspondant aux opérations non productives), qui ramène à 0,48 0/0 la part de la Banque dans l'intérêt des avances, il restera encore, pour celle-ci, un bénéfice brut considérable, pour des opérations qui, on l'a fait remarquer à la Chambre, tirent leur origine de la guerre et sont réalisées au moyen de billets bénéficiant du cours forcé.

L'honorable rapporteur du projet de loi à la Chambre a justifié comme suit cette part de bénéfices laissée à la Banque : « Il y a lieu de tenir compte des dépenses de toutes
« sortes que l'émission entraîne pour la Banque. A combien
« doit-on estimer ces dépenses ? Une évaluation exacte est
« extrêmement difficile. Mais elles sont à coup sûr élevées
« et, en ce moment, elles tendent à croître pour les raisons
« que voici :

« 1° La Banque a, jusqu'à présent, satisfait aux émis-
« sions nécessaires non pas seulement avec les fabrications
« de la période de guerre, mais aussi, pour une large part,
« avec les provisions antérieurement constituées et fabri-
« quées aux prix les plus divers ;

« 2° Pour les fabrications nouvelles, les prix sont en
« hausse constante et de plus en plus rapide. Les résultats
« d'un exercice ne peuvent en aucune manière servir de
« mesure pour le suivant ;

« 3° La répartition par coupures varie constamment et
« entraîne de grandes différences de prix de revient d'une
« année à l'autre. L'émission des petites coupures a fait
« passer le nombre des billets de 10 à 23 millions par mil-
« liard de francs ;

« 4° La durée des billets qui, même avant la guerre,
« n'était pas très régulière, apparaît dès maintenant plus

« incertaine encore avec les conditions de circulation ac-
« tuelle.

« On ne perdra pas de vue que les frais de fabrication
« ne constituent qu'un élément, et non pas sans doute le
« plus important, des frais occasionnés à la Banque par le
« service des avances au Trésor. Ces avances comportent
« de multiples manipulations de caisse à la sortie et à la
« rentrée, des comptages et des vérifications répétés. Plus
« généralement, tout le concours donné gratuitement par la
« Banque pour le mouvement des fonds et les émissions de
« valeurs du Trésor a pris, en conséquence de l'état de
« guerre, un développement dont la charge ne pourrait être
« supportée par la Banque, si l'excédent par rapport aux
« années normales n'était équitablement prélevé sur l'intérêt
« des avances.

« En somme, on peut considérer que la moitié au moins
« des frais généraux de la Banque sont actuellement impu-
« tables au service de l'État ; les billets émis en représenta-
« tion des avances dépassent d'ailleurs la moitié de la circu-
« lation. Ces frais généraux, tant ordinaires qu'extraordi-
« naires et y compris la fabrication des billets, pouvant être
« évalués à 80 millions, la moitié, soit 40 millions, repré-
« sente 0,33 0/0 du montant actuel des avances.

« Par la suite, la marge toute conjecturale de 0,15 par
« rapport au taux net de 0,48 ira sans doute d'abord se ré-
« duisant, parce que de plus en plus la circulation sera ali-
« mentée par des fabrications nouvelles d'un coût supérieur
« aux précédentes.

« Mais plus tard, les frais afférents aux avances à l'État
« diminueront, parce que la circulation cessera de s'enfler,
« en sorte que la fabrication ne fonctionnera plus que pour
« le remplacement des billets fatigués, et aussi en raison du
« retrait des petites coupures. »

Dans la séance de la Chambre du 18 juillet dernier,
l'honorable rapporteur a déterminé d'une autre manière les
frais entraînés pour la Banque par les avances à l'État.

Considérant que le chiffre des charges de la Banque, pour 1917, s'est élevé à 59 millions et que, sur les 20 milliards de circulation moyenne dans le courant de cette même année, 14 milliards, soit les sept dixièmes, s'appliquaient aux avances faites à l'État ou à l'escompte des bons du Trésor à des gouvernements étrangers, il en a conclu, par un calcul de proportion, que les frais que la Banque a dû supporter du fait de ces avances et de cet escompte représentent 41 millions; ce qui fait, pour une circulation de 14 milliards, par an et par 100 francs 30 centimes.

Ces justifications ne laissent pas que de soulever de graves objections. L'honorable M. Landry n'a pas indiqué sur quels éléments est basée cette évaluation de 80 millions, attribuée dans son rapport aux frais généraux de la Banque, et l'on ne s'explique pas pourquoi il a estimé que la moitié de ces frais correspondait aux avances faites à l'État.

Le raisonnement qu'il a développé à la tribune aboutit, par ailleurs, à ce résultat que sur les 59 millions de frais généraux de 1917, 18 millions seulement correspondraient au fonctionnement normal de la Banque. Or ces frais, en 1913, s'élevaient à 36 millions. Comment la Banque aurait-elle pu, en 1917, les réduire de moitié, alors que ses dépenses, soit en personnel, soit en matériel, sont peu compressibles?

Nous estimons, quant à nous, qu'une meilleure méthode pour évaluer les dépenses que la Banque doit supporter, par suite de ses opérations exceptionnelles de guerre, est de comparer ses frais généraux de la dernière année normale d'avant-guerre et de la dernière année de guerre dont les résultats sont connus et au cours de laquelle les avances à l'État ont été les plus élevées, 1917 (1).

---

(1) Les frais généraux pour 1915 et 1916, tels qu'ils ressortent des bilans de ces années, sont notablement plus élevés : 1915, 78 millions; 1916, 103 millions. Mais cette inflation pour 1915 et 1916 vient de ce que dans les frais d'administration ont été comprises, à tort d'ailleurs à notre avis, les dépenses d'achats de valeurs pour la reconstitution du capital du portefeuille, réduit par la dépréciation des cours. Ces dépenses n'ont pas été moindres de 58 millions.

Les frais généraux de 1913 ont été de 36 millions, ceux de 1917 de 59 millions. Nous pouvons donc considérer que la différence, soit 23 millions, correspond aux frais divers entraînés par les avances à l'État et les escomptes de bons à des Gouvernements étrangers.

Le pourcentage de ces frais ressort à 0 fr. 16 (23 millions de francs pour 14 milliards). La part d'intérêt annuel restant à la Banque sur les avances serait ainsi de 0 fr. 32 0/0 et non pas seulement de 0 fr. 15 0/0.

En résumé, d'après les évaluations ci-dessus, l'application du système proposé pour remplacement de la contribution de guerre, à partir du 1er janvier 1918, procurerait, pour la première année d'application, les résultats ci-après :

a) 85 0/0 sur le produit de l'escompte des bons du Trésor à des gouvernements étrangers. . 147.390.000 fr.

b) 50 0/0 sur le produit des intérêts
des avances à l'État français. 90.000.000

Ensemble. . . . . . 237.390.000 fr.

Ce prélèvement fait, il resterait encore à la Banque sur lesdits produits, considérés comme bénéfices exceptionnels :

a) 15 0/0 sur le produit de l'escompte des bons du Trésor à des gouvernements étrangers. . 26.010.000 fr.

b) 50 0/0 sur le produit des intérêts
des avances à l'État français. 90.000.000

Ensemble. . . . . . 116.010.000 fr.

La comparaison du produit ci-dessus avec ce que donnerait l'application du système actuel n'est pas sans présenter de sérieuses difficultés. Nous avons vu plus haut à quels obstacles se heurterait cette dernière application. Toutefois, si l'on admet que, abstraction faite des risques provenant du moratorium, les produits commerciaux de la Banque et les produits divers qu'elle retire des opérations — autres que l'escompte et les avances sur titres — seront sensiblement les mêmes en 1918 que dans les trois années précédant la guerre, les bénéfices exceptionnels donnant lieu à la contribution de guerre seraient constitués par les produits de l'escompte des bons du Trésor aux Gouvernements étrangers et les intérêts des avances faites à l'Etat français.

Nous avons évalué plus haut les produits de ces deux catégories d'opérations à 353.400.000 francs. Il y aurait lieu d'en déduire les frais généraux afférents à ces opérations et l'amortissement des pertes éventuelles pouvant résulter du moratorium. On comprend qu'il est bien difficile de faire l'évaluation de ces deux éléments. Toutefois, nous ne pensons pas être éloignés de la réalité en portant à 53.400.000 fr la somme des déductions à opérer de ce chef.

Ces éléments étant admis, voici quels seraient les résultats de l'application de la contribution sur les bénéfices de guerre, en exécution de la loi du 1er juillet 1916 modifiée par celles des 30 décembre 1916 et 30 décembre 1917 :

50 0/0 sur.	100.000 fr.	50.000 fr.
60 0/0 sur.	150.000	90.000
70 0/0 sur.	250.000	175.000
80 0/0 sur.	299.500.000	239.600.000
Ensemble		239.915.000 fr.

On voit, en somme, toutes réserves faites cependant sur la stricte exactitude des chiffres ci-dessus, que les résultats du régime proposé se rapprochent très sensiblement de ce que pourrait donner l'application de la loi sur les bénéfices de guerre. Ce régime offre un grand avantage : outre qu'il ferme la porte à toutes divergences ou contestations qui pourraient naître de l'application du système actuel, il se continuera jusqu'au remboursement intégral des avances à l'État et des sommes escomptées aux Gouvernements étrangers, c'est-à-dire jusqu'au moment où la Banque cessera de faire des bénéfices exceptionnels, tandis que la contribution sur les bénéfices de guerre doit cesser un an après la cessation des hostilités.

Liquidation forfaitaire de la contribution de guerre, pour la période du 1er août 1914 au 31 décembre 1917.

Comme on l'a vu plus haut, pour la période écoulée du 1er août 1914 au 31 décembre 1917, la contribution a été fixée à la somme forfaitaire de 200 millions.

Il convient d'ailleurs de signaler que le versement supplémentaire n'est en réalité que de 180 millions en nombre rond; car la somme précitée de 200 millions comprend le solde des redevances actuelles dues, pour l'exercice 1917, sur les produits de l'escompte des bons du Trésor à des Gouvernements étrangers et les intérêts perçus sur les avances à l'État. Ces redevances sont en effet payées par semestre; et lorsqu'est intervenue la convention du 26 octobre 1917, la Banque n'avait versé, pour l'exercice 1917, que l'échéance du premier semestre. Or l'échéance du 2e semestre s'élevait à la somme de 19.550.103 fr. 47, se décomposant comme suit :

Pour l'escompte de bons du Trésor aux gouvernements étrangers . . . . 12.294.311 fr. 49
Pour les intérêts d'avances à l'État . 7.255.791   98

Total. . . . . . 19.550.103 fr. 47

Pour la période 1er août 1914-31 décembre 1917, d'après les évaluations fournies par M. le Ministre des Finances à M. le Président de la Commission du budget de la Chambre des Députés, l'application rétroactive du nouveau régime proposé aurait procuré, déduction faite des redevances déjà payées à l'État, une somme totale de 248 millions 642.000 fr. Cette somme a paru excessive à M. le Ministre des Finances pour les motifs ci-après : « Les provisions constituées par « la Banque pour ses risques commerciaux de toute nature

« s'élevant à 281 millions, il ne serait resté que 32.400.000 fr.
« en regard des pertes possibles sur les avances sur titres et
« sur le portefeuille ordinaire, de l'aléa des opérations de
« change, etc. Il a paru qu'il y aurait des inconvénients sé-
« rieux à découvrir à ce point la position de la Banque; qu'il
« était préférable de respecter dans une plus large mesure
« les affectations régulièrement faites à la clôture des exer-
« cices antérieurs, et qu'en définitive, la contribution affé-
« rente à ces exercices pouvait être fixée à la somme ronde
« de 200 millions. »

En récapitulant les comptes d'exploitation pour la période août 1914-décembre 1917, on arrive aux résultats suivants :

	Août 1914-décembre 1917.
	fr. c.
Produits commerciaux et exceptionnels	851.038.066 12
Revenus des valeurs	52.942.315 92
Total des produits bruts	903.980.382 04
Dépenses ordinaires	168.196.931 55
Impôts et redevances	131.754.557 31
Total	299.951.488 86
Produits nets	604.028.893 18
Amortissements d'immeubles	32.976.464 83
Provisions pour travaux	44.000.000 »
Amortissement de la baisse des valeurs du portefeuille-titres	58.776.301 81
Provisions pour risques divers	169.000.000 »
Constitution de réserves pour les retraites du personnel	46.984.893 33
Gratifications au personnel	9.135.333 33
Divers	105.370.459 88
Total des provisions et amortissements	466.241.393 18
Dividendes	137.787.500 »

On voit que les produits nets, déduction faite non seulement des dépenses d'exploitation, mais encore des impôts et redevances acquittés, s'élèvent à 604 millions.

Est-il suffisant de prélever 200 millions sur cette somme comme le pense M. le Ministre des Finances ? Si nous examinons les provisions et amortissements prévus, nous voyons que les amortissements d'immeubles s'élèvent à 33 millions environ. Ils ne sont pas beaucoup supérieurs à ceux des trois exercices 1911, 1912, 1913 ramenés, pour rendre une comparaison possible, à une durée de 41 mois (27.000.000 fr.). La provision pour travaux neufs a plus que doublé au contraire, passant de 18 à 44 millions. Cette provision peut se justifier, en raison des circonstances. Remarquons toutefois qu'elle concerne pour sa plus grande partie l'agrandissement de la Banque centrale.

La réserve constituée pour baisse des valeurs du portefeuille-titres ne soulève pas d'objection. Il a été, en effet, déclaré à la Chambre que les titres de cette réserve ne devront faire l'objet d'aucune réalisation au moment de la hausse des cours.

La réserve pour les retraites du personnel n'appelle pas d'observations. Nous ne critiquerons pas, non plus, la somme inscrite pour gratification au personnel.

Restent les provisions de 169 millions pour risques divers et de 105 millions pour divers.

La première de ces provisions a été constituée par des affectations successives s'élevant à 5 millions en 1914, 14 millions en 1915, 40 millions en 1916 et 110 millions en 1917. Elle s'applique aux risques courus par la Banque, à raison de ses diverses opérations : escomptes, avances sur titres, etc. La seconde, constituée en 1917, a été versée à un compte d'attente pour servir au payement éventuel de la contribution sur les bénéfices de guerre.

C'est sur ces 274 millions que seront prélevés les 200 millions constituant la redevance forfaitaire pour la période de guerre s'étendant jusqu'au 31 décembre 1917. Il restera ainsi 74 millions, pour faire face aux risques divers de la Banque que nous avons déjà examinés. N'est-ce pas trop ?

Par le jeu du compte spécial institué par l'article 5 de la convention du 21 septembre 1914 et dont l'article 4 de la présente convention règle le fonctionnement, la Banque sera déchargée, comme on le verra plus loin, du risque entraîné par l'immobilisation du portefeuille commercial et par l'ouverture de crédit de 500 millions qu'elle a consentie à la Banque de Russie, dont il sera question à l'occasion de l'article 3 de la convention. Tout au plus supportera-t-elle quelque perte sur les intérêts des effets moratoriés passés en souffrance. Les risques véritables ne portent, somme toute, que sur son portefeuille d'avances sur titres et sur ses dépôts d'or libre à l'étranger. En outre, elle subira vraisemblablement une perte définitive, mais peu considérable, sur les opérations de change. Nous ne pensons pas que tous ces risques atteignent 74 millions.

De telle sorte qu'il semble bien que la liquidation forfaitaire de la contribution de guerre, pour la période du 1er août 1914 au 31 décembre 1917, n'est pas sans profit pour la Banque. Mais, d'une part, l'ordre de grandeur de ce profit, bien difficile à fixer, ne paraît pas devoir être considérable et, d'autre part, l'on a estimé qu'il serait compensé par l'avantage du partage des bénéfices au delà du dividende actuel, obtenu par la Chambre des Députés, lequel a fait l'objet d'une convention additionnelle, sur laquelle nous aurons à nous expliquer par la suite.

C'est pourquoi nous croyons qu'il n'y a pas lieu de faire d'objections aux dispositions qui règlent, pour le passé et pour l'avenir, la question de l'application à la Banque de France de la contribution exceptionnelle sur les bénéfices de guerre.

Pour terminer notre examen de l'article 2 de la convention, nous signalons que le forfait de 200 millions ainsi que les prélèvements tenant lieu de l'impôt sur les bénéfices de guerre seront versés au compte spécial créé par l'article 5 de la convention du 21 septembre 1914. Le fonctionnement de ce compte a été précisé par l'article 3 de la convention que nous commentons ci-après.

Modifications apportées au compte de réserve et d'amortissement créé par l'article 5 de la convention du 21 septembre 1914.

L'article 3 de la convention du 26 octobre 1917 a pour objet de modifier la destination de ce compte spécial et en même temps de préciser les conditions de son fonctionnement. Il est ainsi conçu :

L'article 5 de la convention du 21 septembre 1914 est ainsi complété :

« *Le compte spécial sera débité du montant en principal des effets impayés provenant du portefeuille immobilisé par la prorogation des échéances, au fur et à mesure que la Banque, après la cessation de cette prorogation, entrera ces effets impayés en souffrance.*

« *Le compte sera débité de même, au fur et à mesure de leur entrée en souffrance, du montant en principal des créances résultant des versements effectués chez des correspondants alliés ou neutres en contre-partie du règlement en France, par l'intermédiaire de la Banque, d'effets ou d'opérations antérieurs au 4 août 1914.*

« *La Banque continuera à gérer le portefeuille des effets et créances en souffrance ; elle portera au crédit du compte susvisé les rentrées successives qu'elle obtiendra sur le montant en principal de ces effets et créances.*

« *A aucun moment le solde créditeur du compte ne pourra être supérieur au montant des effets prorogés et des créances susvisées ; l'excédent, de même que toutes sommes devant être ultérieurement versées au compte spécial, sera porté en amortissement de la dette de l'État, ou directement au compte du Trésor lorsque cette dette sera remboursée.* »

Ces dispositions ont été en outre complétées par un avenant du 11 mars 1918, à la convention du 26 octobre 1917, passé à la demande des Commissions du commerce et du budget de la Chambre des Députés, comportant l'article suivant :

L'article 3 de la convention du 26 octobre 1917 est complété par les dispositions suivantes :

« *La Banque bonifiera le solde du compte d'amortissement d'un intérêt calculé au taux net des avances à l'État, déduction faite de l'impôt du timbre et du prélèvement prévu à l'article 2 de ladite convention.*

« *Cet intérêt sera porté à un compte annexe le dernier jour de chaque semestre.*

« *Au moment de la liquidation finale du compte d'amortissement, il sera fait un décompte récapitulatif des sommes successivement absorbées par l'amortissement ou attribuées à l'État sur le montant dudit compte.*

« *La Banque versera au Trésor une part du compte annexe d'intérêt, proportionnelle au total des sommes attribuées à l'État d'après le décompte récapitulatif susvisé.* »

Le compte spécial, créé par l'article 5 de la convention du 21 septembre 1914, était destiné « à couvrir, jusqu'à « concurrence du montant dudit compte, les pertes qui « pourraient se produire sur le recouvrement du portefeuille « commercial de la Banque immobilisé par la prorogation « des échéances ».

Ce compte devait être alimenté à l'aide de l'intérêt supplémentaire de 2 0/0 que, d'après l'article 4 de la convention du 21 septembre 1914, l'État doit servir, un an après la cessation des hostilités, sur les avances reçues de la Banque.

On a vu que l'article 2 de la présente convention lui a donné comme supplément de dotation les prélèvements devant tenir lieu de contribution sur les bénéfices de guerre, à savoir les 200 millions du forfait correspondant à la période 1er août 1914-31 décembre 1917 et les prélèvements sur les produits exceptionnels, à partir du 1er janvier 1918.

Aux termes du dernier alinéa de l'article 5 de la convention du 21 septembre 1914, « si le fonds de réserve laisse « un reliquat, celui-ci viendra en atténuation du montant des « avances faites par la Banque de l'Etat ».

Les modifications apportées à la destination du compte spécial portent sur deux points :

1° Le compte n'aura plus à couvrir que les pertes en principal à provenir des effets prorogés, la perte des intérêts de ces effets restant à la charge de la Banque ;

2° Est mis à la charge du compte « le montant en « principal des créances résultant des versements effectués « chez des correspondants alliés ou neutres en contre-partie « du règlement, en France, par l'intermédiaire de la Banque, « d'effets ou d'opérations antérieurs au 4 août 1914 ».

Il paraît tout à fait logique que le compte ne soit pas appelé à couvrir les pertes d'intérêts supportés par le portefeuille des effets moratoriés, qui a bénéficié du cours forcé. Ajoutons que les effets moratoriés n'ont pas été compris dans le calcul de la circulation productive servant de base aux redevances de la loi de 1897 et que l'État n'a, par suite, bénéficié d'aucun prélèvement sur les intérêts produits par ce portefeuille.

Convention du 2 février 1915 avec la Banque de l'État russe. — La deuxième modification apportée à la destination du compte spécial mérite que nous y consacrions quelques développements.

Disons tout de suite que le deuxième alinéa de l'article 3 de la convention, dont le sens est assez obscur, à la simple lecture, ne vise, en fait, qu'une seule créance de 500 millions garantie par la banque de l'État russe, ainsi qu'il résulte nettement des déclarations de M. le Ministre des Finances à la séance de la Chambre des Députés du 18 juillet dernier. S'il a été fait mention dans cet alinéa, d'une façon générale, « de correspondants alliés ou neutres », ce serait seulement, suivant les paroles du Ministre, « parce qu'il y a des manières courtoises d'écrire les choses ».

Cette créance correspond à un crédit ouvert par la Banque, en vertu d'une convention passée avec la banque de l'État russe, le 2 février 1915, en vue de dégager des créances antérieures à la guerre, que des maisons françaises avaient sur la Russie et que le moratorium russe et la situation des changes, notamment, empêchaient de recouvrer, ou de recouvrer dans de bonnes conditions.

L'opération a été effectuée sur l'invitation du Gouvernement. Voici, en effet, ce qu'écrivait le 20 novembre 1914 l'honorable Ministre des Finances d'alors, M. Ribot, au gouverneur de la Banque de France.

Bordeaux, le 20 novembre 1914.

Monsieur le Gouverneur,

Pour faire suite à nos entretiens, je vous remets une copie de la note (1) de l'ambassadeur de Russie, en date du 13 novembre, relative aux moyens de liquider les engagements des banques russes envers nos nationaux.

Vous m'aviez déjà mis au courant d'une proposition qui vous avait été faite en vue du même objet par le conseiller financier de l'ambassade impériale.

Je n'ai pas besoin de recommander à votre plus sérieuse attention, et à celle du conseil de régence, une question d'un intérêt si évident pour nos relations économiques avec la nation amie et alliée de la France.

Des documents qui précèdent, il résulte bien que le Gouvernement français n'a engagé la Banque de France à faire l'opération dont il s'agit que parce que le Gouvernement russe avait lui-même insisté près de lui.

Le Gouvernement russe a d'ailleurs donné son aval à la

---

(1) *Memorandum remis le 13 novembre 1914 à M. Delcassé par le Conseiller de l'Ambassade de Russie.* — D'après des renseignements parvenus au Ministère Impérial des Finances, les cercles financiers se préoccupent du règlement des dettes des banques russes du chef de leurs engagements vu la prochaine cessation du moratorium. De son côté, le Ministre des Finances, grandement préoccupé des payements très importants que les banques russes ont à effectuer et de l'impossibilité où elles se trouvent actuellement de se procurer les francs nécessaires, ne saurait d'autre part entrer dans les vues des banques françaises qui proposeraient d'établir une compensation entre les dettes susdites et les sommes que le Gouvernement Impérial a en dépôt chez elles. Ces dépôts, destinés au service des emprunts et aux autres besoins de l'État, ne peuvent aucunement être affectés à liquider des engagements de banque privée.

Le Ministre des Finances estime que, pour sortir de cette situation, la Banque de France pourrait avancer à nos banques et à nos entreprises commerciales et industrielles créance que la Banque impériale russe contractait vis-à-vis de la Banque de France.

Les créances visées par l'accord ont été de diverses sortes :

1° Effets de commerce tirés par des maisons françaises sur des maisons russes en réalisation d'opérations de commerce ou de crédit ;

2° Avances sur titres ou sur effets de commerce consenties par des banques françaises à des établissements russes ;

3° Crédits de change en comptes ouverts par des banques françaises à des établissements russes.

La convention a stipulé que la Banque de France rembourserait les créanciers français pour le compte de la Banque de l'État russe, sur ordre donné pour chaque opération et par télégramme de cette dernière banque, celle-ci devant s'entendre préalablement avec les débiteurs russes et devant prendre avec eux les arrangements nécessaires pour se faire rembourser.

La Banque de l'État russe devait ouvrir à la Banque de France un compte sur ses livres à Pétrograd et chaque opération de payement faite en France donnait lieu au profit de la Banque de France à l'inscription à ce compte d'un crédit d'égale somme. La dette a été garantie par le Gouvernement russe par un article formel de la convention.

les sommes nécessaires en francs pour régler leurs engagements, à la condition que ces banques et entreprises versent à la Banque de l'État la contre-valeur en billets de banque russes selon un change à fixer et à la condition que les banques et les entreprises susdites s'engageraient à rembourser la Banque de France, à la fin de la guerre ou en des délais à déterminer, en francs.

Une semblable combinaison présenterait de très grands avantages pour le règlement des comptes réciproques.

Il serait en outre désirable que le Gouvernement intervint auprès des banques françaises pour leur faire ressortir la nécessité de reporter les échéances.

L'Ambassadeur de Russie est chargé d'insister vivement auprès du Gouvernement de la République en faisant valoir à quel point il est inadmissible de liquider complètement les relations anciennes qui existent entre les banques et les entreprises industrielles des pays alliés combattant un ennemi commun et intéressés à ne point apporter de perturbation dans les rapports économiques et les relations d'affaires.

L'ensemble des opérations qui se sont échelonnées entre le 18 février et le 20 avril 1915 s'est élevé à la somme de 499.087.368 fr. 50, dont la Banque de France se trouve actuellement créancière envers la Banque de l'État russe.

Les bénéficiaires de la convention ont été au nombre de 75.

Ajoutons que, conformément aux stipulations de la convention, la Banque n'a prélevé aucun intérêt ni commission d'aucune sorte.

La crainte s'est manifestée très vivement à la Chambre que les 500 millions ainsi avancés par la Banque de France n'aient servi, non au règlement d'opérations purement commerciales, mais à désintéresser nos établissements de crédit des pertes qu'ils risquaient de supporter à la suite d'opérations financières faites en Russie.

L'honorable M. Klotz a fait remarquer que la Banque de France, engagée par le Gouvernement dans une opération de caractère international, ne pouvait réclamer de justifications au sujet des créances que la Banque de l'État russe devait acquitter. Il a ajouté que l'opération faite par son prédécesseur lui paraissait très correcte et qu'elle présentait un caractère absolu d'intérêt national. Il ne s'agit d'ailleurs pas de laisser peser sur l'État français la responsabilité de quelques banques, mais de savoir si dans le calcul des bénéfices de guerre de la Banque de France entreraient les 500 millions qu'elle a avancés à la Banque de l'État russe. Si la Banque de France ne peut rentrer dans sa créance, il est équitable, l'opération qu'elle a faite, sur l'initiative du Gouvernement, étant à l'abri de reproche, d'en imputer l'amortissement au compte spécial de réserve.

Bien que cette opération soit devenue particulièrement grosse de risques, puisque la seule responsabilité de la Banque de l'État russe et de l'État russe a été substituée en l'espèce à celle des 75 bénéficiaires du crédit que notre établissement a ouvert, votre Commission des finances ne fait pas d'objection à l'inscription éventuelle au débit du compte spécial d'amortissement de la créance précitée de 500 millions.

Ainsi que l'a déclaré M. le Ministre des Finances, l'opération dont il s'agit avait en effet un caractère d'intérêt national. L'on ne saurait oublier qu'elle a été exécutée en un moment où la Russie faisait vis-à-vis de la France acte d'alliée très fidèle, que ses armées étaient engagées à fond et souvent victorieuses sur les fronts allemand et autrichien, et que ses intérêts étaient intimement liés aux nôtres. Il serait, par conséquent, contraire à l'équité d'en laisser supporter tout le risque à notre institut d'émission, alors qu'elle ne lui a rapporté aucun profit et qu'il ne l'a effectuée que dans l'intérêt du pays. Au surplus, les soupçons excessifs que l'on a manifestés ne sont pas justifiés.

Avant la guerre il existait des relations économiques importantes entre la France et la Russie. Nous importions dans ce pays des objets très divers et surtout des objets de luxe; nous en recevions surtout des matières premières. D'autre part, nous avions dans certaines villes russes des colonies importantes et toute une industrie française s'était créée dans diverses régions, qui avait recours soit aux établissements de crédit français, soit aux banques russes ayant un siège à Paris. A côté du mouvement industriel s'était nécessairement développé un mouvement bancaire, qui intervenait surtout par l'escompte des effets tirés par les exportateurs de chaque pays sur les importateurs correspondants, mais aussi par des crédits d'acceptation ouverts par les banques. Il existait en outre des comptes courants réciproques.

La guerre en éclatant frappa de paralysie toutes ces relations. Faute de moyens de change, les Russes furent embarrassés pour effectuer leurs payements. Or, en laissant leur signature indéfiniment en souffrance, ils auraient diminué leur crédit. C'est pourquoi la chancellerie de crédit russe est intervenue auprès de la Banque de France et de l'État français. Ajoutons que les Français établis en Russie éprouvaient le désir légitime de rapatrier dans leur pays d'origine les fonds qu'ils avaient en Russie. Enfin les banques françaises étaient très intéressées à la liquidation de leur portefeuille d'effets russe, laquelle leur était fort utile pour la cessation du moratorium des dépôts. Il est, dès lors, tout naturel que le Gouvernement, pour rendre service au gouvernement allié, pour protéger les intérêts des Français établis en Russie et aussi pour contribuer à faire réapparaître sur le marché de Paris les disponibilités si nécessaires à la reprise des affaires, soit intervenu auprès de la Banque de France, afin de dénouer la situation. On peut toutefois regretter que cette avance de 500 millions ait été consentie sans être couverte par des dépôts de valeurs et sans stipulation d'intérêts. On ne s'en explique pas la raison.

*
* *

Pour revenir au fonctionnement du compte spécial, disons qu'il sera débité du montant en principal des effets et créances, au fur et à mesure de leur entrée en souffrance. La Banque continuera d'ailleurs à gérer le portefeuille des effets et créances restés en souffrance. Elle pourra ainsi liquider ce portefeuille au mieux des situations difficiles qui, souvent, peuvent être améliorées avec le temps, grâce à la continuité dans l'action ou à la conclusion d'accords particuliers, pour lesquels toute liberté d'appréciation doit être laissée à l'établissement. C'est d'ailleurs au crédit du compte spécial que seront, bien entendu, portées les rentrées successives obtenues sur le principal des effets restés en souffrance.

Le dernier paragraphe de l'article 3 stipule enfin que le solde créditeur du compte ne pourra jamais dépasser le montant des effets prorogés et des créances sur la Banque de l'État russe. L'excédent, dès qu'il en apparaîtra un, sera employé à amortir la dette de l'État vis-à-vis de la Banque et, lorsque cette dette sera éteinte, — c'est ici une stipulation nouvelle et heureuse — les excédents seront versés au compte du Trésor.

Les risques auxquels doit faire face le compte ont bien diminué d'importance depuis le jour où il a été institué. Le portefeuille d'effets moratoriés, qui s'élevait à 3 milliards et demi, le 31 décembre 1914, n'atteignait plus, le 17 octobre courant, que 1.055.053.815 francs. Ces résultats, que la reprise des affaires a favorisés, témoignent du souci qu'a conservé le commerce français de faire honneur à sa signature. On peut espérer que le solde d'effets prorogés destiné à rester irrécouvrable sera peu important.

Il est difficile toutefois de prévoir l'époque à laquelle le portefeuille des effets moratoriés sera complètement liquidé. Il ne décroît plus, en effet, que lentement. On ne peut en outre savoir quand et comment sera réglée la créance russe. Il peut arriver, dans ces conditions, que, pendant un assez long temps, des sommes importantes restent immobilisées au compte spécial, dont le crédit grossira rapidement, puisqu'il comprendra les 200 millions forfaitaires tenant lieu de contribution sur les bénéfices de guerre pour la période 1er août 1914-31 décembre 1917 et les prélèvements annuels successifs sur les p oduits exceptionnels.

Sur l'initiative des Commissions de la Chambre des Députés, il a été passé en conséquence un avenant à la Convention, aux termes duquel « la Banque bonifiera le solde « du compte d'amortissement d'un intérêt calculé au taux « net des avances à l'État, déduction faite de l'impôt du « timbre et du prélèvement prévu à l'article 2. »

« Cet intérêt sera porté à un compte annexe, le dernier « jour de chaque semestre.

« Au moment de la liquidation finale du compte d'amor-« tissement, il sera fait un décompte récapitulatif des som-« mes successivement absorbées par l'amortissement ou « attribuées à l'État sur le montant dudit compte.

« La Banque versera au Trésor une part du compte an-

« nexe d'intérêt proportionnelle au total des sommes attri-
« buées à l'État d'après le décompte récapitulatif susvisé. »

Ces dispositions n'ont pas besoin de commentaires.

Il paraît toutefois excessif d'attendre la liquidation finale du compte d'amortissement, qui n'interviendra que lorsque l'État aura remboursé toute sa dette envers la Banque, pour faire le décompte récapitulatif qui permettra de déterminer la part du compte annexe d'intérêt dû à l'État. Il semble que ce décompte récapitulatif devrait être dressé dès que seront liquidés le portefeuille des effets prorogés et l'avance à la Banque russe.

Nouvelle fixation des redevances sur les produits normaux de la Banque.

Au régime de redevances de la loi de 1897, l'article 4 de la convention du 26 octobre 1917 substitue un nouveau système, qui serait applicable à partir du 1er janvier 1918. Nous nous sommes expliqué plus haut sur le procédé consistant à modifier un texte de loi par une convention.

L'article dont il s'agit est ainsi conçu :

Pour le calcul de la redevance instituée par l'article 5 de la loi du 17 novembre 1897, on ajoutera au produit obtenu en multipliant le solde moyen de la circulation productive par le taux de l'escompte, déduction faite, s'il y a lieu, des sommes partagées entre la Banque et l'État, conformément à l'article 12 de la même loi, le montant des intérêts perçus par la Banque sur les effets prorogés, et on appliquera à la somme ainsi déterminée une proportion de 5 0/0. Si, pendant une période quelconque, le taux de l'escompte dépasse 3,50, 4 ou 4,50 0/0, cette proportion sera, pour la période correspondante, respectivement portée à 7,50, 10 ou 12,50 0/0.

En outre, il sera perçu sur le produit déterminé comme ci-dessus des opérations productives de la Banque, pour chaque exercice annuel, après déduction de la redevance visée à l'alinéa précédent, une redevance supplémentaire de 20 0/0, la tranche comprise entre 0 et 50 millions n'étant comptée que pour un quart de son montant, entre 50 et 75 millions pour trois huitièmes, entre 75 et 100 millions pour quatre huitièmes, entre 100 et 125 millions pour cinq huitièmes, entre 125 et 150 millions pour six huitièmes, entre 150 et 175 millions pour sept huitièmes.

La redevance et la redevance supplémentaire seront perçues sans préjudice des impôts dus par la Banque tels qu'ils sont déterminés par les lois existantes. Toute majoration de ces impôts et toute création d'impôts qui atteindraient les opérations déjà frappées par les redevances seraient compensées avec le montant de ces dernières, l'excédent étant perçu en sus, le cas échéant.

Ces dispositions entreront en vigueur à partir du 1ᵉʳ janvier 1918.

La redevance fixée par les lois de 1897 et de 1911 est assise sur le produit de la circulation productive par le taux de l'escompte. La circulation productive est représentée par la somme du montant du portefeuille commercial, des avances sur titres et des avances sur lingots et monnaies. Comme nous l'avons signalé plus haut, depuis la guerre, le portefeuille des effets prorogés n'a pas été compris dans la circulation productive, bien qu'il ait procuré des produits très appréciables, qui se sont élevés :

en 1914 à . . . . 4.209.734 fr.
en 1915 à 42.619.060
en 1916 à 42.415.543
en 1917 à 24.062.498

Il nous paraît qu'il y a là une erreur, sur laquelle nous appelons l'attention du Ministre des Finances. Les effets moratoriés, bénéficiant d'une prorogation d'échéance, produisent intérêts au même titre que les effets renouvelés. Ils font donc partie de la circulation productive. Au surplus, pour l'application du nouveau système de calcul de la redevance, on verra plus loin qu'ils y seront réintégrés. Pourquoi ne pas les y avoir compris dans le passé ?

Pour calculer la redevance, on prend la moyenne annuelle de la circulation productive, et on la multiplie, pour chacune des périodes pendant lesquelles des taux d'escompte différents ont pu être successivement pratiqués par le taux d'escompte correspondant à cette période. Comme le taux d'intérêt des avances de la Banque est supérieur au taux de l'escompte, remarquons qu'en appliquant à ces opérations diverses qui font la masse de la circulation dite productive le seul taux de l'escompte, le produit qu'on obtient, et d'après lequel la redevance est calculée, est une quantité fictive, inférieure au profit réel de la Banque.

Le taux de la redevance avait été fixé, en 1897, au huitième du produit dont il s'agit, soit 12,50 0/0. La loi décidait, en même temps, que le montant de cette redevance ne devait pas être inférieur, pour une année, à 2 millions. Les conventions des 11 novembre et 28 novembre 1911 ont stipulé que le taux serait élevé à un septième — soit 14,285 0/0 — lorsque, pendant une période, le taux de l'escompte aurait été supérieur à 3,50 0/0, et à un sixième — soit 16,66 0/0 — lorsque le taux de l'escompte se serait élevé au-dessus de 4 0/0. Lorsque le taux de l'escompte dépasse 5 0/0, en vertu de l'article 12 de la loi de 1897, les produits qui résultent de ce dépassement sont, pour un quart, ajoutés au fonds social et, pour le surplus, versés à l'État.

Depuis la guerre, on a fait entrer dans le calcul de la circulation productive, en dehors des produits que l'on retenait antérieurement, l'escompte des bons du Trésor à des Gouvernements étrangers. Par contre, on a laissé de côté, pour ce calcul, en dehors du montant du portefeuille des effets prorogés, comme nous l'avons dit plus haut, les intérêts des avances à l'État, ces intérêts étant grevés, ainsi qu'il a été vu, d'une redevance spéciale.

Au cours de la première partie de notre rapport, nous avons fait connaître le montant des sommes que la Banque a payées à l'État, au titre de la redevance des lois de 1897 et de 1911, pour chacune des années écoulées depuis 1897. Le total en atteint 167.996.189 fr. 13, non compris la portion afférente, pour 1917, au produit de l'escompte des bons du Trésor à des Gouvernements étrangers, soit 12.294.311 fr. 49.

Dans le nouveau système, l'ancienne redevance dont nous venons d'indiquer la base est maintenue en principe. Mais, d'une part, on ajoute, pour l'assiette, au produit de la circulation productive par le taux de l'escompte, le montant des intérêts perçus par la Banque sur les effets prorogés ; d'autre part, à l'ancienne série de proportions, on substitue un tarif moins élevé et plus souple qui va de 5 à 12,50 0/0 et qui suit, de demi-point en demi-point, toutes les variations du taux de l'escompte, jusqu'à la limite au delà de laquelle intervient le partage avec l'État. Ce tarif va graduellement de 5 0/0, pour un taux d'escompte ne dépassant pas 3,50 0/0, à 7,50 0/0, pour un taux d'escompte supérieur à 3,50 0/0 et ne dépassant pas 4 0/0, à 10 0/0, pour un taux d'escompte supérieur à 4 0/0 et ne dépassant pas 4,50 0/0, enfin à 12,50 0/0, pour un taux d'escompte dépassant 4,50 0/0.

Le tableau suivant donne la comparaison des taux nouveaux et des anciens :

TAUX DE L'ESCOMPTE	REDEVANCE	
	Taux actuel.	Taux nouveau.
	0/0	0/0
Jusqu'à 3,50 0/0 inclusivement................	$\frac{1}{8}$, soit 12,50.	5
Au-dessus de 3,50 0/0, jusqu'à 4 0/0 inclusivement.	$\frac{1}{7}$, soit 14,285.	7,50
Au-dessus de 4 0/0, jusqu'à 4,50 0/0 inclusivement.	$\frac{1}{6}$, soit 16,66.	10
Au-dessus de 4,50 0/0, jusqu'à 5 0/0 inclusivement.	id.	12 50
Au-dessus de 5 0/0..............................	Pour la portion du produit correspondant à un taux d'escompte de 5 0/0, comme ci-dessus. Le surplus du produit est partagé (1/4 à la Banque, pour le fonds social, 3/4 à l'État).	

A la redevance de 1897, ainsi modifiée, s'ajoute une deuxième redevance assise sur le même produit, mais après déduction du montant de la première. Le taux en progresse, par tranches, suivant l'importance du produit qui la supporte. Il est de 5 0/0 pour la première tranche de 50 millions, puis de 7,50 0/0, 10 0/0, 12,50 0/0, 15 0/0, 17,50 0/0 pour chaque tranche de 25 millions qui s'y ajoute (50 à 75, 75 à 100, 100 à 125, 125 à 150, 150 à 175 millions), et enfin de 20 0/0 pour la partie du produit excédant 175 millions.

On peut, sur ces données, construire le tableau suivant des taux et des produits de cette deuxième redevance :

PRODUIT servant d'assiette à la redevance.	TAUX de la redevance.	MONTANT de la redevance.	PRODUIT servant d'assiette à la redevance.	TAUX de la redevance.	MONTANT de la redevance.
	0/0			0/0	
50 millions.....	5	2,5 millions	200 millions....	11,562	23,125 millions
75 —	5,833	4,375 —	250 —	13,30	33,125 —
100 —	6,875	6,875 —	300 —	14,375	43,125 —
125 —	8	10 —	400 —	15,731	63,125 —
150 —	9,166	13,75 —	500 —	16,625	83,125 —
175 —	10,357	18,125 —			

Ainsi coexistent deux redevances établies sur le même produit, progressives toutes deux, mais suivant des bases de progression différentes.

La première conserve le système de progression de l'ancienne redevance, d'après le taux de l'escompte. Il est logique, en effet, que la part de l'État s'élève à mesure que, pour un même volume d'opérations, le bénéfice de la Banque augmente, au moment où les circonstances sont le plus difficiles pour le commerce et la production nationale ; pour la seconde, la progression dépend du niveau même des produits de la Banque et elle a encore une base très juste.

Mais comme les taux de la première redevance sont fort abaissés, il convient de rechercher si les deux redevances, dans leur ensemble, doivent donner un produit plus considérable ou moindre que l'ancienne redevance.

Nous négligerons dans notre examen deux éléments d'importance secondaire : 1° le partage de produits qui intervient, lorsque le taux de l'escompte dépasse 5 0/0. C'est là un fait exceptionnel, qui, depuis la loi de 1897, ne s'est présenté que deux fois : en 1907-1908, pour des escomptes de papier étranger en contre-partie de prêts d'or à la Banque d'Angleterre; puis dans la période du 1ᵉʳ au 20 août 1914, où le taux officiel de l'escompte fut élevé à 6 0/0. Les produits soumis à partage pour ces escomptes ont d'ailleurs été insignifiants : 15.329 fr. 20 en 1907-1908 ; 179.421 fr. 60 en 1914 ; 2° l'adjonction au produit de base des intérêts de retard des effets prorogés.

Cette éventualité et cet élément mis à part, nous voyons qu'aujourd'hui le produit de la circulation productive par le taux d'escompte supporte, du fait de la redevance, un prélèvement allant de 12,50 0/0 à 16,66 0/0. Dans le nouveau système, le prélèvement sera au minimum de 5 0/0 + 5 0/0 = 10 0/0 et il tendra vers un maximum de 12,50 0/0 + 20 0/0 = 32,50 0/0. Mais, la redevance supplémentaire étant progressive par tranches, dans la réalité cette redevance n'arrivera jamais au taux de 20 0/0 et ainsi, le maximum de 32,50 0/0 est seulement idéal.

Les tableaux suivants donnent les rendements des deux systèmes, avec les taux d'escompte de 5 0/0, 4,50 0/0, 4 0/0, 3,50 0/0 et 3 0/0 :

Taux de 5 0/0.

CIRCULATION productive.	PRODUIT soumis au jeu des redevances.	REDEVANCE RÉSULTANT DU PROJET					REDEVANCE résultant des lois de 1897 et 1911.	TAUX de la redevance par rapport au produit des opérations productives.
		Redevance principale.	Redevance supplémentaire.	Redevance totale.	Taux de la redevance totale par rapport au produit des opérations productives.		
	francs.	francs.	francs.	francs.	0/0	francs.	0/0
2 milliards.....	100.000.000	12.500.000	5.625.000	18.125.000	18 »	16.666.666	16 2/3
3 —	150.000.000	18.750.000	10.937.500	29.687.500	20 »	25.000.000	16 2/3
4 —	200.000.000	25.000.000	18.125.000	43.125.000	21 1/2	33.333.333	16 2/3
5 —	250.000.000	31.250.000	26.875.000	58.125.000	23 »	41.666.666	16 2/3

Taux de 4 1/2 0/0.

CIRCULATION productive.	PRODUIT soumis au jeu des redevances.	REDEVANCE RÉSULTANT DU PROJET					REDEVANCE résultant des lois de 1897 et 1911.	TAUX de la redevance par rapport au produit des opérations productives
		Redevance principale.	Redevance supplémentaire.	Redevance totale.	Taux de la redevance totale par rapport au produit des opérations productives.		
	francs.	francs.	francs.	francs.	0/0	francs.	0/0
2 milliards	90.000.000	9.000.000	4.975.000	13.975.000	15 1/2	15.000.000	16 2/3
3 —	135.000.000	13.500.000	9.562.500	23.062.500	17 »	22.500.000	16 2/3
4 —	180.000.000	18.000.000	15.850.000	33.850.000	19 »	30.000.000	16 2/3
5 —	225.000.000	22.500.000	23.625.000	46.125.000	20 1/2	37.500.000	16 2/3

Taux de 4 0/0.

CIRCULATION productive.	PRODUIT soumis au jeu des redevances.	REDEVANCE RÉSULTANT DU PROJET					REDEVANCE résultant des lois de 1897 et 1911.	TAUX de la redevance par rapport au produit des opérations productives.
		Redevance principale.	Redevance supplémentaire.	Redevance totale.	Taux de la redevance totale par rapport au produit des opérations productives.		
	francs.	francs.	francs.	francs.	0/0	francs.	0/0
2 milliards	80.000.000	6.000.000	4.300.000	10.300.000	13 »	11.428.571 42	14 28
3 —	120.000.000	9.000.000	8.250.000	17.250.000	14 1/2	17.142.857 14	14 25
4 —	160.000.000	12.000.000	13.450.000	25.450.000	15 1/2	22.857.142 85	14 28
5 —	200.000.000	15.000.000	20.125.000	35.125.000	17 1/2	28.571.428 57	14 28

Taux de 3 1/2 0/0.

CIRCULATION productive.	PRODUIT soumis au jeu des redevances.	REDEVANCE RÉSULTANT DU PROJET				REDEVANCE résultant des lois de 1897 et 1911.	TAUX de la redevance par rapport au produit des opérations productives.
		Redevance principale.	Redevance supplémentaire.	Redevance totale.	Taux de la redevance totale par rapport au produit des opérations productives.		
	francs.	francs.	francs.	francs.	0/0	francs.	0/0
2 milliards......	70.000.000	3.500.000	3.737.500	7.237.500	10 1/2	8.750.000	12 50
3 —	105.000.000	5.250.000	6.850.000	12.100.000	11 1/2	13.125.000	12 50
4 —	140.000.000	7.000.000	11.200.000	18.200.000	13 »	17.500.000	12 50
5 —	175.000.000	8.750.000	16.593.750	25.343.750	14 1/2	21.875.000	12 50

Taux de 3 0/0.

CIRCULATION productive.	PRODUIT soumis au jeu des redevances.	REDEVANCE RÉSULTANT DU PROJET				REDEVANCE résultant des lois de 1897 et 1911.	TAUX de la redevance par rapport au produit des opérations productives.
		Redevance principale.	Redevance supplémentaire.	Redevance totale.	Taux de la redevance totale par rapport au produit des opérations productives.		
	francs.	francs.	francs.	francs.	0/0	francs.	0/0
2 milliards......	60.000.000	3.000.000	3.025.000	6.025.000	10 »	7.500.000	12 50
3 —	90.000.000	4.500.000	5.425.000	9.925.000	11 »	11.250.000	12 50
4 —	120.000.000	6.000.000	8.625.000	14.625.000	12 »	15.000.000	12 50
5 —	150.000.000	7.500.000	12.625.000	20.125.000	13 1/2	18.750.000	12 50

Avec le taux d'escompte de 5 0/0, le système nouveau est toujours d'un plus grand rendement pour l'État. Avec les autres taux d'escompte pour lesquels ont été dressés les tableaux ci-dessus, il rendra plus que l'ancien, lorsque la circulation productive et le produit soumis aux redevances dépasseront respectivement :

		Circulation productive.		Produits soumis aux redevances.
Pour le taux de	4,50 0/0	2.727 millions	—	122.727.273 fr.
—	4 0/0	2.944	—	117.757.009
—	3,50 0/0	3.673	—	128.571.429
—	3 0/0	4.286	—	128.571.429

Or, la moyenne de la circulation productive des années précédentes a été la suivante :

1908.	1.445.325.001 fr.
1909.	1.277.468.969
1910.	1.528.898.209
1911.	1.847.577.725
1912.	2.023.254.958
1913.	2.384.459.861
1914.	2.342.725.790
1915.	1.215.016.548
1916.	2.839.586.128
1917.	4.349.982.209

On peut prévoir qu'après la guerre la circulation productive se tiendra pendant longtemps à un niveau élevé. Les besoins de crédits immenses qui se produiront ne pourront manquer de se traduire par un développement important des opérations d'escompte et de provoquer des demandes abondantes d'avances sur titres, d'autant que les emprunts de l'État auront absorbé et fait convertir en rentes la plus grande partie des capitaux disponibles de la nation.

Les conditions que nous venons d'indiquer pour que les produits des redevances nouvelles surpassent ceux que procurait l'ancien système seront-elles toutefois remplies, du moins pendant longtemps ? C'est une question à laquelle il nous paraît difficile de répondre.

Une chose certaine, c'est que le rendement sera moins élevé, lorsque la circulation productive reviendra à un chiffre voisin de celui d'avant-guerre. Le Gouvernement estime toutefois que c'est là un résultat nécessaire. Il fait valoir que les charges d'exploitation de la Banque se sont beaucoup accrues depuis la guerre et qu'elles s'accroîtront encore à l'avenir bien au delà du chiffre actuel. De nouveaux comptoirs vont, en effet, être créés dans des centres dont le développement économique est encore peu avancé ; de nouveaux services sont imposés à l'institut d'émission dans l'intérêt du Trésor et dans celui du commerce. Ces services, estime M. le Ministre des Finances, exigeront un personnel plus nombreux et des dépenses d'autant plus lourdes que la Banque donne gratuitement son concours aux services de caisse de l'État et qu'elle a consenti à la suppression de la plupart des commissions qu'elle prélevait avant la guerre sur les opérations de la trésorerie et du commerce.

« Nous ne devons pas oublier, fait-il remarquer dans
« son exposé des motifs, le rôle que joue la Banque dans
« l'ensemble de l'organisation française du crédit et l'in-
« fluence qu'elle exerce sur les conditions de sa distribution.
« S'il est équitable que l'État profite indirectement de la
« cherté du loyer des capitaux lorsque cette cherté est le fait
« des circonstances, il serait tout à fait contraire à l'intérêt
« national que ses exigences vis-à-vis de la Banque puissent
« devenir, à un moment quelconque, une cause de cherté
« et priver le commerce du bénéfice de l'action modératrice
« du taux de l'intérêt qui est une des supériorités de notre
« régime d'émission. »

On peut opposer à l'opinion ci-dessus qu'à la création des nouveaux comptoirs correspondra certainement pour la Banque un accroissement de bénéfices. L'exemple du passé le démontre. Il est à prévoir d'autre part que les nouveaux services dont bénéficiera le commerce augmenteront la clientèle de la Banque pour l'escompte et les avances.

Au surplus, si la Banque de France a vu, depuis la guerre, les charges de son exploitation augmenter sensiblement, en revanche elle touche des produits exceptionnels qui dureront longtemps après la guerre et, si l'on en croit les prévisions de M. le Ministre des Finances, se perpétueront même, en décroissant progressivement il est vrai, jusqu'à l'expiration de son privilège.

Quoi qu'il en soit, pour le motif qui nous a déjà fait accepter le forfait proposé en remplacement de la contribution de guerre pour la période d'imposition (1ᵉʳ août 1914-31 décembre 1917), nous ne croyons pas devoir élever d'objection contre le système de redevances prévu par la convention soumise à votre ratification. Nous lui ferons cependant le reproche d'être très compliqué.

*
* *

Par contre, nous croyons devoir faire des réserves au sujet des dispositions qui font l'objet du 3ᵉ paragraphe ci-après de l'article 4 de la convention :

« La redevance et la redevance supplémentaire seront
« perçues sans préjudice des impôts dus par la Banque tels
« qu'ils sont déterminés par les lois existantes. Toute majo-
« ration de ces impôts et toute création d'impôts qui attein-
« draient les opérations déjà frappées par les redevances
« seraient compensées avec le montant de ces dernières,
« l'excédent étant perçu en sus, le cas échéant. »

Pour justifier cette disposition, le Gouvernement a invoqué les résultats que pourraient avoir sur les conditions générales du crédit commercial le cumul d'une redevance majorée avec des augmentations d'impôts. « Il nous est
« apparu, explique-t-il dans son exposé des motifs, que, s'il
« ne convenait pas de soustraire la Banque aux sacrifices que
« le législateur se trouvera dans la nécessité de réclamer du

« pays, l'équité, aussi bien que le souci d'un juste équilibre
« entre les ressources et les charges fiscales de notre institut
« d'émission, commandaient de prévenir les doubles em-
« plois éventuels entre les mesures qui pourront être prises
« à l'avenir et celles qui sont arrêtées dans la convention. Il
« a donc été entendu que les redevances qui frapperont
« désormais la circulation productive seront payées par la
« Banque en sus de tous les impôts exigibles, en vertu des
« lois existantes, dans les conditions mêmes d'assiette et de
« taux que ces lois ont déterminées. Si des modifications
« étaient apportées à ceux de ces impôts qui atteignent l'ac-
« tivité professionnelle de la Banque, c'est-à-dire à la con-
« tribution sur les revenus commerciaux, telle qu'elle est
« établie par la loi du 31 juillet 1917, et au droit de timbre
« sur les billets, ou si de nouvelles taxes étaient assises soit
« sur les bénéfices de l'établissement, soit sur son chiffre
« d'affaires, soit sur le nombre de ses comptoirs et de ses
« employés ou tel autre élément pris comme indice de l'im-
« portance de ses opérations, il y aurait lieu de comparer
« les résultats de l'application du régime nouveau et ceux
« qu'eût comportés le maintien du régime actuel. Le sup-
« plément d'imposition que ferait ressortir ce rapproche-
« ment serait compensé avec le produit des redevances et
« ne serait perçu que dans la mesure où il dépasserait le
« montant de ces dernières.

« En d'autres termes, la Banque acquittera en tout état
« de cause les impôts qui frappent son activité; l'excédent
« des majorations ou additions d'impôts sur les redevances
« calculées selon la formule nouvelle viendra s'ajouter à ses
« charges fiscales.

« Il convient d'ailleurs d'observer que la redevance
« nouvelle entrera en vigueur dès le 1er janvier 1918; la
« Banque supportera, dès lors, les sacrifices supplémentaires
« qu'elle lui impose pendant les trois années restant à cou-
« rir jusqu'à l'expiration de la période pour laquelle le pri-
« vilège lui a été concédé en 1897. »

Nous reprocherons tout d'abord à la disposition envisagée de manquer de clarté. Elle a donné lieu, en effet, à la Chambre, à des interprétations divergentes et l'interprétation qu'en donne le Gouvernement dans la partie de son exposé des motifs que nous venons de reproduire n'est pas d'accord avec le texte. Le Gouvernement dit, en effet, dans l'exposé ci-dessus, que la compensation ne portera que sur les impôts atteignant l'activité professionnelle de la Banque, alors que, si l'on s'en tient au texte de la disposition, on reconnaît que la compensation portera au contraire : 1° sur *toute* majoration des impôts actuellement existants *dus par la Banque* et 2° sur la création des impôts nouveaux qui atteindront les opérations déjà frappées par les redevances. Cette première réserve étant faite, nous ne saurions dissimuler qu'il nous paraît tout à fait anormal, quelque valeur que puissent avoir les arguments invoqués par le Gouvernement, qu'on fasse compensation entre les redevances et les majorations ou créations d'impôts.

Les redevances ne sont pas des impôts. Elles constituent la contre-partie partielle du privilège concédé à la Banque par l'État. Il arrivera donc que, dans la mesure où la compensation envisagée s'opérera, cette contre-partie diminuera. Si l'on se reporte à la discussion de la Chambre du 23 juillet dernier, on peut voir que M. le Ministre des Finances a même envisagé qu'elle pourrait complètement disparaître, puisqu'il a cité comme exemple le cas où un impôt nouveau sur le chiffre d'affaires venant à être établi et atteignant 70 millions pour la Banque, dont les redevances s'élèveraient à 40 millions, celle-ci n'aurait à payer que ces 70 millions, admis en compensation des 40 millions dus à titre de redevance.

Finalement, la solution proposée peut aboutir à la réduction, voire à la suppression de la redevance. Ainsi risque d'être annihilé un des avantages que le Parlement a voulu réclamer à la Banque en échange du privilège qu'il lui concède. A un autre point de vue, cette réduction conduit à exonérer pendant 28 ans cet établissement des majorations d'impôt que l'on devra réclamer à l'ensemble des contribuables pour faire face aux difficultés sans précédent de la situation financière et à la reconstitution nécessaire de l'outillage économique du pays.

Nous appelons enfin l'attention du Sénat sur un résultat assez inattendu de la disposition incriminée. Le produit des nouvelles redevances doit être affecté, de même que celui de l'ancienne, à des objets bien déterminés : développement du crédit agricole, du crédit ouvrier, du crédit à l'exportation. Les charges qui en résulteront pourront donc, par application de la disposition susvisée, être partiellement supportées par l'impôt; ce qui est contraire à la lettre et à l'esprit de la loi de 1897.

Nous signalerons, en terminant, la crainte qui s'est manifestée à la Chambre que la réduction éventuelle de l'ancienne redevance, affectée comme on sait au développement du crédit agricole, ait pour résultat de réduire la dotation de cette institution. Mais M. le Ministre des Finances a promis, et cette mesure d'ailleurs a fait l'objet d'une disposition précise du projet de loi, que la dotation actuelle du crédit agricole ne serait pas diminuée, dans le cas où le produit de l'ancienne redevance modifiée serait inférieur au chiffre atteint antérieurement. La somme nécessaire pour parfaire la dotation ancienne serait, dans cette éventualité, prélevée sur le produit de la redevance supplémentaire nouvellement constituée et sur la part de l'État dans le super-dividende dont il va être parlé.

Partage du dividende au delà de 240 francs.

Sur l'initiative de la Chambre des Députés, par une convention additionnelle en date du 18 juillet 1918, a été institué un régime spécial de participation de l'État aux bénéfices de la Banque, sous la forme ci-après :

A compter de l'exercice 1918, toute répartition d'un dividende annuel supérieur à 240 francs nets d'impôts par action obligera la Banque à verser à l'État une somme égale à l'excédent net réparti.

Par cette mesure la Chambre a voulu, tout en sauvegardant très largement les intérêts des actionnaires, empêcher que la nouvelle convention ne soit pour eux une source d'avantages excessifs.

L'idée du partage des bénéfices n'est pas neuve. Il n'est pas sans intérêt de rappeler que, dans ses premières propositions au Premier Consul, son Ministre du Trésor, Mollien, avait songé au partage du dividende entre les actionnaires et l'État. « Pour prix du privilège conféré à la Banque de Paris, « lit-on dans l'article 3 du projet de Mollien, le dixième du « dividende qui, d'après le compte publié de chaque semes- « tre, sera attribué aux actionnaires, appartiendra au Trésor « public. » (1)

Cette disposition ne prit pas place dans la loi du 24 germinal an XI (14 avril 1803), qui a concédé le privilège. Mais cette loi stipula, dans son article 8, que le dividende annuel ne pourrait dépasser 6 0/0 pour chaque action de 1.000 francs; qu'il serait payé tous les six mois et que le bénéfice excédant le dividende annuel serait converti en fonds de réserve et celui-ci en rentes sur l'État, ce qui donnerait lieu à un second dividende. Toutefois, la loi stipulait que le dividende total ne pourrait excéder 8 0/0 pour l'an XII.

La loi du 22 avril 1806, dans son article 4, a stipulé que le dividende réglé par l'article 8 de la loi du 14 avril 1803 se composerait : 1° d'une répartition qui ne pourrait excéder 6 0/0 du capital primitif; 2° d'une autre répartition égale aux deux tiers du bénéfice excédant ladite répartition du 6 0/0. Le dernier tiers des bénéfices devait être mis en fonds de réserve. Aux termes de l'article 21 du décret d'administration publique qui a fixé les statuts intérieurs de la Banque, « en cas d'insuffisance des bénéfices pour ouvrir un dividende dans la proportion de 6 0/0 sur le *capital de*

---

(1) *Mémoires d'un Ministre du Trésor public*, 1780-1815. Le Comte MOLLIEN. Tome premier. Première note sur les banques remise au Premier Consul sur sa demande en 1802.

mille francs, il y doit être pourvu en prenant sur les fonds de réserve ».

Les Commissions du commerce et du budget de la Chambre n'avaient demandé tout d'abord le partage du superdividende que pour la durée du cours forcé. Mais on fit remarquer, avec beaucoup de raison, que s'il en était ainsi, la Banque, pour échapper à ce partage, n'avait qu'à mettre en réserve pendant le cours forcé tout ce qui pourrait constituer le superdividende et à augmenter le dividende après la cessation du cours forcé. Les commissions précitées, revenant en conséquence sur leurs précédentes conclusions, ont demandé que le partage du superdividende soit prévu sans limitation de durée. En fait, la convention soumise à notre ratification ne contenant aucune limitation de temps pour le partage du superdividende, cette mesure aura un caractère permanent.

Ce n'est pas arbitrairement qu'a été fixé à 240 francs net le chiffre du dividende au delà duquel devra intervenir le partage de bénéfices entre la Banque et l'État. La Chambre, sur la proposition de ses commissions, a pris comme point de départ du partage le dividende qui a été distribué pour les exercices 1916 et 1917, et qui paraît devoir être distribué aussi pour 1918. Nous approuvons, quant à nous, la pensée à laquelle a obéi la Chambre, en voulant mettre un frein aux bénéfices excessifs que l'exercice du privilège pourrait procurer aux actionnaires. Sans rechercher si une autre formule que le partage du superdividende n'eût pas été préférable, nous l'acceptons d'autant plus volontiers que nous y trouvons une compensation à la formule transactionnelle de la contribution forfaitaire qui remplace l'impôt sur les bénéfices de guerre ainsi qu'aux taux nouveaux de la redevance annuelle.

Mais le principe étant admis, nous ne nous expliquons pas que l'on ait pris comme point de départ du partage des bénéfices le dividende exceptionnel et considérable des années de guerre et particulièrement de 1916, 1917 et 1918.

Si nous nous reportons à la période normale du temps de paix, nous constatons que, depuis 1897, les dividendes distribués aux actionnaires ont varié comme suit :

1898	110 fr.
1899	130
1900	145
1901	120
1902	120
1903	130
1904	130
1905	130
1906	150
1907	175
1908	160
1909	140
1910	140
1911	140
1912	160
1913	200

En 1914, un léger fléchissement s'est produit ; mais le dividende de 190 francs est resté encore très supérieur au dividende moyen ; il s'est relevé à 200 francs en 1915 et a été fixé à 240 francs en 1916 et 1917. Le dividende du premier semestre de 1918 ayant été de 120 francs, il est très vraisemblable que celui du second ne lui sera pas inférieur.

Les bénéfices du temps de guerre sont exceptionnels. Ils sont produits non point par l'escompte de nature commerciale, comme nous l'avons exposé dans nos considérations générales, mais bien, pour la plus grande partie, par des opérations sortant du cadre de celles qui ont fait l'objet de l'institution de la Banque de France. Ce sont des bénéfices anormaux qui ne sauraient légitimement être admis comme base d'une fixation de bénéfices normaux *maxima*, au delà desquels interviendra un partage entre l'État et les actionnaires.

L'équité eût commandé de prendre comme point de départ sinon la moyenne des dividendes des dernières années du temps de paix, tout au moins le dividende le plus élevé, celui de 200 francs distribué en 1913.

Nous sommes loin, on le voit, du régime de l'an XI, aux termes duquel le dividende annuel ne pouvait excéder six pour cent de chaque action de mille francs. Nous sommes loin aussi du temps où l'on pouvait écrire, comme Mollien dans sa seconde note au Premier Consul sur les banques commerciales, que « tout ce qu'une banque obtient de
« pouvoir, ce n'est pas à ses actionnaires qu'elle le doit,
« mais à ceux qui consentent à admettre ses billets ; que
« cette classe règle en souverain les destinées des banques;
« que ce n'est ni par la quotité du capital fourni par les
« actionnaires, ni par la quotité des écus en réserve, que
« cette classe arbitre la proportion admissible des émissions ;
« qu'elle n'est émue ni par de brillants prospectus, ni par
« l'attrait d'un riche dividende ; qu'un instinct supérieur
« règle ses jugements ; qu'elle ne donne en crédit à une
« banque que l'équivalent de ce qu'elle reçoit de cette banque
« en sûreté réelle ; qu'elle tient seule en sa main la balance
« invisible dans laquelle ce crédit se dose avec la précision
« qui le rend utile comme remède et l'empêche d'être fu-
« neste comme poison ».

Cette classe, dont parlait Mollien, composée de tous les éléments actifs et producteurs de la nation, se personnifie dans l'État. D'où la légitimité de l'accession de l'État au partage des bénéfices au delà d'un profit nécessaire et normal.

Attribution des fonds de réserve.

Une question très importante s'est posée à la Chambre à l'occasion du partage des bénéfices : c'est celle des fonds de réserve. La Banque a-t-elle la pleine disposition de ses réserves ou l'Etat a-t-il un droit sur elles ? Quelles seront les règles suivies pour l'attribution des réserves ?

L'honorable M. Puech, notamment, a demandé quel serait, au moment de l'expiration du privilège, c'est-à-dire au moment où la Banque serait complètement dégagée de ses obligations envers l'État, le sort de ses réserves, qui pourront être énormes. A quoi l'honorable rapporteur des commissions répondit qu'à l'expiration du prochain renouvellement une nouvelle loi interviendrait et que, le privilège étant renouvelé ou non, un arrangement deviendrait nécessaire entre le Gouvernement et la Banque, « et s'il y a des « réserves considérables, des dispositions seront prises en « ce qui les concerne ».

Insuffisamment éclairé, M. Puech demanda des explications précises du Gouvernement par la question suivante : « Admettons que la Banque, *in fine* de son privilège, « n'en demande pas le renouvellement : en vertu de quel « texte pourra-t-on lui disputer la possession des réserves ? »

« Il faudra toujours une loi, répondit M. le Ministre des « Finances. La Banque de France tient son origine d'une loi, « ses statuts ont été approuvés par une loi. En conséquence, « si, à un moment déterminé, il n'y a pas renouvellement « du privilège, il sera indispensable qu'une loi de règlement « intervienne. »

La déclaration de M. le Ministre des Finances, si nette en apparence, ne nous a point paru résoudre d'une manière suffisamment précise la question de la propriété des réserves et de leur affectation. Nous avons, en conséquence, demandé de nouvelles précisions motivées. Voici la réponse qu'a bien voulu nous faire l'honorable M. Klotz :

Paris, le 26 septembre 1918.

Monsieur le Rapporteur général,

    Par une lettre datée du 24 août vous m'avez demandé de vous faire connaître mon avis motivé sur la question de la propriété et de l'affectation des réserves de la Banque de France, qui a été soulevée à la Chambre des Députés lors de la discussion relative au renouvellement du privilège.
    Cette question n'a pas été réglée par les statuts et elle n'a pas été examinée lors des révisions auxquelles les derniers renouvellements du privilège ont donné lieu ; mais, comme je l'ai indiqué à la Chambre, au cours de la séance du 16 juillet dernier, « si, à un moment déterminé, il « n'y a pas renouvellement du privilège, il sera indispensable qu'une loi « de règlement intervienne ». Nous avons ainsi la garantie que les droits de l'Etat seront sauvegardés.
    Le droit de *veto* reconnu au gouverneur, représentant de l'État, fournit l'assurance que les bénéfices de la Banque ne donneront pas lieu à des répartitions abusives de dividendes. Les sommes qui ne sont pas distribuées servent à alimenter, non des réserves que la Banque n'a jamais constituées que dans des limites étroitement définies, mais des comptes spéciaux de provisions destinés à faire face à des amortissements ou à certaines dépenses déterminées destinées à des améliorations de service. Le champ qui est ouvert, en ces matières, à l'activité de la Banque est considérable et il n'est pas à craindre qu'elle puisse prochainement atteindre la limite des dotations qui lui sont nécessaires pour assurer la création ou le développement de services nouveaux, prêter une assistance de plus en plus large aux institutions populaires de crédit ou étendre le concours gratuit que la Banque prête au Trésor.
    La question de l'affectation que devront recevoir les fonds provenant des bénéfices non distribués ne pourra se poser que lors de la liquidation de la Banque, mais c'est là une opération dont il y aurait un danger évident à discuter les modalités au moment où on cherche à asseoir, pour une nouvelle période de vingt-cinq années, notre régime d'émission et l'organisation même de notre crédit. A vouloir, dès à présent, régler le sort en fin de privilège des différents postes du bilan de la Banque on risque non seulement de faire un travail inutile, puisqu'on ne possède aucune donnée sérieuse sur la situation dans laquelle la Banque se trouvera à cette époque, mais encore de porter atteinte au crédit de la Banque, et, par contre-coup, à celui du billet et d'aller ainsi à l'encontre même du but qu'on se propose en maintenant la Banque dans son privilège d'émission.
    Agréez, etc.....

Le Ministre des Finances,
Signé : L.-L. KLOTZ.

Il nous sera permis de constater que, dans la réponse ci-dessus, pas plus d'ailleurs que dans sa réponse à la Chambre, l'honorable Ministre des Finances n'a rien précisé quant à l'attribution de la propriété des réserves (1).

Or c'est une erreur que d'affirmer que cette question n'a pas été réglée par les statuts, car ce sont les statuts fondamentaux qui l'ont tranchée d'une manière définitive.

Le fonds de réserve a été créé par la loi initiale de l'an XI, dont l'article 8 dispose que « le dividende annuel, « à compter de l'an XIII, ne pourra excéder 6 0/0 pour « chaque action de 1.000 francs ; il sera payé tous les six « mois. *Le bénéfice excédant le dividende annuel sera « converti en fonds de réserve.* Le fonds de réserve « sera converti en 5 0/0 consolidé, ce qui donnera lieu à « un second dividende ».

La loi du 22 avril 1806, qui a réorganisé la Banque et doublé son capital initial, consacre l'institution du fonds de réserve dans les termes suivants :

« Le capital de la Banque de France, fixé par l'article 2 « de la loi du 24 germinal an XI à 45.000 actions de « 1.000 francs, chacune en fonds primitif, non compris le « fonds de réserve, sera porté à 90.000 actions de 1.000 fr. « chacune, *non compris aussi le fonds de réserve* « (art. 2).

« ..... Le dividende annuel se composera : 1° d'une « répartition qui ne pourra excéder 6 0/0 du capital pri-« mitif ; 2° d'une autre répartition égale aux deux tiers « du bénéfice excédant ladite répartition de 6 0/0. *Le « dernier tiers des bénéfices sera mis en fonds de « réserve.* » (art. 4)

Le décret d'administration publique du 16 janvier 1808, en son article premier, précise en ces termes les droits des actionnaires sur le fonds de réserve :

---

(1) Il s'agit ici des réserves statutaires et non des provisions, indûment appelées réserves par la Banque elle-même, qui, constituées temporairement en vue d'objets déterminés, tels que amortissement de succursales, agrandissement de la Banque centrale, etc..., sont essentiellement variables et disparaissent au fur et à mesure que leur objet a été rempli.

« Le capital de la Banque de France se compose de quatre-vingt-dix mille actions, chaque action étant de mille francs en fonds primitif, *et, de plus, d'un droit d'un quatre-vingt-dix millième sur le fonds de réserve.* »

Jusqu'en 1820, le besoin d'avoir recours au fonds de réserve pour compléter le dividende de 6 0/0 ne s'était produit qu'une seule fois et pour une somme de 100.000 fr., tandis que chaque exercice donnait lieu, au contraire, par application de l'article 4 de la loi du 22 avril 1806 à l'accumulation de réserves nouvelles. Si bien qu'en 1820 leur ensemble dépassait 25 millions :

Rente sur l'État (485.031 fr.)	7.760.650 fr. 76
Acquisition et construction de l'hôtel de la Banque et de ses dépendances. . .	3.875.472 04
Numéraire.	13.768.527 96
Total. . . .	25.404.650 fr. 76

Le Conseil général de la Banque considéra qu'un pareil fonds de réserve dépassait les nécessités, et il demanda que la partie improductive représentée par du numéraire en caisse, soit 13.768.527 fr. 96, fût distribuée aux actionnaires.

Or, le fonds de réserve ayant une affectation légale, celle-ci ne pouvait être modifiée que par la loi. C'est pourquoi la loi du 4 juillet 1820 autorisa la répartition du fonds disponible dans les termes ci-après, qui consacrent le droit de propriété des actionnaires sur le fonds de réserve.

« *Article premier.* — Les bénéfices de la Banque
« *acquis aux actionnaires* et mis en réserve jusqu'au
« 31 décembre 1819, en exécution de la loi du 22 avril 1806,
« lesquels, déduction faite de la somme de francs 3 millions
« 875.472,04 centimes pour l'acquisition de l'hôtel de la
« Banque et de ses dépendances, s'élèvent à la somme de
« francs 13.768.527,96 centimes, seront répartis aux proprié-

« taires des soixante-sept mille neuf cents actions en circu-
« lation. »

« *Art. 2.* — Les bénéfices mis en réserve en exécution
« de la loi du 24 germinal an XI (14 avril 1803) montant à
« la somme de 7.760.650 francs, 76 centimes, dont l'emploi
« a été fait conformément aux dispositions de cette loi, con-
« tinueront provisoirement de rester en réserve. »

De 1820 à 1831 l'application de la loi du 22 avril 1806 avait accumulé de nouvelles réserves s'élevant à près de 10 millions, que les pouvoirs publics estimèrent surcharger inutilement l'actif de la Banque. Aussi une nouvelle loi intervint-elle pour en ordonner la répartition entre les actionnaires.

« Les bénéfices de la Banque de France, est-il dit à
« l'article premier de la loi du 6 décembre 1831, *acquis*
« *aux actionnaires* et mis en réserve depuis le 1ᵉʳ juillet
« 1820 jusqu'au 30 juin 1831, en exécution de la loi du
« 22 avril 1806, montant à la somme de 9.974.398 francs,
« seront répartis aux propriétaires des soixante-sept mille
« neuf cents actions actuellement en circulation. »

Mais l'expérience ne tarda pas bientôt à démontrer que l'application de la loi de 1806 conduirait à de nouvelles accumulations improductives et inutiles. C'est pourquoi le législateur crut devoir modifier les règles de la constitution du fonds de réserve, en limitant l'importance de ce fonds à 10 millions, somme jugée amplement suffisante pour faire face aux aléas éventuels.

Dans cet objet la loi du 17 mai 1834 disposa, en son article premier, que « le fonds de réserve à maintenir par la
« Banque de France sur ses bénéfices acquis, aux termes de
« l'article 8 de la loi du 24 germinal an XI (14 avril 1803)
« et de l'article 4 de la loi du 22 avril 1806, est et demeure
« fixé à la somme de 10 millions, représentés par cinq cent
« mille francs de rente cinq pour cent, indépendamment de
« la portion dudit fonds de réserve employée à l'achat de

« l'hôtel de la Banque et aux constructions qu'elle y a
« ajoutées. »

C'est depuis lors que figura désormais au bilan de la Banque la réserve désignée sous la rubrique ci-après :

Réserve mobilière. — Loi du 17 mai 1834 : 10 millions.

Ce fonds de réserve s'accrut à la suite des décrets du 27 avril et du 2 mai 1848, qui réunirent les banques départementales à la Banque de France. Cet accroissement se produisit par un apport des actionnaires, comme on va le voir. En exécution de l'article 5 du premier des décrets précités, les fonds de réserve existants dans chacune de ces banques furent ajoutés au fonds de réserve de la Banque de France. Celle-ci prit charge du passif et de l'actif des banques départementales. Elle remboursa leur capital de 23.350.000 francs, y compris leur fonds de réserve s'élevant à 2.980.750 fr. 14, au moyen de l'émission d'actions nouvelles. Son capital passa ainsi de 67.900.000 francs à 91.250.000 francs.

Depuis 1848, au bilan de la Banque de France figure, sous la rubrique ci-après, ce deuxième fonds de réserve :

Réserves mobilières. — Ex-banques départementales : 2.980.750 fr. 14.

En 1857 le fonds de réserve s'accroît pour la deuxième fois par un apport des actionnaires. La loi du 9 juin 1857, qui prorogea le privilège de la Banque jusqu'en 1897, en porta le capital de 91.250.000 fr. à 182.500.000 francs.

« Le capital de la Banque, dit l'article 2 de la loi,
« représenté aujourd'hui par quatre-vingt-onze mille deux
« cent cinquante actions, sera représenté désormais par cent
« quatre-vingt-deux mille cinq cents actions, d'une valeur
« nominative de mille francs, *non compris* le fonds de
« réserve. »

L'article 3 de la loi dispose que « les 91.250 actions
« nouvellement créées seront exclusivement attribuées aux
« propriétaires des 91.250 actions actuellement existantes,

« lesquels devront en verser le prix à raison de 1.100 francs
« par action dans les caisses de la Banque ».

Par l'article 4, la loi fixe comme suit l'affectation de cette augmentation du capital : « Le produit de ces nouvelles
« actions sera affecté jusqu'à concurrence de 91.250.000 fr.
« à la formation du capital déterminé par l'article 2 et,
« *pour le surplus, à l'augmentation du fonds de
« réserve actuellement existant.* »

Depuis 1857, la mention au bilan des fonds de réserve se complète d'une nouvelle rubrique ainsi conçue :

Réserves mobilières. — Loi du 9 juin 1857 : 9.125.000 fr.

Jusqu'ici, donc, il n'y a pas de doutes : de par les textes législatifs le droit de propriété du fonds de réserve ne saurait être contesté aux actionnaires.

Les lois de 1820 et de 1831 qui ont autorisé les répartitions partielles, loin de constituer une atteinte à ces droits, n'ont fait que les confirmer. En effet, le fonds de réserve ayant une affectation statutaire, celle-ci ne pouvait être modifiée que par une loi ; tel fut l'objet des lois mentionnées. Si, à son expiration, le privilège venait à ne pas être renouvelé, qu'adviendrait-il du fonds de réserve ? Il n'y pourrait être touché par les actionnaires qu'après la liquidation de la Banque, soit que l'État prenne son lieu et place, soit que son privilège, avec ses droits et charges, fasse l'objet d'une transmission à une autre société. Dans l'un et l'autre cas, le fonds de réserve devrait leur être remboursé, sous réserve du montant des pertes auxquelles il doit pourvoir.

De ce qui précède, il résulte très nettement que le fonds de réserve appartient aux actionnaires et qu'une loi, même en fin de privilège non renouvelé, ne pourrait les en dépouiller ni en totalité ni partiellement.

La question de la répartition des réserves, en fin de privilège, ne se pose donc pas : elle est résolue par les statuts fondamentaux et par les lois qui ont réglé la matière.

Mais il faut reconnaître, comme nous l'avons déjà indiqué, que si, ultérieurement, soit de l'initiative de la

Banque, soit de l'initiative des pouvoirs publics, le privilège d'émission n'était pas renouvelé à l'établissement qui en est aujourd'hui investi, des questions d'une haute importance resteraient à résoudre, qu'une loi seule pourrait solutionner, telles : la liquidation de l'encaisse métallique, du portefeuille et de la circulation. Il est de toute évidence qu'en pareille occurrence, la transmission de l'actif et du passif de la Banque étant liée à l'intérêt public, seuls les pouvoirs publics auraient qualité pour en déterminer les modalités. Nous sommes, sur ce point, tout à fait d'accord avec M. le Ministre des Finances.

Versement d'un acompte sur le montant des billets non remboursés des anciens types.

Les dispositions relatives à ce versement ont fait l'objet d'une convention additionnelle du 11 mars 1918, passée sur l'initiative des commissions du commerce et du budget de la Chambre. Elles sont ainsi conçues :

Article premier.

Par application du principe général selon lequel l'État a seul droit au bénéfice résultant de ce qu'une partie des billets n'est pas présentée au remboursement, la Banque de France versera au Trésor, aux dates ci-après fixées, une somme représentant le solde des billets de tous les anciens types à impression bleue sans fond rose et des petites coupures de vingt et vingt-cinq francs émises antérieurement à 1888, restant en circulation.

Un acompte de cinq millions de francs ayant été versé à titre définitif en exécution de la convention du 28 novembre 1911, un nouvel acompte d'un montant égal sera versé au Trésor dans le mois suivant l'entrée en vigueur de la présente convention.

Le surplus sera versé le 2 janvier 1920.

Article 2.

A partir du moment où le solde en circulation sera devenu inférieur aux sommes versées au Trésor, l'État prendra à sa charge l'échange des billets qui seraient ultérieurement présentés au remboursement, sans que toutefois son bénéfice final puisse être inférieur à la somme de cinq millions de francs versée en exécution de la convention du 28 novembre 1911.

Il ne saurait faire de doute que le montant des billets de types ayant cessé d'être émis, qui ne viendront jamais au remboursement, doive bénéficier à l'État, de qui la Banque tient son privilège. Ce serait pour la Banque un profit injustifié, si elle devait indéfiniment faire figurer dans son passif, au poste de la circulation, des billets qu'elle n'aura pas à rembourser.

De cette doctrine, il a été fait application à deux reprises.

Les billets à impression noire, émis de l'origine de la Banque à 1862, et non rentrés, ont fait l'objet d'une stipulation dans la loi de 1897. En vertu de l'article 15 de cette loi, la Banque a versé au Trésor 6.774.730 francs correspondant au solde non remboursé, à charge pour l'État d'assurer les remboursements ultérieurs. Ces remboursements ne se sont élevés, jusqu'à la fin de 1917, qu'à 190.400 francs.

En 1911, l'article 3 de la convention additionnelle du 28 novembre 1911 a stipulé que, sur le montant des billets à impression bleue sur fond rose émis de 1862 à 1888 et des petites coupures de 5 francs, 20 francs et 25 francs émises pendant et après la guerre de 1870, la Banque remettrait au Trésor, à titre de versement définitif, une somme de 5 millions.

Des billets visés dans cet article une catégorie a été émise de nouveau : celle des billets de 5 francs du type 1873. Abstraction faite de cette catégorie, les autres billets, dont le montant en circulation au 1er janvier 1911 était de 24.363.845 francs, ont donné lieu depuis cette époque aux entrées suivantes :

1911	1.340.410 fr.
1912	1.004.410
1913	667.540
1914	517.240
1915	606.100
1916	536.720
1917	294.905
	4.967.325 fr.

Le solde en circulation au 31 décembre n'était donc plus que de 19.396.520 francs.

L'article premier de la convention additionnelle du 11 mars 1918 prévoit qu'un nouveau versement de 5 millions sera fait sur ce solde dans le mois suivant l'entrée en vigueur de la convention. Le surplus serait versé le 2 janvier 1923. Corrélativement, l'État se chargerait, à partir du moment où le solde en circulation sera devenu inférieur aux sommes versées au Trésor, du remboursement des billets qui seraient ultérieurement présentés. Son bénéfice final ne pourra descendre toutefois au-dessous des 5 millions qu'il a reçus en exécution de la convention de 1911.

Ces cinq millions avaient été réservés par la loi du 29 décembre 1911 pour des œuvres de crédit. Il n'a pas paru possible de réserver de la même manière les sommes que l'État retirera de l'application de la convention du 11 mars 1918, puisque ces sommes ne lui sont pas acquises à titre définitif.

Nous rappelons qu'une autre importante catégorie de billets, celle des billets bleus de 100 francs à fond rose, a cessé d'être émise en 1910 ; mais il circulait encore, à la fin de 1917, pour 790 millions de ces billets, et il serait prématuré de prévoir, dès maintenant, un versement de la Banque en ce qui les concerne. Les précédents montrent que, lorsque la fabrication d'un type de billets a cessé, les rentrées sont négligeables après trente-cinq ans, mais qu'elles sont loin de l'être après vingt-trois ans. Dans ces conditions, le moment de régler la question pour les billets bleus de 100 francs à fond rose ne viendra guère qu'à la fin de la nouvelle période de prorogation du privilège de la Banque.

Avances permanentes consenties au Trésor.

Ces avances font l'objet de l'article 5 de la convention du 26 octobre 1917, ainsi conçu :

Les avances permanentes de la Banque de France à l'État, résultant des traités des 10 juin 1857, 29 mars 1878, 31 octobre 1896, 11 novembre 1911 et s'élevant ensemble à 200 millions de francs sont prorogées jusqu'à l'expiration du privilège. Ces avances ne porteront pas intérêt. En garantie de leur remboursement, il sera remis à la Banque de France un bon du Trésor à l'échéance des avances.

Cet article ne fait ainsi que maintenir le bénéfice des avances permanentes déjà consenties, lesquelles s'élèvent respectivement à :

Convention du 10 juin 1857.	60	millions.
— 29 mars 1878	80	—
— 31 octobre 1896	40	—
— 11 novembre 1911. . . .	20	—
Total	200	millions.

Nous rappelons que les deux premières n'ont pas reçu d'affectation spéciale ; la troisième a été affectée au crédit agricole ; la dernière, destinée à des œuvres de crédit par la loi du 29 décembre 1911, a été employée jusqu'à concurrence d'une somme de 18 millions, ainsi répartie :

2 millions aux caisses régionales de crédit maritime mutuel (loi du 4 décembre 1913) ;

2 millions aux sociétés coopératives ouvrières de production (loi du 18 décembre 1915) ;

12 millions aux banques populaires de crédit pour le petit et moyen commerce et la petite et moyenne industrie (loi du 13 mars 1917) ;

2 millions aux sociétés coopératives de consommation (loi du 7 mai 1917).

C'est avec raison que le Gouvernement n'a pas demandé l'augmentation de ces avances permanentes, sans intérêt. Elles avaient leur raison d'être lorsqu'elles furent instituées comme compensation du privilège. Ce motif semble avoir disparu depuis l'institution du régime des redevances. L'affectation dont une partie des avances fut l'objet en a commandé le maintien ; mais leur accroissement conduirait à une immobilisation dangereuse des disponibilités de la Banque.

Augmentation du nombre des places bancables.

Cette augmentation est prévue par l'article 6 de la convention du 26 octobre 1917 :

La Banque maintiendra les créations de succursales, bureaux auxiliaires, villes rattachées, réalisées par elle en dehors des obligations prévues par la loi du 17 novembre 1897 et par la convention du 11 novembre 1911.

Dans le délai de dix ans à partir de la promulgation de la loi approuvant la présente convention, il sera créé 12 succursales et 25 bureaux auxiliaires.

La Banque s'engage, en outre, à organiser le service d'encaissement dans 50 villes rattachées, parmi lesquelles seront compris les chefs-lieux d'arrondissement et de canton de 6.000 habitants et au-dessus qui ne sont pas bancables.

Bien que la Banque ait étendu son réseau d'une manière continue, il ne semble pas qu'elle ait atteint, à cet égard, les limites qui pourraient être assignées à son action et il est légitime de fixer un minimum de créations à réaliser, après la conclusion de la paix. La Banque ne donnera tout le concours que le commerce, l'industrie et l'agriculture sont en droit d'attendre d'elle, pour seconder la reprise de leur complet essor, que si elle augmente encore le nombre de ses comptoirs et s'établit dans tous les centres de quelque importance.

C'est le vœu qui a été exprimé par bon nombre de chambres de commerce et de groupements professionnels au cours de l'enquête de 1916.

Le nombre total des places bancables est actuellement de 584, dont :

143 succursales ;
75 bureaux auxiliaires ;
366 villes rattachées.

L'augmentation, depuis 1897, a été de 324 places, ainsi réparties :

49 succursales créées, dont 28 par transformation de bureaux auxiliaires ;

65 bureaux auxiliaires créés ;

288 villes rattachées, dont 50 pour remplacer celles qui sont devenues siège de succursales ou bureaux auxiliaires, et 238 à titre de créations nouvelles.

L'article 6 de la convention nouvelle consacre les résultats obtenus par l'initiative de la Banque et prescrit en outre la création, dans le délai de 10 ans, à partir de la promulgation de la présente convention, de 12 succursales et de 25 bureaux auxiliaires.

La Banque s'engage, en outre, à organiser le service d'encaissement dans 50 villes rattachées, parmi lesquelles seront compris les chefs-lieux d'arrondissement et de canton de 6.000 habitants et au-dessus qui ne sont pas bancables.

Ces chefs-lieux d'arrondissement et de canton sont les suivants :

Chefs-lieux d'arrondissement............ 19
Apt, Belley, Briançon, Châteaubriant, Château-Gontier, Commercy, Condom, Coulommiers, Doullens, Lannion, Leblanc, Nérac, Rambouillet, Redon, Saint-Affrique, Saint-Gaudens, Saint-Yrieix, Sarlat, Yssingeaux.

Chefs-lieux de canton................ 27
Audincourt, Auray, Bannalec, Bohain, Bollène, Blain, Cancale, Darnetal, Dinard-Saint-Enogat, Givet, Guéméné-Penfao, Guérande, l'Isle-sur-la-Sorgue, Martigues, Mehun-sur-Yèvre, Montmorency, Noirmoutiers, Poissy, Pont-l'Abbé, Saint-Gilles, Saint-Léonard, Saint-Remy, Scaer, Seclin, la Teste, Thouars, Villejuif.

Total 46

Nous signalons que, d'après les déclarations de M. le Ministre des Finances à la séance du 24 juillet dernier, les chefs-lieux d'arrondissement de Corbeil, La Flèche, Fontenay-le-Comte, Issoudun, Montbéliard, Orange, Pamiers, Les Sables-d'Olonne et Vitré, dont la population dépasse 10.000 habitants, actuellement villes rattachées, seront désignés parmi les 25 bureaux auxiliaires à créer en vertu de la convention.

Nous avons démontré, au cours de nos considérations générales, que l'intérêt de la Banque et de ses actionnaires était lié à la multiplicité de ses comptoirs, à la condition, bien entendu, qu'ils fussent judicieusement établis. Nous n'insisterons donc pas sur la portée réelle de l'obligation qui lui est faite par l'article 6 de la convention.

Comme c'est à raison des résultats satisfaisants qu'elle a obtenus par la multiplication de ses établissements de province, que la Banque a toujours dépassé les engagements qu'elle avait pris dans les conventions antérieures, il est à souhaiter qu'elle ne s'arrêtera pas dans la voie où elle est entrée et qu'elle n'hésitera pas à établir des comptoirs dans toutes les localités où l'activité commerciale et industrielle en justifiera la création.

Papier déplacé.

Nous signalons que la Banque de France, en réponse à des demandes de M. le Ministre des Finances, a pris ou renouvelé trois sortes d'engagements favorables au commerce. M. le Ministre des Finances lui a demandé d'abord d'admettre, par une mesure de principe, l'escompte du papier déplacé. Ce papier est souvent fort intéressant. Il s'agit, notamment, des traites tirées par le commerce de gros sur les détaillants des centres ruraux. C'est aussi dans cette catégorie que se trouverait rangée la plus grande partie du papier agricole dont on peut prévoir et souhaiter le développement. Or, le fait que le papier déplacé ne soit pas normalement admis dans le portefeuille de la Banque tend à le faire considérer, en quelque mesure, comme une immobilisation par les maisons qui s'en chargent, sous prétexte de son encaissement difficile et de l'absence de garanties qui le caractériserait. De là une sorte de défaveur, à l'abri de laquelle naissent des majorations d'intérêts, agios, commissions, etc... venant grever un papier commercial cependant de premier ordre.

Le Gouverneur de la Banque a fait connaître, par lettre du 30 octobre 1917, que la Banque, « en raison de l'intérêt que présentent, pour le développement du crédit agricole et de l'activité économique de nos campagnes, de plus grandes facilités accordées à la négociation des effets commerciaux tirés sur des places non bancables, est disposée à les admettre à l'escompte, en se réservant, comme il convient, le choix des voies et moyens pour assurer le recouvrement ».

Escompte du papier à deux signatures appuyé de dépôts de titres.

C'est également à la demande de M. le Ministre des Finances que la Banque, comme nous l'avons signalé au début de ce rapport (page 12), a renouvelé l'engagement, pris le 31 octobre 1896, d'augmenter, dans une mesure à apprécier suivant la solvabilité des obligés, la proportion du papier à deux signatures à escompter pour une valeur de titres déposés en garantie d'escompte.

Papier d'exportation.

Enfin, M. le Ministre des Finance a attiré l'attention de la Banque sur la nécessité de prêter son concours à notre commerce d'exportation. Après la guerre, le développement de ce commerce sera, en effet, une condition indispensable de notre relèvement économique et financier. Or ce commerce a été entravé jusqu'ici par le défaut de crédit.

« Un des vœux présentés avec le plus d'insistance par
« certains milieux commerciaux, écrivait l'honorable
« M. Klotz, vise l'admission à l'escompte du papier d'expor-
« tation dont l'échéance dépasse quatre-vingt-dix jours.
« J'estime que tout allongement de ce délai statutaire, au
« même titre que toute mesure tendant à immobiliser
« davantage l'actif qui forme le gage de la circulation, ne
« peut, surtout dans les circonstances actuelles, qu'être fer-
« mement écarté. Toutefois, ces circonstances mêmes
« donnent aux préoccupations qui se sont fait jour un intérêt
« particulier ; l'extension de nos ventes au dehors apparaît
« en effet, étant donné l'état de nos changes et le montant
« de la dette extérieure que nous avons été obligés de con-
« tracter, comme une des conditions du relèvement national.
« Le Conseil général s'est engagé, par l'article 4 de la con-
« vention du 11 novembre 1911, à escompter, dans des
« conditions qu'il lui appartient de déterminer, les effets
« payables à l'étranger et dans les colonies françaises. La
« Banque a déjà fait de cet article une application très heu-
« reuse ; je ne doute pas qu'elle apportera dans son inter-
« prétation, au cours des années à venir, l'esprit le plus
« attentif et le plus libéral. J'attacherais également du prix
« à recevoir l'assurance que, si le gouvernement suscite ou
« encourage la création d'établissements spécialement des-
« tinés à seconder les affaires d'exportation, ces établisse-
« ments trouveront auprès de la Banque tout l'appui com-
« patible avec l'observation des règles tutélaires de ses
« statuts. »

« En ce qui concerne l'admission à l'escompte du papier
« d'exportation, a répondu le Gouverneur dans sa lettre pré-
« citée du 30 octobre 1917, le Conseil est convaincu, comme
« vous, que tout allongement du délai statutaire d'échéance
« se concilierait mal avec le devoir qui s'impose à la Banque
« de rétablir progressivement la liquidité de l'actif formant
« le gage de la circulation. Mais, dans la plus large mesure
« compatible avec ce devoir primordial, le Conseil général
« s'attachera à développer l'application des engagements

« qu'elle a pris avec vous-même en 1911, et à assurer l'appui
« de la Banque aux initiatives qui auraient pour objet de
« favoriser l'expansion économique de la France au dehors. »

La question du crédit à l'exportation a été longuement discutée à la Chambre à la séance du 24 juillet. M. le Ministre du Commerce a esquissé dans ses grandes lignes le projet qu'il préparait pour procurer ce crédit à nos exportateurs par la création d'une banque d'exportation, à laquelle l'Etat prêterait son concours au moyen des ressources que lui procureront les redevances de la Banque de France, et par la mobilisation des créances d'exportation à long terme par voie d'acceptation à 90 jours de vue au maximum donnée par ladite banque contre délégation de la créance à long terme et renouvelées à l'échéance jusqu'à la libération du débiteur étranger. La question est donc amorcée ; elle mérite d'être envisagée avec maturité.

Concours de la Banque au service de caisse du Trésor.

Comme dans les conventions précédentes, certaines dispositions de la convention du 26 octobre 1917 concernent le concours de la Banque au service de caisse du Trésor. Elles font l'objet de l'article 7 :

La Banque de France continuera d'effectuer gratuitement le payement des chèques et virements tirés par les comptables du Trésor sur le compte du Trésor et de prêter à l'État son concours gratuit, dans les conditions fixées par les décrets en vigueur, pour faciliter le règlement par virements des mandats ordonnancés et visés bon à payer, établis au profit de ceux des créanciers de l'État et des départements qui ont des comptes ouverts, soit à la Banque de France, soit dans une maison de banque titulaire d'un compte à la Banque de France.

Elle prêtera son concours au Trésor gratuitement, dans les mêmes conditions, pour faciliter le règlement, par virements au débit du compte courant du Trésor, des mandats qui lui seront transmis par les comptables du Trésor, après avoir été établis par les communes et les établissements publics au profit de leurs créanciers ayant des comptes ouverts, soit à la Banque de France, soit dans une autre maison de banque titulaire d'un compte à la Banque de France.

Elle procédera sans frais à l'encaissement des chèques tirés ou passés à l'ordre des comptables du Trésor et des régies financières.

Cet article développe le concours déjà donné par la Banque au Trésor pour ses services de caisse. Il consacre d'abord un régime créé depuis la guerre en vue de restreindre l'emploi des billets de banque et de leur substituer le virement dans les règlements entre le Trésor et ses créanciers ayant des comptes en banque. La Banque sert d'intermédiaire gratuit entre le Trésor et les différentes banques pour assurer ces virements. Elle reçoit des comptables du Trésor des mandats visés bons à payer et portant l'indication de la maison de banque à créditer ainsi que le nom du bénéficiaire réel du mandat. Elle crédite la maison de banque, qui crédite elle-même son client et rend le mandat émargé à la Banque de France, qui le restitue au Trésor après avoir été couverte par celui-ci.

Ce mode de règlement institué, avec la collaboration spontanée de la Banque de France, par décret du 20 juin 1916, pour les payements par virements des sommes dues aux créanciers de l'État et des départements, a été rendu applicable, par des décrets successifs, aux dépenses des Régies financières, aux dépenses budgétaires du Service des Postes, aux dépenses des Chemins de fer de l'État, aux dépenses de l'Imprimerie nationale et de l'Administration des Monnaies et Médailles. Ces opérations occupent actuellement à la Banque un très nombreux personnel. Les règlements effectués par ce moyen sont en progression constante : leur montant mensuel a atteint 500 millions en 1916 et dépasse aujourd'hui 900 millions, ce qui correspond, pour une année, à près de 11 milliards.

Le même article 7 étend ce régime au règlement des mandats qui seront transmis à la Banque par les comptables du Trésor, pour le compte des communes et des établissements publics.

Enfin, il assure au Trésor l'encaissement gratuit de tout chèque tiré ou passé à l'ordre de ses comptables. Cette disposition permettra d'effectuer, par l'intermédiaire de la Banque, l'encaissement gratuit de tout chèque remis en règlement de contributions ou de toute somme destinée à entrer finalement dans les caisses de l'État, soit pour le compte de celui-ci, soit pour le compte des départements, communes ou établissements publics, qui sont les correspondants du Trésor. Ces facilités seront précieuses pour les redevables ; mais il en résultera d'assez lourdes charges pour la Banque. Celle-ci a consenti à les supporter dans la pensée que l'emploi du chèque en recevra un développement nouveau et que ce développement aura une heureuse répercussion sur la circulation fiduciaire.

Il paraît bien que le concours de la Banque au service de caisse du Trésor devient aussi complet qu'il est possible. Doit-on aller plus loin et transférer à la Banque tout notre service de trésorerie? La proposition en avait été faite, en 1897, au Sénat; à la Chambre des Députés, elle a fait l'objet d'un amendement de l'honorable M. Magniaudé.

On s'est beaucoup exagéré soit l'économie pour le Trésor, soit les avantages pour le public qui pourraient résulter d'une pareille réforme.

La question d'économie serait, d'ailleurs, de peu d'intérêt, aujourd'hui que les gros émoluments des comptables directs ont vécu. D'autre part, la Banque ne pourrait évidemment être chargée de toutes les opérations des trésoriers payeurs généraux et des receveurs des finances sans la création dans son administration de services spéciaux fortement organisés. Or, n'y aurait-il pas danger à confier à une institution privée un service d'État ou de Gouvernement aussi important, aussi délicat, que celui du recouvrement de l'impôt, avec toutes ses conséquences au point de vue de l'action vis-à-vis des contribuables? Il deviendrait certainement indispensable que le Gouvernement fût investi sur les agents de la Banque, devenus comptables des deniers publics, d'une autorité toute particulière de direction et de contrôle.

En Belgique, où la Banque est chargée des services de la trésorerie d'État, on a placé près d'elle des agents du Trésor chargés de la vérification des recettes et des créances ainsi que de tout le travail de justification. Le fonctionnement de ce système laisserait donc subsister à la charge de l'État toute une armée de fonctionnaires et serait la source de dépenses considérables, si bien qu'une réforme de cette nature aurait ce grave inconvénient de compliquer les services financiers départementaux, sans qu'il en résultât une économie quelconque.

Mesures propres à faciliter l'extension des modes perfectionnés de payement.

Ces mesures font l'objet de l'article 8 de la convention du 26 octobre 1917, qui est ainsi conçu :

La Banque de France s'engage à exonérer de toute commission, pour tous ses comptes, l'encaissement des chèques barrés tirés sur les places bancables et des chèques tirés sur des banques adhérentes à une chambre de compensation ou sur leurs correspondants.

Elle s'engage à maintenir, pour tous ses comptes, la faculté de domicilier sans frais à ses guichets le payement de leurs effets et d'échanger également sans frais, des virements entre comptes résidant sur des places différentes.

Depuis plusieurs années, répondant aux vœux du commerce, la Banque de France s'est appliquée à développer les moyens de payement (virements, chèques, domiciliations, règlements par compensation) propres à la fois à restreindre le volume de ses émissions et à faciliter sur le territoire les payements et recouvrements commerciaux.

Émission de chèques et virements. — Avant 1911, les seules émissions de chèques ou de virements qui ne fussent pas soumises par la Banque de France au payement d'une commission étaient, en principe, celles qui n'impliquaient pas de transport de fonds d'une place sur une autre et qui aboutissaient, par suite, à un règlement effectué sur le lieu même de l'émission.

Les virements d'une place sur une autre et les chèques déplacés, c'est-à-dire payables sur une place autre que celle où ils sont créés, donnaient lieu à une commission de 0 fr. 25 0/00, à moins que ces chèques ou virements n'eussent pour contre-partie une opération productive (escompte, remise d'effets à l'encaissement, avances sur titres).

Pour donner satisfaction aux désirs exprimés par plusieurs compagnies consulaires et appuyés par le Gouvernement, la Banque prit l'engagement, par la convention de 1911, d'exonérer de toute commission les virements échangés entre ses comptes courants résidant sur des places différentes. Elle a, depuis lors, étendu la faculté d'émettre des virements gratuits à tous les titulaires de comptes, quelle que soit la nature de ces comptes ; elle leur a également accordé la gratuité pour toute émission de chèques déplacés.

Elle a même récemment mis à la disposition du public des chèques barrés payables sur tous ses comptoirs et dont la délivrance est gratuite.

Les résultats de ces mesures n'ont pas tardé à se faire sentir. Les émissions de chèques et virements, qui étaient en 1896 de 2.700 millions, et en 1911 de 6 milliards, ont passé à 9 milliards en 1912 et à 11 milliards en 1915. A la suite des mesures prises en 1916, elles se sont élevées, au cours du dernier exercice, à plus de 17 milliards. Une part importante de ces virements revient aux opérations faites pour le compte du Trésor, dans les conditions mentionnées à l'article 7 de la nouvelle convention. Si la Banque avait appliqué à ces opérations la commission qu'elle percevait antérieurement (0 fr. 25 0/00), elle aurait encaissé de ce chef, en 1916, 4.200.000 francs. Ce chiffre donne la mesure de l'importance du service qu'elle rend ainsi gratuitement au commerce comme au Trésor.

Encaissement des chèques. — Pour développer l'emploi des chèques, la Banque avait pris, en 1911, l'engagement d'exonérer de toute commission l'encaissement, pour le compte des titulaires de comptes courants, des chèques barrés tirés sur les banques adhérentes à la Chambre de compensation de Paris ou leurs correspondants. En 1916, elle a exonéré de toute commission l'encaissement de tout chèque barré tiré sur une place bancable, remis par tous les titulaires de comptes, quelle que soit la nature de ces comptes, et elle a réduit au minimum les délais dans lesquels les fonds provenant de l'encaissement des chèques sont mis à la disposition de ses clients. Il est évident que le même traitement doit logiquement être appliqué aux chèques, même tirés sur une place non bancable, dès l'instant qu'ils doivent être présentés à une chambre de compensation : la Banque y a volontiers consenti.

Ainsi, tout banquier, même établi dans la plus petite agglomération, pourra, par l'intermédiaire de la Banque de France, rendre gratuit, dans la France entière, l'encaissement des chèques assignés sur ses guichets. Par là seront accrus les moyens d'action des banques locales dont le rôle a été et reste si fécond dans nos provinces. Inversement, le déposant d'un établissement quelconque acquerra la faculté de payer, dans toutes les villes de France, ses débiteurs par l'envoi de chèques, avec la certitude que le montant de ces derniers sera touché sans aucun frais. Rien ne paraît plus propre à faire tomber les obstacles qui restreignent encore le recours aux procédés modernes de libération.

Signalons que, de son côté, le Trésor s'est attaché à favoriser l'emploi du chèque pour le règlement des sommes qui lui sont dues ou de celles qu'il doit payer lui-même (circulaire du 10 février 1916, arrêtés des 5 mai et 28 juillet 1916).

Ce mouvement a été heureusement appuyé par l'initiative parlementaire, qui a remis au point la législation sur le chèque, jusqu'ici trop indulgente pour l'émetteur de mauvaise foi (lois des 26 janvier et 2 août 1916).

Domiciliation des effets de commerce. — Cette mesure constitue un des moyens les plus efficaces d'économiser la monnaie.

Il suffit, en effet, à un commerçant de stipuler que les traites tirées sur lui ou les billets souscrits par lui seront payés par la maison de banque dont il est le client, pour que cette maison de banque devienne son caissier, règle pour lui ses effets par le débit de son compte, lui épargne toute manipulation de fonds, toute erreur, tout risque inhérent à la conservation d'une encaisse. La généralisation du système de la domiciliation des effets de commerce simplifierait grandement le service d'encaissement des échéances des banques, avec les risques qu'il comporte et l'immobilisation de billets de banque et d'espèces qu'il entraine.

Un relevé des effets à payer constitue la seule formalité que la Banque de France demande pour assurer gratuitement le service de caisse précité à ceux de ses clients qui domicilient chez elle leurs effets et elle a étendu cette faculté de domiciliation gratuite à tous ses titulaires de comptes, de quelque nature qu'ils soient.

Toutes ces mesures sont surtout intéressantes en ce qu'elles tendent à faciliter *les payements par compensation*, qui constituent le mode de payement le plus perfectionné, puisqu'il ne nécessite aucun déplacement d'espèces.

Ces payements ont pris un développement considérable à l'étranger.

C'est ainsi qu'en Angleterre les seules opérations du Clearing-house de Londres ont atteint les chiffres suivants :

	Livres sterling.
1910	14.658.863.000
1911	14.613.877.000
1912	15.961.773.000
1913	16.436.404.000
1914	14.665.048.000
1915	13.407.725.000
1916	15.275.046.000
1917	19.121.196.000

Les opérations de dix autres chambres du royaume se sont montées, en 1917, à 1.617.379.200 livres sterling.

Aux États-Unis les payements par compensation se sont élevés à des sommes encore plus considérables :

ANNÉES	CLEARING-HOUSE de New-York.	AUTRES CLEARINGS.	TOTAL
	(en millions de dollars)		
1910..........................	97.274	66.821	164.095
1911..........................	92.373	67.857	160.230
1912..........................	100.744	73.209	173.953
1913..........................	94.634	75.181	169.815
1914..........................	83.019	72.227	155.246
1915..........................	110.564	77.253	187.817
1916..........................	159.581	102.275	261.856
1917..........................	177.405	129.535	306.940

Les payements par compensation sont loin d'avoir ce développement en France. La chambre de compensation des banquiers de Paris, créée en 1872 et réorganisée l'année dernière, n'a opéré que les compensations suivantes depuis 1910 :

EXERCICES (1ᵉʳ AVRIL-31 MARS)	MONTANT des effets présentés à la compensation.	EFFETS compensés.	EFFETS non compensés réglés par mandats.
	francs.	francs.	francs.
1910-1911......................	16.998.118.704	13.254.246.666	3.743.864.038
1911-1912......................	17.369.344.231	13.618.232.683	3.751.111.548
1912-1913......................	18.588.086.253	14.637.965.264	4.045.070.989
1913..........................	18.375.114.173	14.483.363.488	3.890.581.085
1914 (7 premiers mois).........	11.837.210.717	9.548.558.785	2.288.651.932
1915..........................	Néant.	Néant.	Néant.
1916 (6 derniers mois).........	2.187.326.236	1.841.237.613	346.088.623
1917..........................	(1)13.707.150.112	9.947.842.898	3.759.307.214

(1) Dont 11.308.652.415 pour le deuxième semestre.

Mais de son côté la Banque de France, qui est la grande caisse de compensation de notre pays, a opéré les compensations ci-après :

1910	122.921.000.000 fr.
1911	135.495.000.000
1912	159.862.000.000
1913	154.894.000.000
1914	164.005.000.000
1915	71.256.000.000
1916	131.873.000.000
1917	181.146.000.000

De grands progrès restent encore à faire, comme on le voit, pour obtenir des résultats semblables à ceux constatés dans les pays précités.

Nous sommes persuadés que les mesures adoptées par la Banque dans ces dernières années et dont nous avons donné plus haut le détail sont de nature à développer largement les payements par compensation, ce qui aura pour heureux résultat de réduire la circulation des billets de banque, de concentrer davantage les capitaux disponibles et de multiplier leur rendement utile pour le bien général du pays.

L'article 8 de la convention nouvelle consacre les principales de ces mesures et leur donne le caractère de fixité que le Gouvernement a jugé indispensable de leur conférer.

Nous ajouterons que la Banque s'est engagée, par lettre du 26 février 1918 à M. le Ministre des Finances, à demander l'ouverture à son nom de comptes courants de chèques postaux dans tous les bureaux régionaux qui seront ouverts en exécution de la loi du 7 janvier 1918.

Cette mesure est en effet indispensable pour permettre au service des chèques postaux de coopérer au développement des règlements par compensation.

Pour qu'en effet les comptes courants postaux soient reliés sans aucun mouvement d'espèces à l'ensemble de la circulation du pays, il ne suffit pas que les comptes courants postaux des particuliers puissent être reliés par des virements au compte courant postal de leur banquier, il faut encore que les comptes courants postaux des banquiers puissent être reliés aux comptes courants de ceux-ci à la Banque de France, qui est la chambre de compensation nationale.

*
* *

Pour conclure sur les dispositions diverses de la convention principale du 26 octobre 1917 et des avenants ou conventions additionnelles qui y ont été ajoutés, toutes conventions visées par l'article 2 du projet de loi, nous avons l'honneur d'en proposer l'approbation sous la réserve toutefois des observations et critiques que nous avons exposées.

Nous reprenons maintenant l'examen du projet de loi.

ARTICLE 3.

Le produit de la redevance supplémentaire instituée par l'article 4 de la convention du 26 octobre 1917, ainsi que la part de bénéfices revenant éventuellement à l'État en vertu de la convention additionnelle du 26 juillet 1918, seront affectés, chaque année, au crédit agricole, jusqu'à concurrence de la somme nécessaire pour parfaire la dotation résultant de l'application des lois des 17 novembre 1897 et 29 décembre 1911. Le surplus sera réservé et versé à un compte spécial du Trésor, jusqu'à ce que des dispositions législatives aient déterminé les conditions dans lesquelles ce produit sera affecté à des œuvres de crédit.

Le Gouvernement, dans le projet de loi déposé à la Chambre, n'avait prévu le transfert à un compte spécial que du produit de la redevance supplémentaire instituée par l'article 4 de la convention du 26 octobre 1917. Le produit de la redevance principale, telle qu'elle a été modifiée par cet article, devait rester affecté comme celui de la redevance actuelle au crédit agricole. Mais la crainte s'est manifestée à la Chambre que ce dernier produit, vu les modifications apportées à l'assiette de la redevance, devînt inférieur à ce qu'il était antérieurement.

La dotation du crédit agricole a été, il est vrai, jusqu'ici plus que suffisante. En plus de l'avance permanente de 40 millions consentie par la Banque de France à l'État, en vertu de l'article 7 de la loi du 17 novembre 1917, le crédit agricole a reçu en effet, du fait des redevances instituées par ladite loi, 160.522.752 fr. 61. Or, sur ce total, s'élevant à 200.522.752 fr. 61, les avances consenties aux caisses régionales de crédit agricole n'atteignaient, au 31 décembre 1917, que 101.142.452 fr. 18. Il restait ainsi un solde disponible de 99.380.300 fr. 43.

Mais, après la guerre, les besoins de l'agriculture seront grands. Aussi la Chambre a-t-elle tenu à ce que le crédit agricole ne reçût pas moins, après la modification des redevances de la Banque de France, qu'il ne recevait auparavant. C'est pourquoi elle a adopté, d'accord d'ailleurs avec le Gouvernement, la disposition précitée, d'après laquelle « le pro-
« duit de la redevance supplémentaire instituée par l'article 4
« de la convention du 26 octobre 1917, ainsi que la part de
« bénéfices revenant éventuellement à l'État en vertu de la
« convention additionnelle du 26 juillet 1918, seront affec-
« tés, chaque année, au crédit agricole, jusqu'à concurrence
« de la somme nécessaire pour parfaire la dotation résultant
« de l'application des lois des 17 novembre 1897 et 29 dé-
« cembre 1911 ».

Le surplus seul sera réservé et versé à un compte spécial du Trésor, jusqu'à ce que des dispositions législatives aient déterminé les conditions dans lesquelles ce produit sera affecté à des œuvres de crédit.

Sans préjuger d'ailleurs aucunement des affectations qui seront données ultérieurement à ce produit, nous signalons que la Chambre a envisagé notamment qu'il pourrait être employé soit à doter le crédit à l'exportation, les sociétés à participation ouvrière, les monts-de-piété, soit à **augmenter** la dotation du crédit agricole.

ARTICLE 4.

Aucun régent de la Banque de France ne pourra être administrateur de sociétés financières de pays en guerre avec la France.

Cet article est d'initiative parlementaire. L'auteur de l'amendement, l'honorable M. Labroue, avait d'abord demandé que, d'une façon plus générale, « aucun régent de la Banque de France ne puisse être administrateur de sociétés financières étrangères ». Il faisait valoir que les régents de la Banque de France « constituant la tête » de notre plus grand établissement financier, « arbitres du crédit national par l'escompte », avaient « un rôle assez noble et assez beau
« à remplir pour ne pas devenir, fût-ce par simple hypo-
« thèse, les objets et les victimes d'un redoutable conflit
« entre leur qualité de régents et celles d'administrateurs
« de sociétés étrangères, qui ont pu, peuvent ou pourraient
« être des ennemis ».

La Chambre, estimant que ces appréhensions étaient excessives et que la disposition proposée pouvait nuire à l'expansion de notre influence au dehors, a rejeté cette mesure. Elle a, par contre, cru devoir adopter la proposition plus limitée que nous avons reproduite plus haut, d'accord d'ailleurs avec le Gouvernement et les commissions. Il a, au surplus, été entendu que l'interdiction édictée par l'article ci-dessus aurait effet également après la guerre, la disposition dont il s'agit devant être interprétée en ce sens que les régents de la Banque de France ne pourraient être administrateurs de sociétés financières de pays qui étaient, à la date du 30 juillet 1918, en guerre avec la France.

Votre Commission des finances, partageant les sentiments tout à fait légitimes qui ont guidé la Chambre, vous propose d'adopter l'article 4.

*
* *

En conséquence des explications qui précèdent, et sous le bénéfice des observations formulées au cours du présent rapport, nous avons l'honneur de vous proposer d'adopter le projet de loi dont la teneur suit :

PROJET DE LOI

Article premier.

Le privilège concédé à la Banque de France par les lois des 24 germinal an XI, 22 avril 1806, 30 juin 1840, 9 juin 1857 et 17 novembre 1897 est prorogé de vingt-cinq ans à partir du 1er janvier 1921, et prendra fin le 31 décembre 1945.

Art. 2.

Sont approuvés la convention passée le 26 octobre 1917 et l'avenant à ladite convention en date du 11 mars 1918 ainsi que les conventions additionnelles, passées les 11 mars et 26 juillet 1918 entre le Ministre des Finances et le Gouverneur de la Banque de France.

Ces conventions sont dispensées des droits de timbre et d'enregistrement.

Art. 3.

Le produit de la redevance supplémentaire instituée par l'article 4 de la convention du 26 octobre 1917, ainsi que la part de bénéfices revenant éventuellement à l'État en vertu de la convention additionnelle du 26 juillet 1918, seront affectés, chaque année, au crédit agricole, jusqu'à concurrence de la somme nécessaire pour parfaire la dotation résultant de l'application des lois des 17 novembre 1897 et 29 décembre 1911. Le surplus sera réservé et versé à un compte spécial du Trésor, jusqu'à ce que des dispositions législatives aient déterminé les conditions dans lesquelles ce produit sera affecté à des œuvres de crédit.

Art. 4.

Aucun régent de la Banque de France ne pourra être administrateur de sociétés financières de pays en guerre avec la France.

CONVENTION DU 26 OCTOBRE 1917

Entre les soussignés :

M. L.-L. Klotz, député, Ministre des Finances, agissant au nom de l'État,

d'une part ;

et M. Georges Pallain, Gouverneur de la Banque de France, autorisé par une délibération du Conseil général de la Banque en date du 25 octobre 1917,

d'autre part ;

ont été arrêtées les dispositions suivantes, qui entreront en vigueur après ratification par une loi prorogeant le privilège de la Banque de France pour une durée de vingt-cinq années à partir du 1ᵉʳ janvier 1921.

ARTICLE PREMIER.

Le bénéfice des opérations d'escompte prévues par les statuts fondamentaux de la Banque (art. 9 du décret du 16 janvier 1808) est étendu aux sociétés de caution mutuelle du petit et moyen commerce, de la petite et moyenne industrie.

ART. 2.

A dater du début de l'exercice 1918, les produits exceptionnels résultant de l'escompte des bons du Trésor français à des Gouvernements étrangers et de l'intérêt sur les avances temporaires consenties à l'État donneront lieu, au profit de l'État, aux prélèvements ci-après :

85 0/0 du produit de l'escompte des bons du Trésor français à des Gouvernements étrangers ;

50 0/0 des intérêts perçus sur les avances à l'État, déduction faite de l'intérêt supplémentaire de 2 0/0 visé aux articles 4 et 5 de la convention du 21 septembre 1914, sanctionnée par la loi du 26 décembre 1914, intérêt qui sera versé intégralement au compte de réserve et d'amortissement institué par l'article 5 de ladite convention.

Cette contribution comprendra la redevance sur les éléments susvisés, lesquels ne seront pas repris dans la circulation productive.

Le montant de la contribution ainsi déterminé sera versé, au fur et à mesure de l'encaissement par la Banque des produits correspondants, au compte spécial de réserve et d'amortissement susvisé.

Pour la période écoulée entre le 1ᵉʳ août 1914 et la clôture de l'exercice 1917, la Banque versera audit compte spécial, dès la promulgation de la loi approuvant la présente convention, une somme de 200 millions, qui comprendra le solde de la redevance pour l'exercice 1917 sur les produits visés au paragraphe premier du présent article.

Pour le passé, ce versement de 200 millions et, pour l'avenir, les prélèvements prévus au premier alinéa du présent article tiendront lieu, pour la Banque, d'impôt sur les bénéfices de guerre.

Art. 3.

L'article 5 de la convention du 21 septembre 1914 est ainsi complété :

« Le compte spécial sera débité du montant en principal des effets impayés provenant du portefeuille immobilisé par la prorogation des échéances, au fur et à mesure que la Banque, après la cessation de cette prorogation, entrera ces effets impayés en souffrance.

« Le compte sera débité de même, au fur et à mesure de leur entrée en souffrance, du montant en principal des créances résultant des versements effectués chez des correspondants alliés ou neutres en contre-partie du règlement, en France, par l'intermédiaire de la Banque, d'effets ou d'opérations antérieurs au 4 août 1914.

« La Banque continuera à gérer le portefeuille des effets et créances en souffrance ; elle portera au crédit du compte susvisé les rentrées successives qu'elle obtiendra sur le montant en principal de ces effets et créances.

« A aucun moment le solde créditeur du compte ne pourra être supérieur au montant des effets prorogés et des créances susvisées ; l'excédent, de même que toutes sommes devant être ultérieurement versées au compte spécial, sera porté en amortissement de la dette de l'État, ou directement au compte du Trésor lorsque cette dette sera remboursée. »

Art. 4.

Pour le calcul de la redevance instituée par l'article 5 de la loi du 17 novembre 1897, on ajoutera au produit obtenu en multipliant le solde moyen de la circulation productive par le taux de l'escompte, déduction faite, s'il y a lieu, des sommes partagées entre la Banque et l'État conformément à l'article 12 de la même loi, le montant des intérêts perçus par la Banque sur les effets prorogés, et on appliquera à la somme ainsi déterminée une proportion de 5 0/0. Si, pendant une période quelconque, le taux de l'escompte dépasse 3,50, 4 ou 4,50 0/0, cette proportion sera, pour la période correspondante, respectivement portée à 7,50, 10 ou 12,50 0/0.

En outre, il sera perçu, sur le produit déterminé comme ci-dessus des **opérations productives** de la Banque, pour chaque exercice annuel, après déduction de la redevance visée à l'alinéa précédent, une redevance supplémentaire de 20 0/0, la tranche comprise entre 0 et 50 millions n'étant comptée que pour un quart de son montant, entre 50 et 75 millions pour trois huitièmes, entre 75 et 100 millions pour quatre huitièmes, entre 100 et 125 millions pour cinq huitièmes, entre 125 et 150 millions pour six huitièmes, entre 150 et 175 millions pour sept huitièmes.

La redevance et la redevance supplémentaire seront perçues sans préjudice des impôts dus par la Banque tels qu'ils sont déterminés par les lois existantes. Toute majoration de ces impôts et toute création d'impôts qui atteindraient les opérations déjà frappées par les redevances seraient compensées avec le montant de ces dernières, l'excédent étant perçu en sus, le cas échéant.

Ces dispositions entreront en vigueur à partir du 1er janvier 1918.

Art. 5.

Les avances permanentes de la Banque de France à l'État, résultant des traités des 10 juin 1857, 29 mars 1878, 31 octobre 1896, 11 novembre 1911 et s'élevant ensemble à 200 millions de francs, sont prorogées jusqu'à l'expiration du privilège. Ces avances ne porteront pas intérêt. En garantie de leur remboursement, il sera remis à la Banque de France un bon du Trésor à l'échéance des avances.

Art. 6.

La Banque maintiendra les créations de succursales, bureaux auxiliaires, villes rattachées, réalisées par elle en dehors des obligations prévues par la loi du 17 novembre 1897 et par la convention du 11 novembre 1911.

Dans le délai de dix ans à partir de la promulgation de la loi approuvant la présente convention, il sera créé 12 succursales et 25 bureaux auxiliaires.

La Banque s'engage, en outre, à organiser le service d'encaissement dans 50 villes rattachées, parmi lesquelles seront compris les chefs-lieux d'arrondissement et de canton de 6.000 habitants et au-dessus qui ne sont pas bancables.

Art. 7.

La Banque de France continuera d'effectuer gratuitement le payement des chèques et virements tirés par les comptables du Trésor sur le compte du Trésor, et de prêter à l'État son concours gratuit, dans les conditions fixées par les décrets en vigueur, pour faciliter le règlement par virements des mandats ordonnancés et visés bon à payer, établis au profit de ceux des créanciers de l'État et des départements qui ont des comptes ouverts, soit à la Banque de France, soit dans une autre maison de banque titulaire d'un compte à la Banque de France.

Elle prêtera son concours au Trésor gratuitement, dans les mêmes conditions, pour faciliter le règlement, par virements au débit du compte courant du Trésor, des mandats qui lui seront transmis par les comptables du Trésor, après avoir été établis par les communes et les établissements publics au profit de leurs créanciers ayant des comptes ouverts, soit à la Banque de France, soit dans une autre maison de banque titulaire d'un compte à la Banque de France.

Elle procédera sans frais à l'encaissement des chèques tirés ou passés à l'ordre des comptables du Trésor et des régies financières.

Art. 8.

La Banque de France s'engage à exonérer de toute commission, pour tous ses comptes, l'encaissement des chèques barrés tirés sur les places bancables et des chèques tirés sur les banques adhérentes à une chambre de compensation ou sur leurs correspondants.

Elle s'engage à maintenir, pour tous ses comptes, la faculté de domicilier sans frais à ses guichets le payement de leurs effets et d'échanger, également sans frais, des virements entre comptes résidant sur des places différentes.

Art. 9.

La présente convention est dispensée des droits de timbre et d'enregistrement.

Fait double, à Paris, le vingt-six octobre mil neuf cent dix-sept.

Lu et approuvé :
Signé : L.-L. KLOTZ.

Lu et approuvé :
Signé : Georges PALLAIN.

AVENANT

à la Convention passée le 26 octobre 1917 entre le Ministre des Finances et le Gouverneur de la Banque de France.

Entre les soussignés :

M. L.-L. Klotz, député, Ministre des Finances, agissant au nom de l'État,

d'une part ;

et M. Georges Pallain, Gouverneur de la Banque de France, autorisé par une délibération du Conseil général de la Banque en date du 28 février 1918,

d'autre part ;

il a été convenu ce qui suit :

Article premier.

L'article 3 de la convention du 26 octobre 1917 est complété par les dispositions suivantes :

« La Banque bonifiera le solde du compte d'amortissement d'un intérêt calculé au taux net des avances à l'État, déduction faite de l'impôt du timbre et du prélèvement prévu à l'article 2 de ladite convention.

« Cet intérêt sera porté à un compte annexe le dernier jour de chaque semestre.

« Au moment de la liquidation finale du compte d'amortissement, il sera fait un décompte récapitulatif des sommes successivement absorbées par l'amortissement ou attribuées à l'État sur le montant dudit compte.

« La Banque versera au Trésor une part du compte annexe d'intérêt, proportionnelle au total des sommes attribuées à l'État d'après le décompte récapitulatif susvisé. »

Art. 2.

Le présent acte est dispensé des droits de timbre et d'enregistrement.

Fait double à Paris, le 11 mars 1918.

Lu et approuvé ·	Lu et approuvé :
Signé : Geogres PALLAIN.	*Signé* : L.-L. KLOTZ.

CONVENTION ADDITIONNELLE DU 11 MARS 1918.

Entre les soussignés :

M. L.-L. Klotz, député, Ministre des Finances, agissant au nom de l'État,

d'une part ;

et M. Georges Pallain, Gouverneur de la Banque de France, autorisé par une délibération du Conseil général de la Banque en date du 28 février 1918,

d'autre part ;

il a été convenu ce qui suit :

Article premier.

Par application du principe général selon lequel l'État a seul droit au bénéfice résultant de ce qu'une partie des billets n'est pas présentée au remboursement, la Banque de France versera au Trésor, aux dates ci-après fixées, une somme représentant le solde des billets de tous les anciens types à impression bleue sans fond rose et des petites coupures de vingt et vingt-cinq francs émises antérieurement à 1888, restant en circulation.

Un acompte de cinq millions de francs ayant été versé à titre définitif en exécution de la convention du 28 novembre 1911, un nouvel acompte d'un montant égal sera versé au Trésor dans le mois suivant l'entrée en vigueur de la présente convention.

Le surplus sera versé le 2 janvier 1923.

Art. 2.

A partir du moment où le solde en circulation sera devenu inférieur aux sommes versées au Trésor, l'État prendra à sa charge l'échange des billets qui seraient ultérieurement présentés au remboursement, sans que toutefois son bénéfice final puisse être inférieur à la somme de cinq millions de francs versée en exécution de la convention du 21 novembre 1911.

Art. 3.

La présente convention est dispensée des droits de timbre et d'enregistrement.

Fait double à Paris, le 11 mars 1918.

Lu et approuvé : Lu et approuvé :
Signé · Georges PALLAIN. Signé : L.-L. KLOTZ.

CONVENTION ADDITIONNELLE

à la convention du 26 octobre 1917.

Entre les soussignés :

M. L.-L. Klotz, Ministre des Finances, agissant en cette qualité,

d'une part ;

M. Georges Pallain, Gouverneur de la Banque de France, autorisé par une délibération de la Banque de France,

d'autre part ;

Il a été convenu ce qui suit :

Article premier.

A compter de l'exercice 1918, toute répartition d'un dividende annuel supérieur à 240 francs nets d'impôts par action obligera la Banque à verser à l'État une somme égale à l'excédent net réparti.

Art. 2.

La présente convention est dispensée des droits de timbre et d'enregistrement.

Fait à Paris, le 26 juillet 1918, en double exemplaire.

Lu et approuvé :
Signé : L.-L. KLOTZ.

Lu et approuvé :
Signé : G. PALLAIN.

www.ingramcontent.com/pod-product-compliance
Lightning Source LLC
Chambersburg PA
CBHW070612230426
43670CB00010B/1498